Materialien zu Habermas' ›Erkenntnis und Interesse‹

Herausgegeben von
Winfried Dallmayr

Suhrkamp

Quellen- und Übersetzernachweise am Schluß des Bandes

suhrkamp taschenbuch wissenschaft 49
Erste Auflage 1974
© Suhrkamp Verlag Frankfurt am Main 1974
Suhrkamp Taschenbuch Verlag
Druck: Nomos, Baden-Baden.
Printed in Germany.
Umschlag nach Entwürfen von Willy Fleckhaus und Rolf Staudt.

Inhalt

Vorwort

Vor mehr als einem Jahr trat der Suhrkamp Verlag an mich mit dem Gedanken heran, die Wirkung von Habermas' *Erkenntnis und Interesse* in einem Materialienband zu dokumentieren, der sowohl die deutschsprachige wie die ausländische Literatur berücksichtigt. Der Gedanke erschien mir fruchtbar und anregend. Meine Qualifikation für dieses Unternehmen besteht in einigen Arbeiten, die ich über Habermas und besonders über die an *Erkenntnis und Interesse* anschließende Diskussion geschrieben habe; auch bemühe ich mich seit einiger Zeit darum, den Implikationen des Frankfurter Ansatzes für politische Theorie nachzugehen. So kam es dazu, daß eine deutschsprachige Sammlung einen zwar in Deutschland gebürtigen, aber seit fast zwei Jahrzehnten in Übersee ansässigen Herausgeber gefunden hat. Ob der vorliegende Band der gestellten Aufgabe Genüge leistet, muß natürlich dem Urteil des Lesers anheimgestellt bleiben.

Geographische Distanz mag im allgemeinen als belanglos gelten. Im gegenwärtigen Fall ergeben sich aber aus dem Umstand gewisse Eigenheiten, auf die ich jedenfalls kurz hinweisen möchte. Zunächst einmal bringt der räumliche Abstand in rein technischer Hinsicht bei der Zusammenstellung von Materialien Vor- und Nachteile mit sich. Dem Wohnsitz gemäß bin ich mit der einschlägigen angelsächsischen Literatur großenteils vertraut; hinsichtlich der Wirkung von *Erkenntnis und Interesse* im deutschsprachigen Bereich mußte ich mich sowohl auf meine Recherchen wie auch auf freundliche Hinweise von Bekannten stützen. An dieser Stelle möchte ich vor allem Jürgen Habermas, Karl-Otto Apel und Dietrich Böhler für ihre Hilfe danken.

Wichtig ist noch ein anderer Aspekt. Aus der überseeischen Perspektive gesehen erscheinen manche deutsche und kontinentale Geistesrichtungen weniger streng profiliert. Ein solches Verfließen der Konturen trifft meines Erachtens ganz besonders für das Verhältnis zwischen der Frankfurter und der Freiburger Schule zu: Gemeinsamkeiten des Blickpunkts treten aus der Ferne betrachtet stärker hervor, während alte

Fehden an Gewicht verlieren. Man mag einwenden, daß es sich hierbei allenfalls um eine persönliche Neigung oder einen privaten Sehdefekt handelt. Obgleich sich Neigung schwerlich ganz ausschalten läßt, glaube ich doch, zugunsten der Behauptung konkrete Berührungspunkte ins Feld führen zu können; die Ausführungen in der Einleitung und besonders im Epilog zielen jedenfalls andeutungsweise in die Richtung sachlicher Fundierung. Kurz gesagt, Habermas' erkenntnistheoretisches Argument trifft sich – so scheint es mir – weitgehend mit Intentionen, die die Freiburger Schule seit Husserls Lehrtätigkeit zentral bestimmt haben. Die Herausarbeitung des Nexus von Erkenntnis und tiefsitzenden Interessenstrukturen findet eine Parallele sowohl in Husserls *Krisis* wie auch in seiner grundlegenden Studie über *Erfahrung und Urteil*; der gleiche Nexus bildet auch das Leitmotiv in Heideggers – und Gadamers – Untersuchungen über die intime Verbindung von Wissen und »Vorwissen«, Verständnis und »Vorverständnis«.

Natürlich täusche ich mich nicht über bestehende Divergenzen, noch über die Schwierigkeiten einer Versöhnung. Die Vehemenz vergangener Attacken läßt sich nur schwer ignorieren oder nachträglich entschärfen. Adornos Kampfansagen an Husserl und Heidegger sind noch lebendig in Erinnerung und auch Habermas hat mit Polemik gegen beide nicht gespart. Husserls Schüler haben ihrerseits mit Antipathien nicht hintem Berge gehalten. Zum Teil mag der Antagonismus auch anregend gewirkt haben: besonders dort, wo er zur Korrektur wechselseitiger Einseitigkeiten beitrug. In dem Maße aber, in dem sich der Schlachtenlärm heute gelegt hat, ist es möglich, hinter den Kampfparolen stillschweigende Übereinkünfte wahrzunehmen und hinter martialen Gesten den Bruderzwist zu wittern. In keinem jüngeren Werk, so scheint es mir, wird diese Interpretation mehr bekräftigt als in Karl-Otto Apels *Transformation der Philosophie*; nirgends läßt sich besser das langsame Herausschälen einer kritischen Hermeneutik auf dem Hintergrund Heideggerscher Seinserfahrung verfolgen. Der Leser sollte immerhin mit der Sicht vertraut sein, aus der ich an den vorliegenden Band heranging. Die Verdienste von *Erkenntnis und Interesse* scheinen mir besonders in den Punkten zu liegen, in denen sich Frankfurt und Freiburg berühren und gegenseitig befruchten; etwaige Mängel ergeben sich weitgehend aus der wechselseitigen Diskordanz.

Lafayette, im Dezember 1973   W. D.

Winfried Dallmayr
Einleitung

Materialienbände oder Kommentarsammlungen werden ansonsten allenfalls Klassikern des Geisteslebens gewidmet. Gegenwartsautoren wird ein solcher Tribut nur selten gezollt; im vorliegenden Falle aber erscheint das Unternehmen durchaus gerechtfertigt. Nach dem ersten Erscheinen des Buches im Jahre 1968 rief Habermas' *Erkenntnis und Interesse* sogleich eine Flut von Aufsätzen, Monographien und Besprechungen hervor. Die Zahl der Kommentare und Rezensionen vermehrte sich noch beträchtlich im Gefolge der englischen Übersetzung aus dem Jahre 1971, betitelt *Knowledge and Human Interests*. Inzwischen wurde in Deutschland kürzlich eine neue Auflage des Buches verlegt, mit einem »Nachwort«, in dem sich Habermas ausführlich mit kritischen Einwänden und Bedenken auseinandersetzt. Man sollte in diesem Zusammenhang auch anmerken, daß Habermas sich schon zwei Jahre zuvor, in einer Einleitung zur Neuausgabe von *Theorie und Praxis*, mit zentralen Gegenargumenten befaßt und seine eigene Position in mehreren Punkten korrigiert oder jedenfalls präzisiert hatte.[1]

Die Gründe der Breitenwirkung von *Erkenntnis und Interesse* sind vielschichtig und komplex. Eine erschöpfende Untersuchung der Resonanz müßte tief in zeit- und geistesgeschichtliche Fragestellungen hineinführen; hier müssen grobe Umrisse genügen. Allgemein gesprochen fügt sich Habermas' Werk offenkundig in die Gegenoffensive gegen Positivismus und Szientismus ein. Diese Gegenoffensive läßt sich als langfristige, unterschwellige Bewegung durch unser Jahrhundert verfolgen; sie erreichte aber im letzten Jahrzehnt eine ungewöhnliche Brisanz und Aktualität. Auf lange Sicht angebahnt durch Aufklärung und Industrialisierung erlangte der Vormarsch wissenschaftlicher Rationalität in der Nachkriegsperiode ein triumphales Ausmaß; durch Regierungsaufträge gefördert und durch den Rüstungswettlauf angefeuert nahmen Wissenschaft und Technik zusehends eine Schlüsselposition im Gesellschaftsleben westlicher Industriestaaten ein. Nach anfänglicher Euphorie machten sich freilich bald die Schattenseiten einseitig technokratischer Kontrolle bemerkbar: besonders in der Atrophie gesellschaftlicher Meinungsbildung und in der weiteren Verfremdung von Mensch und Umwelt. An diesen Gefahrenpunkten entzündete sich dann auch in den sechziger Jahren eine zunehmend vehemente Gesellschafts- und Kulturkritik; zusätzlich provoziert durch Vietnamkrieg und Rassendiskriminierung ging die Studentenbewegung sowohl in Europa wie in Übersee zur Attacke auf die technokratische Elite und die mehr und mehr »eindimensionale« Sozialordnung über. *Erkenntnis und Interesse*, auf dem Höhepunkt dieser Kontroverse veröffentlicht, offerierte den Lesern eine Alternative zu Szientismus und Sozialtechnik; ohne Luddismus oder flache Wissenschaftsfeindlichkeit wies die Schrift den Weg zu einem revidierten Selbstverständnis der Wissenschaft und zur Einordnung der Technik in breitere menschliche und gesellschaftliche Zielsetzungen.

Wie mir scheint, läßt sich die unmittelbare Aktualität und Anziehungskraft von Habermas' Schrift auch aus einem anderen Gesichtspunkt herleiten. Als Vertreter der Frankfurter Schule – einer dem Marxismus verpflichteten oder jedenfalls nahestehenden Schule – wagte sich Habermas mit seiner erkenntnistheoretischen Untersuchung auf Neuland oder doch auf ein von Marxisten sonst eher gemiedenes Gebiet. Spätestens seit Lenins *Materialismus und Empiriokritizismus* hatte sich eine realistisch-positivistische Erkenntnislehre für orthodoxe Marxisten als verbindlich und nicht weiter hinterfragbar durchgesetzt. Hier und da rebellierten marxistische Intellektuelle allerdings gegen die herrschende Meinung; doch mangelte es der Revolte gewöhnlich an Konsequenz oder erkenntnistheoretischer Profilierung. Dies trifft sogar für hegelianisierende Marxisten zu; zusammen mit dem Ahnherrn moderner Dialektik galt ihnen Erkenntnistheorie nur als zweitrangiges Thema und im Grunde als ein Überbleibsel kantischer Spekulation mit ihrem Postulat einer »reinen Synthese der Apperzeption«. Von der Perspektive geschichtlicher »Totalität« gesehen fungierte Erkenntnis bestenfalls als Fragment im breiten Strom gesellschaftlicher Entwicklung. Auf diesem Hintergrund bot *Erkenntnis und Interesse* die Faszination einer neumarxistischen, an Kant zwar wiederanknüpfenden, aber gleichzeitig über Kant hinausweisenden Erkenntnislehre.

Die Bedeutung der Schrift erschöpft sich aber keineswegs in ihrer Aktualität und schon gar nicht in ihrer Eigenwilligkeit. Wie bereits angedeutet, war die Kontroverse der sechziger Jahre nur der Kulminationspunkt einer unterschwelligen geistigen Bewegung, die sich bis auf die Jahrhundertwende zurückverfolgen läßt. Die Bemühung, den galoppierenden wissenschaftlichen Fortschritt mit menschlichen Bewußtseins- und Erlebniszuständen zu liieren, gehörte bekanntlich zum zentralen Programm der von Husserl begründeten phänomenologischen Schule. Seit seinen frühesten Schriften stellte sich Husserl quer zum traditionellen Leib-Geist-Dualismus; ausgehend von einer intentionalen Verknüpfung von Geist und Welt suchte er mit der Klärung der Bewußtseinslage zugleich auch Zugang »zu den Sachen selbst« zu finden. Dabei diente ihm die Methode der »Epoché« oder »Reduktion« nicht nur als Instrument der Bewußtseinserhellung, sondern auch als Abwehrmittel gegen positivistischen Psychologismus und Historismus. In seinen späteren Jahren suchte Husserl zusehends, die individuelle Bewußtseinsproblematik in einen breiteren Zusammenhang einzubetten und bewußte Einsichten durch Rekurs auf vorbewußtes, nicht-artikuliertes Erleben zu untermauern. Seine Schrift *Erfahrung und Urteil* präsentierte eine Genealogie der Erkenntnis durch Rückführung prädikativer Aussagen auf einen vorprädikativen und vorwissenschaftlichen Erfahrungshorizont. Wie er ausführte, hatten die Abstraktionen und Idealisierungen der Wissenschaft in der Moderne den Anschein unmittelbarer Evidenz gewonnen: »Diese Idee der Welt als eines Universums durch exakte Methoden, die der mathematisch-physikalischen Naturwissenschaft, beherrschbaren Seins, als eines an sich bestimmten Universums, dessen faktische Bestimmungen dann die Wissenschaft zu ermitteln habe, ist uns so selbstverständlich, daß wir in ihrem Lichte jede einzelne Gegebenheit unserer Erfahrung verstehen.« Gegenüber dieser Scheinevidenz empfahl Husserl den »Rückgang auf die ›Lebenswelt‹, d. i. die Welt, in der wir immer schon leben, und die den Boden für alle Erkenntnisleistung abgibt und für alle wissenschaftliche Bestimmung.« Die Schrift sprach auch von einem die Urteilsanalyse leitenden »Erkenntnisinteresse« und verstand darunter den von der Lebenserfahrung affizierten »Willen zur Erkenntnis, sei es nun um ihrer selbst willen oder im Dienste eines praktischen Zieles.«[2]

Mit der Verbindung von Lebenswelt und logischem Urteil hatte Husserl, wenn auch zaghaft, an eine ältere, dem Positivismus weit vorgelagerte Tradition angeknüpft, die sich bei Cicero in der Unterscheidung zwischen »ars inveniendi« und »ars iudicandi« und bei Vico in der Gegenüberstellung von umgangssprachlicher »Topik« und formallogischer »Kritik« niedergeschlagen hatte.[3] Neu formuliert und neu fundiert trat dieses Erbe bei Heidegger energisch in den Mittelpunkt philosophischen Denkens – vielleicht zunächst mit einem Übergewicht der lebensweltlichen Erfahrung gegenüber formaler Logik, des vorprädikativen »Vorverständnisses« gegenüber kritischer Erkenntnis. Durch die Betonung der Lebenswelt wurde die subjektive Bewußtseinsproblematik, zusammen mit dem überlieferten Leib-Geist oder Subjekt-Objekt Dilemma, jedenfalls ganz in den Hintergrund gedrängt. Im Blickfeld von *Sein und Zeit* bedeutete menschliche »Welt« weder eine äußere, der empirischen Forschung unterliegende Umwelt noch eine subjektiv-willkürliche Erfindung oder Konstruktion. Menschliche Erfahrung war dabei gelenkt durch tiefsitzende, der Erkenntnis vorgeschaltete Erlebnisstrukturen, besonders durch die Kategorie der »Sorge« in ihren verschiedenen Manifestationen. Heideggers Denken weist übrigens einige weitere Akzente auf, die im Hinblick auf *Erkenntnis und Interesse* relevant sind. In seinen Überlegungen zum Thema »Technik« hat er eindringlich die Gefahren einer entfesselten Rationalität für menschliches Zusammenleben und für die Stellung des Menschen in der Natur dargelegt. Im Brief »Über den Humanismus« wird der Kernpunkt des marxistischen Materialismus in der Zuschneidung der menschlichen Seinserfahrung auf »Arbeit« und technische Produktion gesehen. Im gleichen Brief findet sich auch eine kritische Anmerkung zu Hegels Identitätsphilosophie und System des absoluten Geistes – eine Anmerkung, die von der durch Kojève angeregten existenzialphänomenologischen Schule sekundiert und unterstrichen wird. »Es gibt aber auch nicht nur, wie Hegel meint,« schreibt Heidegger, »eine Systematik, die das Gesetz ihres Denkens zum Gesetz der Geschichte machen und diese zugleich in das System aufheben könnte.«[4]

Die Wiederentdeckung der lebensweltlichen und umgangssprachlichen Topik, so kann man heute sagen, blieb nicht auf die deutsche oder kontinentaleuropäische Philosophie phänomenologischer Observanz beschränkt (obwohl von hier aus sicherlich die ersten und wichtigsten Impulse ausgingen). Inzwischen hat sich auch in der Hochburg des zeitgenössischen Positivismus – im Bannkreis des logischen Empirismus und der analytischen Philosophie – eine gegenläufige Bewegung herausgeschält, die dem Bedürfnis nach »explanation« und »verification« mit mehr oder weniger Schärfe den »context of discovery« zur Seite stellt. Andeutungsweise zeichnete sich diese Bewegung zunächst im logisch-empirischen Lager ab, in dem Grade, in dem Vertreter gegenüber bloßer Tatsachensammlung zusehends die Bedeutung heuristischer Modelle und theoretischer Erklärungsschemen hervorhoben; jedoch galten heuristische Entwürfe allenfalls als Sache psychologischer Begabung und privaten Einfallsreichtums und unterlagen insofern nicht weiter der erkenntnistheoretischen Reflexion. Mit größerer Konsequenz widmeten sich die Schüler Wittgensteins und besonders die Analytiker der Umgangssprache der Eruierung der lebensweltlich-topischen Dimension. Wissenschaftliche Forschung aus dieser Perspektive setzt notwendig einen Verständigungskontext oder ein funktionierendes »Sprachspiel« voraus – ein Sprachspiel, das (privater Erfindung entzogen oder vorgeschaltet) von einer zuständigen Forschungsgemeinschaft eingeübt und praktiziert wird. Der sprachliche Kontext bestimmt dabei nicht allein die Genealogie der Erkenntnis, sondern stellt auch einschlägige Rahmen für wissenschaftliche Erklärung und Verifikation bereit. Das umgangssprachliche Argument weicht freilich in einem wichtigen Punkt von der existentialphänomenologischen Formulierung ab: in der Darstellung der meisten Analytiker erscheinen Sprachspiele und Forschungsparadigmen als soziologisch-historische Faktoren, die ihrerseits empirische Erklärung erheischen.[5]

Die skizzierte Parallele von Phänomenologie und umgangssprachlicher Analyse hat in jüngerer Zeit einen regen Austausch zwischen bisher feindlichen oder sich doch verständnislos gegenüberstehenden Geistesrichtungen begünstigt. Dieser Umstand, so darf man annehmen, war für die Resonanz von *Erkenntnis und Interesse* keinesfalls belanglos. In gewissem Grade treibt die Schrift selbst das Rapprochement von angelsächsischem und kontinentaleuropäischem Denkstil voran. Allerdings erfolgt der Brückenschlag auf weniger unmittelbare Weise, als man vielleicht hätte erwarten mögen: weder Heidegger noch Wittgenstein noch deren Schulen kommen in *Erkenntnis und Interesse* zur Sprache. Die phänomenologische Perspektive wird am Exempel von Diltheys Verstehenslehre abgehandelt (wobei Dilthey weitgehend aus einer durch Gadamer angeregten Sicht interpretiert wird). Für die topische Dimension naturwissenschaftlicher Forschung rekurriert Habermas auf das Denken von Charles S. Peirce, besonders auf seine Lehre von der paradigmatischen Rolle der Kommunikation in der »Gemeinschaft der Forschenden« (wobei »Gemeinschaft« der Tendenz nach weniger auf einen empirischen Faktor, als auf einen transzendental-hermeneutischen Horizont verwies).[6] Trotz der Beschränkung auf zeitlich zurückliegende Präzedenzfälle deuten Habermas' Ausführungen doch die allgemeine Richtung an, in der sich eine Annäherung zwischen empiristischem und hermeneutischem Erbe ins Auge fassen läßt.

Der angebahnte Brückenschlag bezieht sich übrigens nicht nur auf territorial begrenzte Traditionen und Geistesrichtungen. In beträchtlichem Grade verbergen sich hinter der geographischen Differenz bevorzugte Forschungsrichtungen oder akademische Disziplinen und besonders die vielbeschworene Unterscheidung zwischen »Natur-« und »Geisteswissenschaften«. Auf diesem Hintergrund entfaltet *Erkenntnis und Interesse* die Thematik der Einheit des Wissens oder einer neuen Wissensenzyklopädie, in Abgrenzung sowohl gegenüber der zunehmenden Spezialisierung und Verzettelung der Forschung wie auch gegenüber den imperialistischen Allüren einzelner Wissenszweige. Durch die Berücksichtigung der kommunikativen Interaktion und der hermeneutischen Sinndeutung nimmt die Schrift frontal Stellung gegen die Prätentionen der »Einheitswissenschaft« mit ihrer Ambition, alle Wissensformen auf den Kanon naturwissenschaftlicher Methode festzulegen. Durch die Betonung naturwüchsiger und nicht-intendierter Kausalzusammenhänge setzt sich *Erkenntnis und Interesse* gleichermaßen vom »Universalitätsanspruch« einer auf subjektiv gemeinten Sinn sich versteifenden Hermeneutik und Existenzialphänomenologie ab. Neben empirisch-analytischer Forschung und hermeneutischer Interpretation detailliert die Studie übrigens noch als weitere Alternative den Bereich der kritischen Sozialwissenschaft und der Ideologiekritik: einen Ansatz, der sich – in Anlehnung an die Psychoanalyse – um die Erforschung blinder Sozialzwänge und tiefsitzender Verhaltensstrukturen mit dem Ziel therapeutischer Sinnerhellung bemüht. Man braucht kaum hinzuzufügen (der Zusammenhang von Erkenntnis- und Gesellschaftstheorie wird von Habermas wiederholt unterstrichen), daß sich die Ablehnung einseitig imperialistischer Ansprüche mit der Ablehnung entsprechender Gesellschaftsmodelle – etwa der Technokratie oder des subjektivistischen Arnarchismus – deckt.

In der Skizzierung einer breitgefächerten und ausgewogenen Erkenntnislehre – und einer damit kongruenten Gesellschaftsperspektive – bekundet sich die eigenständige Bedeutung des Habermasschen Projekts gegenüber parallelen oder vergleichbaren Geistesrichtungen unserer Zeit. Diese Eigenständigkeit tritt auch im Verhältnis zum unmittelbaren Nährboden seines Denkens zutage: dem der Frankfurter Schule und des dadurch vermittelten marxistischen Erbes. Der Begriff des »Interesses« spielte bekanntlich im Marxismus von Anbeginn eine tragende Rolle – wobei »Interesse« im Gegensatz zum individualistischen Akzent bürgerlicher und marktwirtschaftlicher Konzeptionen als wesentlich gesellschaftlich bedingt und strukturiert gesehen wurde; die Herausarbeitung differenzierter, vorprädikativer »Erkenntnisinteressen« vermißt man aber in dieser Tradition.[7] Manche der in *Erkenntnis und Interesse* bezogenen Positionen finden sich bei den Gründern der Frankfurter Schule vorgezeichnet; abgesehen vom Hang zum Aphorismus waren die Argumente der Gründer aber selten in einen erkenntnistheoretischen Zusammenhang integriert. Die Gefahren einer einseitig auf Herrschaft zugeschnittenen instrumentellen Vernunft wurden von Adorno und Horkheimer bekanntlich als Auswirkungen einer langfristigen »Dialektik der Aufklärung« herausgearbeitet; damit in Verbindung steht auch beider Ablehnung eines eng an Arbeit und Produktivität ausgerichteten marxistischen Szientismus. Das Verhältnis der Gründer zu Hegel war zeitlebens zwiespältig: das Akzeptieren der dialektischen Denkweise (mit Betonung der Rolle der Negation) war gedämpft durch Bedenken gegenüber der Identitätsphilosophie und der These einer Kongruenz von Vernunft und Wirklichkeit. Habermas' ambivalente Haltung zur Hermeneutik findet eine Entsprechung in Horkheimers Einschätzung der Lebensphilosophie: willkommen als Korrektur positivistischer Verflachung trug Lebensphilosophie für ihn doch weithin das Stigma des kleinbürgerlichen Subjektivismus.[8]

Umrißhaft kündigt sich die Thematik von *Erkenntnis und Interesse* nicht allein in den Schriften der Frankfurter Schule, sondern auch in Habermas' eigenem Frühwerk an. In *Strukturwandel der Öffentlichkeit* stellte Habermas die zunehmende Zersetzung der traditionellen Domäne der »Öffentlichkeit« unter dem Einfluß der bürokratischen und technischen Rationalisierung der Gesellschaft dar und sah darin einen Hauptgrund für die Atrophie praktisch-politischer Willensbildung; wirtschaftlich allenfalls als Verbraucher der Güter der Massenindustrie bedeutsam wurde der einzelne »Bürger« durch das Aufkommen der Sozialingenieure zusehends auch politisch in die Rolle des passiven Subjekts gedrängt. Die in *Theorie und Praxis* gesammelten Aufsätze boten einen breiten geschichtlichen Überblick über das wechselvolle Verhältnis von theoretischem Wissen und praktischer Zielsetzung; dabei schälte sich seit Beginn der Moderne wiederum eine zunehmende Zerklüftung und Entfremdung zwischen den beiden Komponenten heraus. Habermas' eigene Konzeption einer möglichen Wiederversöhnung von Theorie und Praxis blieb in der Sammlung allerdings etwas unklar; die beiden Bereiche waren jedenfalls noch nicht deutlich in einen lebensweltlichen Erfahrungs- und Interessenzusammenhang eingefügt. Schritte in dieser Richtung zeichneten sich in einer Studie über Hegels Vorarbeiten zur *Phänomenologie des Geistes* während der Jenenser Periode ab: Hegel sah Erkenntnis damals aus Ausfluß eines komplexen Bildungsvorganges, der sich in den drei Medien von Sprache, Arbeit und Interaktion vermittelte. Wie Habermas ausführte, gab Hegel später diese Vorstellung zugunsten der Identitätsphilosophie preis, während die marxistische Dialektik sich vornehmlich auf Vermittlung im Arbeitsprozeß beschränkte. Zur Zeit der Hegelstudie publizierte Habermas auch eine Monographie über die *Logik der Sozialwissenschaften,* worin empirisch-analytische mit phänomenologisch-hermeneutischen Ansätzen konfrontiert und die Bedingungen einer kritischen Sozialforschung erwogen wurden. Die hauptsächlichen Gesichtspunkte seiner erkenntnistheoretischen Position wurden in der Frankfurter Antrittsvorlesung vom Jahre 1965 in thesenhaft geballter Form zur Diskussion gestellt.[9]

Eine detaillierte Darstellung des Gedankengangs in *Erkenntnis und Interesse* dürfte sich im gegenwärtigen Zusammenhang erübrigen. In mehreren der hier reproduzierten Aufsätze wird der Gedankengang mehr oder weniger ausführlich rekapituliert. In seinem Nachwort zur Neuausgabe hat Habermas selbst den Argumentationsfaden in sechs zentralen Punkten zusammengefaßt. Ich beschränke mich also hier auf die wichtigsten Konturen. Die Studie im ganzen zielt auf Wiedererinnerung oder Anamnese ab; sie verfolgt den »Auflösungsprozeß der Erkenntnistheorie« und ihre Umwandlung in Wissenschaftsmethodologie in der Absicht, »die vergessene Erfahrung der Reflexion zurückzubringen.« Habermas evoziert zunächst das Erbe der kantischen Erkenntniskritik, die als Grundlage möglicher Erkenntnis transzendentale Kategorien der Reflexion aufdeckte – dabei allerdings Reflexion als abstraktes und invariantes »Bewußtsein überhaupt« begriff. Hegel radikalisierte das kantische Argument durch den Nachweis, daß Bewußtsein jeder Art sich nur in einem komplexen Bildungsprozeß konstituiert; die spätere Identifizierung von Natur und Geist und die Betonung absoluten Wissens untergruben jedoch die Legitimität erkenntniskritischer Reflexion. Das gleiche Resultat ergab sich bei Marx, der Erkenntnis ebenfalls in eine konkrete geschichtliche Genesis einfügte, diese aber auf den Prozeß der gesellschaftlichen Reproduktion der Gattung durch Arbeit reduzierte. Von der positivistischen Bewegung (von Comte bis Mach) wurde erkenntniskritische Reflexion gänzlich zugunsten einer objektivistisch-szientistischen Wissenschaftstheorie unterschlagen. Im späteren neunzehnten Jahrhundert wurde Reflexion auf die Bedingungen der Erkenntnis jedenfalls in gewissem Umfang rehabilitiert: in Peirces Aufdeckung der pragmatisch-instrumentellen Grundlagen der naturwissenschaftlichen Forschung, und in Diltheys Herausarbeitung hermeneutischer Sinndeutung als Voraussetzung praktisch-symbolischer Interaktion. Im zentralen Teil der Studie entwickelt Habermas dann die Konzeption der »Erkenntnisinteressen« als vorprädikativer Klammern, die Erkenntnis und Lebenserfahrung miteinander vermitteln; dabei präzisiert er die Ansätze Peirces und Diltheys in Richtung auf ein »technisches Interesse« an Kontrolle über Naturprozesse und ein »praktisches Interesse« an Aufrechterhaltung intersubjektiver Verständigung. Eine wirkliche Verschmelzung von Erkenntnis und Interesse findet Habermas nur im Bereich der Selbstreflexion, wo theoretische Einsicht und Streben nach Mündigkeit oder »Emanzipation« zusammentreffen. Eine ähnliche Verbindung von Wissen und therapeutischer Absicht profiliert er zum Abschluß als Leitmotiv sowohl der Psychoanalyse wie der kritischen Sozialwissenschaften.

Die vorliegende Sammlung von Besprechungen und Kommentaren kann keinesfalls Anspruch auf Vollständigkeit erheben. Die Literatur zum Thema ist zu umfangreich und wächst noch ständig an. Einige einschlägige Aufsätze sind in Monographien oder auch in anderen Sammelbänden leicht zur Hand und wurden aus diesem Grunde hier nicht wieder aufgenommen; dies gilt besonders für die Arbeiten von Theunissen, Bubner, Giegel und Gadamer.[10] Es ist meine Hoffnung, daß die getroffene Auswahl doch die hauptsächlichen Einwände und Streitpunkte berücksichtigt. Die Abfolge der Beiträge ist nicht streng systematisch; angesichts der Vielschichtigkeit der Argumente ließen sich Überschneidungen schwer vermeiden. Immerhin ist die Anordnung nicht willkürlich und folgt einem losen Leitfaden. Die einleitenden Aufsätze – von Huch, Schroyer, Flöistadt und Rusconi – dienen vor allem der Absicht sensibler Exposition und Interpretation – wobei freilich an manchen Punkten auch Bedenken und Zweifel zur Sprache kommen. Die daran anschließenden Beiträge tragen im allgemeinen einen mehr kritischen, zum Teil sogar polemischen Charakter; sie sollten im Zusammenhang mit Theunissens Studie gelesen werden, der in feinfühliger Weise in Habermas' Argument eine Zwiespältigkeit aufspürte: die Gefahr des gleichzeitigen Absinkens in Naturalismus und Subjektivismus. Der Vorwurf des Naturalismus und Empirismus wird von Rohrmoser und Anacker aus idealistischer und theologisch-metaphysischer Sicht aufgegriffen; andererseits sind Lobkowicz und Krüger gerade über den Mangel empirisch-realistischer Objektivität und über das Vorwiegen subjektiver Prämissen besorgt. Hahn und Therborn attackieren Habermas' angeblich subjektiv-idealistische Neigungen im Namen eines mehr oder weniger orthodoxen (im Falle Therborns strukturalistisch gefärbten) Marxismus und Materialismus. Über den Konflikt von Subjektivismus und Objektivismus hinaus zielen die Arbeiten von Evans, Kisiel und Böhler (besonders dessen Postskript), in denen Habermas mit der Gedankenwelt Husserls, Heideggers und Gadamers konfrontiert wird. Die Problematik emanzipatorischer Praxis und einer darauf aufbauenden kritischen Sozialforschung wird in den Aufsätzen von Apel und Badura und im Hauptteil von Böhlers Beitrag durchleuchtet, während Nichols das psychoanalytische Modell auf seine wissenschaftstheoretische Haltbarkeit hin untersucht.

Anmerkungen

1 Vgl. *Einleitung zur Neuausgabe: Einige Schwierigkeiten beim Versuch, Theorie und Praxis zu vermitteln*, in *Theorie und Praxis: Sozialphilosophische Studien*, vierte erweiterte Aufl., Frankfurt 1971, S. 9-47; *Nachwort (1973)* zu *Erkenntnis und Interesse*, Frankfurt 1973, S. 367-417. Die englische Ausgabe, von Jeremy J. Shapiro übersetzt, erschien bei Beacon Press in Boston (1971).
2 Edmund Husserl, *Erfahrung und Urteil: Untersuchungen zur Genealogie der Logik*, redigiert und hrsg. von Ludwig Landgrebe, Hamburg 1972, S. 38, 40, 232. Die Schrift unterscheidet sich von Habermas' Ansatz m. E. vor allem in drei Punkten: Erkenntnis wird bei Husserl immer noch vorwiegend als Ich-Aktivität und -Leistung verstanden; Erkenntnis bezieht sich auf Erfassung des Bereichs des objektiv Seienden in der Welt (beschränkt sich damit weithin auf theoretische Vernunft); das Erkenntnisinteresse ist als aktiver Wille von der vorprädikativen Erfahrungsevidenz abgesondert.
3 Vgl. hierzu Karl-Otto Apel, *Die Idee der Sprache in der Tradition*

des Humanismus von Dante bis Vico, Bonn 1963 (*Archiv für Begriffs-geschichte*, Bd. 8), S. 138 ff.

4 Vgl. Martin Heidegger, *Über den Humanismus*, Frankfurt 1949, S. 23, 27.

5 Vgl. Norwood R. Hanson, *Patterns of Discovery*, Cambridge University Press, Cambridge 1958; Thomas S. Kuhn, *The Structure of Scientific Revolutions*, 2. revid. Aufl., University of Chicago Press, Chicago 1970. Für eine Gegenüberstellung von Poppers heuristischem Kritizismus und Empirismus und Kuhns Paradigmenlehre s. Imre Lakatos und Alan Musgrave, Hrsg., *Criticism and the Growth of Knowledge*, Cambridge University Press, Cambridge 1970.

6 Für eine Würdigung Peirces aus transzendental-hermeneutischer Sicht vgl. Karl-Otto Apel, *Charles S. Peirce, Schriften I: Zur Entstehung des Pragmatismus*, Frankfurt 1967, S. 11-153, und *Charles S. Peirce, Schriften II: Vom Pragmatismus zum Pragmatizismus*, Frankfurt 1970, S. 10-211. Für eine Gegenüberstellung von angelsächsischer und kontinentaleuropäischer Philosophie s. Gerard Radnitzky, *Contemporary Schools of Metascience*, 2. revid. Aufl., Göteborg 1970.

7 Für die Bedeutungsgeschichte vgl. bes. Hartmut Neuendorff, *Der Begriff des Interesses: Eine Studie zu den Gesellschaftstheorien von Hobbes, Smith und Marx*, Frankfurt 1973.

8 Die enge Liaison der Gründer mit der psychoanalytischen Bewegung braucht kaum erwähnt zu werden. Für eine kompetente geistesgeschichtliche Darstellung der Frankfurter Schule vgl. Martin Jay, *The Dialectical Imagination: A History of the Frankfurt School and the Institute of Social Research, 1923-1950*, Little, Brown and Company, Boston 1973; eine knappe Zusammenfassung findet sich in seinem Aufsatz »The Frankfurt School and the Genesis of Critical Theory«, in Dick Howard und Karl Klare, Hrsg., *The Unknown Dimension: European Marxism Since Lenin*, Basic Books, New York 1972, S. 225-248.

9 Vgl. *Strukturwandel der Öffentlichkeit: Untersuchungen zu einer Kategorie der bürgerlichen Gesellschaft*, Neuwied 1962; *Theorie und Praxis*, Neuwied 1963; *Arbeit und Interaktion; Bemerkungen zu Hegels Jenenser ›Philosophie des Geistes‹*, und *Erkenntnis und Interesse*, in *Technik und Wissenschaft als »Ideologie«*, Frankfurt 1968, S. 9-47, 146-168; *Zur Logik der Sozialwissenschaften* (1967), Frankfurt 1970.

10 Vgl. Michael Theunissen, *Gesellschaft und Geschichte: Zur Kritik der kritischen Theorie*, Walter de Gruyter & Co., Berlin 1969; Rüdiger Bubner, »Was ist kritische Theorie?«, Hans Joachim Giegel, »Reflexion und Emanzipation«, und Hans-Georg Gadamer, »Replik«, in Karl-Otto Apel u. a., *Hermeneutik und Ideologiekritik*, Frankfurt 1971, S. 160-209, 244-282, 283-317.

Kurt Jürgen Huch
Interesse an Emanzipation
Jürgen Habermas und das Problem
einer materialistischen Erkenntnistheorie

I

»Die ›Idee‹ blamierte sich immer, soweit sie von dem ›Interesse‹ unterschieden war«, schreibt Marx im VI. Kapitel der *Heiligen Familie*[1] gegen Bruno Bauers These, »alle großen Aktionen der bisherigen Geschichte« seien »von vornherein verfehlt« gewesen, »weil die Masse sich für sie interessiert und enthusiasmiert hatte« und weil ihre leitende Idee »von der Art war, daß sie sich mit einer oberflächlichen Auffassung begnügen, also auch auf den Beifall der Masse rechnen mußte«.[2] Die Idee blamiert sich immer dann, d. h. sie wird zur Ideologie, wenn die Praxis, die sich auf sie beruft, ihrem Bedeutungsinhalt widerspricht; wenn also, zum Beispiel, eine Gesellschaft die Ideen der Freiheit und der Gleichheit auf ihre Fahnen schreibt und zugleich der Mehrheit ihrer Mitglieder materielle Gleichheit und Freiheit vorenthält. »Ist also die Revolution verfehlt, so ist sie verfehlt, weil die Masse, innerhalb deren Lebensbedingungen sie wesentlich stehenblieb, eine exklusive, nicht die Gesamtheit umfassende, eine beschränkte Masse war. Nicht weil die Masse sich für die Revolution ›enthusiasmierte‹ und ›interessierte‹, sondern weil der zahlreichste, der von der Bourgeoisie unterschiedene Teil der Masse in dem Prinzip der Revolution nicht sein wirkliches Interesse, nicht sein eigentümliches revolutionäres Prinzip, sondern *nur* eine ›Idee‹, also nur einen Gegenstand des momentanen Enthusiasmus und einer nur scheinbaren Erhebung besaß.«[3] Das Interesse der Bourgeoisie geht dahin, Freiheit und Gleichheit als *reine*, von natürlichen Interessen geläuterte Ideen erscheinen zu lassen, weil sie als solche zweierlei wirksam zu verschleiern vermögen: daß es in der bürgerlichen Gesellschaft konkrete Freiheit und Gleichheit nur für die Bourgeoisie gibt und daß di e Ideen notwendig Ausdruck und Gegenstand eines *allgemeinen* Interesses sind.

Wie mit Freiheit und Gleichheit, so verhält es sich mit allen übrigen Ideen. Der Platonische Kosmos verdankt seine regulative Gewalt über die Welt des Kontingenten der Tatsache, daß er ihr gerade nicht von Ewigkeit her als reine Transzendenz gegenübersteht, sondern Resultat eines Abstraktionsprozesses ist, in welchem, was dann Idee heißt, allererst von Kontingenz gereinigt wurde. Wenn der Mensch sich im Eros, »durch Negation alles Diffusen, Nichtidentischen, Sinnlichen«[4], zur Idee erhebt, so vollzieht er diesen Abstraktionsprozeß in sich selbst nach. »Der Eros aber kann zwischen dem Göttlichen und dem Menschlichen nur vermitteln, weil beide sich derselben Genesis verdanken und Sein hier wie dort Identität bedeutet, der Mensch also in Gott die eigene Identität zu lieben vermag.«[5] Die göttliche Idee ist das invariante Korrelat, dessen die menschliche Identität, die an der Überwindung des dämonischen Zeitalters gewachsen, aber noch immer wenig gefestigt ist, zu ihrer Stabilisierung bedarf. Solches Interesse an stabiler Identität, das die Konstitution eines ewigen Ideenkosmos (durch die Philosophie) erst stiftete, schließt jedoch das Interesse an dessen objektiver Geltung ein. »Wäre die Identität des reinen Seins als ein objektivistischer Schein durchschaut worden, hätte sich die Identität des Ich an ihr nicht formieren können. Daß das Interesse verdrängt wird, gehört noch zu diesem Interesse selber.«[6]

II

Was in diesem Zusammenhang, und primär bei Habermas, ›Interesse‹ heißt, ist weder eine psychologische noch eine ästhetische oder eine politisch-ökonomische Kategorie; es ist überhaupt keine empirische, sondern eine *transzendentale* Bestimmung. Interessen sind, Habermas zufolge, »Grundorientierungen, die an bestimmten fundamentalen Bedingungen der möglichen Reproduktion und Selbstkonstituierung der Menschengattung, nämlich an Arbeit und Interaktion, haften«.[7]

Der Begriffe Arbeit und Interaktion hat sich Habermas beim frühen Hegel versichert[8], in dessen *Jenenser Realphilosophie* eine eigentümliche, in späteren Systementwürfen aufgegebene Konzeption vom Bildungsprozeß des selbstbewußten Geistes entfaltet wird. Während Kant unter dem Titel einer ursprünglich-synthetischen Einheit der transzendentalen Apperzeption von einer reinen, sich auf sich beziehenden Ich-Identität ausgeht und auch Fichte mit dem Begriff des sich setzenden Ich, das bei seinem Anderen zugleich bei sich selbst ist, die Sphäre der ›einsamen‹ Reflexion nicht überschreitet, nimmt Hegel ein komplementäres Verhältnis zweier sich erkennender Individuen als ursprünglich an. Diese Annahme ist keine willkürliche Konstruktion, sondern ergibt sich aus der alltäglichen Erfahrung, daß jedes individuelle Selbstbewußtsein sich erst auf der Basis wechselseitiger Anerkennung bildet. Individuation ist zugleich Sozialisation, und umgekehrt. Was beide Prozesse, was das einzelne wie das Allgemeine umgreift und ermöglicht, ist bei Hegel der Geist. Sein Träger ist die Familie. Sie ist das Medium, in dem sich kommunikatives Handeln, Interaktion vollzieht und, als deren Resultat, die Identität des Selbstbewußtseins formiert. Bei dieser Formierung sind aber noch zwei andere Kategorien wesentlich: Sprache und Arbeit. Die *Sprache* scheidet Bewußtsein und natürliches Sein. Das Individuum tritt von den Dingen zurück und vermag doch mittels seiner Symbole jederzeit wieder bei ihnen zu sein. Es ist ebensosehr bei den Dingen wie bei sich selbst. Wie die Sprache das Diktat der unmittelbaren Anschauung bricht und das Chaos der mannigfaltigen Empfindungen zu identifizierbaren Gegenständen organisiert, so bricht die *Arbeit* das Diktat der unmittelbaren Begierde. Auch in ihr tritt das Individuum von den Dingen zurück: mittels seiner Werkzeuge. In den Instrumenten sedimentiert sich die Erfahrung, die es mit den Objekten seiner Begierde gemacht hat; sie sind das Allgemeine gegenüber den ephemeren Befriedigungen – so, wie die sprachlichen Symbole das Bleibende gegenüber den vergänglichen Wahrnehmungen sind. Die Symbole ermöglichen das Wiedererkennen desselben; die Instrumente halten die Regeln fest, nach denen die Unterwerfung der Natur beliebig wiederholt werden kann. – Sprache ist jedoch von Interaktion nicht zu trennen. Ohne sie ist kommunikatives Handeln undenkbar, insofern, als erst die allgemein, intersubjektiv geltenden und konstanten Bedeutungen Orientierungen auf Gegenseitigkeit, also komplementäre Verhaltenserwartungen gestatten. Die gegenseitige Anerkennung der Individuen, die Sozialisation setzt sprachliche Verständigung voraus; für die Familie und, in weiterer Konsequenz, die Gesellschaft ist sie Conditio sine qua non.

Arbeit und Interaktion, instrumentales und kommunikatives Handeln, technische Verfügung über Naturprozesse und lebenspraktische, intersubjektive Verständigung sind die Bedingungen, unter denen sich das Selbstbewußtsein der Menschengattung ursprünglich konstituiert. Sie haben in gleicher Weise deren Selbsterhaltung ermöglicht wie ihre Entwicklung über bloße Selbsterhaltung hinausgetrieben. Diese Entwicklung zu höheren Formen der Vergesellschaftung schreibt die philosophische Anthropologie traditionellerweise der fortschreitenden *Erkenntnis* zu. Das ist nicht a priori falsch; wie Habermas jedoch demonstriert, greift ein solcher Ansatz zu kurz: er läßt außer acht, daß die Erkenntnisprozesse, an die Vergesellschaftung allerdings gebunden ist, ihrerseits von spezifischen Orientierungen abhängig sind, innerhalb welcher die zu erkennende Realität notwendig erscheint. Das erkennende Bewußtsein ist insoweit nicht, wie der Deutsche Idealismus glauben mochte, ›frei‹; die Vermittlung von Subjekt und Objekt ist nicht Resultat *seiner* Synthesis, sondern je schon durch die Einstellung auf technische Verfügung und lebenspraktische Verständigung hergestellt. Sofern die Gattung in ihrer Existenz und Reproduktion auf diese angewiesen ist, an ihrer Erweiterung also vital interessiert sein muß, bezeichnen sie *Interessen,* durch welche der Objektbereich möglicher Erkenntnis transzendental definiert ist.

III

Von einer bestimmten Entwicklungsstufe an muß, wenn der Bildungsprozeß der Gattung nicht in Gefahr geraten soll, Erkenntnis die Gestalt methodischer Forschung, organisierter Wissenschaft annehmen. Die Moderne kennt wesentlich zwei Typen von Wissenschaften: empirisch-analytische, ›Natur‹-, und historisch-hermeneutische, ›Geistes‹-Wissenschaften. Zu deren Selbstverständnis gehört indes nicht zuletzt der Anspruch, von dogmatischen Positionen und natürlichen Lebensinteressen unbeeinflußt zu prozedieren. Inwiefern liegen ihnen trotzdem erkenntnisleitende Interessen zugrunde?

Habermas ist dieser Frage in seiner Frankfurter Antrittsvorlesung *Erkenntnis und Interesse*[9] nachgegangen. Die empirisch-analytischen Wissenschaften, so zeigt die Untersuchung, koinzidieren auf eigentümliche Weise mit der antiken Ontologie: wie diese auf der objektiven Realität der Ideen insistiert, die sie selbst ursprünglich geschaffen hat, so halten jene daran fest, daß mit den ›Tatsachen‹, wie sie sich empirisch darstellen, ein evident Unmittelbares ohne subjektive Zutat gegeben sei – wiewohl doch der Rahmen, in dem die ›Tatsachen‹ erscheinen, in der Regel die *kontrollierte* Beobachtung ist, bei der Anfangsbedingungen erzeugt und die Erfolge der dabei ausgeführten Operationen gemessen werden. Konstituieren sich die erfahrungswissenschaftlich relevanten Tatsachen also erst mittels einer vorgängigen Organisation der Erfahrung, so darf gefragt werden, unter welchem Gesichtspunkt diese Organisation vollzogen wird. Darauf läßt sich sinnvollerweise nur antworten: unter dem des Interesses an informativer Sicherung und Erweiterung erfolgskontrollierten instrumentalen Handelns, also an jederzeit und überall möglicher technischer Verfügung über vergegenständlichte Naturprozesse. – Die historisch-hermeneutischen Wissenschaften orientieren sich in einem anderen Bezugssystem. Statt der Beobachtung bedienen sie sich des ›Sinnverstehens‹, um zu den Tatsachen zu gelangen. Der Interpret ›fühlt sich ein‹; er versetzt sich in den Horizont der Welt oder der Sprache, aus der ein überlieferter Text seinen jeweiligen Sinn bezieht. Aber auch hier konstituieren sich die Tatsachen nicht unabhängig von den Standards ihrer Feststellung. Wie bei den empirisch-analytischen Wissenschaften der Zusammenhang von Meßoperationen und Erfolgskontrollen, so wird bei den hermeneutischen das an der Ausgangssituation haftende Vorverständnis des Interpreten unterschlagen, durch das hermeneutisches Wissen stets vermittelt ist. Denn der Interpret versteht seinen Text nur in dem Maß, als sich mit ihm zugleich seine eigene Welt erschließt. Er stellt eine Kommunikation zwischen dieser und der durch den Text tradierten Welt her; er erfaßt den Gehalt des Tradierten, indem er die Tradition auf sich und seine Situation anwendet. Die hermeneutische Forschung verbindet auf spezifische Weise Auslegung mit Applikation; das legt den Schluß nahe, daß sie die Wirklichkeit unter dem leitenden Interesse an der

Sicherung und Erweiterung intersubjektiver, lebenspraktischer Verständigung, am Konsensus von im Rahmen einer tradierten Kommunikation Handelnden erschließt.

Das Selbstverständnis der modernen, positivistisch verfahrenden Natur- und Geisteswissenschaften schließt jedoch die
Reflexion auf die ihnen zugrundeliegenden Erkenntnisinteressen aus, in gleicher Weise die Reflexion auf die für die
Beschaffenheit der ›Tatsachen‹ konstitutive Rolle des erkennenden Subjekts. Es kennt überhaupt keine erkenntniskritische Infragestellung des eigenen Tuns. Für den Positivismus
ist die Existenz der Wissenschaften eine Tatsache unter Tatsachen, die ihren Sinn in sich trägt; der Sinn von Erkenntnis ist
durch die – allerdings grandiose – Leistung der modernen
Wissenschaften definiert. Mit der Bildung dieses Selbstverständnisses ist nicht zufällig die Auflösung der *Erkenntnistheorie* und ihre Überführung in Methodologie, in Wissenschaftstheorie einhergegangen. Ebendieser Vorgang ist es,
den Habermas in seinem Buch *Erkenntnis und Interesse* nach-
zeichnet:

»Ich unternehme den historisch gerichteten Versuch einer
Rekonstruktion der Vorgeschichte des neueren Positivismus in
der systematischen Absicht einer Analyse des Zusammenhangs von Erkenntnis und Interesse. Wer dem Auflösungsprozeß der Erkenntnistheorie, der an ihrer Stelle Wissenschaftstheorie zurückläßt, nachgeht, steigt über verlassene Stufen
der Reflexion. Diesen Weg aus einer auf den Ausgangspunkt
zurückgewendeten Perspektive wieder zu beschreiten, mag
helfen, die vergessene Erfahrung der Reflexion zurückzubringen. Daß wir Reflexion verleugnen, *ist* der Positivismus.«[10]

IV

›Erkenntnistheorie‹ ist die retrospektive, erst im 19. Jahrhundert aufgekommene Bezeichnung für eine Sache, die eigentlich die Sache der neueren Philosophie überhaupt ist: für die
Frage nach der Möglichkeit zuverlässiger Erkenntnis. Kant
hat sie zuerst in dieser transzendentalen Form gestellt und
damit der Erkenntnistheorie zum Bewußtsein ihrer selbst ver-
holfen. Er geht von einer Erkenntnis aus, die ihm prototypisch
für Wissenschaft scheint: der mathematischen und der physi-
kalischen, und unternimmt es, die Organisation des dort

offenbar bewährten Erkenntnisvermögens zu untersuchen. Das bedeutet aber, daß der Kritizismus so kritisch gar nicht ist, wie er auftritt: er supponiert vorbehaltlos die normative Geltung einer ganz bestimmten Kategorie von Erkenntnis und will alle übrige, vorab die metaphysische, an ihr orientieren. Die Erkenntniskritik hat sich, ehe sie ihr Geschäft beginnt, bereits für eine besondere Art von Erkenntnis als die allein wahre entschieden und verzichtet darauf, *diese* Entscheidung selbst zum Gegenstand der Kritik zu machen. Aber jene normative Geltung kommt der mathematisch-naturwissenschaftlichen Erkenntnis nicht je schon zu; sie ist geschichtlich vermittelt. »Die Erkenntnistheorie vermeint, nichts in Anspruch zu nehmen als ihren reinen Vorsatz, radikal zu zweifeln. In Wahrheit stützt sie sich auf ein kritisches Bewußtsein, das Resultat eines ganzen Bildungsprozesses ist. So ist sie Nutznießerin einer Reflexionsstufe, die sie nicht eingesteht und darum auch nicht legitimieren kann.«[11]

Die Hegelsche *Phänomenologie des Geistes,* die auf dieser Einsicht basiert, sucht den Bildungsprozeß des kritischen Bewußtseins, »die ausführliche Geschichte der Bildung des Bewußtseins selbst zur Wissenschaft«[12], zu rekonstruieren. Sie geht hinter die unausgesprochenen Voraussetzungen der Kantischen Erkenntnistheorie zurück: die Voraussetzung eines normativen Begriffs von Wissenschaft, eines ebenso normativen Begriffs vom Erkenntnissubjekt und einer starren Trennung zwischen theoretischer und praktischer Vernunft. Der Nachvollzug des Bildungsprozesses erweist Naturwissenschaft als *eine* der Formen des ›erscheinenden Wissens‹; ebenso wird die transzendentale Einheit des Selbstbewußtseins, die Kant zur Schiedsinstanz in Fragen reiner Vernunfterkenntnis bestellt hatte, zu *einer* der Gestalten des erscheinenden Geistes herabgesetzt. Das heißt, sie wird – durch ›bestimmte Negation‹ – ihrer relativen Unwahrheit überführt; sie ist als Moment des Bildungsprozesses kein absolut Gewisses, in dem dieser zum Stillstand käme.

Gleichwohl ist auch Hegel in den Kantischen Fehler verfallen, einen bestimmten Begriff von Wissenschaft zum allein maßgebenden zu deklarieren: am Ende der *Phänomenologie* identifiziert er das kritische Bewußtsein der Erkenntnistheorie mit dem ›absoluten Wissen‹. Diese Wendung kann nur so verstanden werden, daß er überzeugt ist, mit der phänomenologischen Untersuchung den erkenntniskritischen Ansatz nicht zu radikalisieren, sondern überflüssig zu machen, und davon ausgeht, daß die ›phänomenologische Erfahrung‹ sich immer schon im Medium einer absoluten Bewegung des Geistes halte und deshalb notwendig im ›absoluten Wissen‹ terminieren müsse. Aber vor der Norm des ›absoluten Wissens‹ können die Einzelwissenschaften sich nur als beschränkt, als *dessen* Einschränkungen erweisen, denen eine eigene Existenz gar nicht zukommt. »Indem sich Philosophie als die eigentliche Wissenschaft behauptet, verschwindet das Verhältnis von Philosophie und Wissenschaft« – von dem Kant ausgegangen war – »überhaupt aus der Diskussion.«[13] Erst das hat den Positivismus ermöglicht. »Ihm hätte allein Marx den Sieg streitig machen können. Denn er ist Hegels Kritik an Kant gefolgt, ohne die identitätsphilosophische Grundannahme, die Hegel an einer unzweideutigen Radikalisierung der Erkenntnistheorie hemmt, zu teilen.«[14]

Marx' erkenntnistheoretischer Ansatz zeigt sich in der ersten These gegen Feuerbach: der Hauptmangel alles bisherigen Materialismus sei, »daß der Gegenstand, die Wirklichkeit, Sinnlichkeit nur unter der Form des Objekts oder der Anschauung gefaßt wird; nicht aber als sinnlich menschliche Tätigkeit, Praxis, nicht subjektiv«.[15] Der Begriff der ›sinnlich menschlichen Tätigkeit‹ zielt auf die *Konstitution* der Gegenstände, welche als natürliche mit der Natur das Moment des Ansichseins teilen, durch die Tätigkeit des Menschen aber zugleich erzeugte Gegenstände sind. Menschliche Tätigkeit wird von Marx als transzendentale Leistung begriffen, die jedoch in realen Arbeitsprozessen fundiert ist. »Subjekt der Weltkonstitution ist nicht ein transzendentales Bewußtsein überhaupt, sondern die konkrete Menschengattung, die unter natürlichen Bedingungen ihr Leben reproduziert.«[16] Das heißt, die ›sinnlich menschliche Tätigkeit‹ schafft sowohl die faktischen Bedingungen für die Reproduktion des Lebens wie die transzendentalen Bedingungen der möglichen Objektivität von Gegenständen der Erfahrung; sie reguliert den ›Stoffwechsel zwischen Mensch und Natur‹ und konstituiert in eins damit eine Welt. Und in dem Maß, in dem die Gattung sich als Träger dieser Tätigkeit transparent wird, setzt sie, erzeugt sie sich zugleich als gesellschaftliches Subjekt. In diesem Sinn hat Marx die Hegelsche Kantkritik materialistisch eingeholt: »Die Identität des Bewußtseins, die Kant als Einheit des transzendentalen Bewußtseins verstanden hat, ist *erarbeitete* Identität.«[17]

Gerade hierin, in der Marxschen Annahme einer Selbstkonstitution der Menschengattung *allein* durch Arbeit, liegt aber eine merkwürdige Einseitigkeit. Denn in seiner Gesellschaftstheorie hat Marx neben den Produktivkräften sehr wohl auch die Produktionsverhältnisse, die Momente von Herrschaft und Ideologie berücksichtigt; in das philosophische Bezugssystem aber wird diese Seite der Praxis nicht einbezogen. »In seinen inhaltlichen Analysen begreift Marx die Gattungsgeschichte unter Kategorien der materiellen Tätigkeit *und* der kritischen Aufhebung von Ideologien, des instrumentalen Handelns *und* der umwälzenden Praxis, der Arbeit *und* der Reflexion in einem; aber Marx interpretiert, was er tut, in dem beschränkteren Konzept einer Selbstkonstitution der Gattung allein durch Arbeit.«[18] Das impliziert, daß die Entwicklung der Produktivkräfte, der Fortschritt von Wissenschaft und Industrie eo ipso zur Emanzipation eines selbstbewußten, den Produktionsprozeß beherrschenden Gesamtsubjekts führen müßte. Aber gerade einen derartigen Saint-Simonismus hat Marx kompromißlos bekämpft. Der Blick in die Geschichte belehrte ihn, daß der gesellschaftliche Produktionsprozeß nicht unabhängig von dem institutionellen Rahmen betrachtet werden kann, in dem er erscheint. Und dieser Rahmen ist nicht ein unmittelbares Resultat von Arbeitsvorgängen; er repräsentiert nicht unmittelbar eine Stufe der technologischen Entwicklung, sondern ein Verhältnis sozialer Gewalt, nämlich die Macht einer sozialen Klasse über eine andere. »Die Emanzipation von äußerer Naturgewalt verdankt eine Gesellschaft den Arbeitsprozessen, nämlich der Erzeugung technisch verwertbaren Wissens ...; die Emanzipation vom Zwang der internen Natur gelingt im Maße der Ablösung gewalthabender Institutionen durch eine Organisation des gesellschaftlichen Verkehrs, die einzig an herrschaftsfreie Kommunikation gebunden ist. Das geschieht nicht unmittelbar durch produktive Tätigkeit, sondern durch die revolutionäre Tätigkeit kämpfender Klassen ... Beide Kategorien von gesellschaftlicher Praxis zusammengenommen ermöglichen, was Marx, Hegel interpretierend, den Selbsterzeugungsakt der Gattung nennt.«[19]

Die Reduktion dieses Selbsterzeugungsaktes auf Arbeit hat, Habermas zufolge, der positivistischen Verkümmerung von Erkenntnistheorie endgültig den Weg geebnet. Denn sie führt in der Konsequenz, wie bei Kant und Hegel, zur Etablierung einer bestimmten Kategorie von Wissenschaft als normativer. Darüber, welche Kategorie dies sei, kann es schwerlich Zweifel geben, betrachtet Marx doch »die gesellschaftliche Bewegung als einen naturgeschichtlichen Prozeß, den Gesetze lenken, die nicht nur von dem Willen, dem Bewußtsein und der Absicht der Menschen unabhängig sind, sondern vielmehr umgekehrt deren Wollen, Bewußtsein und Absichten bestimmen«.[20] Marx hat stets, um die Wissenschaftlichkeit seiner Analysen zu demonstrieren, diese Analogie zu den Naturwissenschaften betont. Seine frühe, in den *Pariser Manuskripten* dargelegte Intention hat er nie explizit revidiert: »Die Naturwissenschaft wird später ebensowohl die Wissenschaft von dem Menschen, wie die Wissenschaft von dem Menschen die Naturwissenschaft unter sich subsumieren: es wird *eine* Wissenschaft sein.«[21] Diese eine, diese Universalwissenschaft aber: der wissenschaftliche Materialismus hat bei Marx die gleiche Funktion wie das ›absolute Wissen‹ bei Hegel: er kassiert den erkenntniskritischen Ansatz. Wie bei Hegel die Wissenschaft in Philosophie, so geht bei Marx die Philosophie in Wissenschaft auf. Und dabei bleibt es für die nächsten hundert Jahre.

Der Positivismus, welcher jetzt mit Comte und Mach auf den Plan tritt, fragt nicht länger nach Bedingungen und Sinn von Erkenntnis; diese Frage ist für ihn durch die Tatsache der modernen Wissenschaften überflüssig geworden. Wissenschaftstheorie, die an die Stelle der Erkenntnistheorie tritt, hat »die prohibitive Funktion, die Forschung gegen eine erkenntnistheoretische Selbstreflexion abzuschirmen. Philosophisch an ihr ist nur das eine Moment, das zur Immunisierung der Wissenschaften gegen Philosophie nötig ist.«[22]

Der Vormarsch des Positivismus ist jedoch nicht ungebrochen verlaufen. Zwei Zeitgenossen Machs: Peirce und Dilthey haben gegen Ende des letzten Jahrhunderts Ansätze zu seiner

Selbstreflexion unternommen – Peirce innerhalb der Naturwissenschaften, Dilthey innerhalb der Geisteswissenschaften. Habermas ist diesen Ansätzen in detaillierten Analysen nachgegangen, deren Resultate wir bereits antizipiert haben; denn die Einsicht in den Zusammenhang von Erkenntnis und Interesse, welchen die Antrittsvorlesung untersucht, hat Habermas an Peirce und Dilthey gewonnen. Beide haben die Selbstreflexion der positivistisch verfahrenden Wissenschaften bis zu einem Punkt getrieben, an dem deren erkenntnisleitende Interessen, welche in *Lebenszusammenhängen* des instrumentalen und des kommunikativen Handelns wurzeln, sichtbar wurden. Aber sie haben weder den Begriff des Erkenntnisinteresses gebildet noch das, was er intendiert, eigentlich erfaßt. Denn dies wäre nur in einem Bezugsrahmen möglich gewesen, der Peirce und Dilthey fremd war: »eben innerhalb des Konzeptes einer als Bildungsprozeß begriffenen Gattungsgeschichte«.[23]

V

Habermas geht von einem solchen Konzept aus. Das befähigt ihn, jene Radikalisierung der Erkenntnistheorie wirklich zu vollziehen, zu der sich bei Hegel und Marx nur Ansätze finden, und damit die durch den Positivismus verlassene Dimension der Erkenntnistheorie neu zu erschließen. Radikale Erkenntnistheorie, so ist Habermas' These, muß notwendig die Form der *Gesellschaftstheorie* annehmen, denn weder das erkennende Subjekt noch die zu erkennende Objektivität können unabhängig vom soziohistorischen Kontext gedacht werden. Prolegomena zu einer solchen ›Erkenntnistheorie als Gesellschaftstheorie‹, also zu einer spezifisch *materialistischen Erkenntnistheorie*, hat Habermas in Anknüpfung an seine Marxkritik entwickelt.

Sie zentriert im Begriff einer materialistisch interpretierten Synthesis, der man bei Marx nicht dem Buchstaben, aber dem Sinn nach begegnet. Bei Kant, Fichte und Hegel ist Synthesis die Leistung eines transzendentalen Bewußtseins; sie bezeichnet einen logischen Zusammenhang, wie er beispielhaft in der Form des Urteils zum Ausdruck kommt. Kant rekurriert auf die formale Logik, um aus der Urteilstafel die Kategorien des Verstandes zu gewinnen; Fichte und Hegel knüpfen an die transzendentale Logik Kants an – der erstere, um aus der reinen Apperzeption die Tathandlung des absoluten Ich, der letztere, um aus den Antinomien der reinen Vernunft die dialektische Bewegung des absoluten Begriffs zu rekonstruieren. Vollzieht sich Synthesis dagegen nicht im Medium des Denkens, sondern des Arbeitens, so ist ihr Substrat nicht länger ein Zusammenhang von Sätzen, sondern das System der gesellschaftlichen Arbeit, sie selbst nicht länger eine Tätigkeit des Gedankens, sondern materielle Produktion. Diese Art Synthesis meint Marx, wenn er erklärt, »daß die vielgerühmte ›Einheit des Menschen mit der Natur‹ in der Industrie von jeher bestanden und in jeder Epoche je nach der geringeren oder größeren Entwicklung der Industrie anders bestanden hat, ebenso wie der ›Kampf‹ des Menschen mit der Natur, bis zur Entwicklung seiner Produktivkräfte auf einer entsprechenden Basis«.[24] – Nun entwickeln sich, wie Marx selbst erkannt hat, die Produktivkräfte stets unter spezifischen, ihrem jeweiligen Stand entsprechenden Produktionsverhältnissen. Geraten sie mit diesen in Widerspruch, so entstehen Antagonismen, die sich schließlich in Revolutionen entladen: die durch die Produktionsverhältnisse am stärksten unterdrückte Klasse geht gegen die herrschende und die Sozialordnung bestimmende Klasse vor. In diesem Sinn ist die Geschichte eine ›Geschichte von Klassenkämpfen‹. Und insofern der arbeitende, im ›Stoffwechsel‹ mit der Natur befindliche Mensch jederzeit das Produkt dieser Geschichte ist, muß der materialistische Begriff von Synthesis notwendig eine zweite Dimension aufnehmen: neben der Synthesis durch gesellschaftliche Arbeit diejenige durch Klassenkampf. »Die Synthesis durch Arbeit vermittelt das gesellschaftliche Subjekt mit der äußeren Natur als ihrem Objekt. Aber dieser Vermittlungsprozeß ist verschränkt mit einer Synthesis durch Kampf, welche ihrerseits zwei einander zum Objekt machende Teilsubjekte der Gesellschaft, nämlich soziale Klassen, vermittelt. In beiden Vermittlungsprozessen ist Erkenntnis, die Synthesis von Erfahrungsmaterial und Formen des Geistes, nur ein Moment: dort wird die Wirklichkeit unter technischen, hier unter praktischen Gesichtspunkten interpretiert. Die Synthesis durch Arbeit stellt eine theoretisch-technische, die durch Kampf eine theoretisch-praktische Beziehung zwischen Subjekt und Objekt her. Dort bildet sich Produktionswissen, hier Reflexionswissen.«[25] Das Reflexionswissen stiftet Klassenbewußtsein. Sofern materialistische Erkenntnistheorie der Hegelschen Kantkritik, wie sie in der *Phänomenologie des Geistes* vorgetragen wird, folgt, ohne deren identitätsphilosophische Grundannahme zu teilen, müßte sie den Weg des erscheinenden Klassenbewußtseins rekonstruieren, der in diesem Bezugsrahmen freilich von der Entwicklung des Systems der gesellschaftlichen Arbeit gebahnt würde. Wie in der Phänomenologie müßte sie sich in den Bildungsprozeß, den sie erinnert, selber einbezogen wissen und ihr eigenes empirisches Bewußtsein der Ideologiekritik unterwerfen. »Das erkennende Bewußtsein kann ... die Traditionsgestalt, in der es sich vorfindet, nur in dem Maße abstreifen, in dem es den Bildungsprozeß der Gattung als eine jeweils durch Produktionsprozesse vermittelte Bewegung des Klassenantagonismus begreift, sich selber als Resultat der Geschichte des erscheinenden Klassenbewußtseins erkennt und dadurch *als* Selbstbewußtsein von objektivem Schein befreit.«[26]

Eine materialistische Erkenntnistheorie hätte in mindestens ebenso starkem Maß wie an Marx an die *Psychoanalyse* anzuknüpfen, ist doch auch deren Intention eine durch Erkenntnis vermittelte Befreiung von objektivem Schein. Auch in ihr geht es um die Rekonstruktion eines – allerdings individuellen – Bildungsprozesses, dessen Produkt, das neurotische Subjekt, die Objektivationen der eigenen Geschichte als fremde, von außen kommende Zwänge erfährt.

Die Psychoanalyse[27] ist zunächst als besondere Form der Interpretation aufgetreten; Freud hat die Traumdeutung am Vorbild der philologischen Hermeneutik orientiert. Aber diese Beziehung ist eine nur formale: inhaltlich hat die Psychoanalyse bei dem zu interpretierenden Text eine spezifische Dimension zu berücksichtigen, mit der die Philologie nicht zu rechnen braucht. Diese geht, auf dem Weg über die Aneignung des objektiven Geistes, auf den intentionalen Zusammenhang des subjektiv Vermeinten zurück. Sie bleibt auf eine Sprache eingeschränkt, in der sich *bewußt* Intendiertes ausdrückt. Was sie an kritischer Arbeit, etwa bei der Aufbereitung von Texten, beseitigt, sind akzidentelle Mängel, die stets auf äußere Einwirkungen zurückgehen. Die psycho-

analytische Interpretation dagegen hat es nicht mit Sinnzu-
sammenhängen in der Dimension des bewußt Intendierten zu
tun; ihre kritische Arbeit beseitigt keine akzidentellen Mängel. Verstümmelungen im Text – etwa im Traumtext – haben
als solche einen Sinn und lassen sich erst beheben, wenn dieser
Sinn erfaßt wird. Der Analytiker bringt den Patienten dazu,
die eigenen, von ihm selbst verstümmelten und entstellten
Texte lesen und Symbole aus einer privatsprachlich verzerrten Ausdrucksweise in die der öffentlichen Kommunikation
übersetzen zu lernen. »Diese Übersetzung erschließt einer bis
dahin blockierten Erinnerung die genetisch wichtigen Phasen
der Lebensgeschichte und macht den eigenen Bildungsprozeß
bewußt: insofern zielt die psychoanalytische nicht wie die geisteswissenschaftliche Hermeneutik auf das Verstehen symbolischer Zusammenhänge überhaupt, sondern der Akt des Verstehens, zu dem sie führt, ist Selbstreflexion.«[28]

Freud hat neben Störungen des indiviudellen Bildungsprozesses auch solche des kollektiven betrachtet. Die ›Diagnose von
Gemeinschaftsneurosen‹, welche nicht wie die der Einzelneu-
rosen vom Kontrast zwischen dem Patienten und seiner ›normalen‹ Umgebung ausgehen kann, stützt sich auf eine Untersuchung der kulturellen Entwicklungsgeschichte der Menschengattung, des ›Kulturprozesses‹. Sie erweist den der Kultur zugrundeliegenden Triebverzicht als primär ökonomische
Notwendigkeit: »Das Motiv der menschlichen Gesellschaft ist
im letzten Grunde ein ökonomisches; da sie nicht genug
Lebensmittel hat, um ihre Mitglieder ohne deren Arbeit zu
erhalten, muß sie die Anzahl ihrer Mitglieder beschränken
und ihre Energien von der Sexualbetätigung weg auf die
Arbeit lenken. Also die ewige, urzeitliche, bis auf die Gegenwart fortgesetzte Lebensnot.«[29] Unter dieser Voraussetzung:
daß die Versagungen ökonomischem Mangel entspringen,
sind sie aber eine historisch variable Größe. Das Maß der
gesellschaftlich notwendigen Repression hängt dann offenbar
von der Entwicklung der Produktivkräfte ab. Je mehr die
technische Verfügungsgewalt über die Natur sich erweitert
und der Realitätsdruck sich lockert, um so schwächer wird die
vom System der Selbsterhaltung erzwungene Triebzensur, um
so stärker die Organisation des Ich und seine Fähigkeit,

Versagungen rational zu bewältigen. Vorher aber kann ihm eine solche Bewältigung offenbar nicht angesonnen werden. Es bedarf des äußeren Zwangs, um die Individuen kulturkonform zu halten. Dafür sorgen die *Institutionen*. Sie bewirken – und darin besteht ihre Ähnlichkeit mit pathologischen Formen – eine der Kritik entzogene und relativ starre Reproduktion gleichförmigen Verhaltens: »Die Kenntnis der neurotischen Erkrankungen einzelner Menschen hat für das Verständnis der großen sozialen Institutionen gute Dienste geleistet, denn die Neurosen selbst enthüllen sich als Versuche, die Probleme der Wunschkompensation individuell zu lösen, welche durch die Institutionen sozial gelöst werden sollen.«[30]

Freud begreift die Kultur wie Marx die Gesellschaft: als ein System, durch das die Menschengattung sich über die animalischen Bedingungen der Existenz erhebt. Kultur dient der Behauptung gegen die Natur und der Organisierung der Beziehungen der Menschen untereinander. Die Differenz zwischen Freud und Marx liegt darin, daß dieser die Macht der Institutionen aus der auf Dauer gestellten, auf Gewalt begründeten, *klassenspezifisch* verzerrten Distribution von Entschädigungen und Lasten erklärt, während Freud – aus der Überzeugung, daß virtuell jeder in seiner Triebhaftigkeit ein Feind der Kultur ist – den institutionellen Rahmen generell als zur Selbsterhaltung der Gattung (solange die Produktivkräfte nicht ausreichend entwickelt sind) notwendig begreift. Für den Einzelnen ist dieser Rahmen eine unverrückbare Realität. Wünsche, die mit dieser Realität unvereinbar sind, können nicht wirklich, sondern allenfalls in der Phantasie befriedigt werden. Die Wunschphantasien, aus denen die kulturelle Überlieferung, Freud zufolge, wesentlich besteht: religiöse Weltbilder und Riten, Ideale, Wertsysteme und Kunstprodukte, können jedoch in dem Maß in Realität verwandelt werden, in dem der Grad der gesellschaftlich notwendigen Repression und die Macht der Institutionen, die eine den kulturellen Triebverzicht sichernde Herrschaftsordnung stabilisieren, abnehmen. Jene Phantasien oder, wie Freud auch sagt, ›Illusionen‹ sind ja nicht nur falsches Bewußtsein. »Wie in dem, was Marx Ideologie nannte, ist auch in ihnen Utopie enthalten. Dieser utopische Gehalt kann, wenn der technische Fortschritt die objektive Möglichkeit eröffnet, die gesellschaftlich notwendige Repression unter das Maß der institutionell geforderten herabsetzen, aus seiner Legierung mit den wahnhaften, den ideologischen, zur Herrschaftslegitimation umfunktionierten Bestandteilen der Kultur gelöst und in Kritik an den geschichtlich obsolet gewordenen Herrschaftsformationen überführt werden.«[31]

VI

In seiner Antrittsvorlesung hat sich Habermas nicht darauf beschränkt, die empirisch-analytischen von den historisch-hermeneutischen Wissenschaften zu scheiden und die beiden zugrundeliegenden Erkenntnisinteressen zu enthüllen. Er hat diesen traditionellen Kategorien von Wissenschaft als dritte Kategorie die *kritischen* Wissenschaften konfrontiert, welche formal zu den Sozialwissenschaften gehören, sich aber nicht dabei bescheiden, ›wertfrei‹ nomologisches Wissen über gesellschaftliche Phänomene hervorzubringen; sie betrachten dieses Wissen vielmehr jederzeit auch unter dem Aspekt, ob es invariante Gesetzmäßigkeiten des sozialen Handelns überhaupt oder aber ideologisch erstarrte, prinzipiell jedoch veränderliche Abhängigkeitsverhältnisse erfaßt. In *diesem* Fall rechnen sie mit Reflexionsprozessen im Bewußtsein der Betroffenen, welche durch die kritische Information über jene Verhältnisse ausgelöst werden, also mit einer Veränderung des unreflektierten Bewußtseins, das zu den Ausgangsbedingungen jener Verhältnisse gehört. »Der methodologische Rahmen, der den Sinn der Geltung dieser Kategorie von kritischen Aussagen festlegt, bemißt sich am Begriff der Selbstreflexion. Diese löst das Subjekt aus der Abhängigkeit von hypostasierten Gewalten. Selbstreflexion ist von einem emanzipatorischen Erkenntnisinteresse bestimmt. Die kritisch orientierten Wissenschaften teilen es mit der Philosophie.«[32]
Es erhellt, daß nach diesen Bestimmungen die Psychoanalyse in erster Linie verdient, eine kritische Wissenschaft genannt zu werden. Denn sie hat sich, wiewohl auf dem Boden des Positivismus entstanden und nach dem Selbstverständnis ihres Begründers auch je und je auf ihm angesiedelt, von Anbeginn in der Dimension der Selbstreflexion bewegt. Die Maxime: »Wo Es ist, soll Ich werden« deutet darauf hin. Schon die

Motivation zur Behandlung entspringt notwendig einem Reflexionsprozeß: der Erfahrung des Widerstandes, welcher die verdrängten Elemente des Bildungsprozesses von der freien und öffentlichen Kommunikation abspaltet. Und die Therapie selbst, welche diese Abspaltungen rückgängig, das Unbewußte bewußt macht, ist Reflexion in dem ausgezeichneten Sinn, daß sie sich nicht nur auf kognitiver Ebene abspielt, sondern ebensosehr auf affektiver Ebene Widerstände löst. Insofern ist analytische Erkenntnis zugleich *Kritik:* ihr wohnt die Kraft zur Überwindung falschen Bewußtseins, zur Auflösung dogmatischer Einstellungen inne, deren Gewalt allein darauf beruht, daß das neurotische Subjekt sich in ihnen als *seinem* Anderen nicht wiedererkennt. Die Kritik an dieser Gewalt ist aber notwendig um so intensiver, je mehr der Patient unter ihr leidet; insoweit ist ein gewisser Leidensdruck, anders als in der üblichen medizinischen Behandlung, in der Psychoanalyse nicht nur Anlaß, sondern geradezu Voraussetzung der Therapie; er hält, gegen alle affektiven Widerstände, das Interesse an Selbsterkenntnis und *dadurch* die Analyse aufrecht. In der analytischen Situation ist also die Erkenntnis der pathogenen Faktoren, die als fremde, von außen kommende Gewalt erlebt werden, »unmittelbar eins mit dem Interesse an Erkenntnis, nämlich an der Emanzipation von eben jener Gewalt«.[33]

Erst in der Psychoanalyse, und den durch sie repräsentierten ›kritischen‹ Wissenschaften, ergibt sich also der Zusammenhang von Erkenntnis und Interesse, den Habermas an den Natur- und Geisteswissenschaften aufgewiesen hat, ganz zwingend. Und erst in ihr zeigt sich auch, daß die Abhängigkeit einer Wissenschaft von erkenntnisleitenden Interessen nicht eine Heteronomie der Erkenntnis bedeutet. Das Interesse an technischer Verfügung und praktischer Verständigung, also an Selbsterhaltung, ist keine von außen herangetragene, sondern eine *an sich* vernünftige Bestimmung der Wissenschaft – um wieviel mehr das Interesse an Emanzipation.

Die Philosophie aber, die *dieses* Interesse mit den kritisch orientierten Wissenschaften teilt, ist selber notwendig kritische Philosophie. Habermas' Schriften[34] sind für sie in besonderer Weise repräsentativ. Sie wissen sich einerseits in der

Tradition der genuinen Kritischen Theorie Horkheimers[35] (zu der dieser heute nur noch mit Vorbehalten steht), zum andern aber auch in der Tradition der antiken ϑεωρία[36], welche die Emanzipation des Individuums von Strebungen intendiert, die es noch ins dämonische Zeitalter verstricken. In der Anschauung der Idee wird es der eigenen Identität inne und dadurch mündig. Dieses der Philosophie ursprüngliche Interesse an Mündigkeit verfehlt der Objektivismus der modernen Ontologien, welche an die antiken anzuknüpfen vorgeben und ihre Konstitution aus fundamentalen Lebenszusammenhängen nicht erkennen. Die kritische Philosophie, die den ideologischen Charakter dieses Objektivismus durchschaut, macht, was die alte Metaphysik latent bestimmte, bewußt: den Zusammenhang von Erkenntnis und Interesse; sie ist, indem sie ihr entsagt, der Tradition insofern treuer als die Neoontologie, welche sie ungebrochen fortzuführen meint.

Anmerkungen

1 Karl Marx, *Frühe Schriften*, 1. Bd., hg. v. H.-J. Lieber und P. Furth, Darmstadt 1962, S. 761.
2 A.a.O.
3 A.a.O., S. 762.
4 Karl Heinz Haag, *Das Unwiederholbare*, in: *Zeugnisse*, Frankfurt 1963, S. 153.
5 A.a.O.
6 Jürgen Habermas, *Technik und Wissenschaft als ›Ideologie‹*, Frankfurt 1968, S. 154.
7 Jürgen Habermas, *Erkenntnis und Interesse*, Frankfurt 1968, S. 242.
8 Vgl. zum folgenden Habermas, *Technik und Wissenschaft*, S. 9 ff.
9 A.a.O., S. 146 ff.
10 Habermas, *Erkenntnis und Interesse*, S. 9.
11 A.a.O., S. 23.
12 G. W. F. Hegel, *Phänomenologie des Geistes*, hg. v. J. Hoffmeister, Hamburg 1952, S. 67.
13 *Erkenntnis und Interesse*, S. 35.
14 A.a.O.
15 Karl Marx, *Frühschriften*, hg. v. S. Landshut, Stuttgart 1953, S. 339.

16 *Erkenntnis und Interesse*, S. 38.

17 A.a.O., S. 55.

18 A.a.O., S. 59.

19 A.a.O., S. 71 f.

20 Karl Marx, *Ökonomische Schriften*, 1. Bd., hg. v. H.-J. Lieber und B. Kautsky, Darmstadt 1962, S. XXIX.

21 Marx, *Frühe Schriften*, a.a.O., S. 604.

22 *Erkenntnis und Interesse*, S. 88 f.

23 A.a.O., S. 243.

24 Marx/Engels, *Werke*, Bd. 3, Berlin 1959, S. 43.

25 *Erkenntnis und Interesse*, S. 77. – Habermas erklärt in seinem Vorwort, seine Untersuchung könne nicht »mehr als den Stellenwert eines Prolegomenon« beanspruchen; er könne »nur um den Preis des Dilettantismus auf eine Gesellschaftstheorie vorgreifen, zu der ich Zugang durch eine Selbstreflexion der Wissenschaft erst *gewinnen* möchte« (S. 9). Vielleicht liegt es an diesem propädeutischen Selbstverständnis, daß hier einige Fragen offenbleiben, welche in einer (durch ein solches Selbstverständnis implizit annoncierten) systematischen Gesellschaftstheorie zu klären wären: Wie verhält sich materialistische Synthesis zum Erkenntnisinteresse? Von beiden wird gesagt, sie stifteten ursprünglich die Beziehung zwischen Subjekt und Objekt. Wie verhalten sich folglich das Produktionswissen zu den Natur- und das Reflexionswissen zu den Geisteswissenschaften? Fiele das Reflexionswissen nach der Habermasschen Disposition nicht unter die Kategorie der (noch zu betrachtenden) *kritischen* Wissenschaften?

26 A.a.O., S. 84.

27 Größer als bei anderen Abschnitten ist bei demjenigen über Freud, vielleicht dem originellsten in *Erkenntnis und Interesse*, das Bedauern, daß er hier nur in kaum zulässiger Verkürzung wiedergegeben werden kann; weniger als bei jenen kann die Wiedergabe die intensive Lektüre ersetzen.

28 *Erkenntnis und Interesse*, S. 280.

29 Sigm. Freud, *Gesammelte Werke* (Imago), London 1940 ff., Bd. XI, S. 322.

30 A.a.O., Bd. VIII, S. 416.

31 *Erkenntnis und Interesse*, S. 340.

32 Habermas, *Technik und Wissenschaft*, S. 159.

33 *Erkenntnis und Interesse*, S. 348.

34 In diesen Zusammenhang gehört auch: *Zur Logik der Sozialwissenschaften*. In: *Philosophische Rundschau*, Beiheft 5, Tübingen 1967.

35 *Technik und Wissenschaft*, S. 147.

36 A.a.O., S. 146 f.

Trent Schroyer
Die dialektischen Grundlagen
der kritischen Theorie

Jürgen Habermas' metatheoretische Analyse

Trotz der Abkanzelung durch die Linken und zur Überraschung der akademischen Welt bleibt Habermas ein Marxist. Doch er vertritt offen die Überzeugung, daß der Marxismus sowohl die Fähigkeit verloren hat, seinen Anspruch in der gegenwärtigen wissenschaftlichen Diskussion zu verteidigen, als auch die Fähigkeit, politische Freiheitsbewegungen in industriellen Gesellschaften auszulösen. Nach wie vor engagiert er sich in der Auseinandersetzung um die in westlichen intellektuellen Kreisen vorherrschende Trennung von Wissen und politischer Entscheidung, eine Trennung, die es zuließ, daß die Sozialwissenschaften zu Arten von ›social management‹-Theorien wurden. Mit seinem Versuch, die Wissenschaft kritisch zu hinterfragen, während er ihre Errungenschaften in eine fortwährende Marxkritik einbringt, präsentiert Habermas das Modell einer theoretischen Praxis, das zeitgenössische Marxisten aufgreifen sollten.

Generell gesehen, beinhaltet Habermas' Arbeit eine wesentliche Neuformulierung der Bedeutung der Einheit von Theorie und Praxis.[1] Habermas hat versucht, die Basis für eine kritische Theorie aufzuarbeiten, die von echter aufklärerischer Wirkung sein könnte, insofern eine solche Theorie sowohl akademisch wie auch politisch wirksam sein müßte. Er hat die kategorialen Rahmenbedingungen eines kritischen Materialismus klargestellt, in der Absicht, die normative Basis emanzipatorischer Kritik zu rechtfertigen. Diese Arbeit vollzog sich im Prozeß reflexiven Verstehens des Verhältnisses von Erkenntnis und den sie leitenden Interessen der Gattung Mensch – damit handelt es sich um eine Metatheorie. Wir werden zu zeigen versuchen, daß Habermas' Synthese etwas wesentlich Neues in der Geschichte marxistischer Theorie darstellt; er formuliert eine Theorie dialektischer Beziehungen zwischen drei Handlungsdialogen, in der die Einheit von Erkenntnis und Handlung auf einem radikal soziologischen Begriff von Intersubjektivität gegründet ist. Weder versteht Habermas die kritische Theorie naturalistisch, noch versucht er sie von Husserls Phänomenologie[2] abzuleiten (deren monadische Basis die Frankfurter Schule systematisch freigelegt hat); er begreift sie vielmehr als nicht-objektivistische und nicht-szientistische, eben als dialektische Metatheorie. Tatsächlich hat er die Bedeutung von ›Dialektik‹ in einer kritischen Aufhebung positivistischer Philosophie wiederhergestellt, gleichzeitig die Bedeutung emanzipatorischer Kritik in einen zeitgemäßen Rahmen übertragend, der ihren wissenschaftlichen Status zu rechtfertigen sucht.

Marx' Begriff einer dialektischen Gesellschaftstheorie

Marx verwarf Hegels Ansicht, daß der Begriff die Natur erfaßt; er meinte im Gegenteil, daß die Natur sich den Geist schafft. In der ersten These über Feuerbach sehen wir jedoch, daß Marx kein vulgärer Materialist ist; Natur wird uns objektiv vermittelt nur durch menschliche Arbeit. In diesem Sinne konstituiert sich das Subjekt eine objektive Welt, und durch die Synthese der Arbeit verändert es die soziale Wirklichkeit, so daß die transzendentalen Annahmen über menschliche Praxis sich ändern. Arbeit ist sowohl ein grundlegender Mechanismus in der menschlichen Gattungsgeschichte, wie ein Element in den historischen Veränderungen des transzendentalen Erfahrungshorizontes.

Habermas stellt Marx' residualen Transzendentalismus – jedoch bar aller idealistischer Verbrämung – wieder her, um zu erhellen, wie Arbeit einen Prozeß materieller Synthese bewirkt. Nach dieser Konstruktion können wir sehen, daß Marx Hegels Kant-Kritik erweitert und eigentlich Hegels *Phänomenologie* neu geschrieben hat, indem er Arbeit die »Dialektik der Negativität als bewegendes und voranbringendes Prinzip«[3] nennt. Marx' Theorie der Gesellschaft stellt dann das materialistische Gegenstück zu Hegels Dialektik des Geistes dar; was wichtiger ist: sie darf als Vollendung des Versuchs gelten, Erkenntnis in dem transzendental gefaßten

Begriff ›materieller Synthese‹ zu begründen. Für Marx vereint die Synthese der materiellen Produktion die ›subjektive Natur‹ (das historische Subjekt) mit den Naturprozessen zu einer objektiven Gestalt, deren ›Einheit‹ durch den formgebenden Charakter menschlicher Produktion geprägt wird. Im Gegensatz zum idealistischen Begriff schafft Marx' Synthese durch Arbeit weder eine konstitutive logische Struktur noch eine absolute Einheit – sondern vielmehr eine historisch spezifische Einheit. Die materielle Synthese setzt jedoch eine logisch invariante Beziehung voraus, nämlich eine instrumentelle Orientierung des Menschen zur Natur. Aber dieses invariante Moment ist nur eine Seite der konkreten historischen Dialektik materieller Synthese.

Allgemeiner gesehen, impliziert der Begriff der materiellen Synthese eine zweifache Beziehung zwischen Mensch und Natur (einschließlich der subjektiven Natur). Zum einen hat der Mensch in seiner instrumentellen Orientierung ein invariantes Verhältnis zur Natur, zu Prozessen, die er im Interesse der Reproduktion des Lebens kontrollieren muß. Zum andern ist dieses grundlegende und natürliche ›substratum‹ kulturell vermittelt, wodurch das Verhältnis zwischen dem Menschen und dem System der Produktivkräfte verändert wird. Während das invariante Verhältnis von Mensch und Natur (die instrumentelle Orientierung) ein Kantisches Moment darstellt und als instrumentalistische Erkenntnistheorie ausgearbeitet werden kann (z. B. Peirce), kann die Veränderung des Menschen durch kritische Reflexion als ein Moment Fichtes verstanden werden. Das menschliche Subjekt, obwohl Produkt des ihm vorausliegenden Systems der Arbeit, erlangt Ich-Identität durch ein aktives, selbst-setzendes Begreifen seiner ›Produktion‹. Für Marx ist natürlich das Fichtesche Moment der bewußten Selbstsetzung ein historischer Kampf, nicht eine logische Beziehung zwischen Ich und Nicht-Ich.

Die zwei Momente der Dialektik der materiellen Synthese sind in ihrer logischen Struktur grundsätzlich verschieden. Das Kantische Moment zeigt, daß der Mensch in seiner alltäglichen Auseinandersetzung mit der Natur (und im spezielleren Sinne, in seinem wissenschaftlichen Streben) in einem schrittweisen Prozeß von Versuch und Irrtum involviert ist, einem Prozeß, der zur Aneignung von technischem Wissen führt, welches den Bereich seiner instrumentellen Kontrolle über Natur erweitert. (Dies nennt Habermas das technische Erkenntnisinteresse.)

In einer anderen Formulierung ist das Kantische Moment der materiellen Synthese eine Erweiterung des Verhaltenssystems instrumentalen Handelns, das sich historisch konstituiert durch die einmalige Konstellation des bestehenden Produktionsapparates und der menschlichen Arbeitskraft. Das Fichtesche Moment der materiellen Synthese zeigt, daß der Mensch zum Selbstbewußtsein kommt durch das Begreifen der Bildungsprozesse früherer Generationen, in denen sich das Bemühen um Selbstsetzung ausdrückt. Der Umstand, daß sich das Fichtesche Moment logisch nicht reduzieren läßt, beweist, daß die Mechanismen der Selbstreflexion nicht durch die Erweiterung technischer Kontrolle (durch die Arbeitspraxis selbst) determiniert sind, sondern daß es sich um einen eigenständigen Kampf um die Wiedererlangung ihrer Identität handelt. Logisch geht es um das Begreifen des historisch-genetischen Bildungsprozesses des Menschen. (Habermas nennt es das praktische Erkenntnisinteresse).

Habermas' Rekonstruktion des Marxschen kritischen Materialismus als einer zwei Momente umfassenden materiellen Synthese ist eine Aufhellung der dialektischen Grundlagen des Marxismus, die auf der geschichtsübergreifenden Ebene am deutlichsten ist. Die Entwicklung der menschlichen Gesellschaft vollzieht sich über den Mechanismus der menschlichen produktiven Tätigkeit auf der einen Seite, und über den reflexiven Bildungsprozeß des Klassenkampfes auf der anderen. Beide Mechanismen, konstituiert als aktive Produktion und Praxis, sind essentiell für die Emanzipation des Menschen. Aber die Dialogik der Produktionsprozesse und der konstitutiven Gestaltung der Welt ist nicht dasselbe wie die Dialogik des Klassenkampfes, der die gestandene Gewalt von Machtverhältnissen, die verdinglichten sozio-kulturellen Kontrollen inhärent sind, durchbrechen muß. Die Erfahrung der historischen Bezogenheit dieser beiden Momente, oder die Dialektik der Emanzipation, ist selbst Gegenstand einer Wissenschaft; sie wählt als ihren Gegenstandsbereich das Verhältnis zwischen materiellen und idealistischen Zwängen in der menschlichen Entwicklung (hier spricht Habermas vom emanzipatorischen Erkenntnisinteresse). Kritische Theorie, als materialistische Radikalisierung kritischer Philosophie, besteht demnach in einer Analyse sowohl der Hemmungen produktiver Tätigkeit wie der Verzerrungen kommunikativer Praxis.

Habermas' Kritik an Marx' dialektischer Theorie

Habermas' Rekonstruktion zeigt, wie die Position, von der aus Marx Hegel kritisiert, Marx daran hindern muß, die theoretische Stoßrichtung seines eigenen Ansatzes richtig zu erfassen. Marx' Beschreibung der Produktivkräfte als Mechanismus zur Überwindung abstrakter ›positiver‹ Lebensformen umfaßt sowohl das Kantische wie das Fichtesche Moment der Dialektik der Geschichte. Marx' historischer Materialismus begreift den Kampf mit der Natur durch die Entwicklung der Produktivkräfte und die Reflexion externalisierter und ›naturalisierter‹ Menschlichkeit als Momente des Produktionsprozesses. Auf die Art wird Fichtes Begriff des unabhängigen, sich selbst-setzenden Reflexionsaktes in Marx' theoretischer Darstellung auf einen Rückkoppelungsmechanismus des Produktionsprozesses reduziert. Diese dialektische Theorie und Marx' Kritik an Hegels Philosophie der absoluten Reflexion geht zu weit, wenn sie den Produktionsprozeß sowohl als negative, materielle Tathandlung (als Dynamik der Transformation historischer Lebensformen) wie auch als den »Inhalt« dessen darstellt, was in das Selbstbewußtsein des Subjekts integriert wird. In dieser Reduktion ist der Arbeitsprozeß grundlegend sowohl für die Entäußerung und die Wiedererlangung eines handelnden Subjektes; mithin ist Produktion der grundlegende erkenntnistheoretische Rahmen für beide Momente. Dies hat weitreichende Konsequenzen und hindert Marx daran, seine eignen flexibleren Analysen und Intentionen adäquat zu erfassen. Folglich weist Marx' metatheoretischer Rahmen ernsthafte Beschränkungen auf (wovon seine inhaltlichen Analysen zu unterscheiden sind).
Der Begriff der ›Reflexion‹ als Rückkoppelung der Produktion macht es Marx unmöglich, den methodologischen Status seines Ansatzes zu erkennen. So ist z. B. die Unterscheidung

zwischen Naturwissenschaften und Humanwissenschaften für ihn nicht mehr von Bedeutung, denn alle menschlichen Tathandlungen können im Rahmen erfolgskontrollierten Handelns begriffen werden. Da instrumentales Handeln die Reichweite menschlichen Handelns für Marx bestimmt, kann das logisch autonome Moment des Verstehens theoretisch dem Erklärungsmodell der Naturwissenschaften subsumiert werden. Habermas behauptet, daß Marx nicht in der Lage war, theoretisch zwischen der Naturgeschichte sozio-ökonomischer Zustände und der Verwendung dieser Rekonstruktion zur Kritik ideologischer Machtverhältnisse, zu unterscheiden – obwohl beide Aspekte in seinen Arbeiten zu finden sind. Marx überwindet sowohl die absolute Philosophie des deutschen Idealismus wie den Naturalismus der klassischen Ökonomie und doch verwischt er den methodologischen Status der Kritik durch eine einseitige Betonung der Dialektik der materiellen Synthese. Anders ausgedrückt: Marx behielt zwar den phänomenologischen Rahmen der Reflexion auf die selbstsetzende Dynamik der Menschengattung bei, aber er verwarf sie auch, indem er das zweite Moment in Analogie zu produktiver Rückkoppelung begriff...

Die Eliminierung der dialektischen Unabhängigkeit der Reflexion von der Theorie des historischen Materialismus hatte unbeabsichtigte Konsequenzen. *Erstens*, wie oben schon erwähnt, wurde der methodologische Charakter der Humanwissenschaften mißverstanden; marxistische Kritik wurde als eine Art von materialistischem Szientismus gedeutet. Entsprechend hat sie sich in Richtung einer ökonomischen Wissenschaft entwickelt, die soziale Evolution deterministisch darstellt (d. h. das Moment produktiven Handelns wird objektivistisch aufgefaßt). *Zweitens* hat sich bei späteren Marxisten ein autoritärer Gebrauch von Kritik breitgemacht, der, wie in der Organisationstheorie des Leninismus, den Kampf um politische Emanzipation auf Strategien für nicht-hinterfragte instrumentelle Zwecke zuschnitt. Der Marxismus entwickelte sich zu einer elitären, paramilitärischen Tradition, die theoretische Reflexion und Befreiung des Menschen den Zwecken ›revolutionärer‹ Machtergreifung unterordnete. Wo die Fähigkeit zur Reflexion verloren ist und autoritäre Praktiken sein Mobilisierungspotential überfremden, tritt der Marxismus in eine Phase des Sektierertums ein, oder gerät in seine gegenwärtige Senilität, nach der man am Glauben festhält und auf die große ökonomische Krise wartet. Der zeitgenössische Marxismus ist in einer ernsten Krise, die er nicht überwinden kann, weil er Kultur nur objektivistisch begreift.

Marx' zentrale theoretische Unzulänglichkeit ist die Fehleinschätzung des zweiten Moments der Dialektik der menschlichen Selbstsetzung; diese Fehleinschätzung zieht sich durch alle seine Arbeiten. Selbst in seinen flexibelsten Formulierungen sieht Marx Konflikt als Ausfluß klassenspezifischer Aneignung gesellschaftlich produzierter Gegenstände (Ausbeutung) und der vom Produktionsprozeß determinierten Beziehung zwischen Menschen. Die reflexive Erfassung (manifestiert als kritisch praktizierter Klassenkampf) verfestigter Institutionen ist daher immer bezogen auf Restriktionen dieses Produktionsprozesses. Dies ist wichtig für eine Kritik, die es dem revolutionären Kampf erlaubt, die den Produktivkräften auferlegten Klassenfesseln zu sprengen; aber es reicht nicht aus für die Kritik unterdrückter Bedürfnis-Dispositionen in einer duch Klassenherrschaft gekennzeichneten Gesellschaft. Kurz, Marx' Begriff des Klassenbewußtseins ist nicht wirklich ausreichend, um den Typ von Reflexion zu erfassen, der nötig ist, um die durch ›soziale Verhältnisse‹ sowohl den Produktivkräften wie auch dem sich selbst-setzenden Subjekt auferlegten Zwänge sichtbar zu machen. Gerade im Spätkapitalismus, wo der kapitalistische Zwang zur vollen Nutzung produktiver Kapazität durch eine ›zweckrationale‹ Ausrichtung aller Institutionen gestützt wird, muß die klassische Ausbeutungskritik erweitert werden, um jene vielfachen Repressionen einzubeziehen, denen der Mensch durch seine privatisierte, aber dennoch bürokratisch kontrollierte, Existenz ausgesetzt ist.

Marx hat in seiner inhaltlichen Analyse zwar klar zwischen den Produktivkräften und jenen Mächten unterschieden, die sich dem Menschen in Form von Klassenherrschaft aufdrängen; doch formulierte er diese Unterscheidung als Widerspruch zwischen Produktivkräften und Produktionsverhältnissen. Obgleich die Produktion (instrumentales Handeln) die Kontrolle über die Natur erweitert und durch die Produktionsverhältnisse gefördert oder gehindert wird, ist sie nicht identisch mit dem vollen Spektrum institutioneller Beziehungen, die die Selbstverwirklichung des menschlichen Potentials begrenzen. Die Institutionalisierung von Machtverhältnissen hat ihre eigene Dynamik; Herrschaft über Menschen durch Abblocken von Selbstreflexion wird an vielen Fronten und nicht nur an der der Produktion ausgeübt. Marx' kritische Theorie konnte die Fesselung von Kommunikationsmöglichkeiten nur insoweit erfassen, als sie sich auf die historische Organisation gesellschaftlicher Arbeit bezug. Habermas' Intention ist es daher, jene Komponente der kritischen Theorie zu entwickeln, die in Marx' Kritik der Politischen Ökonomie vernachlässigt war. Die Formulierung einer Kommunikationstheorie ergänzt die Werttheorie, die für die Marxsche Theorie der historischen Entwicklung der Produktionsweisen grundlegend ist. (Wie wir jedoch weiter unten darlegen wollen, hat Habermas das Verhältnis dieser beiden Theorien zueinander nicht adäquat dargestellt.) Während Marx den ausbeuterischen Charakter kapitalistischer Produktion kritisieren wollte, versucht Habermas die kritische Theorie zu erweitern, um die systematisch verzerrte Kommunikation jeder industriellen Organisation analysieren zu können. Am wichtigsten jedoch ist, daß Habermas versucht, die normative Rechtfertigung der kritischen Theorie an seiner Kommunikationstheorie festzumachen; hierzu fühlt er sich berechtigt, wie er glaubt, durch die Revolution in der neueren linguistischen Philosophie. Während dies die normative Beziehung zwischen Arbeit und Klassenkampf auf den Kopf stellen würde, wäre dennoch die Beibehaltung der Marxschen Analyse der Politischen Ökonomie notwendig. Aber dieses Thema kann nicht untersucht werden, bevor wir nicht Habermas' Begriff der erkenntnisleitenden Interessen erarbeitet haben. Das Verständnis und die Kritik der Habermasschen Position muß mit einer adäquaten Erarbeitung dieses schwierigen Konzepts beginnen.

Eine phänomenologisch fundierte Kritische Theorie

Habermas versucht zu zeigen, daß die kritische Philosophie den Bildungsprozeß des handelnden Subjekts zu erfassen sucht und dabei ein *Interesse* entfaltet an der Erkenntnis und Überwindung dogmatischer Abhängigkeit von habituellen Normen und unmittelbarer menschlicher Erfahrung. Besonders Fichtes Arbeiten analysieren die logische Einheit von theoretischer und praktischer Vernunft im Akt der Selbstreflexion. In Fichtes Wissenschaftslehre durchschaut sich das Ich durch Selbstreflexion in seiner Selbstsetzung und befreit sich damit vom Dogmatismus. Fichte versteht Kants Unterscheidung zwischen dem theoretischen Interesse der reinen Vernunft und dem moralischen Interesse der praktischen Vernunft als im emanzipatorischen Akt der Selbstreflexion aufgehoben. Selbstreflexion vermittelt falsches Bewußtsein analytisch und praktisch; sie begreift die Quelle des Irrtums und befreit das Bewußtsein von seinen Fesseln. Daher setzt die selbstreflexive Vernunft für Fichte ein Interesse an Emanzipation und Selbsterhaltung der Vernunft voraus.

Fügen wir Fichtes Analyse in den phänomenologischen Rahmen der sich selbst konstituierenden Menschengattung ein, so kann sie ›materialistisch‹ reinterpretiert werden. Habermas schlägt vor, daß die Vorbedingungen emanzipatorischer Reflexion in eine Theorie erkenntnisleitender Interessen eingebracht werden müssen. Wir können eine kritische Theorie der Gesellschaft nur dann entwickeln, wenn wir zuerst »die Grundorientierungen, die an bestimmten fundamentalen Bedingungen der möglichen Reproduktion und Selbstkonstituierung der Menschengattung, nämlich an Arbeit und Interaktion, haften«[4] bestimmen.

Mit anderen Worten, Fichtes emanzipatorischer Akt der Selbstreflexion kann phänomenologisch radikalisiert und materialistisch nur verstanden werden, indem man die analytischen und praktischen Bedingungen erarbeitet, die die aktiven Synthesen der Menschengattung ermöglichen. Habermas versucht jene Erkenntnisinteressen zu bestimmen, die in den Synthesen menschlicher Entwicklung logisch *und* historisch vorausgesetzt sind. Seine Theorie bezieht menschliche Erkenntnis auf die Dialektik von Subjekt und Objekt, wie sie sich in den Momenten materieller Synthese konstituiert; damit wird jede Erkenntnisleistung direkt mit den praktischen und technischen Prozessen menschlicher Gesellschaft verknüpft. Hier haben wir dann einen neuen Begriff der Beziehung von

Theorie und Praxis in der Form einer Theorie der Erkenntnisinteressen.

Technisches und praktisches Erkenntnisinteresse können
jedoch ihrerseits nur durch phänomenologische Reflexion
verstanden werden; sie sind nur Momente im umfassenderen
emanzipatorischen Interesse der Menschengattung. Mit anderen Worten, eine materialistische Interpretation des emanzipatorischen Interesses an Vernunft zeigt, daß das sich selbst
setzende Subjekt (d. h. die Menschengattung) sich autonom
entwickelt durch die Reproduktion der fundamentalen
erkenntnisleitenden Interessen und im Maße der kritischen
Überwindung von Weltanschauungen und Lebensformen.
Fichtes Begriff der Selbstreflexion als eines in sich zurück-
kehrenden Aktes, der Wissen und Handeln konstituiert, kann
materialistisch nur aufgefaßt werden als ein Ergebnis der kritischen Überwindung der Zwänge, die den Mechanismen der
sozialen Evolution auferlegt sind. Die Anerkennung des
emanzipatorischen Interesses in der sozialen Entwicklung
bewahrt uns davor, die Geschichte des Menschen auf einen
naturalistischen Prozeß zu reduzieren oder unseren Begriff
von Erkenntnis (und dessen Standards für Objektivität und
Validität) von den Prozessen aktiver Synthese zu trennen.

Diese Theorie der erkenntnisleitenden Interessen kann weder
vom szientistischen Materialismus des orthodoxen Marxismus
noch von einer positivistischen Richtung zeitgenössischer
Wissenschaft geleistet werden. Auch kann sie nicht im Rahmen des ›phänomenologischen Marxismus‹ konzipiert werden, von dem Habermas behauptet, er sei so objektivistisch
wie der Positivismus, obwohl es sich um eine transzendentale
Variante handle.

Angesichts des Grades, in dem zeitgenössisches Bewußtsein
von Objektivismus durchdrungen ist, müßte die Rückkehr zur
reflexiven Erkenntnistheorie regressiv erscheinen. Daher
sieht Habermas die einzig gangbare Strategie in einer Rückkehr zum Pragmatismus (z. B. C. S. Peirce) und zum Historizismus (z. B. W. Dilthey) – Positionen, die zwar von positivistischer Problematik ausgehen, aber die Logik wissenschaftlicher Untersuchung auf die objektiven Lebensprozesse beziehen. Habermas meint, daß diese vernachlässigten Positionen
eigentlich fortgeschrittener sind als der Großteil der zeitge-

nössischen Wissenschaftstheorien, da ihre Analysen die Erkenntnisinteressen gesellschaftlicher Systeme berücksichtigen. So wie die Natur- oder Kulturwissenschaften die Realität mittels eines spezifischen transzendentalen Rahmens (der durch die spezifische Konstellation von Sprache und Handlung in ihrer methodologischen Praxis vorgezeichnet ist) erschließen und interpretieren, ebenso haben die ›Systeme‹ instrumentalen Handelns und symbolischer Interaktion, an die diese Wissenschaftszweige geknüpft sind, transzendentale Funktionen. Habermas entwickelt den Begriff des Erkenntnisinteresses als phänomenologische Radikalisierung der transzendentalen Reflexion von Peirce und Dilthey.

Anmerkung zum technischen Erkenntnisinteresse

Die logische Invarianz menschlicher instrumenteller Orientierung zur Natur ist keine reine transzendentale Beziehung, sondern immer durch die historische Konstellation von Technik und Lebenspraxis vermittelt. Die grundlegende Orientierung des Menschen zur Natur bleibt eine sich ständig transformierende, dabei aber doch logisch invariante Beziehung instrumentalen Handelns. C. S. Peirce erkannte diese quasi-transzendentale und quasi-empirische Beziehung bei seinem Versuch, eine instrumentale Logik der Forschung zu formulieren. Er zeigte, daß die synthetischen Erkenntnisweisen – Induktion und Abduktion – Argumentationsketten sind, deren Validität abhängt von den Normen der Forschungspraxis der Gemeinschaft der Forschenden. In diesem Sinne reflektiert Peirce das synthetische Apriori, das dieses kollektive Subjekt vorweg annimmt und doch gleichzeitig in seiner aktiven Wissenschaftspraxis transformiert.
Innerhalb dieses Bezugssystems besteht der Wissenschaftsprozeß aus Systemen *zweckrationaler* Handlungen, die wissenschaftliche Meinungen festlegen, leitende Prinzipien für die Ansammlung neuer Informationen bereitstellen und doch Revisionen zulassen, wenn Abweichungen von den antizipierten Ergebnissen eintreten. Meinungen werden abgesichert, indem neue Verfahren erfolgreich durchgeführt werden kön-

nen. Dieser methodologische Rahmen ist transzendental insofern, als ›Realität‹ die Summe der Fakten ist, die ein kollektives Subjekt (die Gemeinschaft der Wissenschaftler) möglicherweise als wahre Aussagen etablieren kann. Gültige Meinungen sind universelle Aussagen (ausgedrückt in einer formalisierten Sprache) über die Realität, Aussagen, die unter gegebenen Bedingungen zu technischen Empfehlungen für die Kontrolle beobachteter Prozesse führen können. Die wesentliche Bedeutung einer wissenschaftlichen Aussage ist somit, daß sie sich darstellen läßt als eine Prognose, wonach ein Ereignis auf ein anderes Ereignis folgt, das seinerseits durch unsere Manipulierung der Ausgangsbedingungen herbeigeführt wurde. Eine Erklärungshypothese beinhaltet im Grunde die Sicherung und Ausweitung der Norm effizienten, instrumentalen Handelns. Das technische Erkenntnisinteresse der exakten Wissenschaft besteht darin, daß solche Forschung ein Interesse an gesichertem, verfügbaren Wissen voraussetzt und damit auf ein Handeln bezogen ist, das vergegenständlichte Prozesse kontrollieren kann.

Alle behavioristischen Orientierungen, die sich von einem technischen Erkenntnisinteresse leiten lassen, konzentrieren sich auf die Anpassungsmechanismen, die der Mensch gebraucht, um sich gegen seine Umwelt erfolgreich zu behaupten und sie zu kontrollieren. Solche Handlungssysteme nennt Habermas *instrumentale Handlungssysteme*, oder allgemeiner, *zweckrationale Handlungssysteme*. Sie beziehen sich auf alle menschlichen Handlungen, die durch technische, auf empirischem Wissen beruhende, Regeln geleitet sind.

Der Begriff der zweckrationalen Handlungssysteme ersetzt den Marxschen Begriff der gesellschaftlichen Basis. Ein Vorteil dieser Neuformulierung ist ihre Fähigkeit, die wissenschaftliche Revolution des 20. Jahrhunderts als Teil der fortwährenden Transformation des Systems der Arbeit zu begreifen: der wachsende ›Wissenschaftsbetrieb‹ (knowledge industry) wird als Produktionskraft erkannt; eine Theorie der ›post-industriellen‹ Gesellschaft erübrigt sich damit! Peirce' Analyse ist jedoch insofern begrenzt, als sie unfähig ist, Kommunikation zwischen Forschern in die Analyse einzubeziehen. Das dialogartige Muster umgangssprachlicher Kommunikation hängt von einem Handlungstypus ab, der von der instrumentalen Tathandlung unterschieden ist. Nach Habermas setzt also Teilnahme in der Alltagswelt zwei Erkenntnismodelle voraus.

Anmerkungen zum praktischen Erkenntnisinteresse

Die Fähigkeit des Menschen, die Bedeutung menschlicher Äußerungen zu verstehen, zeigt sich in den symbolischen Vorgängen des Alltagslebens; jede systematische Untersuchung kommunikativer Erfahrung setzt dies in einem Grade voraus, der von den meisten gegenwärtigen sozialwissenschaftlichen Methodologien nicht klar erfaßt wird. Das Vorverständnis von symbolischer Bedeutung wird bei Dilthey zur transzendentalen Voraussetzung aller wissenschaftlichen Erforschung sozio-politischer Prozesse. Demnach beschreibt in den Kulturwissenschaften Induktion einen ›hermeneutischen Zirkel‹, dessen Berechtigung sich nur ergeben kann aus der erkenntnistheoretischen Reflexion des Verhältnisses von systematischer Interpretation und der von ihr vorausgesetzten Kulturgemeinschaft. Dilthey begreift die Dialogik der Interpretation als das spezifische dialektische Unternehmen, individuierte Bedeutung durch die Synthese dreier Arten von Lebensäußerungen – nämlich Sprache, Erlebnisausdrücke und Handlungen – zu erfassen, ein Unternehmen, das gleichwohl auf universale Kategorien von Sprache und kulturellen Normen rekurrieren muß, um *Verstehen* zu erreichen. Diese Akte des Verstehens sind in den objektiven Strukturen einer sozio-kulturellen Welt fundiert; sie können nicht logisch nach dem Modell instrumentalen Handelns rekonstruiert oder in kontextfreier Sprache völlig formalisiert werden. Verstehen und reflexives Selbstverständnis bilden einen logisch unabhängigen Typus menschlichen Handelns und in diesem Sinne sind sie notwendig und grundlegend für alle gesellschaftliche Reproduktion und Entwicklung.

Praktisches Erkenntnisinteresse für sich allein schafft jedoch nicht Realität durch Erweiterung des Bereichs instrumentalen Handelns; vielmehr erlaubt es die Erfassung und »Restauration« von Realität durch Verstehen unter veränderten historischen Bedingungen. Es ist ein Moment in der Dialektik der materiellen Synthese, aber kein unabhängiger existentieller Prozeß, der Realität schaffen könnte, wie menschliche Arbeit dies kann. Doch ohne die symbolische Vermittlung von Arbeitsprozessen könnten die objektiven Möglichkeiten der Selbstverwirklichung nicht erfaßt werden, und instrumentales Handeln würde als ein Gebilde von Pseudo-Notwendigkeiten verewigt. Die Wiederbelebung des praktischen Moments der materiellen Synthese ist besonders in einem globalen Kontext nötig, wo die technokratischen Trends von ›Sozialismus‹ und ›Kapitalismus‹ seine grundlegende Bedeutung verleugnen.

Alle symbolisch vermittelten, vom praktischen Erkenntnisinteresse geleiteten Orientierungen beinhalten Interaktionsmuster, die eine verläßliche Basis für intersubjektive Kommunikation und Kooperation sicherstellen. Solche Systeme werden als *Systeme symbolischer Interaktion* bezeichnet und beziehen sich auf alle menschlichen Handlungen, die durch soziale Normen geleitet sind (d. h. durch reziproke Verhaltenserwartungen, die wenigstens von zwei Personen geteilt werden). Diese Normen können nicht auf technische Regeln reduziert werden; sie sind nicht wahr oder falsch, oder technisch erfolgskontrollierten Tests unterziehbar, sondern werden über Sanktionen, die von mutuellen Erwartungen und gemeinsam anerkannten Verpflichtungen abhängen, erzwungen. Ihre Bedeutung kann im Wege umgangssprachlicher Kommunikation verstanden werden; die Unmöglichkeit, sie auf technische Regeln zu reduzieren, bildet das logische Kriterium, nach dem Systeme symbolischer Interaktion von Systemen zweckrationalen Handelns zu unterscheiden sind...

Weder Peirce noch Dilthey kannten das Konzept der erkenntnisleitenden Interessen, da sie in der positivistischen Problematik verwurzelt waren, und dies trotz ihrer Analysen, die die Methodologie auf ihre erkenntnistheoretischen Voraussetzungen zurückverwies. Auch erkannten sie nicht, daß der transzendentale Rahmen instrumentalen Handelns und kommunikativer Interaktion die methodologischen Prozesse festlegte, nach denen sich die Natur- und Kulturwissenschaften richten, und daß darin erkenntnisleitende Interessen der Menschengattung zum Ausdruck gelangen. Sie entwarfen ihre Analysen nicht auf diese Art, weil sie die Menschheitsgeschichte nicht als einen Bildungsprozeß reflektierten.

Nur aus der Perspektive der Kritik kann die Selbstreflexion der Erkenntnis ihre eigenen Interessen wahrnehmen und den objektiven Kontext ihrer Selbstkonstitution erkennen. Indem Erkenntnis an den objektiven Strukturen von Arbeit und Sprache festgemacht ist, erhält sie eine transzendentale Dimension; das Begreifen des Fortwirkens transzendentaler Interessen in der Menschheitsgeschichte erfordert jedoch die Einbeziehung der Dimension der Macht, die die Atkualisierung der Erkenntnisinteressen einschränkt. Nur eine kritische Theorie kann den normativen Charakter dieser Erkenntnisinteressen ausdrücken und kann daher die historischen Zwänge untersuchen, die die Emanzipation hemmen.

Technisches und praktisches Erkenntnisinteresse können nur begriffen werden, wenn sie als Momente der Dialektik der sozialen Entwicklung und demgemäß als Momente des emanzipatorischen Kampfes der Menschengattung gesehen werden. Praktisches und technisches Interesse können nur als Momente des emanzipatorischen Vernunftinteresses verstanden werden. Habermas sieht jedoch klar, daß dieses Interesse nicht idealistisch gedeutet werden darf: »Wenn wir aber die kognitive Leistung und die kritische Kraft der Vernunft aus einer Selbstkonstituierung der Menschengattung unter kontingenten Naturbedingungen begreifen, dann ist es die Vernunft, die dem Interesse innewohnt.«[5] Materialistisch gesehen, ist das Vernunftinteresse nicht selbstverständlich und kann nicht seine eigene Grundlegung schaffen. Aber wir erkennen in der ›Kausalität des Schicksals‹ eine Verpflichtung, Leid zu überwinden und uns auf diese Weise zu emanzipieren.

In diesem Sinne analysierte Hegel die Dialogik einer sittlichen Gemeinschaft, die ihre eigene Kausalität entwickelt, indem sie moralischen »Zwang« auf jene ausübt, die das sittliche Verhältnis der Gemeinschaft verzerren. Die ›Kausalität des Schicksals‹ bildet sich im dialogischen Verhältnis der Handelnden, die innerhalb intersubjektiver und als legitim akzeptierter Normen interagieren.[*] Die Unterdrückung dieser Beziehungen — ob nun durch einen einfachen kriminellen Akt oder, mehr allgemein, durch Klassenherrschaft, die den Freiheitsspielraum einer anderen Klasse einengt — führt zu einem Widerspruch, der einen Zwang zur Überwindung dieser

Unterdrückung hervorruft. Die ›Kausalität des Schicksals‹ kann auch auf die repressiven Klassenantagonismen, die in Kampf und schließlich in Revolution münden, angewendet werden (Marx allerdings hat dies so nicht gesehen). In diesem Begriff der dialektischen Synthese ist die Reaktion auf Unterdrückung nicht an Prozesse gesellschaftlicher Arbeit gebunden, sondern an den ›Kampf um Anerkennung‹, der sich hinter der Verzerrung der sittlichen (d. h. der kommunikativen) Verhältnisse abzeichnet. Die Dialektik der Sittlichkeit (oder die kommunikative Interaktion) ist damit ein irreduzibler Mechanismus für die Konstitution der Menschlichkeit, obwohl sie immer mit der Synthese der Arbeit verknüpft ist.

Habermas interpretiert Freuds psychoanalytische Theorie als eine Wissenschaft, die, von positivistischen Grundlagen ausgehend, zur Erkenntnis führt, daß Selbstreflexion über pathologische Zwänge ein Interesse an deren Überwindung in sich trägt. Durch Rekonstruktion des Freudschen Ansatzes sucht er das Modell einer kritisch vorgehenden Wissenschaft herauszuschälen. Habermas' gegenwärtiger Versuch, eine Kommunikationstheorie der Gesellschaft zu entwickeln, weist in die gleiche Richtung. Seiner Meinung nach ist die Psychoanalyse die einzige Wissenschaft, die Selbstreflexion in ihre Methode einbezieht – genau jene Dimension, die der Positivismus ausklammert. Die Interpretation rekonstruiert nicht nur die erinnerte Lebensgeschichte, sondern sie ist auch theoretisch profiliert und geleitet durch das Bemühen, hinter manifeste Erinnerung zu gelangen und Verzerrungen und Selbsttäuschungen des Subjekts zu begreifen. Interne Störungen, neurotische Symptome und Verzerrungen alltäglicher Sprachspiele werden für das handelnde Subjekt unverständliche Symbole, weil es unerwünschte Motive aus dem Bewußtsein verdrängt hat. Indem der Analytiker dem Subjekt bei der Rekonstruktion des Lebenslaufs hilft, holt er den Bildungsprozeß des Subjektes in das Bewußtsein zurück, was zur Erinnerung und Restauration ausgeblendeter Teile dieses Lebens führt. Die Selbstreflexion des Patienten setzt einen kompensatorischen Lernprozeß in Gang, der ein Selbst wiederherstellt, welches mit sich im Konfikt stand. Leid und Verzweiflung treiben ein Interesse an der Kritik falschen Bewußtseins an, ein Interesse, das aufrechterhalten werden muß, wenn

Selbstreflexion zur ›Durcharbeitung‹ und zur Überwindung dogmatischer Verhaltensweisen führen soll. Dies erfordert, daß das Ich sich selbst in seiner Entfremdung erkennt und identifiziert und durch Selbstreflexion zu sich findet. Das reflexive Verstehen von Identifikationen, von Entfremdung, zwanghaftem Handeln und zurückliegenden Überlegungen ist der Selbstkonstituierung des Subjekts inhärent, das sich theoretisch von der Kausalität seiner ›unbewußten‹ Motive befreien kann.

Die Psychoanalyse wird zum Prototyp emanzipatorischer Reflexion, weil ihr theoretischer Rahmen gestörte Bildungsprozesse antizipiert, die den Zwängen gattungsgeschichtlicher Bildungsprozesse entsprechen. Während das technische und das praktische Erkenntnisinteresse in den instrumentellen und kommunikativen Grundannahmen der Methodologien der Natur- und Kulturwissenschaften zum Ausdruck kommen, kann das emanzipatorische Erkenntnisinteresse durch die Verbindung von Sprachdeformierung und Verhaltenspathologie, wie sie die Psychoanalyse annimmt, veranschaulicht werden. Habermas behauptet, daß Freud durch die Tendenz, seine Theorie objektivistisch als eine Naturwissenschaft vom Menschen anzulegen, daran gehindert wurde, zu einer adäquaten methodologischen Reflexion über das Potential selbstreflexiver Erkenntnis zu gelangen. In diesem Sinne seien Freuds theoretische Konstruktionen enger angelegt als seine Beschreibung der psychoanalytischen Praxis...[6]

Habermas behauptet, Freud sei in bezug auf den wissenschaftlichen Status seiner Theorie ambivalent gewesen, denn einerseits beschreibt er sie, als sei sie naturalistisch fundiert, andererseits aber besteht er innerhalb der analytischen Situation auf der Dimension der selbstreflexiven Einsicht. Falls die kommunikativen Vorbedingungen der Psychoanalyse in einer Metatheorie adäquat entwickelt wären – meint Habermas – so könnte sie nur als eine *allgemeine Interpretation* von Bildungsprozessen aufgefaßt werden. Eine solche metapsychologische Interpretation unterscheidet sich jedoch von einer naturalistischen Theorie, indem sie sich im Medium psychoanalytischer Kommunikation bewegt.[7] Aber wenn sie als allgemeines interpretatives Schema angesehen wird, das gewöhnliche gestörte Bildungsprozesse (z. B. den Ödipuskonflikt) antizipiert, so ist es klar, daß die Theoriebildung vom analytischen Dialog nicht getrennt werden kann ...

Als metapsychologisches Schema der Interpretation eröffnet Freuds Theorie die Möglichkeit, die Entstehung von Institutionen und die Funktion von Macht und Ideologie besser zu erfassen, als dies in Marx' paralleler Theorie geschieht. Während Marx sich auf das System gesellschaftlicher Arbeit und die davon abgeleitete Organisation konzentriert, richtet Freud sein Augenmerk auf die Kommunikationsmotive im Konflikt zwischen überschüssiger Triebenergie und den Bedingungen kollektiver Selbsterhaltung. Aus dieser Perspektive ähneln Ursprung und Funktion historischer Institutionen der individuellen Unterdrückung der Fähigkeit, Bedürfnisse zu interpretieren. Institutionen üben ihre Macht aus mittels erzwungener Ersatzgratifikationen, deren Charakter sich verfestigt und verschleiert; die Reziprozität manifester Zwänge geht verloren. Institutionelle Normen werden zu verdrängten Symbolen, die – jeder Kritik entzogen – zur Legitimation von Autorität dienen. *Auf diese Weise bilden die Institutionen einer Klassengesellschaft ein Machtsystem, das allen Mitgliedern der Gesellschaft aufgezwungen wird, und damit entsteht ein Bereich systematisch verzerrter Kommunikation, in dem Instinktimpulse zensiert und auf ›legitime‹ Ziele gelenkt werden.* Die Dynamik von Macht und Ideologie ist also für die Freudsche kritische Theorie von zentraler Bedeutung als für die Marxsche. Bei Freud ist die Stoßrichtung kritisch-revolutionären Handelns gegen Macht und Ideologie gerichtet, und obwohl dieses Handeln auch abhängt von der von den Produktivkräften vorangetriebenen Erweiterung der Verfügungsmöglichkeiten, besteht keine Garantie, daß Emanzipation automatisch aus größerem technischen Fortschritt folgt.

Bei jedem Schritt befindet sich die Menschheit im Kampf gegen Zwänge, die sich einerseits aus der Knappheit verfügbarer Mittel und andererseits aus institutionellen Verboten und der ideologischen Legitimation von Autorität ergeben. Bei Freud führt das kritische Begreifen dieser Dialektik nicht zu einer bestimmten Theorie der Revolution, sondern zu einer ›Logik berechtigter Hoffnung und kontrollierter Experimente‹. Das Ziel dieses systematischen kritischen Kampfes ist:

».. . eine Organisation der gesellschaftlichen Beziehungen nach dem Prinzip, daß die Geltung jeder politisch folgenreichen Norm von einem in herrschaftsfreier Kommunikation erzielten Konsensus abhängig gemacht wird.«[8]

Das emanzipatorische Ziel der Vernunft, welches den Interessenstrukturen der Menschheitsgeschichte inhärent·ist, kann nicht unter beliebigen Bedingungen erreicht werden; es ist nicht ein naturalistischer Imperativ, sondern eine konstitutive ›Illusion‹ der Menschheit. Diese ›Illusion‹ der Emanzipation wurde jedoch untersucht, um zu zeigen, daß es sich nicht um eine Selbsttäuschung handelt, sondern um eine objektive und transzendentale Vorbedingung jener Konflikte, unter denen die Menschheit sich produziert, kämpft und selbst begreift. Das Interesse an Vernunft kann sich nur durch Kritik entfalten und durch die tentative, experimentelle Verwirklichung ihrer interpretierten Konsequenzen . . .

Habermas' Ansatz ist radikal soziologisch in seiner Auffassung der Konstituierung des ›Subjekts‹ durch die gesellschaftlichen Systeme instrumentalen Handelns und der Universalpragmatik des alltäglichen Sprachgebrauchs. In diesem Rahmen kann ›Intersubjektivität‹ nicht über ein verallgemeinertes, individuelles Bewußtsein (Kant) erschlossen werden, noch phänomenologisch über einen Beobachter, der die *Epoché* nachvollzieht (Husserl). Sowohl Kant wie Husserl *erschließen* die Möglichkeit der Intersubjektivität aus ihren jeweiligen Reflexionen über monadisches Bewußtsein. In diesem Sinne ist konstitutives Handeln auf einen auf sich bezogenen monologischen Rahmen beschränkt. Es bleibt das Problem, wie Prozesse von Arbeit und Kommunikation erfaßbar sind, die transindividuell sich bilden. ›Subjekt‹ und ›Objekt‹ der gesellschaftlichen Prozesse von Arbeit und Kommunikation können nicht einfach unter der Annahme analysiert werden, daß monadisch konstituierte Welten irgendwie durch einen Prozeß ›prästabilierter Harmonie‹ zusammenkommen. Die Konstituierung der Realität und die Interpretation der sozialen Wirklichkeit müssen auf einer reflexiven Theorie der Intersubjektivität basieren, die die ›Gemeinsamkeit‹ der sozialen Realität faßbar machen kann.

Somit ist Habermas' Interpretation der Dialogik von instrumentalem Handeln und symbolischer Interaktion selbst geleitet von einer Theorie der Selbstreflexivität der Sprache; dies impliziert, daß die Umgangssprache als einziges symbolisches Medium ihre eigene Metasprache ist.[9] Habermas bezieht sich auf Wittgensteins Sprachspiel, bei dem Symbole und Handlungen sich wechselseitig interpretieren können, was darauf hinweist, daß die formalen Strukturen der Sprache in der Kommunikation durch kontextuelle, normbestimmte Handlungen und Erlebnisausdrücke vermittelt werden. In ähnlicher Weise arbeitet Habermas die Unterscheidung von instrumenteller Forschungslogik und hermeneutischem Zirkel der Interpretation heraus, indem er die Konstellation von Sprache, Handeln und Erfahrung innerhalb der jeweils gebrauchten Logik darstellt.[10]

In all diesen Fällen rekonstruiert Habermas die Verbindung zwischen Subjekt und Objekt, zwischen Theorie und Praxis als dialogische Beziehung zwischen den generativen Regeln der Arbeit und der symbolischen Interaktion, wie sie sich in den Handlungen von Interaktionspartnern verkörpern. Die Verknüpfung wird begriffen als das Verhältnis zwischen intersubjektiver Grammatik und umgangssprachlicher Pragmatik.

Habermas' neue Veröffentlichung beginnt mit einer Interpretation der Spätwerke Wittgensteins. Die Bedeutung der Sprachphilosophie für die kategoriale Grundlegung einer kritischen Theorie liegt in ihrer Fähigkeit Idealisierungen (oder kontrafaktische Annahmen) bei symbolischen Handlungen und rationalen Diskursen auszudrücken. So ist der Begriff einer idealen Sprechsituation – gleichgesetzt mit nicht-repressiver Kommunikation – eine notwendige Bedingung für die gleichzeitige Aufrechterhaltung von Kommunikation und Metakommunikation.[11]

Die Notwendigkeit einer linguistischen Theorie der Kommunikation

Husserls phänomenologische Theorie des Bewußtseins hat nach Meinung von Habermas der Kantischen transzendentalen Reflexion etwas voraus. Husserl sieht die Lebenswelt als vorgängige Basis für die Konstituierung jeglicher Naturerkenntnis. Und weiter zeigt er, daß Kants transzendentale Reflexion über die Entstehung unserer Naturerkenntnis selbst eine Konstitutionstheorie der Lebenswelt voraussetzt. Von Anfang an erkennen Husserls Untersuchungen die aktive Konstruktion der Welt durch Subjekte an, die zu synthetischem Handeln fähig sind. An die Stelle der Kantischen Reflexion auf ein anonymes Bewußtsein überhaupt setzt Husserl den generativen Prozeß einer Lebenswelt, in der eine Vielzahl synthetisch handelnder Subjekte eine intersubjektive, soziale Lebenswelt konstituieren.

Habermas sieht jedoch zwei Probleme, die Husserls Phänomenologie nicht lösen kann, die aber für die Bildung einer dialektischen Theorie notwendig sind: das immanente Verhältnis von Gesellschaft und Wahrheit und das Problem der Intersubjektivität. Da die Phänomenologie diese Probleme nicht lösen kann, ist es nach Habermas nötig, eine Theorie der linguistischen Kommunikation in eine zeitgemäße dialektische Theorie der Gesellschaft einzubringen.

In bezug auf das erste Problem ist Husserls wichtigster Beitrag die Freilegung von Bewußtseinsstrukturen in einer Theorie der Intentionalität. Bewußtsein ist immer Bewußtsein von etwas, ein Umstand, der sich aus unserem intentionalen Bewußtsein herleitet. In Husserls Analyse der Intentionalität ist Wahrheit einfach ein Denkvorgang der Identifikation, der die evidente Erfahrung begleitet. In diesem Begriff liegt eine phänomenologische Annahme über die sich selbst setzende Natur des Bewußtseins, eines Bewußtseins, das die tatsächliche Gegebenheit seines intentionalen Objekts antizipiert (Noema). Intentionales Bewußtsein zielt somit immer auf die Erfüllung seiner Denkakte und nimmt auf diese Weise Geltung für die zu bildenden Objekte in Anspruch. Husserl meint, daß diese Selbstsetzung auf die gesamte Lebenswelt, in der alle Ansprüche zusammentreffen, zutrifft. Alfred Schütz nannte dies die ›Epoché der natürlichen Einstellung‹; es handelt sich im wesentlichen um den einfachen naiven Realismus der Alltagswelt. In der Lebenswelt sind Willensakte und Emotionen ebenfalls intentionale Selbstsetzungen und Produkte transzendentaler Subjektivität.

Das fundamentale Problem der Husserlschen Evidenztheorie der Wahrheit ist, daß sie vom Begriff der ›kategorialen Intuition‹ abhängt, einem vagen, logisch nicht haltbaren Begriff, wie Habermas meint; Husserl hat ihn in einigen seiner Arbeiten selbst verworfen (z. B. in »Erfahrung und Urteil«). Husserls Fundierung der Wahrheit in der intuitiven Gegebenheit intentionaler Erfahrung ist fragwürdig. Nach Habermas ist diese Verknüpfung nur im Rahmen einer linguistischen Theorie möglich. Auf die Art können die kategorialen ›Objekte‹ intentionaler Erfahrung als intersubjektive Regeln für Konstruktion und Gebrauch von Symbolen begriffen werden. Die These, daß jedem sinnvoll konstituierten Denkakt ein Wahrheitsanspruch inhärent ist, kann dann zu einer Theorie der Sprache entwickelt werden, die die Lebenswelt als ein System symbolischer Formen erfaßt, über deren Gültigkeit wir uns diskursiv verständigen können. Wahrheit als Evidenz würde nicht durch Verweis auf intuitive Intentionen bestätigt, sondern durch Diskurs in der Gesellschaft über Wahrheitsansprüche. Während Husserl die unbegründeten Ansprüche der ›natürlichen Einstellung‹ als grundlegendes Faktum der Lebenswelt ansah, würde eine kritische Theorie der Gesellschaft versuchen, den Bestand an Geltungsansprüchen unbestrittener Validität in der Alltagswelt zu verstehen. Eine adäquatere Theorie der Beziehung der Wahrheit zur Konstitution sozialer Wirklichkeit würde daher die Entstehung und ›Sedimentierung‹ falschen Bewußtseins zum Gegenstand haben.[13]

In bezug auf das zweite Problem seiner Phänomenologie versucht Husserl Intersubjektivität von den Handlungen monadischen Bewußtseins her zu erschließen. Dies resultiert nach Habermas in einem zirkulären Argument, das nur geeignet ist darzutun, daß es eine ›Gemeinschaft für mich‹ und ›für andere‹ gibt; wie sie zusammengehören, bleibt unklar.

Habermas behauptet, das Problem intersubjektiven Sinnes könne viel leichter durch solche Gesellschaftstheorien erfaßt werden, die von gemeinsamen Regeln für Sprachspiele (Wittgenstein) ausgehen oder von Rollen, die gemeinsame Erwartungen begründen (G. H. Mead). Die Begriffe von ›Regel‹ und ›Rolle‹ können von Anfang an durch Beziehungen zwischen Subjekten definiert werden und damit auf adäquatere Weise verdeutlichen, wie symbolische Ausdrücke sich konstituieren.

Habermas meint, daß Wittgensteins spätere Beschäftigung
mit dem Modell des natürlichen Sprachspiels ihn zu Einsichten über den kommunikativen Gebrauch von Sprache führten,
die zu einer Theorie der Universalpragmatik ausgebaut werden können... Sein Ansatz läßt jedoch nicht klarwerden,
inwieweit die Teilnahme am Spiel eine Selbstsetzung des
Sprechenden und Handelnden beinhaltet. Auch läßt Wittgensteins Analyse nicht erkennen, inwieweit konstitutive Sprachspiele an die Zwänge des gesellschaftlichen Kontexts gebunden sind. Obwohl Wittgensteins Sprachtheorie über bloße
Sprachanalyse hinausgeht, läßt sie sowohl ihre soziokulturelle
Bedeutung wie auch den Aspekt gesellschaftlicher Unterbrechung sprachlicher Kommunikation außer acht.

Habermas baut auf Wittgensteins Theorie der Sprachspiele
auf, indem er sie vom transzendentalen Standpunkt aus
angeht und den Sprechakt als in einem intersubjektiven Rahmen konstituiert sieht, in einem Rahmen, in dem immer zwei
Ebenen der Kommunikation zusammentreffen. Kommunikative Kompetenz bezieht sich dann auf die Fähigkeit des Sprechers, die Kommunikation sowohl auf der Ebene der Objekte
oder Situation wie auf der Ebene der individuellen Beziehung
zu Objekten aufrechtzuerhalten. Nach Wittgensteins Analyse
setzt die kommunikative Kompetenz die gleichzeitige Aufrechterhaltung von Kommunikation und Metakommunikation voraus (oder den individuellen Ausdruck, der dem Empfänger vermittelt, wie er eine Äußerung zu interpretieren
hat). So gesehen können wir erkennen, daß zur normalen
Kommunikation eine Selbstreflexivität gehört, die die
menschliche symbolische Kommunikation zu ihrer eigenen
Metasprache macht. D. h. der manifeste Inhalt jeder symbolischen Performanz wird von einer Metakommunikation
begleitet, die die Individuiertheit dieser Kommunikation ausdrückt. Während die Reflexivität der ›Dialektik der Kommunikation‹ schon von Fichte und Hegel entwickelt wurde, wird
sie erst durch Habermas' Kritik der Wittgensteinschen
Sprachspiele als kategoriale Grundlage der systematischen
Kommunikationsforschung entfaltet.

Habermas' Ausarbeitung der kategorialen Basis einer Kommunikationstheorie der Gesellschaft kann nur richtig erfaßt werden, wenn man versteht, daß er diese Theorie eher als linguistische Wissenschaft, denn als naturwissenschaftliche Gesellschaftstheorie sieht. Die von Habermas geformten Begriffe der kommunikativen Kompetenz und der idealen Sprechsituation sind ein Versuch, die grundlegenden Voraussetzungen von Rede und alltäglichen Interaktionsprozessen zu entwickeln. Wie Habermas zeigt, deckt die Analyse kommunikativer Kompetenz die fundamentalen ›Idealisierungen‹ (kontrafaktischen Erwartungen) jeder menschlichen Kommunikation: die ideale Sprechsituation, auf. »Wir nennen eine Sprechsituation ideal, wenn Kommunikation nicht nur nicht von externen, kontingenten Einflüssen überlagert wird, sondern auch nicht von Faktoren, die sich aus der Kommunikationsstruktur selbst ergeben. Nur dann wird das eigentümlich zwangsfreie Gewicht eines besseren Arguments überwiegen.«[14]

Es ist jedoch wichtig zu sehen, daß die ideale Sprechsituation ein eigentümlich utopischer Begriff ist. Es handelt sich um eine unvermeidliche Idealisierung, die jeder menschlichen Kommunikation inhärent und deswegen ohne historische Dimension ist. Habermas bleibt bei seinem Vorgriff auf Emanzipation so sehr im Rahmen rationaler Reflexion, daß die konkrete Anwendung dieser Utopie systematische Untersuchung und politische Bewertungen in jeder historischen Situation erforderlich macht. Eine allgemeine Theorie der Emanzipation gibt es nicht!

Die Intention dieser formalen Utopie entspricht dem Marxschen Versuch, reale historische Verhältnisse in der politökonomischen Analyse der kapitalistischen Produktion zur Geltung zu bringen. Ebenso wie Marx durch die Unterscheidung von Gebrauchswert und Tauschwert in der Lage war, Schein und Sein auseinanderzuhalten, erlaubt die Unterscheidung von zweckrationalen Handlungssystemen und symbolischen Interaktionssystemen es Habermas, historische Realsituationen aufzuspüren, die der szientistische Bewußtseinsstand unserer Zeit verdeckt. Diese Unterscheidungen und die ideale Sprechsituation beruhen auf linguistischen Regeln und Idealisierungen, die Habermas als Basis unserer alltäglichen Handlungen eruiert...

Habermas' gegenwärtige Arbeit umreißt die metatheoretischen Prinzipien, die die Formulierung einer dialektischen Gesellschaftstheorie anleiten und ein kritisches Verständnis der Dialektik der sozialen Evolution erlauben. Diese metatheoretischen Reflexionen sind aber auch eine Kritik der objektivistisch verstandenen Gesellschaftstheorie und verweisen auf die Entwicklung einer Kommunikationstheorie der Gesellschaft. Aber die Ausarbeitung der substantiellen Theorie ist noch im Gange. Sie beginnt mit Habermas' Interpretation des Verhältnisses seiner Arbeit zur Marxschen Kritik.

Habermas' Reformulierung des Marxismus impliziert, daß wachsende Einengungen der kommunikativen Interaktionen die materiellen Zwänge aufrechterhalten, die der Kapitalismus der Entwicklung der Produktivkräfte auferlegt. Dies manifestiert sich in der fortschreitenden Anpassung aller Institutionen an den innovativen privatwirtschaftlichen Sektor. Die Macht des Kapitals und seine Privilegien werden in dem Maße aufrechterhalten, wie der Wahrheitsanspruch der kapitalistischen Ideologie dem Zweifel entzogen ist und wie Sozialisationsprozesse in einem technologischen Milieu verdinglicht werden. Habermas zeigt ebenso, zu welchem Grad der Szientismus ein Modell institutionalisierter Rationalität bereitgestellt hat, das die Befürwortung bestehender Strukturen als legitim erleichtert.

Trotzdem hat Habermas nicht gezeigt, in welchem Verhältnis diese Aspekte zu Marx' Kritik der Politischen Ökonomie stehen. Wird die Kommunikationstheorie mit ihrer normativen Fundierung in rationalen Idealisierungen menschlicher Kommunikation (wodurch eine marxistische Kulturkritik geschaffen wird, die sich von der anderer Mitglieder der Frankfurter Schule unterscheidet) von Habermas als neue begriffliche Basis für die kritische Theorie gewertet? Eine affirmative Antwort hierzu würde besagen, daß Marx' Werttheorie überwunden oder ersetzt worden ist und daß die wirtschaftswissenschaftlichen Einwände gegen sie stichhaltig sind.[15] Obwohl Habermas behauptet, daß Marx' quantitative Formulierungen jenen Mehrwert nicht erfassen können, der durch das einzigartige Potential eines wissenschaftlichen Produktionssystems geschaffen wird, widerlegt er damit doch nicht wirklich Marx . . .

Insoweit als Habermas eine normative Basis durch eine andere ersetzt hat, hat er ein Moment der kritischen Theorie herausgearbeitet, welches bisher nicht entwickelt worden war.[16] Sowohl Marx wie Habermas haben normative Grundlagen für jeweils ein Moment der Dialektik der sozialen Entwicklung formuliert. Wir haben es also nicht mit einer Aufhebung, sondern mit Habermas' dialektischer Vollendung der Basis für eine kritische Theorie der Gesellschaft zu tun. Nicht Marx oder Habermas, sondern Marx *und* Habermas machen eine kritische dialektische Theorie möglich.

Noch in einem anderen Bereich, kann man sagen, transzendiert Habermas Marx, und zwar mit seinem Konzept des Verhältnisses zwischen Wissenschaft und sozialer Emanzipation. Habermas und andere kulturanthropologische Marxisten haben gezeigt, wie die Reproduktionsdynamik hochindustrialisierter Gesellschaften (d. h. sowohl spätkapitalistischer als auch ›sozialistischer‹ Gesellschaften) notwendig eine wissenschaftlich-technische Intelligenzschicht hervorbringt, eine Schicht, die neue Techniken und Einsichten hervorbringt und damit sowohl wirtschaftliches Wachstum stimuliert wie auch eine Ausweitung ideologischer Kontrolle ermöglicht. Obwohl diese Gruppen keine ›Klasse‹ bilden, die für gesellschaftlichen Wandel notwendig und hinreichend wäre, nehmen sie doch zunehmend eine zentrale strategische Position in der Dynamik spätkapitalistischer Gesellschaften ein. Eingebettet in die sozialen Normen, die die Wissenschaft an ihre Projekte binden, und in das grundsätzliche *Ziel* der Wahrheitsfindung liegt ein revolutionäres Potential für die Aufdeckung von Herrschaft. Die Notwendigkeit eines rationalen Diskurses über die objektivistischen und szientistischen Dogmen etablierter Wissenschaft wird durch die Normen offener, wissenschaftlicher Kommunikation legitimiert. Dadurch, daß auch nur ein kleiner Teil der Wissenschaft die Ideologie der Amoralität und die Pseudo-Neutralität staatlicher Wissenschaftsverwertung durchschaut, würden neue Forschungsmöglichkeiten freigesetzt und ein neues Verhältnis von Wissenschaft und Gesellschaft in die Wege geleitet.

Die Folgen, die sich ergeben, wenn Wissenschaft ein Bewußt-

sein von Herrschaftsverhältnis erlangt, lassen sich nicht anti-
zipieren, aber eine mögliche Folge wäre die Schaffung von
Modellen einer freien, sozialen Entwicklung, die andere Institutionen und/oder Gruppen in die Lage versetzen würden,
sich von überflüssiger Herrschaft zu emanzipieren.[17] Habermas' Arbeit zeigt aber auch, daß die Befreiung von Zwängen,
die die Einsetzung der Produktivkräfte nach gesellschaftlichen Bedürfnissen blockieren, nicht genügt. Der Kampf um
Emanzipation muß breiter angelegt sein als Marx sich dies
vorstellte, und er muß sich zunehmend ausdehnen auf die
Selbstbefreiung der Menschen von ›Ich-Identitäten‹, die in
einer verwissenschaftlichten Zivilisation sich bilden. Gesellschaftliche Emanzipation erfordert eine Selbst-Emanzipation
von den sozialen Kosten der hochindustrialisierten Gesellschaft, Kosten, die sich nicht nur in Überproduktion und
Unterverwertung gesellschaftlicher Potentiale niederschla-
gen, sondern die auch dadurch entstehen, daß Lebensweisen
in Modalitäten strategischer Anpassung unter Ausschluß kommunikativer Interaktion transformiert werden. Habermas'
Neufassung des Verhältnisses von Kritik zu kommunikativer
Praxis erweitert den Interpretationsspielraum kritischer
Theorie und fördert die Verwirklichung einer Theorie der
Emanzipation.
Am Ende jedoch fehlt der Habermasschen Utopie etwas, und
hierin steckt der Grund, warum Marx essentiell bleibt. Die
ideale Sprechsituation ist ein rein formalistischer Begriff.
Während Marx den Begriff des Gebrauchswertes als historische Aktualität verstand (als eine wesentliche Komponente
der kommunistischen Utopie), hat Habermas' formalistisch
abgeleitetes Ideal keinen historischen Bezug. Nichts an dieser
Fiktion kann die Modalität ihrer Verwirklichung so ausdrük-
ken, wie dies die Marxsche Fiktion des Gebrauchswertes als
Ideal eines ›organischen‹ Verhältnisses von Produktion,
Distribution und der Vermittlung zwischen universellen und
individuellen Bedürfnissen tut. Habermas' Utopie bezieht
sich allein auf die Aufgabe der Wissenschaftler, die historischen Umstände verzerrter Kommunikation festzustellen und
zu beurteilen, und dies scheint zu implizieren, daß kritische
Theoretiker nichts weiter zu leisten hätten. Zweifelsohne
würde Habermas diesen Unterschied gerade zur Verteidigung

seiner Utopie verwenden, indem er auf den Objektivismus von Begriffen wie Gebrauchswert hinweise, und er wäre in der Lage, auf den völlig nicht-objektivistischen Charakter der idealen Sprechsituation hinzuweisen. In gewissem Sinne verlangt das utopische Moment der kritischen Theorie die Anerkennung des emanzipatorischen Potentials rekonstruierter Lebensgeschichten. Dies erfordert nicht die Ausarbeitung detaillierter Pläne strategischen Handelns, sondern nur die Identifizierung der in einer historischen Konfiguration liegenden Möglichkeiten und jener Menschengruppen, die am engsten mit diesen objektiven Möglichkeiten liiert sind. In anderen Worten, Habermas' Begriff der Dialektik zwischen Herrschaft und Emanzipation gelangt nicht zu einer adäquaten Realisation seines utopischen Moments. Bei seinem Versuch, Kritik strikt in den Grenzen der Vernunft anzusiedeln, versäumt Habermas auch die Bedürfnisse der Menschen einzubeziehen, die die Möglichkeiten kritischer Aufklärung nur im alltäglichen Handeln erfahren können.

Habermas' Theorie der Aufklärung ist deswegen zu hegelianisch. Wie Hegel nimmt er an, daß die Logik der historischen Entwicklung sich auf die Verwirklichung von mehr Freiheit oder auf nicht-repressive Kommunikation zubewegt. Menschliches Bewußtsein erweitert sich im Maße der Öffnung des weltgeschichtlichen Horizontes; wie bei Hegel schreitet die Entwicklung menschlicher Einsicht stetig fort. Vielleicht ist Habermas' Vorliebe für Vernunft, wie im Falle Hegels, die Folge eines an Vernunft orientierten Lebens, das alle Existenz als Manifestierung eines umfassenden Systems sieht.

Bevor wir nicht die Rekonstruktion der sozialen Evolution der Menschheit entlang der von Habermas vorgeschlagenen Theorie der Erkenntnisinteressen vollendet haben, bleiben wir von der umfassendsten Theorie der historischen Entwicklung, die wir haben – nämlich der von Marx – abhängig. Vielleicht wird es dabei bleiben. Aber das darf uns nicht davon abhalten, die objektivistischen Aspekte des Marxschen Ansatzes entlang der von Habermas aufgestellten Metatheorie zu rekonstruieren.

Anmerkungen

1 Die hauptsächlichen theoretischen Arbeiten von Habermas sind *Theorie und Praxis: Sozialphilosophische Studien*, Neuwied, 2. Aufl. 1967.
Erkenntnis und Interesse, Frankfurt 1968 und, noch unveröffentlicht: »Toward a Communicative Theory of Society«, vorgestellt anläßlich der Christian Gauss Lectures der Princeton University, Frühjahr 1971.
Vgl. auch Habermas, »Zur Logik der Sozialwissenschaften«, in: *Philosophische Rundschau*, Febr. 1967, vor allem die Kritik der Hermeneutik und der Linguistik. Zur Kritik der Systemtheorie vgl. Habermas und N. Luhmann, *Theorie der Gesellschaft oder Sozialtechnologie – Was leistet die Systemforschung?*, Frankfurt 1971.
2 Vgl. Theodor W. Adorno, *Zur Metakritik der Erkenntnistheorie*, Stuttgart 1956, oder Jürgen Habermas' Essay, *Erkenntnis und Interesse*, in: *Technik und Wissenschaft als »Ideologie«*, Frankfurt 1969.
Vor allem aber vgl. Habermas' angekündigtes Buch *Toward a Communicative Theory of Society*, Boston, wo er eine eingehende Kritik der Husserlschen Phänomenologie, die unfähig ist, ihrer Theorie eine intersubjektive Basis zu geben, entwickelt.
3 K. Marx, *Kritik der Hegelschen Dialektik und Philosophie überhaupt – Critique of the Hegelian Dialectic and Philosophy in General*, in: *The Writings of the Young Marx on Philosophy and Society*, L. Easton u. K. H. Guddat (Hrsg.), Garden City 1967, S. 321.
4 Habermas, *Erkenntnis und Interesse*, a.a.O., S. 242.
5 A.a.O., S. 349.
6 A.a.O., S. 299.
7 A.a.O., S. 294 f., 316.
8 A.a.O., S. 344.
9 A.a.O., S. 213.
10 A.a.O., S. 235 f.
11 A.a.O., S. 316.
12 Die Elemente dieser Habermasschen Theorie wurden in einer Serie von Artikeln entwickelt: *Toward a Theory of Communicative Competence*, in: P. Dreitzel, Hrsg., *Recent Sociology*, Nr. 2; *On Systematically Distorted Communication*, in: *Inquiry*, Bd. 13 1970, no. 4, S. 205/218; *Summation and Response*, in *Continuum*, 1970; und schließlich, wie erwähnt, in: *Toward a Communicative Theory of Society*, a.a.O. Teilen der obigen Ausführungen lagen nur die Christian Gauss Lectures, Princeton University, Frühjahr 1971, zugrunde und es handelt sich daher um eine inadäquate Darstellung der Habermasschen Position zu dieser Frage.
13 Gerade der grundsätzlich kontemplative Charakter des phänome-

nologischen Theoretisierens gestattet diesen nicht hinterfragten naiven Alltagsrealismus. In *The Social Construction of Reality* (deutsch: *Die gesellschaftliche Konstruktion der Wirklichkeit*, Frankfurt 1969), Garden City 1966, kann Berger und Luckmanns Begriff der Notwendigkeit der Stabilisierung der Alltagswelt (die objektivistisch begründet liegt in den biologisch-sozialen Bedürfnissen der Menschen) als unkritische Rechtfertigung eines ›notwendig‹ falschen Bewußtseins erkannt werden. Zu behaupten, daß die Vergegenständlichung eine gesellschaftliche Notwendigkeit sei, widerspricht sich letztlich selbst. D. h. der allen konstitutiven Denkakten eingebaute Geltungsanspruch, auf der einen Seite, und das der natürlichen Verhaltensweise inhärente offensichtlich falsche Bewußtsein, auf der anderen Seite, werden in Berger und Luckmanns dialektischer Theorie nicht hinterfragt. Dies ergibt sich aus dem objektivistischen Moment der Vergegenständlichung, die falsches Bewußtsein wegen seiner biologischen Funktion legitimiert, weil es sich aus objektivistischen ›Bedürfnissen‹ ergibt. Diese Rechtfertigung der Legitimität falschen Bewußtseins erweist die *social construction of reality* als tief konservative und potentiell ideologische Gesellschaftstheorie, in der Begriffe wie ›Entfremdung‹ und ›Vergegenständlichung‹ ihren kritischen Sinn eingebüßt haben.

14 Habermas, *Summation and Response*, in *Continuum*, a.a.O., S. 131.

15 Habermas' Kritik findet sich in *Theorie und Praxis*, a.a.O., S. 188-200; dort faßt er die Kritik an dem sogenannten ›Gesetz‹ zusammen.

16 Natürlich war es ursprünglich schon in Hegels Begriff der ›Kausalität des Schicksals‹ angedeutet.

17 Vgl. Gary Alperovitz, »Notes Toward a Pluralist Commonwealth«, in *The Review of Radical Political Economics*, Bd. 4 no. 2, 1972. Dieser Artikel ist ein Exzerpt eines noch zu veröffentlichenden Buches, »A Long Revolution«, das eine wichtige Analyse alternativer Programme sozio-ökonomischer Entwicklung verspricht.

Guttorm Fløistad
Soziale Handlungsbegriffe:
Bemerkungen zu Habermas' Vorschlag einer
sozialen Erkenntnistheorie*

I. Einleitung

Es gibt gelegentlich Klagen über den Mangel an Kommunikation zwischen verschiedenen philosophischen Schulen. Was
grob gesehen als analytische und kontinentale Philosophie
unterschieden wird, mag als offensichtliches Beispiel gelten.
Aber für diejenigen, denen daran gelegen ist, gibt es jetzt
einige Hoffnung im Bereich der Sozialphilosophie. Immer
häufiger, so scheint es, beziehen Autoren verschiedener
methodologischer Überzeugung in diesem Bereich die wechselseitigen Ansichten in ihre Überlegungen ein – so daß hier
wenigstens ›analytisch‹ (im benannten Sinne) und ›kontinen-
tal‹ im Begriff sind, lediglich geographische Termini zu werden. Prominente Autoren in dieser Richtung sind C. Wright
Mills und Jürgen Habermas.

Schon in seiner Dissertation von 1942[1] hatte Mills versucht,
amerikanische und europäische Beiträge zur Soziologie der
Erkenntnis zu verbinden. Später dann, mit seiner Kritik an
gewissen abstrakt empiristischen Trends in der amerikanischen Sozialforschung[2] und als Pionier der ›New Sociology‹,
verfolgte er noch das gleiche Ziel: empirische Forschung in
makrotheoretische Konstruktionen zu integrieren, wie dies in
der klassischen Tradition der Sozialphilosophie zu finden ist
(Marx, Durkheim, Weber, Pareto, Mannheim und andere).[3]
Nur auf diese Weise, so dachte er, konnte die Soziologie ihre
Aufgabe erfüllen: nämlich an der Verbesserung sozialer
Lebensbedingungen mitzuwirken.

* Jürgen Habermas, *Zur Logik der Sozialwissenschaften*, *Philosophische Rundschau*, Beiheft 5, Tübingen 1967, und *Erkenntnis und Interesse*, Frankfurt 1968, 364 S. Die Seitenangaben werden in Klammern
gefaßt.

Auch Habermas, obwohl weit mehr theoretisch, bezieht sich in ähnlicher Weise auf die ›klassische Tradition‹[4], ebenso wie auf eine ganze Reihe von anglo-amerikanischen Sozialphilosophen und Wissenschaftlern (Popper, Winch, Merton, Parsons, MacIntyre, Kaplan, Wright Mills[5] und viele andere). Und mehr noch, für seinen Versuch, eine umfassende Gesellschaftstheorie zu entwickeln, sammelt er bedeutsames Material von Philosophen, die außerhalb jeder spezifischen soziologischen Tradition stehen, wie Wittgenstein, Hempel, Nagel, Morris, Chomsky, Danto, ebenso Kant, Hegel, Peirce, Dilthey, Gadamer und Freud. Seine Kritik an vielen dieser Autoren ist nicht unähnlich jener negativen Bewertung des abstrakten amerikanischen Empirismus durch Mills: die Kritik führt nicht zur Ablehnung, etwa wegen Unrichtigkeit, sondern zum Nachweis der Unzulänglichkeit des Ansatzes für eine zureichende Analyse sozialer Phänomene.

Die Suche nach einer umfassenden Theorie führt Mills und Habermas auch in andere Richtungen, zu den Naturwissenschaften, den Geisteswissenschaften und zur Geschichte allgemein. Dies sind alles Teile eines sozialen Ganzen und sollten folglich in die Gesellschaftstheorie einbezogen werden. Diese Tendenz, von klassischen Theoretikern her bekannt, ist vielleicht um so bedeutender in einer Situation, wo fast in allen Untersuchungsbereichen Spezialisierung und separatistisches Vorgehen ansonsten dominieren. Von Gesellschaftstheorien, wie man sie bei Mills und Habermas findet, könnte man vielleicht sagen, daß sie eine ähnliche Rolle spielen, wie die metaphysischen Systeme der Vergangenheit – die Rolle eines integrierten und integrierenden Denksystems; der Hauptunterschied zum metaphysischen Gegenstück wäre, daß sie (jedenfalls der Intention nach) sich unmittelbarer auf gesellschaftliche Verhältnisse beziehen.

Die gegenwärtigen Gesellschaftszustände und die beunruhigenden Perspektiven für die Zukunft der Gesellschaft sind ohne Zweifel der Nährboden dieser verschiedenen Entwicklungstrends. Der moralische Druck, der auf jedem sozial sich gewärtigen Mitglied der Gesellschaft im allgemeinen und auf Sozialwissenschaftlern und Philosophen im besonderen lastet, muß eine gemeinsame Zielsetzung bewirken: die Verbesserung dieser Zustände und dieser Perspektiven. Dies setzt eine adäquate Analyse der Gesellschaft als Ganzes voraus, d. h. der sozialen Phänomene in ihrem Zusammenwirken und ihrer geschichtlichen Entwicklung; wie weitgehend anerkannt wird, wird diese Aufgabe am ehesten erreicht, indem man zwei oft widerstreitende methodologische Forschungsweisen verknüpft, nämlich kausale Erklärung und was Weber einmal ›deutendes Verstehen‹ genannt hat. Da die erste Verfahrensweise meistens mit Wissenschaftstheorie und mit wichtigen Trends der analytischen Verhaltenslehre assoziiert wird, und die zweite mit der kontinentalen Theorie der Geisteswissenschaften, so heißt das (ohne zu sehr zu vergröbern, wie ich hoffe), daß die Aufgabe am besten durch eine Verknüpfung der analytischen und der kontinentalen Tradition erfüllt werden kann. Dies macht eine weitgehende Kommunikation nötig und möglich.

Im folgenden möchte ich auf Habermas' Vorschlag für eine soziale Erkenntnistheorie eingehen. An eine kurze Übersicht schließt sich eine Diskussion einiger ausgesuchter Punkte an, die sich alle auf den primären Gegenstand aller Gesellschaftstheorie beziehen: Erklären und Verstehen menschlichen Handelns.

II. Die Theorie

1. *Habermas' soziale Erkenntnistheorie: Eine Übersicht.* Die Theorie wird in »Zur Logik der Sozialwissenschaft« (*LS*) und später, erweitert, in *Erkenntnis und Interesse* (*EI*) entfaltet. Es ist interessant, die unterschiedlichen Ansätze in beiden Fällen festzustellen. In LS schält sich die Theorie im Laufe einer Diskussion der methodologischen Kontroverse – kantischer und neo-kantischer Herkunft (Rickert, Cassirer) – zwischen den Perspektiven der Natur- und der Geisteswissenschaften heraus. Thesen aus verschiedenen Bereichen zeitgenössischer analytischer und kontinentaler Philosophie werden auf dieses Problem angewandt, um zu zeigen, daß beide Methoden für erfolgreiche Sozialforschung notwendig sind. Als systematische Humanwissenschaft ist die Soziologie nicht nur mit

sprachlichen Äußerungen beschäftigt, wie etwa die historischen Humanwissenschaften, oder mit rein natürlichen Objekten, wie die Naturwissenschaften, sondern vielmehr mit einem komplexen Zusammenspiel von Kommunikation, menschlicher Handhabung von Naturgegenständen und verschiedenen Machtsystemen (politischer, ökonomischer, militärischer Art etc.). In Habermas' teilweise marxistischer Terminologie erscheint dies als ein Zusammenspiel von ›Sprache, Arbeit und Herrschaft‹ (*LS*, S. 179). Diese Faktoren zusammengenommen bilden den Rahmen, in dem menschliches Handeln zu untersuchen ist. In bezug auf die Analyse des Sprachgebrauchs heißt das, daß sprachliche Bedeutung teilweise durch außersprachliche Phänomene – nämlich Arbeit und Herrschaft – bestimmt ist, eine Bestimmung die offenkundig über den bloßen Sachbezug eines Ausdrucks hinausgeht.

Der Argumentation in *LS* fehlt jedoch die Detailarbeit, um diese Theorie wirklich verständlich zu machen. Diese Details finden sich in *EI*, als Produkt einer »Rekonstruktion der Vorgeschichte des neueren Positivismus« (S. 9). Habermas charakterisiert den Positivismus in erster Linie negativ; er nimmt einen Mangel an ›Reflexion‹ wahr, der den Positivismus daran hindert, menschliches Handeln in einer für die Gesellschaftsanalyse adäquaten Weise zu erfassen. Eine kritische Rekonstruktion der Vorgeschichte des Positivismus hat zuerst die Funktion, zu zeigen, wie es zur anschließenden Fehlentwicklung kam; in zweiter Linie dann dient sie als Basis für die Formulierung einer zureichend reflexiven Theorie von Mensch und Gesellschaft.

Die Rekonstruktion beginnt bei Kant. Die Reflexionsstufe von Kants Erkenntnistheorie ist erstrangig in der Geschichte der Philosophie. Aber, bezogen auf unsere Situation, versagt diese Theorie auf zweierlei Weise: mittels des Kategorienschemas verwandelt sie das Ich, als erkennendes Subjekt, in einen grundsätzlich fixen Punkt; gleichzeitig bleibt sie von Kants Moralphilosophie durch eine logische Kluft getrennt. Habermas ist offensichtlich – wie viele andere – davon überzeugt, daß in unserer Situation Erkenntnis einen stark sozialen Charakter angenommen hat und daß Erkenntnistheorie daher nur als Gesellschaftstheorie möglich ist (*EI*, S. 9).[6] Mehr noch, falls eine solche Theorie den Anspruch begründen will, zur Verbesserung gesellschaftlicher Verhältnisse beizutragen, muß sie die historische Entwicklung des Menschen berücksichtigen und eine Moralphilosophie miteinbeziehen. Jede scharfe Trennung zwischen reiner und praktischer Vernunft oder Erkenntnis – oder in nahe verwandten Begriffen: zwischen Fakten und Werten – ist im Hinblick auf den gesellschaftlichen Charakter aller Erkenntnis eine nicht zu rechtfertigende Abstraktion (vgl. Abschnitt 4).

Diese beiden Aspekte werden in der Philosophie Hegels und Marx', und später im Pragmatismus eines Peirce und der hermeneutischen Philosophie Diltheys, hervorgehoben. Habermas' Übereinstimmung mit diesen Denkern ist aber eher formal. Er verwirft sowohl Hegels Idealismus als auch Marx' materialistisches Konzept der historischen Entwicklung und der Moral. Als Metaphysik des Geistes bzw. der Arbeit (Mills)[7] sind beide – in entgegengesetzter Weise – vom Standpunkt sozialer Wirklichkeit gesehen einseitig und reduktionistisch. Dadurch haben beide zum Niedergang reflexiven Denkens (in Habermas' Sinne) beigetragen und haben, historisch gesehen, den Weg zu jener Art Positivismus geebnet, wie er bei Peirce und Dilthey zu finden ist.

Bei Peirce bezieht sich ›Positivismus‹ auf den Versuch, interpersonelle Beziehungen in einem Erklärungsmodell zu erfassen, das er in seiner Philosophie der Naturwissenschaften entwickelt (vgl. *EI*, S. 116-78, besonders S. 176). Peirce geht es primär um die Erklärung des Fortschritts in den Naturwissenschaften, d. h. im Bereich technischen oder instrumentalen Wissens, und dessen gesellschaftlicher Bedeutung. Ein wichtiges Problem bildet dabei das Verhältnis allgemeiner theoretischer Kategorien zu bestimmten Erfahrungen in der empirischen Forschung. Wie können letztere in erstere ›übersetzt‹ werden? Wie geschickt sie auch sein mag, Peirces Lösung kann zur Erklärung von Beziehungen zwischen Individuen, der sogenannten kommunikativen Erfahrung, nicht herangezogen werden. Ein Grund dafür ist, daß das Verhältnis der allgemeinen Kategorien zu bestimmten Erfahrungen hier ganz unterschiedlich ist: das Problem ist, wie erfaßt oder sondiert man individuelle Erfahrungen in den allgemeinen Kategorien der Umgangssprache (vgl. z. B. *EI*, S. 205).

Diltheys Hermeneutik beschäftigt sich genau mit dieser kommunikativen Erfahrung. Sie ist historisch, einfach weil die gewöhnliche Art und Weise, in der wir sprechen, handeln und uns in unserer Interaktion mit anderen ausdrücken, weitgehend historisch oder traditionell bedingt ist. Während es Aufgabe der Hermeneutik ist, die Möglichkeit verschiedener Arten von Interaktion auf historischer Basis zu erklären, ist es die Aufgabe der historischen Wissenschaften (Geschichte, Literaturwissenschaft usw.), die Überlieferung von Lebensweisen und unserer gesellschaftlichen Praxis direkt zu gewährleisten. Da die Bedeutung von Ausdrücken (sprachlicher und anderer Art) und von menschlichem Handeln nicht einfach als beobachtbare Daten gegeben sind, vergleichbar mit physischen Objekten, muß auch die Methode dieser Wissenschaften anders sein als bei den Naturwissenschaften: sie muß sich auf eine Interpretation stützen, die innerhalb eines Geflechts von Totalität und Teilaspekten operiert. Jeder Ausdruck und jede Handlung erscheint notwendig als Teil eines Gesamtkontextes oder einer Gesamtsituation, und jede Interpretation solcher Teile muß auf eine vorherige tentative Erfassung des Ganzen zurückgreifen – eine Erfassung, die ihrerseits durch die Deutung der Teile affiziert ist. Interpretation stellt sich demnach als eine Art zirkulärer Verifikationsprozeß dar.

In Diltheys Hermeneutik sieht Habermas die positivistische Wende darin, daß Dilthey die Überlieferung von gesellschaftlichen Lebensweisen, von möglichen, kommunikativen Erfahrungen, zu einer rein geistigen oder kontemplativen Sache macht (*EI*, S. 224), und somit außerstande ist, den Einfluß der Technologie (oder der ›Arbeit‹) und der Herrschaftssysteme auf diese Erfahrungen zu berücksichtigen. Mit anderen Worten, seine Theorie ist nicht zureichend reflexiv, um die eigentliche Position des Subjektes (des Individuums) in der Gesellschaft zu erfassen.

Damit erscheinen die philosophischen Positionen Diltheys und Peirces in Habermas' Sicht als moderne Versionen des Hegelianismus bzw. des Marxismus. Die Frage ist, was Habermas statt dessen anzubieten hat.

Habermas schlägt eine allgemeine, soziale Erkenntnistheorie vor, die insbesondere den Sozialwissenschaften die Anwendung zweier methodologischer Verfahrensweisen empfiehlt: Kausalerklärung und Interpretation – Verfahrensweisen, die von Peirce und Dilthey formuliert und teilweise entwickelt worden sind. Um uns hier zurechtzufinden, vor allem, um herauszufinden, worauf die Anwendung von Kausalerklärung und Interpretation hinausläuft, muß man, so glaube ich, kurz die empirische Basis des gesellschaftlichen Wandels, den die Sozialwissenschaften vorantreiben sollen, ins Auge fassen.

Wenn irgendwo, so muß diese Basis im Bildungsprozeß des Menschen gefunden werden, in seinem gegebenen ›Interesse‹ – um einen geläufigen Begriff von Habermas zu verwenden. Zwei fundamentale Arten von Interesse wurden bereits eingeführt: das ›technische Interesse‹, das die Beziehung des Individuums zur Natur bestimmt, und das ›praktische Interesse‹, das der Kommunikation oder dem Verhältnis zwischen Individuen, also der ›gesellschaftlichen Praxis‹, zugrunde liegt.

Habermas stellt noch eine dritte Art von Interesse heraus, das er das ›emanzipatorische Erkenntnisinteresse‹[8] nennt und um das es in den Sozialwissenschaften geht. Nun ist auch das technische und das praktische Interesse in einem Sinne (und nicht nur nach der marxistischen Lehre) emanzipatorisch, und zwar in bezug auf die Natur bzw. in bezug auf die anderen Menschen (Geschichte). Die Notwendigkeit, ein spezifisch emanzipatorisches Erkenntnisinteresse zu berücksichtigen, begründet sich in der Tatsache, daß der Fortschritt in den Naturwissenschaften und der Technologie nicht von sich aus, wie man gemeint hatte, die Befreiung von ›materiellen Zwängen‹ verbürgt. Die Redewendung, daß die Technik heute den Menschen beherrscht und nicht umgekehrt, hat hier ihre Bedeutung. Es genügt in diesem Zusammenhang, auf die offenkundige Tatsache hinzuweisen (die auch Marx anerkannte), daß die Technik in den Dienst jeden gesellschaftlichen oder politischen Systems gestellt und daher auch für destruktive Zwecke gebraucht werden kann. Die Technik ist in diesem Sinne eine verfügbare Variable.

Dieser Umstand weist auf eine andere offensichtliche Tatsache hin, nämlich daß die Standards für den gesellschaftlichen Gebrauch der Technik (oder von instrumentalem Wissen) einen außertechnischen Ursprung haben. Leiten sie sich deshalb vom Bereich des praktischen Interesses her? Dies ist möglich und hängt davon ab, ob sich das jeweilige praktische Interesse frei entfalten kann, d. h. hin auf ein wechselseitiges Verstehen. Wenn diese ›freie‹ Ebene des Diskurses innerhalb einer Gemeinschaft erreicht ist, kann Technik nur für ›humane‹ Zwecke gebraucht werden. Unter den gegenwärtigen sozio-politischen Verhältnissen jedoch, so argumentiert Habermas – und diese Beobachtung teilt er mit vielen anderen (z. B. Mills) – ist die Entfaltung des praktischen Interesses weitgehend durch die von politischen, ökonomischen und militärischen Institutionen über die Gesellschaft ausgeübte Herrschaft blockiert.

Es braucht nicht weiter erläutert zu werden, daß die Ausübung dieser Herrschaft sich oft hinter einer Ideologie oder Weltanschauung verbirgt und daß sie darüber hinaus wesentlich bedingt ist durch die jeweilige (industrielle, militärische usw.) Verwendung, zu der sich die Technik hergibt. Es ist sogar sinnvoll zu sagen, daß die Technik oder die ›instrumentale Vernunft‹ (d. h. der Glaube an sie) selbst eine sehr bedeutsame Form ideologischen Denkens darstellt.

Die Auswirkung (der Herrschaft) auf gesellschaftliche Praxis ist verzerrend. Gegenseitiges Verstehen in einem irgendwie bedeutenden Ausmaß ist nahezu unmöglich gemacht. Intersubjektivität auf der Ebene praktischen Interesses scheint unerreichbar. Der Dialog verarmt, oder wie Habermas sagt, er wird ›unterdrückt‹; das hat zur Folge, daß die Bedeutung einer jeden im ideologischen Kontext gemachten Äußerung – in einem Kontext, wo Herrschaft in irgendeiner Form ausgeübt wird – über das hinausgeht, was bewußt intendiert zu sein scheint. Das heißt mit anderen Worten, daß die Macht oder die Herrschaft, die sich in einer ideologischen (oder politischen) Aussage manifestiert, nicht notwendig explizit in der Aussage selbst thematisiert sein muß und sogar beiden, dem Sprecher wie dem Hörer, unerkannt bleiben kann.

Die Aufgabe der Sozialwissenschaften ist es nun, die Geschichte solcher ideologischer ›Unterdrückung‹ kritisch zu rekonstruieren – immer mit dem Ziel der Befreiung des Individuums von seiner Unterwerfung unter Kräfte, die seine praktischen Interessen unbewußt durchkreuzen, und mit der Absicht, dadurch die Voraussetzungen für einen freien Dialog zu schaffen. Diese historische Rekonstruktion, so denkt

Habermas, erfordert sowohl Kausalerklärungen als auch interpretatives Verstehen.

Um diesem etwas hochgegriffenen Programm einen Inhalt zu geben, greift Habermas zur Theorie der Psychoanalyse, wie sie von Freud entwickelt wurde: was wir aus eigener Erfahrung als Rationalisierung von Motiven kennen, ebenso wie ernstere Symptome eines neurotischen Zustandes, können wir erfolgreich auf den gesellschaftlichen Bereich übertragen, und zwar in dem Maße, wie Freud selbst die Möglichkeit einer solchen Übertragung einräumte (*EI*, S. 332 ff.). Auf der gesellschaftlichen Ebene treffen wir auf die Rationalisierung von Herrschaftsmotiven. Der wohlbekannte Anspruch, sich für ›Freiheit, Gerechtigkeit und Demokratie‹ einzusetzen, mag daher nichts anderes sein als ein verschleierter Herrschaftsanspruch. Ein Bereich, der sich leicht für Rationalisierungen eignet, ist die Ökonomie – am ehesten dann, wenn es um solche pauschalen Ansprüche geht.

Eine adäquate Analyse solcher rationalisierender Aussagen oder Handlungen verlangt die oben erwähnte Kombination von Methoden. Die Interpretation eröffnet einen ersten Zugang zu einer gegebenen Äußerung oder Handlung, zur offenliegenden Bedeutung, sozusagen. Die ›versteckte‹ Bedeutung, als Resultat einer ideologischen Rationalisierung, erfordert eine kausale Erklärung. Ebenso wie ein Patient in der Einzeltherapie genesen kann, indem er dazu gebracht wird, die Ursachen seiner Neurose zu *reflektieren* und zu erkennen, d. h. seine Situation voll zu verstehen, so kann eine Gesellschaft als Ganzes, wie Habermas meint, durch eine ähnliche kritische und selbstkritische Behandlung von unterdrückenden, ideologischen Gewalten befreit werden. Durch Reflexion über die historische Situation und die kausalen gesellschaftlichen Prozesse (Institutionenbildung usw.), die zu ihr führen, könnte die Gesellschaft sich emanzipieren. Oder, in anderer, bekannter Terminologie: sie könnte zur ›offenen‹ Gesellschaft werden. Somit können Sozialwissenschaftler zu Sozialtherapeuten werden.

Eine wichtige These von Habermas wird nun mit Hilfe des psychoanalytischen Modells einsichtig: daß nämlich unter den gegenwärtig vorherrschenden gesellschaftlichen Bedingungen nur die Sozialwissenschaften in der Lage sind, eine Art von

Erkenntnis hervorzubringen, die dem emanzipatorischen Interesse der Individuen entspricht. Das heißt also, daß die Erkenntnis der Ursachen ideologisch verzerrter Gesellschaftszustände selbst emanzipatorisch ist. Entsprechend kann diese Art Erkenntnis als zureichend reflektiert gelten.

Die verschiedenen Arten von Beziehungen, Wissenschaften, Interessen, Erkenntnis und gesellschaftlichen Medien, die in Habermas' Gesellschaftstheorie Eingang finden und für sie konstitutiv sind, sind in der nachfolgenden Tabelle aufgeführt:

Verhältnis des Menschen zu(r):	Wissen-schaften	Interesse	Erkenntnis	Gesellsch. Medium
Natur	Natur-wissen-schaften	Technisches Interesse	Technische Erkenntnis	Arbeit
Geschichte	Historische Human-wissensch.	Praktisches Interesse	Praktische Erkenntnis	Sprache
Herrschafts-systeme (politisch, ökonomisch, militärisch, usw.)	Systema-tische Human-wissen-schaften	Emanzipa-torisches Interesse	Emanzipa-torische Erkenntnis	Herrschaft

Die Tabelle zeigt die historische Entwicklung des Menschen als Entwicklung gemäß drei Arten von Interessenbezügen, dem technischen, dem praktischen und dem emanzipatorischen. Diese verschiedenen Entwicklungsarten sind drei korrespondierenden Wissenschaftstypen zugeordnet, wobei jeder Typus zu einer spezifischen Erkenntnisart innerhalb eines spezifischen gesellschaftlichen Mediums führt. Diese Darstellung wird zwar den wertvollen Details der Habermasschen Theorie und auch dem Gewicht seiner Argumente nicht gerecht; dennoch bietet sie uns für die weitere Darlegung eine Diskussionsgrundlage. Ich werde der Reihe nach untersuchen: die Genese seiner Theorie, ihren umfassenden Charakter, den Begriff der historischen Entwicklung, die verschiedenen Begriffe sozialer Handlung, und schließlich einige Probleme des Selbstbezugs und des kritischen Impulses der Theorie.

III. Kommentar

2. *Probleme der Genese.* Wie schon erwähnt, entwickelt Habermas seine Theorie in *LS* und *EI* mittels einer Argumentation, die man als konstruktive Kritik traditioneller und zeitgenössischer Philosophie und Soziologie bezeichnen könnte. Gehen wir gleich auf die Basis dieser Kritik ein. Da er schließlich die Anwendung der Freudschen psychoanalytischen Theorie auf die Sozialwissenschaften empfiehlt, erscheint es zunächst sinnvoll, dem psychoanalytischen Modell eine Schlüsselposition einzuräumen.

Aber dies verschiebt das Problem nur auf eine andere Ebene. Denn, obwohl das psychoanalytische Modell durchweg verwendet werden kann, um die Tragweite der Habermasschen Kritik zu erläutern, bleibt doch die Frage, warum er dieses Modell akzeptiert. Hierauf und auf das ganze Problem der Berechtigung der Habermasschen Kritik gibt es nur eine Antwort: daß dieses Modell der tatsächlichen gesellschaftlichen Praxis angemessen ist. Mit anderen Worten: der Wahrheitsanspruch der Habermasschen Theorie hängt nicht davon ab, ob sie die Freudsche Theorie in einer *dieser Theorie adäquaten Weise* anwendet, sondern ob diese Anwendung dem, was in der Gesellschaft vorgeht, Rechnung trägt.

Dies bedeutet, daß Habermas' Theorie nicht kritisch von anderen Theorien gleichsam abgeleitet zu werden braucht: es müßte möglich sein, sie allein auf empirischer Basis zu konstruieren und intuitiv zu verstehen. Und ich kann einfach darauf hinweisen, daß eine solche Konstruktion auch tatsächlich versucht worden ist. Ich denke dabei an K. William Kapp: *Toward a Science of Man in Society.*[9] Habermas bezieht sich auf ihn in einer Fußnote (*LS*, S. 194) und nennt es »einen bemerkenswerten Vorschlag für einen kategorialen Rahmen« zur Analyse gesellschaftlicher Phänomene . . .

3. *In welchem Sinne kann man Habermas' Theorie umfassend nennen?* Die Antwort erscheint klar: sie umfaßt alle Arten

von Interesse, Erkenntnis und gesellschaftlichen Medien, die eine Gesellschaft und ihre historische Entwicklung bedingen. Um zu einer präzisierten Aussage zu kommen, wollen wir auf eine dieser Arten näher eingehen. Aus Gründen, die gleich einsichtig werden sollen, wähle ich die praktische Substruktur. Die Theorie notiert die einschlägige Art von Interesse, Erkenntnis und sozialem Medium und informiert uns, mit Bezugnahme auf die Hermeneutik, wie diese Aspekte in der Gesellschaft funktionieren: etwa in der Förderung gegenseitigen Verstehens, bei der Überlieferung von Werten, usw. Die Theorie zeigt uns also, wie der Bildungs- und Sozialisationsprozeß strukturiert ist und wie er sich eigentlich vollzieht.

Es wird jedoch nicht darauf eingegangen, *welche* praktische Erkenntnis, *welche* Werte usw. überliefert werden oder überliefert werden sollten. Auch Kapp propagiert keine spezifischen Gedanken und Werte, obwohl er eine Menge zu sagen weiß über die Eigentümlichkeit und Bedeutsamkeit des menschlichen Bewußtseinssystems, etwa im Vergleich zur Produktion und Distribution von Gütern. Dasselbe gilt bei Habermas für die dritte Art von Substruktur. Emanzipation zielt auf die Ermöglichung des ›freien Dialogs‹ – was fast darauf hinausläuft, daß das Ziel als *offene* Frage belassen wird.

Das Ergebnis scheint zu sein, daß Habermas' (ebenso wie Kapps) Theorie umfassend nur in einem rein formalen Sinne ist. Das trifft auf eine Art zweifellos zu. Ein Vergleich mit bestimmten Aspekten marxistischer Theorie jedoch macht sogleich die Notwendigkeit wichtiger Einschränkungen deutlich. Im Marxismus haben praktisches Interesse, Erkenntnis und Sprache (oder das Bewußtseinssystem), im Gegensatz zu Habermas und Kapp, keine eigenständige sozio-kulturelle Position. Sie sind, insgesamt, eine Funktion der Dialektik der Produktionsverhältnisse und der Produktivkräfte, also der Arbeit. Das praktische Erkenntnisinteresse auf einer Ebene *sui generis* zu sehen, wie Habermas und Kapp dies tun, ordnet diese Autoren klar in die liberalistische Tradition ein. Aber diese Tradition unterlag einer bemerkenswerten Entwicklung. Während sie zuerst hauptsächlich eine Quelle substantieller, normativer Theorien war, die von spezifischen Wertsetzungen ausgingen (z. B. Hobbes' Theorie natürlicher Rechte und religiöser Wertsetzungen), hat sie sich mittlerweile weitgehend in eine kritische Methodologie verwandelt (z. B. Poppers Gesellschaftstheorie). Habermas (trotz seiner angeblichen Verwurzelung im Marxismus) und auch Kapp passen gut in diese Entwicklung hinein. Der Titel von Habermas' *Logik der Sozialwissenschaften* spricht für sich selbst, ebenso wie der Titel *Erkenntnis und Interesse,* denn das Endprodukt ist in beiden Fällen dasselbe. Die soziale Erkenntnistheorie hat die Funktion einer Sozialtherapie. Habermas' Theorie kann daher als umfassende, liberalistische Methodologie bezeichnet werden.

Es erheben sich mehrere Fragen darüber, was das genauer heißt. Zuerst ist zu unterscheiden zwischen den Sozialwissenschaften als systematischen Humanwissenschaften (›Wissenschaft‹ im engeren Sinne) und der Sozialphilosophie, die bei Habermas im wesentlichen als historische Humanwissenschaft (›Wissenschaft‹ im weiteren, ›philosophischen‹ Sinne) erscheint. Seine Sozialphilosophie ist vermutlich in erster Linie als Methodologie der systematischen Humanwissenschaft konzipiert. In dieser Rolle greift sie auf die Philosophie sowohl der Naturwissenschaften wie auch der historischen Humanwissenschaften (Hermeneutik) zurück, indem sie eine spezifische Verwendung von Kausalerklärung und interpretativem Verstehen vorschlägt. Wie jedoch die Kategorientabelle zeigt, soll die Theorie in einem viel weiteren Sinne umfassend sein: sie verwendet die Methoden der Naturwissenschaften und historischen Humanwissenschaften nicht einfach nur im Freudschen Sinne, sondern integriert diese Wissenschaften und deren Methoden auch selbst in umfassender Weise. Dies tut sie, indem sie diesen eine spezifische gesellschaftliche Funktion zuschreibt oder beimißt. Auf welche Art von Funktionen weisen dann die beiden Substrukturen hin?

Im Falle der historischen Humanwissenschaften ergeben sich hier keine Schwierigkeiten. Das Attribut der gesellschaftlichen Relevanz ist in voller Übereinstimmung mit der Philosophie dieser Wissenschaften selbst. Ihr praktisches Ziel liegt in der ›kulturellen Tradierung‹, einem Überlieferungsvorgang, der sich im Medium der Sprache vollzieht. Der Anspruch, daß das praktische Interesse eine Art ›transzendentaler Rahmen‹ für den Forschungsprozeß, also für das interpretative Verstehen von Tradition darstellt, ist hier eingelöst.[10] Im Falle der Naturwissenschaften ist dies weniger plausibel. Die Behauptung, daß die Forschungsarbeit in diesen Wissenschaften von einem technischen oder instrumentalen Interesse geleistet sei, scheint die bekannte, wenngleich umstrittene, Unterscheidung zwischen reiner und angewandter Wissenschaft zu verwischen (in den historischen Humanwissenschaften gibt es diese Unterscheidung nicht). Empirisch gesehen, scheint tatsächlich kein Zweifel zu bestehen, daß der Großteil, vielleicht sogar der überwiegende Teil der heutigen Forschungsarbeit von einem technischen Interesse geleitet wird. Ein Beweis hierfür ist die zunehmende Forschung für industrielle und militärische Zwecke. Dennoch besteht noch ein Unterschied zwischen dieser Feststellung und der Behauptung, das technische Interesse bilde den transzendentalen Rahmen für diese Art Forschung (*EI*, S. 155, z. B.).[11] Eine solche Behauptung impliziert, nach ganz plausibler Auslegung, daß ein technisches Interesse notwendigerweise mitspielt. Und zweifelsohne würden viele Autoren sich einer solchen Annahme widersetzen. Die Ansicht, daß Forschung um ihrer selbst willen betrieben werde, einfach, weil man etwas wissen will, gilt noch immer als vertretbare Position.[12] Und es wäre sicherlich eine viel zu schwache Interpretation, wollte man die These darauf beschränken, daß Forschungsergebnisse, eben wegen ihres Gesetzescharakters, *a posteriori* für instrumentale Zwecke gebraucht werden *können*.

Die Annahme, daß das technische Interesse eine Art transzendentaler oder notwendiger Rahmen für die Naturwissenschaften sei, scheint somit nicht legitim zu sein – selbst wenn sie, nach Habermas' Interpretation, durch Comte und Peirce gestützt wird. Mehr als einen empirischen Status können Theorien dieser Art dann nicht beanspruchen. Dasselbe gilt für den Marxismus, von dem zweifellos Habermas letztlich seine ›strenge‹ instrumentale Sicht der Naturwissenschaften abgeleitet hat – eine Sicht, die in marxistischen Gesellschaften immer noch gültig ist. Obwohl der Mensch notwendigerweise von der Natur und der Naturerkenntnis als einem Instrument zur Sicherung des biologischen Überlebens abhängt, kann daraus nicht gefolgert werden, daß diese Beziehung in jeder Hinsicht notwendig instrumental ist.

Schließlich können wir uns fragen, wie die Philosophie der Naturwissenschaften und die Hermeneutik selbst in Habermas' Theorie integriert sind. Bei Kapp kann man sie wahrscheinlich beide dem menschlichen ›Bewußtseinssystem‹ zuordnen. Habermas würde dem wahrscheinlich zustimmen. Beide gehören, als Bestandteile seiner Gesellschaftstheorie, zu den historischen Humanwissenschaften. Mit anderen Worten, sie sind selbst ›praktisch‹. (Für weitere Anmerkungen zum Begriff der ›praktischen Erkenntnis‹ und zum umfassenden Charakter der Habermasschen Theorie, vgl. auch Abschnitt 9 und 11.)

4. *Der Begriff der historischen Entwicklung.* Wahrscheinlich hat kein Mensch jemals historische Entwicklung *lediglich* als Fortschritt in den Naturwissenschaften oder als technologische Leistung verstanden. Der praktische, moralische Aspekt ist immer auch irgendwie in Betracht gezogen worden, heutzutage vielleicht mehr denn je. Entwicklung im Sinne emanzipatorischer Erkenntnis ist aus der Geschichte der Philosophie gleichfalls wohlbekannt. Formell gesehen ist somit Habermas' Begriff der dreifachen historischen Entwicklung eigentlich nichts Neues. Interessant ist nur die Art der Korrelation, die er zwischen diesen drei Entwicklungstypen feststellt und weiter, in welcher Weise dieser Begriff der Korrelation eine Differenzierung des marxistischen Konzepts von Arbeit und historischer Entwicklung darstellt.

Seine Vorstellung von der Korrelation der drei Arten von Interessen, Erkenntnis und gesellschaftlichen Medien ist schon erwähnt worden. Um es noch einmal zu formulieren: die ›Techniken‹ oder Instrumente, die von den Naturwissenschaften entwickelt wurden, können allgemein auf verschiedene Weise und für verschiedene gesellschaftliche Zwecke verwendet werden. Die Zwecke, für die sie verwendet werden, sind nicht Gegenstand technischen oder instrumentalen Interesses, sondern praktischen Interesses. Aber dieses Interesse kann sich nicht in einfach jeder Situation entfalten. Die Entfaltung hängt von bestehenden Herrschaftssystemen ab, mit anderen Worten, sie hängt davon ab, in welchem Maße Individuen von solchen Systemen frei oder emanzipiert sind. Für die gegenwärtige Situation und wahrscheinlich allgemein anerkannt, gilt: die Tatsache, daß das Potential, das beim gegenwärtigen technologischen Stand zur Befriedigung materieller, menschlicher Bedürfnisse zur Verfügung steht, bei weitem nicht hinreichend aktualisiert ist, ist nicht einem Mangel an praktischem Interesse auf seiten der Individuen zuzuschreiben, sondern der Fähigkeit von Herrschaftssystemen, die Durchsetzung dieses Interesses zu verhindern.

Für Habermas wird daher der zeitgemäße Begriff historischer Entwicklung, obwohl er den gesamten Bereich menschlicher Interessen umfaßt, primär vom emanzipatorischen Interesse bestimmt. Die Sache wäre anders, wenn man vom Individuum und der Gesellschaft sagen könnte, sie seien ›frei‹, d. h. frei, um ihre praktischen Interessen zu verwirklichen. In diesem Falle wäre die historische Entwicklung primär eine Funktion des praktischen Interesses in Wechselwirkung mit dem technischen Interesse.

Die historische Entwicklung allein in Begriffen technologischen Fortschritts zu sehen ist sowieso logisch unmöglich, da der Gebrauch der Sprache sich nicht instrumental erklären läßt. Oder mit anderen Worten: die Behauptung, die historische Entwicklung bestehe lediglich in der Entwicklung von Technologien, ist selbst eine praktische Behauptung.

Habermas' Vorstellung vom Verhältnis der verschiedenen Arten von Interessen zueinander nachzuvollziehen, ist eine notwendige Voraussetzung, um seine Modifizierung des Marxschen Begriffs der Arbeit zu verstehen. Habermas selbst würde wahrscheinlich so argumentieren, daß die Notwendigkeit für eine solche Modifizierung sich aus diesem Begriff selbst ergibt, wenn man ihn auf die heutigen gesellschaftlichen Bedingungen anwendet, und nicht daraus, daß der Begriff, wie ihn Marx verwendete, zu eng angelegt war. Ich glaube, daß Marx' Begriff und Habermas' Kategorienschema, wie ich es skizziert habe, sich decken. Arbeit ist nach Marx konstitutiv für das ganze Wesen des Menschen, sowohl mit Rücksicht auf dessen Verhältnis zur Natur, wie auch auf das zu anderen Individuen. Falsch ist eher Marx' Sicht des Verhältnisses der verschiedenen Interessen zueinander. Nach einer durchaus plausiblen Interpretation scheint er der Ansicht zu sein, daß das Interesse an der Verbesserung der materiellen Lebensbedingungen den anderen Interessen vorrangig ist; das heißt, daß Befreiung, ebenso wie praktische oder moralische Normen einer Gesellschaft als Funktionen der Arbeit zu begreifen sind, oder als Funktionen der ›Dialektik‹ von Produktivkräften und Produktionsverhältnissen.

Habermas würde sicherlich zugeben, daß eine Veränderung der Produktionsverhältnisse zur Emanzipation führen kann, ebenso wie eine Veränderung der praktischen und moralischen Normen der Gesellschaft dies bewirken kann. Einwände hat er nur gegen die Annahme, daß diese funktionellen Veränderungen damit in irgendeiner Weise *erklärt* seien. Sie lassen sich in Begriffen von Produktionsverhältnissen und Arbeit nicht erklären – aus dem vielleicht sehr komplexen Grunde, daß sie sich vom *explanans* prinzipiell unterscheiden. Oder wie Habermas dies umfassender ausdrücken würde: weder die emanzipatorische Trilogie von Interesse, Erkenntnis und Herrschaft noch die Trilogie von praktischem Interesse, praktischer Erkenntnis und Sprachgebrauch können in Begriffen von technischem Interesse, technischer Erkenntnis und Arbeit erklärt werden. Beide Substrukturen verlangen Erklärungen nach eigenen Begriffen.

Um Mißverständnissen vorzubeugen, sollten wir klarstellen, daß die verschiedenen Arten von Interessen, Erkenntnis und Medien in der Gesellschaft keine autonome Position haben. Sie stehen immer im Wechselspiel (vgl. Kapp, S. 114). Eine Unterscheidung wird in Habermas' Theorie nur zu theoretischen Zwecken vorgenommen. Dennoch sollte jetzt klargeworden sein, daß gerade diese theoretischen Schritte für eine Theorie des gesellschaftlichen Wandels und damit für das Konzept der historischen Entwicklung von großer Tragweite sind. Die Eigenständigkeit jeder der drei Substrukturen schließt jede Art von *notwendiger* funktionaler Korrelation zwischen denselben aus. Und dies heißt, daß gesellschaftlicher Wandel eben nicht, wie Marx meinte, in der Veränderung der Produktionsverhältnisse seinen Ursprung haben muß. Nach Ansicht von Habermas kann er ebenso seinen Ursprung in einer Analyse und Kritik von Herrschaftssystemen haben.

An dieser Stelle wird der Begriff der kontrollierten historischen Entwicklung bedeutsam. Nach Marx ist die historische Entwicklung der Menschheit kontrollierbar. Und dies ist bei seinen spezifischen Prämissen eine vertretbare Position. Produktionsverhältnisse können im Prinzip (wenn praktisch auch nicht immer) erfolgreich kontrolliert werden. Und da Befreiung und moralische Normen als funktional abhängig von diesen Verhältnissen gelten, sind auch diese Phänomene kontrollierbar. Man kann daher das Marxsche Konzept der historischen Entwicklung (und zwar wenigstens seit seiner Zeit) als Konzept einer erfolgskontrollierten Entwicklung bezeichnen.

Dies ist bei Habermas anders. Die Entfaltung des technischen Interesses oder die Vermehrung instrumentaler Erkenntnis ist vermutlich der einzige Bereich, in dem eigentlich Kontrolle im strengen Sinne des Wortes ausgeübt werden kann. Kontrolle im strengen Sinne leitet sich her vom Gebrauch der hypothetisch-deduktiven Methode in den Naturwissenschaften oder genauer, von deren Fähigkeit, Prognosen aufzustellen.

Das praktische Interesse, das der Verwendung instrumentaler Erkenntnis zugrunde liegt, kann auf diese Weise nicht kontrolliert werden. Eine stringente Methode zur ›Produktion‹ praktischer Erkenntnis – zu der von Individuen frei gewählte Normensysteme gehören würden – ist bisher noch nicht gefunden worden. Und es gibt gute Gründe anzunehmen, daß eine solche Methode, die jedermann in die Lage versetzen würde, die Entwicklung von Normen zu kontrollieren, auch niemals gefunden werden wird. Der Umstand, daß man aufrichtig den Wunsch hegen mag, eine bestimmte Norm zu befolgen, und doch nicht dazu imstande ist (wegen mangelnder Willenskraft), ist ein bekanntes und einschlägiges Faktum. Andererseits ist praktische Entwicklung auch nicht einfach zufällig. Grundlage für sie ist die Intersubjektivität, die sich im Bildungsprozeß des Menschen einstellt (vgl. Abschnitt 9). Intersubjektivität ist, obwohl sie gegenwärtig durch verschiedene Herrschaftsansprüche eingeengt wird, zu einem gewissen Grade immer möglich. Wir können vielleicht im Falle der praktischen Entwicklung von ›Kontrolle‹ im weiteren (oder abgeschwächten) Sinne des Wortes sprechen. Oder wie Kapp sagen würde: »Menschliches Verhalten hat Regelmäßigkeit und Gesellschaftssysteme haben ordnende Beziehungen... Aber die große Anzahl miteinander in Beziehung stehender Variablen schränkt die Möglichkeit genauer Vorhersagen ein, wenngleich dadurch allgemeine Schätzungen über die Richtung sozialen Wandels nicht ausgeschlossen sind... Man wird

sich mit gesellschaftlicher Indeterminiertheit und unzurei-
chender Vorhersagbarkeit gesellschaftlicher Prozesse abfin-
den müssen.« (Kapp, S. 190 ff).[13]
Was die emanzipative Entwicklung anbelangt, so genügt es,
die Kombination von Kausalerklärung und interpretativem
Verstehen in der ›Sozialtherapie‹ in Erinnerung zu rufen. Der
Grad der Kontrolle ergibt sich hier aus der Kombination der
starken und der abgeschwächten Definition. Wir können
sagen, daß es leichter ist, erfolgreich Herrschaft innerhalb
eines bestimmten Herrschaftssystems auszuüben, und ebenso
leichter, Individuen von solchen Herrschaftssystemen zu
befreien, als gegenseitiges Verständnis und ein gemeinsames
Wertsystem zu kultivieren. Andererseits ist Herrschaftsaus-
übung und die Befreiung der Individuen von Herrschaft ein
schwierigeres Unterfangen, als die Erfindung oder Konstruktion eines neuen Instrumentes.
Habermas' (und Kapps) Konzept kontrollierter historischer
Entwicklung ist somit gegenüber dem für den Marxismus cha-
rakteristischen Konzept stark abgeschwächt. Im Hinblick auf
die tatsächlichen gesellschaftlichen Verhältnisse erscheint es
als weitaus adäquateres Konzept.
5. Soziale Handlungsbegriffe. Was trägt das Konzept der kontrollierten historischen Entwicklung zu einer Theorie des
sozialen Handelns bei? Allgemein kann gesagt werden: (1)
unter den gegenwärtigen gesellschaftlichen Bedingungen gibt
es insgesamt drei Typen von Handlung, wovon einer durch
die Methode der Kritik eliminiert werden könnte und sollte;
(2) jeder Typ von Handlung wird durch eine bestimmte Art
von Interesse und Erkenntnis konstituiert, wobei Interesse
und Erkenntnis jeweils in spezifischer Weise gesellschaftlich
bestimmt oder vielmehr gesellschaftlich vermittelt sind; (3)
die verschiedenen Handlungstypen sind auf bestimmte Weise
funktional verknüpft oder verknüpfbar und (4) diese Handlungstypen mit ihren funktionalen Korrelationen sind für den
Begriff der historischen Entwicklung konstitutiv. Trotz ihrer
großen Allgemeinheit stellen diese vier Punkte zusammengenommen, meines Erachtens, eine interessante Kombination
methodischer Richtlinien für die Analyse des Begriffs der
sozialen Handlung dar. Man muß natürlich hinzufügen, daß
es sich um hypothetische Annahmen handelt, deren Gültigkeit

in einer detaillierten Analyse und Kritik gesellschaftlicher Praxis zu testen ist. Ich kann an dieser Stelle nur auf einige, wenige Punkte weiter eingehen.

6. *Zur Klassifikation der sozialen Handlung.* Offensichtlich kann die von mir aufgestellte Tabelle als Schema auch für die Klassifizierung sozialen Handelns gebraucht werden. Die Unterscheidung der drei Handlungstypen ist jedoch nur theoretisch. In der gesellschaftlichen Wirklichkeit sind sie auf verschiedene Weise miteinander verflochten. Somit bietet sich eine Klassifizierung gemäß der funktionalen Verflechtung der drei Handlungstypen von selbst an. Wenn wir Habermas folgen wollen, hat der Handlungstyp, bei dem in irgendeiner Form Macht oder Herrschaft ausgeübt wird, das Hauptgewicht. In diesem Falle ist der Sprachgebrauch sowohl durch ›Arbeit‹ als auch durch ›Herrschaft‹ bestimmt. Diese komplexe Art von Handlung ist demgemäß im Rahmen aller drei Arten von Erkenntnis, Interesse und gesellschaftlicher Vermittlung zu verstehen und zu analysieren (z. B. wird die ökonomische Herrschaft, die von industriellen Gruppen ausgeübt wird, sprachlich vermittelt, gleichzeitig ist sie aber abhängig von Arbeit und dem Verhältnis der Produktivkräfte zu den Produktionsverhältnissen).

Da nach Habermas dieser Handlungstyp aus der gesellschaftlichen Praxis verdrängt werden kann[14] (was nebenbei auch Habermas' Theorie irrelevant machen würde), sollten wir unser Augenmerk noch auf einen anderen komplexen Handlungstyp richten, nämlich jenen, der sich aus den praktischen und technischen Substrukturen konstituiert und dementsprechend anhand dieser Substrukturen zu verstehen und zu analysieren ist. Angesichts der ›theoretischen‹ Eigenständigkeit der praktischen Substruktur läßt sich außerdem ein rein praktischer Handlungstyp vorstellen, dessen Funktion sich ausschließlich in Begriffen bewußt intendierten Sinnes beschreiben läßt. Die Überlieferung des menschlichen Bewußtseinssystems, wie Kapp sie sieht und wie, allgemeiner, die Hermeneutik sie darstellt, mag als Beispiel für diesen Handlungstyp gelten. Gründe dafür, daß instrumentales Handeln nicht als autonomer Typ behandelt werden kann, wurden weiter oben schon aufgeführt: Handeln dieser Art ist immer an ein praktisches Interesse gebunden.

Meine Absicht an dieser Stelle ist jedoch nicht, eine systematische Klassifikation von Handlungen vorzulegen unter dem Gesichtspunkt, wie die verschiedenen ›theoretischen‹ Handlungstypen miteinander in Beziehung stehen. Es geht hier nur darum, mögliche, komplexe Handlungstypen aufzuzeigen, die eine Analyse in Begriffen verschiedener Arten von Erkenntnis, Interesse und gesellschaftlicher Vermittlung erfordern.

7. *Der gesellschaftliche Charakter des Handelns.* »Alles menschliche Handeln ist notwendig soziales Handeln« (Kapp, S. 110). Daß dies auch Habermas' Ansicht ist, braucht nicht weiter erläutert zu werden. Zu erläutern und zu klären ist, worauf das hinausläuft und insbesondere was es zur Erklärung des Handelns beiträgt.

Beginnen wir mit der Feststellung, daß für Habermas Handeln in dreierlei Weise sozial sein kann, wobei die drei Typen jeweils durch Arbeit, Sprache und Herrschaft charakterisiert sind. Daß es sich hierbei um gesellschaftliche Phänomene handelt, ist zutreffend, aber ziemlich trivial. Habermas' These ist aber, daß die genannten Medien Handeln zu gesellschaftlichem Handeln machen. Und das, was vermittelt wird oder, wie wir auch sagen können, was gesellschaftlich und historisch bedingt ist, ist eine bestimmte Art von Erkenntnis und Interesse. Auf die verschiedenen Arten und deren ›Verknüpfung‹ mit dem entsprechenden gesellschaftlichen Medium, werde ich einzeln zu sprechen kommen.

8. *Instrumentales Handeln.* Die Erkenntnis, die in technisches und instrumentales Handeln eingeht, ist Erkenntnis über Naturgesetze. Es sind allgemeine Gesetze. Ihre Allgemeingültigkeit macht sie und unser Wissen davon aber nicht gesellschaftlich relevant. Nichts ist sozial nur aufgrund einer solchen Allgemeingültigkeit – obwohl diese Eigenschaft zweifelsohne für die gesellschaftliche Auswertung von Naturgesetzen sehr vorteilhaft ist. Kenntnis der Naturgesetze gehört, so würde Kapp sagen, zum gattungsgeschichtlichen Bewußtseinssystem (Kapp, S. 114). Dem würde Habermas zustimmen – allerdings mit der bedeutsamen Einschränkung, daß diese Betrachtungsweise der Erkenntnis von Naturgesetzen, im Unterschied zum Bereich von Produktion und Distribution, sehr abstrakt ist. Diese Art von Erkenntnis ist von

Grund auf instrumental oder technisch, und sie wird es durch ein gegebenes instrumentales oder technisches Interesse. Dieses Interesse leitet den Fortschritt instrumentaler Erkenntnis ebenso an, wie es diese Erkenntnis in der Arbeit zur Anwendung bringt. In dieser Weise ›verknüpft‹ es Erkenntnis mit ›Arbeit‹. Die Erklärung instrumentalen Handelns erfordert also eine Erklärung der ›Verknüpfung‹ des technischen Interesses mit der Erkenntnis allgemeiner Gesetze vermittels ›Arbeit‹.

Bei einer instrumentalen Handlung gelten wir, oder vielmehr die verwendeten Instrumente, gewöhnlich als ursächlich für eine bestimmte Wirkung. Naturgesetze sind (im allgemeinen?) kausale Gesetze. Eine interessante, wenn auch etwas abstrakte Frage, die in fast allen Diskussionen über soziales Handeln in irgendeiner Form auftaucht, ist, ob das technische Interesse ursächlich für eine Handlung sein kann, ob es die ›Ursache der Ursache‹ sein kann oder: Wann ist eine Erklärung eine Erklärung im Sinne technischen Interesses? Die gleiche Frage läßt sich natürlich auf ›Handlungen‹ in den Naturwissenschaften anwenden, durch die instrumentale Erkenntnis gewonnen wird.

Nun kommt zweifellos eine auf Interesse gestützte Erklärung, einer Erklärung in Begriffen von Intentionen, Zwecken, Motiven und Vernunftsgründen näher, als dem Typ von Kausalerklärung, dem eine materielle Wirkung unterliegt. Ich glaube, im Sinne von Habermas, kann man das technische Interesse am besten als ein komplexes Phänomen begreifen, das sowohl langfristige Intentionen und Zwecke, als auch langfristige Motive und Vernunftgründe einschließt. Von diesen langfristigen Intentionen usw. kann man dann sagen, daß sie über verschiedene instrumentale Handlungen verteilt sind, die verschiedene ›kognitive‹ Wirkungen (mit Rücksicht etwa auf den Forschungsprozeß in den Naturwissenschaften) ebenso wie materielle Wirkungen haben.

Ich werde auf diese Probleme kurz zurückkommen, nachdem ich auf das praktische und emanzipatorische Interesse eingegangen bin.

9. *Praktisches Handeln.* In der bisherigen Darstellung ist der Ausdruck ›praktisch‹ oft (zuweilen vielleicht in verwirrender Weise) im Zusammenhang mit gesellschaftlichen Normen und

moralischen Standards gebracht worden. Wie schon angedeutet, geht der Ausdruck aber darüber hinaus. Er schließt den Bildungsprozeß im allgemeinen ein, d. h. den Prozeß, durch den gegenseitiges Verstehen oder Intersubjektivität innerhalb einer Gesellschaft möglich wird. Dieses Verstehen ist also das primäre praktische Phänomen. Intuitiv gesehen, scheint es unproblematisch zu sein, die Vorstellung zu akzeptieren, daß gegenseitiges Verstehen moralisch relevant ist. Man mag sogar einräumen, daß es moralisches Handeln unterstützt und daß ein explizit formulierter moralischer Kodex von einem (im weiteren Sinne) gegenseitigen Verstehen zwischen Individuen abhängig ist, um akzeptiert und befolgt zu werden. Mißverständnisse oder der Mangel gegenseitigen Verstehens können entsprechend moralisch negative Wirkungen haben.

Was soll man sich unter Verstehen oder praktischer Erkenntnis hier vorstellen? Es unterscheidet sich jedenfalls klar von der Erkenntnis allgemeiner Naturgesetze. Einmal schon, weil es seltsam wäre, bei Naturgesetzen von *gegenseitigem* Verstehen zu reden. ›Gegenseitiges Verstehen‹ ist vielmehr eine persönliche Angelegenheit: zu erkennende Objekte, Denksysteme und Meinungen sind zumindest in einem gewissen Grade Produkte von Individuen. Der Bezugsrahmen schließt ein gewisses Maß an Wahl- und Entscheidungsfreiheit ein und dies ist folgerichtig Bestandteil gegenseitigen Verstehens und wechselseitiger Übereinkunft. Ein Maß an Wahl- und Entscheidungsfreiheit scheint eine Minimalvoraussetzung zu sein, um Ausdrücken wie ›gegenseitiges Verstehen‹ und ›Übereinkunft‹ einen Sinn zu geben; eine solche Freiheit oder eine solche Handlungsorientierung ist bei der Erkenntnis allgemeiner Naturgesetze nicht im Spiel.

Praktische Erkenntnis ist also nicht allgemein im gleichen Sinne, wie Naturgesetze dies sind. Man kann höchstens sagen, sie sei intersubjektiv verstehbar und akzeptierbar. Hares (logische) These von der Universalisierbarkeit moralischer und deskriptiver Ausdrücke, mag hier zum Vergleich dienen.[15] Beide Arten von Ausdrücken sind verallgemeinerungsfähig aufgrund ein und desselben Umstands: nämlich sie haben beide einen deskriptiven Sinn. Der Unterschied liegt jedoch darin, daß die Person, die ein moralisches Urteil abgibt, sich nicht nur auf eine bestimmte ›Sinn-Regel‹ festlegt, sondern auch auf ein substantielles moralisches Prinzip. Daraus folgt, daß die Verallgemeinerungsfähigkeit moralischer Ausdrücke ein spezifisches praktisches Engagement impliziert. Mit anderen Worten, nach Hares These muß ein moralisches Urteil nicht nur verstehbar sein (gemäß einer Sinn-Regel), sondern es muß auch die Akzeptierung eines bestimmten moralischen Prinzips einschließen (gemäß einem moralischen Engagement).

Ob diese Analogie nun strikt anwendbar ist oder nicht, in jedem Fall verdeutlicht sie den Punkt, auf den es mir ankam: was praktische Erkenntnis ›praktisch‹ macht, ist die Feinfühligkeit für individuelle Interessen, wie sie in dieser Art für nicht-praktische Erkenntnis nicht erforderlich ist. Ein Naturgesetz funktioniert in gewissem Sinne unabhängig von subjektiven, instrumentalen Interessen, und seine Beschreibung erfordert nur die Beachtung von Sinn-Regeln.

Diese Sensitivität praktischer Erkenntnis für praktische Interessen legt eine stärkere Abhängigkeit dieser Art von Erkenntnis von Interesse nahe, als dies bei den entsprechenden technischen oder instrumentalen Substrukturen der Fall ist. Räumen wir einmal verschiedene Grade der Notwendigkeit ein und betrachten wir die Struktur der praktischen Interessen als langfristige praktische Intention, so können wir sagen, daß eine praktische Intention notwendiger an entsprechende Handlungsabläufe gebunden ist als eine instrumentale Intention. Folglich scheint es einfacher zu sein, in einem instrumentalen Handlungszusammenhang zwischen der Handlung selbst und der vorhergehenden Intention, die in ihr zum Tragen kommt, zu unterscheiden, als in einem praktischen Handlungszusammenhang die Handlung von der ihr zugrunde liegenden praktischen Intention zu trennen.

Eine Folge dieser streng notwendigen Verknüpfung zwischen praktischer Erkenntnis und praktischem Interesse ist vermutlich, daß, wenn man eine praktische Intention hat oder formuliert, man in gewissem Sinne schon praktisch handelt. Oder genauer, denken heißt dann, in dieser Art aktiv zu sein. Die Art und Weise, wie ein Individuum bei einer konkreten Gelegenheit denkt (etwas beschreibt, beurteilt, abschätzt, usw.), zeigt schon mehr oder weniger die praktischen Ziele und Leistungen dieses Individuums an – während die Intention, für einen bestimmten Zweck ein Instrument zu benutzen, nie von sich aus für das Funktionieren des Instruments ausreicht.

Hier wären noch einige Lücken zu füllen. Aber ich muß mich auf die folgenden Bemerkungen beschränken.

Zunächst verdient die Korrelation zwischen ›kontrollierter historischer Entwicklung‹ und dem Notwendigkeitscharakter der Erkenntnis-Interesse-Beziehung Beachtung: eine starke ›Kontrolle‹ (vgl. Abschnitt 4) korreliert mit einer schwachen ›Notwendigkeit‹ und eine schwache ›Kontrolle‹ korreliert mit einer starken ›Notwendigkeit‹. Intuitiv gesehen, scheint das korrekt zu sein. Kontrolle ist eher möglich über das, was weniger interessenabhängig ist. Oder, um es anders auszudrücken, es ist leichter sich zu entscheiden, ein Instrument zu benutzen und andere Instrumente herzustellen, als sich praktisch oder moralisch zu engagieren.

Eine weit bedeutendere Frage ist jedoch hier, wie Denken mit einer Handlung so eng verbunden sein kann, daß sie auf eine Weise gleichsam identisch sind, und darüber hinausgehend, in welcher Weise dieser Handlungstyp notwendig gesellschaftlich oder durch Sprache gesellschaftlich vermittelt ist. Obwohl weitgehend (oder vielleicht allgemein) darüber Übereinstimmung besteht, daß Denken auf den Gebrauch von Sprache angewiesen ist, glaube ich doch nicht, daß auf diese Fragen definitive Antworten schon gegeben werden können. Es gibt nur eine Anzahl mehr oder weniger tentativer Theorien. Wittgensteins Konzeption der Sprachspiele als Teilen von Lebensformen gehört dabei zu den interessantesten.[16] Ein wichtiger Punkt dieser Theorie, der von Winch hervorgehoben und weiterentwickelt wurde, betrifft die Regeln des Sprachgebrauchs. Das Erlernen solcher Regeln bedeutet das Erlernen von Verhaltensregeln; es bedeutet, die Fähigkeit zu erlangen, nach gesellschaftlich verstehbaren Mustern zu handeln.[17] Ein anderer interessanter, linguistischer Ansatz für diese Problematik findet sich bei Chomsky: man erlernt eine Sprache, indem man bestimmte angeborene Prinzipien des Sprachgebrauchs ›internalisiert‹. Diese ›grammatikalischen‹ Prinzipien sind ›generativ‹ in dem Sinne, daß sie ein Individuum in die Lage versetzen, Sätze zu bilden, die es nie zuvor gehört hat.[18] Es ist Chomskys feste Überzeugung, so scheint es, daß diese Theorie generativer grammatikalischer Prinzipien sich nicht nur als brauchbar erweisen wird, sondern als die adäquateste Theorie zur Erklärung menschlichen Verhaltens (oder Handelns)[19] – obwohl sich dies erst noch herausstellen muß.

Diese theoretischen Ansätze sind nicht unproblematisch. Als sozialwissenschaftliche Methodologie kritisiert Habermas sie wegen ihres zu eng angelegten Begriffes der Motivation, der nur interpretatives Verstehen von Handlungen, aber nicht Kausalerklärungen zulasse. Das heißt, im Sinne dieser Methodologien, eine durch einen linguistischen Ausdruck artikulierte Handlung zu verstehen, läuft hinaus auf das interpretative Verstehen des subjektiv vermeinten Sinnes dieser Handlung (LS, S. 182). Nebenbei bemerkt ist dies die gleiche Kritik, die Habermas auch gegen die hermeneutische Philosophie vorträgt. Und diese Kritik ist, so denke ich, in bezug auf die Analyse von Handlungen (oder linguistischen Ausdrücken) auch berechtigt, deren Sinn über bloß intendierten Sinn hinausweist. Es ist schwer einzusehen, wie linguistische Regeln oder grammatikalische Prinzipien nicht-intendierten Sinn hervorbringen könnten.

Eine andere Schwierigkeit liegt darin, daß praktisches Handeln und Sprachgebrauch stetem Wandel unterworfen sind. Die philosophische Argumentation des 17. Jahrhunderts z. B. unterscheidet sich erheblich von der zeitgenössischen Argumentation. Und dieser historische Wandel ist etwas wesentlich anderes, als die bloße Entstehung eines neuen Satzes, und daher scheint hier eine Erklärung des Wandels grammatikalischer Regeln und Prinzipien erforderlich zu sein. Aber es bleibt schwer einzusehen, wie generative grammatikalische Prinzipien, die primär dazu taugen, zu erklären wie und warum Menschen soweit ›unbekannte‹ Sätze formulieren können, gleichzeitig einen Wandel in sich selbst bewirken können sollen. Denn die erste Leistung ist doch sehr verschieden von dieser letzteren.

Ein Hauptgrund für diese Schwierigkeit liegt im formalen Charakter der Theorien linguistischer Regeln und Prinzipien. Ein Wandel in der Sprechweise, im philosophischen ›Klima‹, kann unmöglich formal mit *allgemeinen* generativen Prinzipien erklärt werden. Die Disziplin, die beansprucht, sich mit der Substanz historischer Entwicklung zu befassen, ist die Hermeneutik. Sie beschäftigt sich mit dem eigentlichen Inhalt der menschlichen Bildungsprozesse. Aber, so scheint es, sie tut dies auf Kosten der Fähigkeit, eine intersubjektiv und empirisch anwendbare methodologische Verfahrensweise anzubieten (vgl. Abschnitt 11).

Die Behauptung, eine instrumentale Handlung werde notwendigerweise von einer praktischen Handlungsorientierung geleitet und erfordere daher zur vollen Erklärung eine Mitberücksichtigung dieser Orientierung, ist eine weitere Unklarheit, die ausgeräumt werden muß. Wie haben wir uns diese Interaktion von Handlungstyp, Interesse, Erkenntnis und gesellschaftlicher Vermittlung vorzustellen? Was wir bis jetzt gesagt haben, geht lediglich dahin, daß jede instrumentale Handlung instrumentale Erkenntnis oder instrumentales Denken erfordert und damit auch den Gebrauch der Sprache – mit dem Resultat, daß instrumentale Handlungen praktischen Charakter erwerben. Es ist daher sinnvoll zu sagen, daß ›Arbeit‹ (im Habermasschen Sinne einer gesellschaftlichen Kategorie) irgendwie von einer anderen gesellschaftlichen Kategorie abhängt, nämlich der der Sprache. Habermas' These scheint, jedenfalls in groben Zügen, klar zu sein: der praktische Charakter der Sprache kann nicht instrumental, in Begriffen von Ursache und Wirkung, erklärt werden; und umgekehrt: die Handhabung eines Instruments kann nicht praktisch, in Begriffen eines Sprachgebrauchs erklärt werden. Jeder Anspruch in einer solchen Richtung widerlegt sich in gewisser Weise selbst.[20]

Ich muß es dabei bewenden lassen und wende mich statt dessen kurz der ›Interaktion‹ von Kausalerklärung und interpretativem Verstehen zu, wie sie angeblich bei Handlungen auftritt, deren Sinn ideologisch verzerrt ist. Bevor ich das tue, sollte ich vielleicht anmerken, daß die unmittelbar vorangehenden Sätze natürlich selbst Sprache als ein gesellschaftliches Medium praktischen Handelns ausweisen, wie dies auch der gegenwärtige Satz tut, der besagt, daß dem so ist. Sprache kann daher (im Gegensatz zu Wittgensteins ›Tractatus‹) benutzt werden, um auf sich selbst zu verweisen.

10. *Emanzipatorisches Handeln.* Die zeitgenössische Diskussion, ob menschliches Handeln kausal erklärt werden soll,

befindet sich in einem etwas fließenden Zustand.[21] Ein Großteil der Kontroverse scheint, auf den ersten Blick, bloß verbal zu sein: es geht um die Frage, ob Intentionen, Zwecke, Motive und Vernunftgründe als Ursachen oder kausale Dispositionen betrachtet werden können oder nicht. Diejenigen, die diese Frage bejahen, konzidieren, aus offensichtlichen Gründen, die Existenz verschiedener Typen von Kausalerklärungen. Trotzdem beruht diese Betrachtungsweise oft auf einer Reduktionsthese: Handlungen haben ihren Ursprung in physischen oder psychologischen Zuständen und sind als deren Wirkungen zu erklären.[22] Jene, die die Frage verneinen, tun dies oft auf der Grundlage eines Humeschen Konzepts von Kausalität: Intentionen usw. können nicht Ursachen sein, denn sie sind, allem Anschein nach, in gewisser Weise notwendig mit den Handlungen, die sie hervorrufen, verbunden.[23] Obwohl untereinander verschieden, bilden Intentionen, Zwecke, Motive und Vernunftgründe daher eine klar von Ursachen abgegrenzte Klasse von Phänomenen – mit der Konsequenz, daß Handeln nur interpretativ verstehbar ist.[24]

Kürzliche Diskussionen haben diese ›entweder-oder‹-Positionen wenn nicht miteinander versöhnt, so doch wenigstens zueinander in Beziehung gebracht. So argumentiert etwa MacIntyre in seinem instruktiven Aufsatz *The Antecedents of Action*[25], daß keine der beiden Thesen ›Handlungen haben keine Ursachen‹ und ›Alle Handlungen haben Ursachen‹ sich verallgemeinern läßt. Er räumt ein, wir brauchten eine wesentlich umfassendere »Charakterisierung des Begriffs der menschlichen Person, bei der die Rolle sowohl von Ursachen, auf der einen Seite, als auch von Motiven, Vernunftgründen und Intentionen, auf der anderen Seite, klar würden«.[26] Das ist zweifelsohne richtig. Aber er hält es für vertretbar, zu sagen, daß es Handlungen gibt, die sowohl anhand von Motiven, Vernunftgründen und Intentionen verstanden als auch kausal erklärt werden müssen. Was diesen Typ betrifft, so lenkt er die Aufmerksamkeit auf den Umstand, daß Kriminologen häufig von Handlungsursachen sprechen.[27] Und die Handlungen von Kriminellen mögen in der Tat als Beispiele für Handlungen dienen, die, um voll verstanden zu werden, sowohl ein interpretatives Verstehen der (mehr oder weniger) bewußten Motive, Vernunftgründe und Intentionen des Individuums erfordern, als auch eine Kausalerklärung der persönlichen und gesellschaftlichen Bedingungen, die ›hinter‹ seinem Verhalten stehen und es bestimmen. Vielleicht können wir, kurz gesagt, behaupten, daß gesetzmäßige oder normenkonforme Handlungen nur interpretativ verstanden werden müssen, während im Falle der Normenverletzung interpretatives Verstehen durch Kausalerklärung ergänzt werden muß.

Dies bringt uns zurück zu Habermas' Idee der Gesellschaft als einer kriminellen im großen, die ihre eigenen Standards nicht befolgt und wo materielle und moralische Potentiale nicht hinreichend aktualisiert werden. Seiner Ansicht nach sind Ideologien verschiedener Art durch die Unterstützung von Herrschaftssystemen primäre kausale Faktoren. Daß die Ursachen, die hier am Werke sind, kontingent mit den daraus folgenden Handlungen verbunden sind (und damit vermutlich mit Kausalität im Sinne von Hume kompatibel sind), zeigt sich an der Tatsache, daß die Ursachen von den Handlungen oder Sprechakten, in denen sie wirksam sind, z. B. durch Kritik, abgetrennt werden können.

In welchem Sinne und bis zu welchem Grade, wenn überhaupt, hat Habermas durch seine soziale Erkenntnistheorie zur Eliminierung solcher Ursachen und damit zur Verbesserung gesellschaftlicher Zustände beigetragen? Mit einigen Anmerkungen zu dieser Frage möchte ich abschließen.

11. *Probleme des Selbstbezuges in Habermas' Theorie. Methodologischer und kritischer Stellenwert.* Wir können uns fragen: welche Art von Aussagen und welche methodische Verfahrensweise finden wir in Habermas' eigener Theorie? Da seine Theorie einen umfassenden Charakter haben soll, müssen Aussagen und Verfahrensweise zu einer der darin aufgeführten Substrukturen gehören. Die Antwort ist offenkundig: sie gehören zur praktischen Substruktur von Interesse, Erkenntnis und Sprache. Habermas' Aussagen zur technischen und emanzipatorischen Substruktur sind selbst praktisch – was in bezug auf die Theorie selbst vollauf konsistent ist. Die Theorie stellt selbst, mit anderen Worten, ein Stück kritischer Hermeneutik dar.

Zwei einfache Argumente können zur Bestätigung dieser Antwort angeführt werden. Erstens, es besteht aller Grund anzunehmen, daß der Sinn aller dieser Aussagen, die in der Theorie auftreten, mit vollem Bewußtsein (wenn man so will) intendiert und daher nicht – z. B. durch verschleierte Herrschaftsansprüche – verzerrt ist. Somit sind sie allein auf dem Wege der Interpretation zu verstehen (d. h. nach praktischen Motiven, Vernunftgründen und Intentionen) und nicht durch irgendeine kausale Analyse.

Zweitens, die Verfahrensweise, sowohl in *LS*, als auch und besonders ein *EI*, entspricht dem Typ der historischen Humanwissenschaften. Das bedeutet, daß man sich bei der Interpretation zeitgenössischer und vergangener Werke mehr darauf beschränkt, die fraglichen Gesichtspunkte in einer neuen Terminologie zu wiederholen. Man wendet vielmehr diese Gesichtspunkte auf gegenwärtige gesellschaftliche Verhältnisse an, um über sie Aufschluß zu erhalten.[28] Oder, wie Wright Mills im Hinblick auf die Aufgabe der Soziologie sagt: es geht darum, den Mitgliedern einer Gesellschaft ihre historische Situation besser bewußt zu machen.[29] Die zugrundeliegende – und offenkundig zutreffende – Annahme ist dabei, daß ältere und zeitgenössische Theorien weitgehend (wenn auch keineswegs ganz) die gegenwärtigen Verhältnisse bestimmen. Daß diese Verfahrensweise der Anwendung vergangener und gegenwärtiger Theorien auf ein Verstehen unserer Gegenwart weitgehende Analysen erforderlich macht, versteht sich von selbst.

Dies bringt uns aber zu einer weiteren und vielleicht wichtigeren Frage der Konsistenz der Theorie, nämlich der Frage, ob Habermas mit seiner gesellschaftskritischen Theorie der Erkenntnis wirklich die kritischen Zielsetzungen erreicht, die die Theorie anstrebt. Auf den ersten Blick neigt man dazu anzunehmen, daß dies sogar logisch unmöglich ist, aus dem einfachen Grunde, weil der Theorie zufolge der Effekt der Unterdrückung von ›Dialog‹ ganz allgemein der ist, daß Kommunikation auf der rein bewußt intendierten Ebene nicht mehr möglich ist (wenn sie überhaupt jemals möglich war). Wie können Habermas' praktische Aussagen, die vorgeblich auf dieser Ebene stehen, eine reale Chance haben, erfolgreich kommuniziert zu werden? Selbst wenn die Theorie in jeder ›praktischen Hinsicht‹ wahr wäre, ist es schwer zu verstehen, wie sie die behauptete emanzipatorische Wirkung auf einen

›Dialog‹ haben könnte, der sich unter ›Kriminellen‹ abspielt. Habermas könnte darauf antworten: Die Rekonstruktion der Vorgeschichte des Positivismus, d. h. des Niedergangs reflexiver Philosophie, ist selbst eine Art Rekonstruktion des unterdrückten Dialogs, wodurch wenigstens ein ›freier‹ philosophischer Diskurs möglich wird. Die Antwort hierzu: Wenn dem so wäre, wäre Emanzipation von Herrschaftssystemen ohne Berücksichtigung von Kausalerklärungen möglich – was der Theorie widerspricht. Die Theorie, nach der Kausalerklärungen notwendig sind, ist nicht selbst eine kausale Theorie. Denn, noch einmal, wer setzt die Kriterien dafür fest, was als Kommunikation bewußt intendierten Sinns zu gelten hat? Die Verbesserung der materiellen Verhältnisse könnte vermutlich ein Indiz sein; aber es ist im Prinzip ein unzureichendes Kriterium für Freiheit.

Eine Kritik dieser Art, wie naheliegend sie auch sein mag, kann aber nicht das letzte Wort sein. Man muß die Theorie für das nehmen, was sie zu sein beabsichtigt: eine allgemeine Methodologie, gedacht als eine Art Rahmen für eine mehr detaillierte, kritische Untersuchung gesellschaftlicher Praxis durch die Einzelwissenschaften. Als solche hat die Theorie, unabhängig von einer empirischen Bestätigung durch erfolgreiche Kritik, einen vorweg hypothetischen Charakter (vgl. LS, S. 194 f). Was hat das für uns zu bedeuten?

Die Theorie kann zweifellos in verschiedener Weise und aus verschiedenen Perspektiven gewürdigt werden. Sie mag die Bewunderung vieler auf sich ziehen als eine große intellektuelle Leistung, besonders in der Form, wie sie in EI vorliegt. Darüber hinaus wird es niemanden geben, der nicht von Habermas' Einschätzung des einen oder anderen Philosophen oder Soziologen profitieren könnte. Man denkt hierbei besonders an seine ausführliche Kritik an Hegelianismus und Marxismus einerseits und an verschiedenen Arten von Behaviorismus andererseits. Viele werden sich wahrscheinlich auch von der Stoßkraft seines kritischen Ansatzes in Philosophie und Soziologie allgemein beeindrucken lassen. Aber dies reicht nicht aus. Alle diese Arten der Beurteilung treffen nicht den Kernpunkt, nämlich die behauptete Bedeutung der Theorie für die Sozialwissenschaft und die gesellschaftliche Praxis.

In den Augen vieler ist diese Bedeutung zweifellos vorhanden.

Mit seinen strukturellen Kategorien und seiner Kritik an konkurrierenden Theorien, die andere, aber zu vereinfachte ›Realitätsansprüche‹ aufstellen, hat Habermas einen nützlichen Beitrag dazu geleistet, wie wir die Komplexität gesellschaftlichen Lebens oder das Zusammenspiel menschlicher Handlungen besser verstehen und in den Griff bekommen können. Welchen genaueren Stellenwert hat nun sein Beitrag, wenn wir ihn als methodologischen Rahmen für die Wissenschaften ansehen?

Habermas' eigene Ansicht kann, so meine ich, indirekt zwei Passagen in LS entnommen werden: nämlich der vorgeschlagenen Interpretation von Talcott Parsons' Sozialtheorie (S. 193 ff.) und, in präziserer Form, der Erwiderung auf eine Kritik von Paul Lazarsfeld, die die Abstraktheit bestimmter wissenschaftlicher Methodologien betrifft (S. 49 f.).

Parsons wird häufig vorgeworfen, ein umfangreiches System von Kategorien geschaffen zu haben, das in keinem Verhältnis zum tatsächlichen, empirischen Gehalt stünde.[30] In gewissem Sinne stimmt Habermas dieser Kritik zu; aber er schlägt eine andere und, seiner Meinung nach, sinnvollere Interpretation des Parsonsschen Systems vor: man solle es im Grunde nicht als einen ersten Entwurf für eine stringentere wissenschaftliche Verfahrensweise ansehen, sondern als Produkt einer langfristigen ›hermeneutischen Erfahrung‹, d. h. als eine Art Vorverständnis von gesellschaftlichen Prozessen, das sich im Verlauf dieser Prozesse selbst ergibt. Der Sinn dieser Bemerkung, was immer sie im Detail besagen mag, läuft nicht so sehr darauf hinaus, die Gültigkeit der Parsonsschen Sozialtheorie zu erweisen, als vielmehr auf den Versuch, das Vorverständnis gesellschaftlicher Praxis als Erkenntnis *sui generis* zu rechtfertigen.

Habermas' eigene Theorie soll offensichtlich den Charakter eines solchen Vorverständnisses haben. Sie hat, wie wir in der Erwiderung auf Lazarsfeld nachlesen können, ein normatives Ziel: auf der Basis einer vorläufigen Umschreibung gesellschaftlicher Prozesse profiliert sie in allgemeinen Begriffen die Aufgaben, die die Einzelwissenschaften zu bewältigen haben, und empfiehlt bestimmte fundamentale Kategorien, die in deren eigentlicher Forschungsarbeit Anwendung finden sollen. Auf diese Art hat die Theorie die Funktion eines integrierenden Denksystems, eines Leitfadens zur Ausführung der gemeinsamen Aufgabe. Die Theorie liefert den Einzelwissenschaften den breiten Erkenntniszusammenhang für das, was sie tun oder tun sollten. Wir müssen natürlich noch hinzufügen, daß der hypothetische Charakter der vorläufigen Umschreibung, gemäß dem Verifikationsprinzip der hermeneutischen Wissenschaften (vgl. Abschnitt 1), die Theorie jederzeit der Revision offenhält. Das hängt vom Verlauf der gesellschaftlichen Prozesse ab.

Ich persönlich habe keine Bedenken, die Notwendigkeit umfassender Gesellschaftstheorien zu akzeptieren, und mir fällt es daher auch nicht schwer, Habermas' Vorschlag in dieser Richtung anzuerkennen. Das ›Ganze‹ oder die ganzheitliche Behandlung gesellschaftlicher Phänomene hat seine ›strategische Bedeutung‹ (Kapp, S. 203), indem verhindert wird, daß sozialwissenschaftliche Untersuchungen abstrakt und in bezug auf die Durchführung gesellschaftlichen Wandels irrelevant werden. Doch jeder Leser Habermasscher Schriften, der so, wie die umfassende Methodologie es ihm nahelegt, sich anschickt, nach präzisen Regeln und Techniken empirischer Forschung zu suchen, wird enttäuscht sein. Nichts dergleichen ist angeboten. Nicht nur das, man findet kein einziges Beispiel jener Art detaillierter Kritik bestehender gesellschaftlicher Institutionen usw., für die die Theorie einen umfassenden methodologischen Rahmen bieten soll. Es scheint, als ob Habermas, im Unterschied etwa zu Mills, die Durchführung seines Programms anderen überläßt. Das ist eine Schwäche. Man kann natürlich fragen, ob irgendeine präzise methodische Verfahrensweise über die Analyse gesellschaftlichen Handelns überhaupt aufgestellt werden kann; der Begriff einer präzisen methodischen Verfahrensweise scheint von der Vorbedingung abzuhängen, daß menschliches Handeln oder gesellschaftliches Leben im engeren Sinne des Wortes kontrolliert werden kann. Wenn dem so ist, muß man es Habermas nachsehen, daß er kein solches Rezept geliefert hat. Aber gerade dann wird seine totale Vernachlässigung der Anwendung der Theorie eine noch ernstere Sache. Zum einen hätten Anwendungsbeispiele die Vermittlung der allgemeinen Theorie sehr erleichtert, und hätten andere besser in die Lage versetzt, kritische Forschungsprogramme in den verschiedenen Wissenschaften innerhalb des von Habermas gesetzten Rahmens durchzuführen. So wie die Dinge stehen, läuft die Theorie, oder ein Großteil von ihr, Gefahr, eine unerfüllte Intention zu bleiben und in diesem praktischen Sinne mit sich in Widerspruch zu geraten. Eine *Sozial*philosophie fundamentaler Strukturen und Kategorien, wie unentbehrlich sie auch für die Integrierung wissenschaftlicher Erkenntnis sein mag, sollte sich nicht selbst überlassen bleiben.

Anmerkungen

1 *A Sociological Account of Some Aspects of Pragmatism*, Wisconsin, 1942 (unveröffentlicht).

2 Besonders in *The Sociological Imagination*, London, Oxford, New York 1959, S. 50-75.

3 Vgl. *The Sociological Imagination*, besonders die Kapitel 6 und 7 und den Anhang; ebenso den instruktiven Artikel von Donald Clark Hodges, *The Fourth Epoch: Epilogue to the Unfinished Social Philosophy of C. Wright Mills*, in: *Philosophy and Phenomenological Research*, Bd. XXIX, 1969, Nr. 3, S. 327-50.

4 Seine weiteren wichtigen Arbeiten sind *Strukturwandel der Öffentlichkeit, Untersuchungen zu einer Kategorie der bürgerlichen Gesellschaft*, Neuwied und Berlin 1962; *Theorie und Praxis, Sozialphilosophische Studien*, Neuwied und Berlin 1963; *Technik und Wissenschaft als »Ideologie«*, Frankfurt 1968.

5 Mills bezieht sich aus offensichtlichen Gründen nur wenige Male auf Habermas. So z. B. in *The Sociological Imagination* (deutsch: *Kritik der soziologischen Denkweise*, Neuwied und Berlin 1963), wo er einmal auf Habermas' *Strukturwandel der Öffentlichkeit* verweist.

6 Vgl. z. B. die Bemerkung von P. Winch: »Denn jede lohnenswerte Analyse der Gesellschaft muß philosophischen Charakter tragen und jede lohnenswerte Philosophie muß sich mit der Beschaffenheit der menschlichen Gesellschaft befassen.« Aus: *The Idea of a Social Science*, London 1958, S. 3.

7 Zu Mills' Einschätzung des Marxismus als einer ›Metaphysik der Arbeit‹, vgl. Hodges, a.a.O., S. 329. Vgl. auch das durchweg historische Argument für Mills' Position, das sich auch auf Habermas anwenden läßt: »Er war kein Marxist, weil er im 20. Jahrhundert lebte«, Aus: *Kritik der soziologischen Denkweise* (Fußnote 5), Einleitung, S. 25.

8 Vgl. Habermas' Bemerkung: »Das Interesse an Mündigkeit schwebt nicht bloß vor, es kann a priori eingesehen werden.« Aus: *Erkenntnis und Interesse*, in: *Technik und Wissenschaft als »Ideologie«*, a.a.O., S. 163.

9 K. William Kapp, *Toward a Science of Man in Society*, Den Haag 1961.

10 Dies ergibt sich besonders aus Heideggers Verstehensbegriff, in: *Sein und Zeit*, englisch: *Being and Time*, New York 1962, §§ 31-32.

11 Vgl. auch *Erkenntnis und Interesse* (Fußnote 8), S. 157-8.

12 Wie z. B. bei M. Polanyi; vgl. etwa seine Rundfunksendung *Planned Science*, abgedruckt in: *The Logic of Liberty*, London 1951, S. 86-90.

13 Eine Kontroverse, die auf dieses Problem gut angewendet werden könnte, ist die Auseinandersetzung in der analytischen Philosophie über Prognosen auf der Basis von Intentionen. Vgl. z. B. A. MacIntyre, *The Antecedents of Action*, in: *British Analytical Philosophy*, Bernard Williams und Alan Montefiore (Hrsg.), London 1966, S. 212 ff. Vgl. auch P. Winch, a.a.O., S. 91 ff. und den interessanten Aufsatz von R. Lichtman, *Indeterminacy in the Social Sciences*, in: *Inquiry*, Bd. 10, 1967, Nr. 2, S. 139-50.

14 Dieser Punkt wird von vielen als ein völlig unrealistisches utopisches Element in Habermas' Theorie angesehen. Entsprechend schreibt R. Denker zum Verhältnis von Habermas zu Popper: »Habermas will Autorität insgesamt eliminieren; Popper dagegen beschränkt sich lediglich auf die Eliminierung falscher Autorität oder Herrschaftssysteme«. (Englische Rückübersetzung aus: *Individualismus und mündige Gesellschaft*, Stuttgart 1967, S. 41.) Ich bin nicht sicher, ob diese Habermas-Interpretation zutreffend ist. Warum sollte es nicht Autorität oder ›Herrschaftssysteme‹ geben, die in einer Gesellschaft aus *rein praktischen* Gründen bewußt akzeptiert werden? In diesem Falle wäre Habermas' Anliegen dem von Popper in dieser Hinsicht nicht unähnlich.

15 Vgl. R. M. Hare, *Freedom and Reason*, Oxford 1963, z. B. S. 30 ff.

16 *Philosophische Untersuchungen*, Frankfurt 1960, § 23 und *LS*, S. 126 ff.

17 Vgl. P. Winch, a.a.O., S. 24 ff., 45 ff. und *LS*, S. 134 ff.

18 N. Chomsky, *A Review of B. F. Skinner's ›Verbal Behaviour‹*, in: *The Structure of Language*, J. Fodor und J. Katz (Hrsg.), Englewood Cliffs, N. J., 1964, S. 547 ff. und *LS*, S. 73.

19 Das wird besonders deutlich in einer späteren Veröffentlichung: *Language and Mind*, New York 1968, besonders S. 58 ff.

20 Ein klassisches Beispiel ist Hobbes' mechanistische Erklärung menschlichen Verhaltens. Diese Erklärung (ein spezifischer Sprachge-

brauch) ist selbst ein Stück Verhalten, das nicht mechanistisch erklärt werden kann. Ebenso steht es mit der Stimulus-response-Erklärung von Verhalten. Vgl. *LS*, S. 58 ff.

21 Vgl. die Artikel zur Theorie sozialen Handelns in: *The Encyclopedia of Philosophy*, New York 1967, 8 Bde., und die Rezension hierzu von Alan Donagan in: *Philosophical Review*, Bd. XLXIX, Nr. 1, Januar 1970, S. 122-30.

22 Vgl. z. B. Winch, a.a.O., S. 75.

23 Vgl. *Explaining Behaviour*, von Norman Malcolm in: *Philosophical Review*, Bd. LXXVI, 1967, Nr. 1, S. 99. (Dieser Artikel ist eine Anmerkung zu Charles Taylor, *The Explanation of Behaviour*, London 1964.)

24 Vgl. Winch, a.a.O., z. B. S. 115 ff.

25 MacIntyre, a.a.O., S. 205-25.

26 Derselbe, S. 228.

27 Derselbe, S. 218 f.

28 Der Begriff ›Anwendung‹ ist in der Hermeneutik gebraucht als Terminus technicus. Vgl. H. G. Gadamer, *Wahrheit und Methode*, Tübingen 1960, S. 290 ff.

30 Mills ist wahrscheinlich der heftigste Kritiker Parsons'. Vgl. Mills, a.a.O., S. 25 ff. Die neueste Attacke gegen ihn stammt von Tom Bottomore, *The Strange Case of Talcott Parsons, in: The New York Review of Books*, Bd. XIII, 1969, Nr. 8, S. 54-59.

Gian Enrico Rusconi
Erkenntnis und Interesse bei Habermas

Ein Kritiker schrieb über *Erkenntnis und Interesse,* mit diesem Werk versuche der Autor, die doppelte Isolierung der »Kritischen Theorie« – Isolierung innerhalb der Wissenschaft wie auch innerhalb der Politik – zu durchbrechen.[1] Diese Aussage in den Termini eines wissenschaftlichen Gegners bezeichnet treffend, welch schwierige und umfängliche Aufgabe sich Habermas mit dieser in theoretischer und epistemologischer Hinsicht gewiß anspruchsvollsten seiner Arbeiten gesetzt hat. Auch der Zeitpunkt der endgültigen Niederschrift, bei der freilich Materialien aus früheren Jahren verarbeitet worden sind, ist bezeichnend: April 1968, also zur gleichen Zeit wie die Aufsatzsammlung *Technik und Wissenschaft als ›Ideologie‹*[2], jene gelungene Synthese der analytischen Instrumentierung des Soziologen, zur gleichen Zeit auch wie Habermas' scharfe politische Auseinandersetzung mit der Studentenbewegung.[3] Es ist wichtig, *Erkenntnis und Interesse* genau in diesem knappen Zeitraum festzumachen (kaum mehr als ein Jahr nach der ausgedehnten Reflexion *Zur Logik der Sozialwissenschaften*[4]), will man nicht in den Fehler verfallen, die philosophische und theoretische Tragweite dieser Arbeit zu isolieren, indem man sie als Ganzes aus äußeren Beweggründen ablehnt.[5] Ohne die in Deutschland – und insbesondere in Frankfurt – eigentümliche kulturelle Tradition einer engen Verbindung von Philosophie und Soziologie zu unterschätzen, kann man doch sagen, daß der philosophische Ansatz – philosophisch im kodifiziert-akademischen Sinne – durchaus einer Forderung entspricht, die der soziologischen Analyse bei Habermas immanent ist. In *Technik und Wissenschaft als ›Ideologie‹* heißt es an einer entscheidenden Stelle: »Das technokratische Bewußtsein läßt dieses praktische Interesse [an herrschaftsfreier Kommunikation] hinter dem an der Erweiterung unserer technischen Verfügungsgewalt verschwinden. Die Reflexion, die die neue Ideologie herausfordert, muß daher hinter ein historisch bestimmtes Klasseninteresse zurückgehen und den Interessenzusammenhang einer sich selbst konstituierenden Gattung als solchen freilegen.«[6]

Um *Erkenntnis und Interesse* nicht mißzuverstehen, muß man sich daher den grundlegenden analytischen Rahmen von Habermas vergegenwärtigen und an ihm bemessen, inwieweit der neue Versuch gelungen ist. Da hier nicht der Ort für eine systematische Behandlung der breiten Habermasschen Thematik ist, können nur einige ihrer Bereiche angedeutet werden: die »dialektische«, antipositivistische Position innerhalb der seit Jahren in Deutschland geführten Methodologie-Diskussion über die Sozialwissenschaften[7]; die Problematik um den sogenannten »politischen Gehalt der technischen Vernunft«, die in eine Neuformulierung des Verhältnisses von Produktivkräften und Produktionsverhältnissen mittels des Begriffspaares »Arbeit und Interaktion« einmündet, woraus sich dann eine Neubestimmung von Wesen und Funktion des »institutionellen Rahmens« in der heutigen Gesellschaft ergibt; nicht zu vergessen schließlich Habermas' anhaltende Bemühung um eine »Repolitisierung der öffentlichen Sphäre«, die sich auch in einer Reihe von Studien über die öffentliche Meinung und über die politische Haltung der Studenten niedergeschlagen hat.[8] *Erkenntnis und Interesse* setzt all diese Forschungsbereiche samt ihren materiellen Daten gewissermaßen voraus – ein Umstand, der freilich nicht daran hindern kann, bei einer nachträglichen Bilanz legitimerweise zwischen der grundlegenden Analyse und der theoretischen Reflexion zu unterscheiden und beide verschieden zu bewerten. Worauf es ankommt ist, daß der »Soziologe« – im verengten Sinn akademischer Disziplinen – sich nicht jenem Prozeß der Selbstreflexion entzieht, ohne den er unter das Habermassche Verdikt des »Positivismus« fiele.

Damit sind wir im Zentrum dessen, was Habermas bereits mit den ersten Sätzen des Buches beabsichtigt, wenn er erklärt, daß »Positivismus« und »Reflexion« unvereinbar seien. Was genau diese beiden Termini bezeichnen, wird erst im Laufe der Abhandlung allmählich verständlich. Dabei zeigt sich dann, daß es sich weniger um zwei jeweils einzeln in bestimmter Weise umschreibbare Begriffe handelt, als vielmehr um zwei einander entgegengesetzte Modi zur Bestimmung des Problems der Wissenschaft in ihren Beziehungen zum gesell-

schaftlichen Handeln. Der Fehler des Positivismus – hervor-
gegangen unter anderem aus der philosophischen Selbstzerstörung des Erkenntnisproblems bei Hegel und Marx –
besteht eben genau darin, daß »der Positivismus die Verflechtung der Methodologie der Wissenschaften mit dem objektiven
Bildungsprozeß der Menschengattung vergessen und auf der
Basis des Vergessenen und Verdrängten den Absolutismus reiner Methodologie errichten«[9] konnte. Der Begriff des »Vernunftinteresses« erhält nun die Funktion, jene »Verflechtung
der Methodologie der Wissenschaften mit dem objektiven Bildungsprozeß der Menschengattung« kategorial zu bestimmen.[10]

Die Rekonstruktion der Vorgeschichte des Positivismus, von
der Krise der Erkenntniskritik (Kant, Hegel, Marx) zu den
klassischen Formulierungen des Positivismus, des Pragmatismus und des Historismus (Comte, Mach, Peirce, Dilthey)
und bis hin zur Aufnahme der Psychoanalyse (Freud), ist
lediglich der Leitfaden für eine unablässig aktualisierte Problematik. Am Ende seiner Arbeit sucht Habermas nicht nur
Mittel zur Selbstreflexion der Wissenschaften zu gewinnen,
sondern auch praktisch-politische Hinweise für die dem kritisch-revolutionären Handeln der Reflexion verbundene
»Emanzipation«.

Der Begriff »Interesse« taucht erst im zweiten Teil des Buches
auf und wird dann im dritten Teil, der die »Kritik als Einheit
von Erkenntnis und Interesse« herausarbeitet, in einem Rück-
blick auf Kant und Fichte thematisch behandelt. Diese Bemerkung wäre müßig, wenn in Wahrheit nicht der erste Teil des
Buches, der die »Krise der Erkenntniskritik« behandelt, für
die gesamte Anlage des Werkes entscheidend wäre. Wir konzentrieren daher den größten Teil unserer Aufmerksamkeit
auf diesen Teil, wobei es allerdings angebracht ist, sich von
Anfang an zu vergegenwärtigen, wo man schließlich landen
wird. »Das ›Erkenntnisinteresse‹ ist... eine eigentümliche
Kategorie, die sich der Unterscheidung zwischen empirischen
und transzendentalen oder faktischen und symbolischen
Bestimmungen sowenig fügt wie der zwischen motivationalen
und kognitiven.«[11] Sie läßt sich nur »innerhalb des Konzeptes
einer als *Bildungsprozeß* begriffenen *Gattungsgeschichte*«[12]
bestimmen.

Da nun – so argumentiert Habermas, indem er Bemerkungen zusammenfaßt, auf die wir noch zurückkommen werden – »die Reproduktion des Lebens auf anthropologischer Ebene kulturell durch Arbeit und Interaktion bestimmt ist«, können die Erkenntnisinteressen, die sowohl das alltägliche Instrumentalhandeln (und die experimentellen Wissenschaften, die es perfektionieren) wie auch das alltägliche Kommunikationshandeln durchziehen, nicht in einem bloß ideologischen Bezugsrahmen, als bloße Funktion der Reproduktion des gesellschaftlichen Lebens begriffen werden. Das gesellschaftliche Leben in seiner Spezifizierung »kann ohne Rekurs auf die kulturellen Bedingungen der Reproduktion, auf einen Erkenntnis in beiderlei Gestalt *schon implizierenden* Bildungsprozeß gar nicht hinlänglich charakterisiert werden.«[13].

Wie leicht festzustellen ist, sind die tragenden Begriffe dieser Argumentation die von »Gattungsgeschichte«, von »Bildungsprozeß« und von »Bedingungen« im transzendentalen Sinne. Habermas gewinnt die Begriffe aus seiner Analyse des Abschnittes Kant-Hegel-Marx im ersten Teil des Buches. Ohne sie wäre gerade der »emanzipative« Ausgang der Reflexion nicht zu verstehen. »Die Erfahrung der Reflexion artikuliert sich inhaltlich im Begriff des Bildungsprozesses, methodisch führt sie zu einem Standpunkt, von dem aus die Identität der Vernunft mit dem Willen zur Vernunft zwanglos sich ergibt. In der Selbstreflexion gelangt eine Erkenntnis um der Erkenntnis willen mit dem Interesse an Mündigkeit zur Deckung; denn der Vollzug der Reflexion weiß sich als Bewegung der Emanzipation. Vernunft steht zugleich unter dem Interesse an Vernunft. Wir können sagen, daß sie einem *emanzipatorischen Erkenntnisinteresse* folgt, das auf den Vollzug der Reflexion als solchen zielt.«[14]

Der Leser sollte für einen Augenblick das erstaunte Unbehagen unterdrücken, das durch Aussagen solcher Art hervorgerufen wird, vor allem, wenn sie aus ihrem Zusammenhang gerissen sind. Wichtig ist hier zunächst zu erkennen, welche Schlüsselrolle die Figur der Reflexion bei Habermas spielt: durch die Reflexion wird nicht nur die Erkenntnistheorie als Rahmen für eine erneute Problematisierung der Wissenschaften wiederaufgenommen, sondern auch eine praktische Strategie entworfen.

»Die Stufen der Reflexion ... lassen sich durch eine systematische Wiederholung der gattungsgeschichtlich konstitutiven Erfahrungen rekonstruieren.«[15] Wenn nun diese Erfahrungen nicht bloß das Moment der Reproduktion des gesellschaftlichen Lebens (repräsentiert durch das instrumentale Handeln der Wissenschaften) implizieren, sondern auch das erkennende Handeln fordern, so muß in der Geschichte des Denkens bis zu dem Punkt zurückgegangen werden, an dem diese Unterscheidung zwischen Wissenschaft und Erkenntnis klar thematisiert worden ist. Darum die ambivalente Rückkehr zu Kant: Hatte dieser, als er sich das Problem der »möglichen Erkenntnis« und ihrer Bedingungen stellte, zwar einerseits die Unterscheidung zwischen Erkenntnistheorie und Wissenschaftstheorie deutlich hervorgehoben, so hatte er andererseits doch nicht erfaßt – wie Hegel genau erkannte – wie das Problem der Erkenntnisbedingungen und damit das kritische Bewußtsein eben das Resultat eines kollektiven historischen Bildungsprozesses sind.

So ist »das Subjekt der erkenntniskritischen Vergewisserung ... sich erst mit dem Resultat seiner Selbstvergewisserung gegeben. Die Erkenntniskritik, der sich gleichermaßen die normativen Begriffe der Wissenschaft wie des Ich in radikalem Zweifel aufgelöst haben, ist allein an das verwiesen, was Hegel die *phänomenologische Erfahrung* nennt.«[16] Hegels phänomenologische Erfahrung liefert kraft ihres Voranschreitens durch bestimmte Negationen das Reflexionsmodell. »Diese Figur der bestimmten Negation trifft keinen immanent logischen Zusammenhang, sondern den Mechanismus des Fortschritts einer Reflexion, in der theoretische Vernunft und praktische eins sind. Das affirmative Moment, das gerade in der Verneinung einer existierenden Verfassung des Bewußtseins steckt, wird plausibel, wenn wir bedenken, daß in diesem Bewußtsein Kategorien der Weltauffassung und Normen des Handelns verschränkt sind. Eine *Lebensform*, die zur Abstraktion geworden ist, kann nicht spurlos negiert, nicht ohne praktische Folgen umgewälzt werden.«[17]

Im Modell der Hegelschen Phänomenologie, insbesondere in der bestimmten Negation, hat Habermas bereits sämtliche Figuren des Handelns und des Erkennens eingefaßt, bei expliziter Berufung auf die »Lebensform«. So hat er schon in den ersten exegetischen Analysen zu Kant und vor allem zu Hegel jene Begriffsreihe (Konstitution, Genese, Bildung und auch »Leben«) gewonnen, die in verschiedenen Ableitungen das logische Netz bildet, das die ganze Arbeit zusammenhält.

Wenn Habermas auch später das Hegelsche Modell wieder aufnehmen soll, so kann er doch im vorliegenden Kontext nicht umhin, jene idealistische Lösung zurückzuweisen, die die Kantische Unterscheidung zwischen Erkenntnis und Wissenschaft in einem absoluten Wissen aufhebt und die Kontingenz der menschlichen Gattungsgeschichte in der Bewegung dieses Wissens auflöst. Dies ist der Übergang zum Marxschen Materialismus: »Die Bedingungen, unter denen sich jeweils ein neuer transzendentaler Rahmen der Erscheinung möglicher Objekte bildet, könnten unter kontingenten Umständen vom Subjekt selber hervorgebracht sein – etwa durch einen Fortschritt der Produktivkräfte, wie Marx annimmt.«[18]

Zu Marx heißt es wenige Seiten später, daß sich bei ihm »zwar alle Elemente zu einer durch Hegels Kantkritik radikalisierten Erkenntniskritik finden – aber zum Aufbau einer materialistischen Erkenntnistheorie dann doch nicht zusammengefügt werden«[19]. Dies, in knapper Form, ist Habermas' Urteil über Marx, der über die speziell ihm gewidmeten Abschnitte hinaus der verborgene Hauptwidersacher ist, gegen den das ganze Buch geschrieben wurde. Im Kern der Habermasschen Interpretation steht die These, daß bei Marx der Begriff der Arbeit in die Stellung der Synthesis tritt und deren Wert annimmt. Synthesis im materialistischen Sinn unterscheidet sich von der idealistischen darin, daß sie kein Produkt logischer Zusammenhänge ist, sondern ein gleichermaßen empirisches wie transzendentales Faktum. »Anknüpfungspunkt für eine Rekonstruktion der synthetischen Leistungen ist nicht die Logik, sondern die Ökonomie. Nicht die regelrechte Verknüpfung von Symbolen, sondern die gesellschaftlichen Lebensprozesse, die materielle Hervorbringung und die Aneignung der Produkte, bieten dann den Stoff, an dem die Reflexion ansetzen kann, um die zugrundeliegenden synthetischen Leistungen zu Bewußtsein zu bringen. Die Synthesis erscheint nicht länger als eine Tätigkeit des Gedankens, sondern als materielle Produktion.«[20]

Somit kehrt man zurück zu der Dichotomie von Mensch und

Natur, Subjekt und Objekt, die bei Hegel falsch aufgelöst worden ist. Kantisch wird die Verschiedenheit von Form und Materie rekonstruiert: Form ist dabei jedoch keine Kategorie des Intellekts, sondern der Tätigkeit des Wesens Mensch, ebenso wie Materie nur im Arbeitsprozeß gegeben ist. Wird einerseits der bestimmte kategoriale Rahmen eines handelnden Subjekts Kantisch beibehalten (der Mensch als Werkzeuge produzierendes Tier), so verändert sich andererseits durchaus unkantisch die Identität des gesellschaftlichen Subjekts selbst mit der technischen Verfügungsgewalt über die Natur. Habermas führt das nichtkantische Moment, dem sich die Menschengattung nur im produktiven Arbeitsprozeß als gesellschaftliches Subjekt setzt, in schnellen Strichen auf das Modell Fichtes zurück, durch welches hindurch – seines Erachtens – die Marxsche materialistische Umwälzung verläuft. »Die Identität des Bewußtseins, die Kant als Einheit des transzendentalen Bewußtseins verstanden hat, ist *erarbeitete* Identität. Sie ist nicht unmittelbares Vermögen der Synthesis, reine Apperzeption, sondern Akt des Selbstbewußtseins im Sinne Fichtes... Im Unterschied zu Fichte bezieht freilich Marx die bewußtlose Produktion von Nicht-Ich und Ich allein auf die historische Welt der Menschengattung.«[21]

Hier nun bringt Habermas seinen grundlegenden Einwand vor: Marx habe den Selbsterzeugungsakt der Menschengattung auf die Arbeitstätigkeit reduziert und dabei die Dimension der Reflexion und damit die interkommunikative Tätigkeit, die hinter Ideologie und Herrschaft steckt, vernachlässigt. Gewiß habe Marx bei seinen materialen Forschungen den institutionellen Rahmen, die Beziehungen zwischen symbolischer und sprachlicher Interaktion, die Rolle der kulturellen Traditionen – mit einem Wort: das kommunikative Handeln – nie übersehen. Dennoch bemerke man »im Werke von Marx ein eigentümliches Mißverhältnis zwischen der Forschungspraxis und dem eingeschränkten philosophischen Selbstverständnis dieser Forschung. In seinen inhaltlichen Analysen begreift Marx die Gattungsgeschichte unter Kategorien der materiellen Tätigkeit *und* der kritischen Aufhebung von Ideologien, des instrumentalen Handelns *und* der umwälzenden Praxis, der Arbeit *und* der Reflexion in einem; aber Marx interpretiert, was er tut, in dem beschränkteren Konzept einer

Selbstkonstitution der Gattung allein durch Arbeit.«[22] Im gleichen Augenblick, in dem Marx den bei Hegel noch verborgenen Mechanismus des Fortschritts der Reflexion als den Fortschritt der Produktivkräfte aufdeckt, die die Überwindung der bestehenden Lebensformen vorantreiben, täuscht er sich über die Kategorie der Reflexion. Indem er den Fortschritt der Reflexion auf den des instrumentalen Handelns gemäß der Produktionsdynamik reduziert, ist er nicht in der Lage, den logischen Status der Naturwissenschaften von dem der Humanwissenschaften zu unterscheiden. Er hat »den bestimmten Sinn einer als Ideologiekritik durchgeführten Wissenschaft vom Menschen im Unterschied zum instrumentalistischen Sinn der Naturwissenschaft niemals explizit erörtert. Obwohl er selbst die Wissenschaft vom Menschen in Form der Kritik und nicht als eine Naturwissenschaft etabliert hat, neigte er stets dazu, sie den Naturwissenschaften an die Seite zu stellen. Eine erkenntniskritische Rechtfertigung der Gesellschaftstheorie hat er nicht für nötig gehalten.«[23]

Gehen wir etwas genauer auf diesen Habermasschen Marx ein, da er in einer dialektischen Position zum weiteren Gang der Darlegung steht. Einige problematische Punkte liegen auf der Hand: a) die Reduzierung des Marxschen Arbeitsbegriffs auf das instrumentale Handeln; b) die Trennung zwischen instrumentalem und kommunikativem Handeln; c) die – von Marx vernachlässigte – Notwendigkeit einer Entwicklung der kritischen Gesellschaftswissenschaft zu einer Rekonstitution der Erkenntniskritik.

Was den ersten Punkt angeht, so berührt es merkwürdig, daß Habermas das Risiko eingeht, einen Vorwurf auf sich zu ziehen, der bereits gegen den klassischen theoretischen und praktischen »Revisionismus« erhoben worden ist, nämlich »die Unfähigkeit zu verstehen, daß ohne zwischenmenschliche oder gesellschaftliche Vermittlung die Entstehung der Arbeit und der produktiven Tätigkeit überhaupt nicht zu begreifen wäre... Die Verflechtung beider Prozesse ist der Schlüssel zum historischen Materialismus.«[24] In einem Abschnitt von *Lohnarbeit und Kapital* drückt sich Marx mit unzweideutiger Klarheit aus: »In der Produktion wirken die Menschen nicht allein auf die Natur, sondern auch aufeinander. Sie produzieren nur, indem sie auf eine bestimmte Weise zusammenwirken und ihre Tätigkeiten gegeneinander austauschen. Um zu produzieren, treten sie in bestimmte Beziehungen und Verhältnisse zueinander, und nur innerhalb dieser gesellschaftlichen Beziehungen und Verhältnisse findet ihre Einwirkung auf die Natur, findet die Produktion statt.«[25] In der arbeitenden Produktion sind nicht nur die subjektiven, sprachlich vermittelten Interaktionen enthalten, sondern auch die spezifischen Denkprozesse, die den *homo faber* vor dem Verhalten der Tiere auszeichnen.

Habermas nimmt Hinweise dieser Art einfach als Bestätigung für seine These, daß in den inhaltlichen Analysen von Marx alle Elemente vorhanden seien, die sich zu einer (für Habermas) korrekten Formulierung des Problems eignen, doch er bestreitet, daß sie in den Marxschen kategorialen Rahmen eingehen, der eben charakterisiert sei von einer »positivistischen« (wir würden eher sagen: »technokratischen«) Sicht der befreienden Funktion der Produktionsentwicklung als solcher. Was Habermas dabei aber nicht zu erfassen scheint, ist die enge Verknüpfung, die Marx zwischen dem befreienden Bewußtsein des Proletariats – im Namen aller Klassen – und dessen spezifischer Stellung innerhalb der Produktion herstellt. Die politischen Gesetze des Klassenkampfes entfalten sich durch die ökonomischen Gesetze der geschichtlichen kapitalistischen Produktion. Habermas jedoch verlegt sie – wie wir noch sehen werden – in den Bereich des rein kommunikativen Handelns. Hier ist nicht der Ort, mit Gegenzitaten aufzuwarten, wo Habermas in einem subtil verengten Interpretationsmuster leichtes Spiel hat, eine gewisse Anzahl von Stellen aufzuführen, die auf eine »szientistische« Komponente im Marxschen Denken hinweisen. Es liegt uns hier weniger daran, Marx zu verteidigen[26], als vielmehr hervorzuheben, daß genau in diesem Zusammenhang die Wende eintritt, die den gesamten weiteren Aufbau von *Erkenntnis und Interesse* bedingt.

So nimmt Habermas die Bemerkung in der *Einleitung zur Kritik der Politischen Ökonomie:* »Die Gesellschaft als ein einziges Subjekt betrachten, ist, sie überdem falsch betrachten – spekulativ«[27] zum Anlaß für die Entfaltung einer der Produktionstheorie an die Seite gestellten Theorie der Intersubjektivität, auf die er schließlich den Klassenantagonismus begründet – gleichsam als sei dieser nicht strukturell durch die Modalitäten des Produktionsprozesses, durch seine Unterteilungen, durch die Entäußerung der Subjektivität des Arbeiters etc. bestimmt. Analog dazu wird der Begriff der »geschichtlichen Konstitution« des Subjektes nur chronologisch gefaßt: »In seiner Arbeit *begreift* sich das gegenwärtige Subjekt, indem es sich durch die Produktion der vergangenen Subjekte als durch sich selbst hervorgebracht weiß.«[28] Hier annulliert das Hegelsche Modell der *Phänomenologie* den Marxschen Ansatz der synchron, soziologisch verstandenen »Konstitution« des Subjektes, genauer, *der Subjekte,* deren Gegensatz sich innerhalb der Institutionen niederschlägt.

Habermas entfaltet seine These im Verweis auf Marxens Unentschiedenheiten über die spezifischen Verkehrsverhältnisse des »institutionellen Rahmens«. Diese Verhältnisse stehen »unter Normen, die mit der Gewalt von Institutionen darüber entscheiden, wie Kompetenzen und Entschädigungen, Obligationen und Belastungen des sozialen Haushaltes auf die Mitglieder verteilt werden. Das Medium, in dem diese Beziehungen der Subjekte und der Gruppen normativ geregelt sind, ist die kulturelle Überlieferung; sie bildet den sprachlichen Kommunikationszusammenhang, aus dem die Subjekte die Natur und sich in ihrer Umwelt interpretieren.« Daraus folgert Habermas: »Während das *instrumentale Handeln* dem Zwang der äußeren Natur korrespondiert und der Stand der Produktivkräfte das Maß der technischen Verfügung über Gewalten der Natur bestimmt, steht das *kommunikative Handeln* in Korrespondenz zur Unterdrückung der eignen Natur: der institutionelle Rahmen bestimmt das Maß einer Repression durch die naturwüchsige Gewalt sozialer Abhängigkeit und politischer Herrschaft.«[29]

Das Einheitliche des gesellschaftlichen Handelns wird bei Habermas derart zerlegt, daß es seine negative Identität nur in der inneren und äußeren »Repression« findet. Nun ist es unumgänglich, daß Habermas die Dichotomie Repression-Befreiung nur gänzlich innerhalb des interkommunikativen Bereiches entfalten kann, bis sogar noch die Aktion der revolutionären Klasse selbst darin eingeschlossen wird. »Die Emanzipation vom Zwang der internen Natur gelingt im Maße der Ablösung gewalthabender Institutionen durch eine

Organisation des gesellschaftlichen Verkehrs, die einzig an herrschaftsfreie Kommunikation gebunden ist. Das geschieht nicht unmittelbar durch produktive Tätigkeit, sondern durch die revolutionäre Tätigkeit kämpfender Klassen (einschließlich der kritischen Tätigkeit reflektierender Wissenschaften).«[30] Hier tritt wieder das Hegelsche Modell einer »Dialektik der Sittlichkeit« auf den Plan: »Marx hätte sich dieses Modells bedienen und jene disproportionale Aneignung des Mehrproduktes, das den Klassenantagonismus zur Folge hat, als ›Verbrechen‹ konstruieren können. Die strafende Kausalität des Schicksals vollzieht sich an den Herrschenden als Kampf der Klassen, der in Revolutionen mündet.«[31]

Marx dagegen zog es vor, die Wurzel der Ausbeutung in der Logik des Produktionssystems selbst zu finden und die Überwindung der Ausbeutung in einem bewußten, politischen Akt, der den Arbeitsprozeß direkt zu betreffen hätte, weil nur so die Befreiung der Gesellschaft in ihrer Gesamtheit zu erreichen ist. Die spezifischen Probleme dieses Ansatzes − Probleme der Theorie, der Epistemologie und der geschichtlichen Praktikabilität − werden bei Habermas, der in den Deduktionen seiner ethischen Grundlegung verhaftet bleibt, umgangen. »Dieser Kampf der Klassen, dessen Resultate sich jeweils im institutionellen Rahmen einer Gesellschaft, in der Gesellschaftsform, sedimentieren, ist, als die wiederkehrende Dialektik der Sittlichkeit, ein Reflexionsprozeß im großen: in ihm bilden sich die Gestalten des Klassenbewußtseins, freilich nicht idealistisch in der Selbstbewegung eines absoluten Geistes, sondern materialistisch auf der Grundlage von Objektivationen der Aneignung einer externen Natur.«[32]

Somit kommen wir zum dritten problematischen Punkt: zur Notwendigkeit einer Fortsetzung der kritischen Sozialwissenschaft in der Rekonstitution der Erkenntniskritik. »Die Theorie der Gesellschaft, unter dem Gesichtspunkt einer Selbstkonstituierung der Gattung im Medium der gesellschaftlichen Arbeit und des Klassenkampfes, [ist] nur als Selbstreflexion des erkennenden Bewußtseins möglich.«[33] Um zu dieser These zu gelangen, mußte Habermas zuvor die Unterscheidung zwischen instrumentalem und kommunikativem Handeln errichten, mußte den Klassenantagonismus im letzteren festmachen und ihn in ethischen Kategorien interpretieren und mußte schließlich über den jungen Hegel zu einer erkenntnistheoretischen Problematik gelangen, die ausschließlich auf Selbstreflexion gegründet ist. Zwar wird die ganze Operation im weiteren systematisch wiederholt als kritische Waffe gegen den Positivismus, den Pragmatismus und den klassischen Historismus, doch läßt sie zu viele dunkle Punkte ungeklärt.

Die Industrie als Ort der Produktion, der Interaktion und der wissenschaftlichen Anwendung ist ein Problem, daß wohl eine reichere Entfaltung der kritischen Epistemologie in sich tragen dürfte, als die recht allgemeine Verbindung von Forschungslogik und »Lebenswelt«, auf der Habermas so insistiert. Doch ihre Analyse würde das Problem der Institutionalisierung des Wissenschaftsprozesses als Verbindung von instrumentalem und kommunikativem Handeln implizieren. Der Institutionalisierungsprozeß erscheint als das schwächste Glied der Habermasschen Begriffskette. Das liegt daran, daß Habermas eine institutionelle Dynamik freudianisch-metapsychologischer Art annimmt, der die Aufgabe zukommt, die »Gesellschaftstheorie als erkennende Selbstreflexion« zu materialisieren – und zwar nicht nur exemplarisch, sondern so ausschließlich, daß faktisch kein Raum mehr für andere kritische Verfahrensweisen verbleibt.

Fassen wir in aller Kürze die Analysen im zweiten Teil des Buches von Habermas zusammen; insgesamt bilden sie eine höchst bemerkenswerte exegetische Arbeit, sind aber nur zum Teil in seinem Modell wieder eingeholt worden.

Im Positivismus ließ man das Problem der Erkenntnis mit dem methodologischen Problem der Wissenschaften zusammenfallen. Das darin noch verbliebene philosophische Residuum wurde benutzt, um die wissenschaftliche Forschung gegen die Selbstreflexion über ihren eigenen Konstitutionsprozeß zu immunisieren. Indem Habermas die Überlegungen der Theoretiker des Positivismus konsequent zu ihrem Ende führt, zielt er genau darauf ab, die Dimension der Reflexion innerhalb der methodologischen Thematik wiederzugewinnen.

Im älteren Positivismus eines Comte wurde der Sinn der Wissenschaften – einmal der erkenntniskritischen Reflexion entzogen – mittels einer implizierten Geschichtsphilosophie dem »Fortschritt« anvertraut. Somit wurden die wissenschaftlichen Regeln dadurch gewonnen, daß man Axiome, die man aus einem akritischen Vorverständnis der Wissenschaft übernommen hatte, auf die methodologische Ebene projizierte. Mach wählt ausdrücklich die Physik und die Psychologie als wissenschaftliche Verfahrensmodelle, weil ihr Status durch »Konsensus« glaubhaft ist. Doch Machs »Elementenlehre« verfällt bei ihrem Versuch, die Welt als einen Gesamtkomplex von reinen »Tatsachen« zu erklären und dabei das erkennende Subjekt selbst zu einem Faktum zu reduzieren, in eine Reihe von unlösbaren Aporien.

Peirce vollzieht den ersten Schritt in Richtung auf Selbstreflexion im Positivismus. Er sieht ein, »daß die Methodologie nicht den logischen Aufbau wissenschaftlicher Theorien, sondern die Logik des Verfahrens zu klären hat, mit dessen Hilfe wir wissenschaftliche Theorien *gewinnen*«[34] – Logik also als Logik des Wissenschaftsprozesses, der auf positiven Resultaten beruht, die durch den gesellschaftlichen Konsensus abgesichert sind. Die Logik der Forschung genießt einen *besonderen Status*: Sie »erstreckt sich wie die transzendentale auf den Zusammenhang der Konstitution von Erkenntnis, aber als Forschungsprozeß verwirklicht sich dieser logische Zusammenhang unter empirischen Bedingungen: ›Wissenschaft meint für uns eine Lebensform‹.«[35] Übergehen wir hier Habermas' ausführliche Analysen der Thematik von Peirce, dem er an einem bestimmten Punkt vorwirft, er habe ein ursprünglich methodologisches Problem durch die Aporie eines sprachlogisch erneuerten Universalienrealismus ontologisiert. Bei Peirce tritt neben die Idee von der Konstitution der Objekte möglicher Erfahrung im Zusammenhang mit dem Forschungsprozeß eine breite Betrachtung der Prozesse logischer Schlußfolgerung (Deduktion, Induktion, Abduktion). Worauf es Habermas ankommt ist, daß sich der Wahrheitsbegriff für Peirce »nicht schon aus den logischen Regeln des Forschungsprozesses [ergibt], sondern erst aus dem *objektiven Lebenszusammenhang*, in dem der Forschungsprozeß angebbare Funktionen erfüllt: nämlich die Stabilisierung von Meinungen, die Elminierung von Ungewißheiten, die Gewinnung unproblematischer Überzeugungen – fixation of belief. Der objektive Zusammenhang, in dem die drei Schlußmodi diese Aufgabe erfüllen, ist der Funktionskreis zweckrationalen Handelns.«[36] Somit wird der Funktionskreis des instrumentalen Handelns zum transzendentalen Rahmen, der die Bedingungen der Objektivität möglicher Aussage über das Reale definiert. Sowenig dieser Rahmen von einem transzendentalen Bewußtsein bestimmt werden kann, sowenig läßt er sich auf bloße empirische Bestimmung reduzieren. Hier nun führt Habermas den Begriff eines *Interesses* ein, »das weder ein bloß empirisches noch ein reines Interesse sein kann. Wäre der Erkenntnisprozeß *unmittelbar* ein Lebensprozeß, dann müßte die Erfüllung des erkenntnisleitenden Interesses ebenso die direkte Befriedigung eines Bedürfnisses herbeiführen wie eine Instinktbewegung – aber das erfüllte Interesse führt nicht zu Genuß (happiness), sondern zu Erfolg (success)... Sprechen wir von einem *erkenntnisleitenden Interesse an möglicher technischer Verfügung*, welches die Richtung der im transzendentalen Rahmen von Forschungsprozessen notwendigen Objektivierung der Wirklichkeit bestimmt. Freilich kann ein Interesse dieser Art nur einem Subjekt zugerechnet werden, das den empirischen Charakter einer aus der Naturgeschichte hervorgegangenen Gattung mit dem intelligiblen Charakter einer die Welt unter transzendentalen Gesichtspunkten konstituierenden Gemeinschaft vereinigt: dies wäre das Subjekt des Lern- und Forschungsprozesses, das bis zum Zeitpunkt der definitiven und vollständigen Erkenntnis der Realität selbst in einem Bildungsprozeß begriffen ist. Ebendieses Subjekt kann aber Peirce nicht denken.«[37] Mit seinem Begriff der *community of investigators* hätte sich Peirce jedoch auf den Boden der *Intersubjektivität* oder des kommunikativen Handelns begeben müssen, auf die Ebene des »Dialogs« und der »reziproken Anerkennung« der Subjekte, wo der Begriff des Individuellen eine dialektische Beziehung des Allgemeinen und des Besonderen erfordert, die im Funktionskreis instrumentalen Handelns nicht gedacht werden kann, ihm vielmehr vorausgesetzt ist.

Dies jedoch war es, was Dilthey systematisch entfaltet hat. Für Dilthey »stellt sich dieser subkulturelle Hintergrund aller möglichen Forschungsprozesse nur als Ausschnitt von sozialen Lebenswelten dar. Das System der Wissenschaften ist *ein* Element eines umfassenden Lebenszusammenhanges: dieser ist der Objektbereich der Geisteswissenschaften.«[38] Es ist nicht

leicht, in Habermas' Ausführungen über Dilthey das Moment
der kritischen Exegese von dem der Übernahme wichtiger
Gedankengänge und sogar einiger Kategorien genau zu trennen. Tendiert Habermas einerseits dazu, Dilthey zum historischen Pendant des Pragmatisten Peirce zu machen, so
bedient er sich andererseits seiner – wie er Peirce benutzte, um
den Kreis des instrumentalen Handelns für die Problematik
der Intersubjektivität aufzubrechen – zu einer schrittweisen
Präzisierung der Grundlinien des kommunikativen Handelns.
Dies wird besonders deutlich, wenn Habermas den Begriff der
»Lebensgeschichte« entfaltet, jener »elementare(n) Einheit
des die Menschengattung umfassenden Lebensprozesses«[39].
Die Identität des Ich konstituiert sich in der Artikulation eines
Sinnes, einer Bedeutung ebendieser Lebensgeschichte. Die
Kategorie der Bedeutung selbst wird eingeführt über die
Totalität aller Zusammenhänge der Lebensgeschichte. »Die
durch Ich-Identität zusammengehaltene Lebensgeschichte ei-
nes Individuums ist das Muster für das kategoriale Verhältnis
des Ganzen zu seinen Teilen, aus dem dann die Kategorie der
Bedeutung gewonnen wird. Jener Sinn, auf den hermeneutisches Verstehen sich richtet, das, was Dilthey im emphati-
schen Verstande *Bedeutung* nennt, ergibt sich allein aus dem
Stellenwert von Momenten in einem Zusammenhang, dessen
Identität ebenso den beständigen Zerfall der Identität wie
auch die beharrliche Überwindung dieser Korruption einschließt... ›Bedeutung‹ gibt es nur in einem Bezugssystem,
dessen Veränderung von der Art eines Bildungsprozesses ist;
es muß die Kriterien lebensgeschichtlicher ›Entwicklung‹
erfüllen.«[40]
Der volle Sinn dieser Überlegungen wird erst im weiteren
Verlauf der Darlegung klar, wenn er sich einerseits mit
psychoanalytischen Inhalten auffüllt und andererseits dem
grundlegenden Thema der Reflexion verbindet. Zuvor jedoch
versammelt Habermas noch weitere wertvolle Beobachtungen, namentlich wenn er jeder Manifestation des Lebens als
solcher den Charakter einer symbolischen Kommunikation
zuspricht. »Lebensgeschichten konstituieren sich nicht nur in
der Vertikale als ein zeitlicher Zusammenhang von kumulativen Erfahrungen eines Individuums; sie bilden sich in jedem
Augenblick horizontal auf der Ebene der Intersubjektivität

einer verschiedenen Subjekten gemeinsamen Kommunikation.«[41] Und: »Die Sprache ist der Boden der Intersubjektivität, auf dem jede Person schon Fuß gefaßt haben muß, bevor sie in der ersten Lebensäußerung sich objektivieren kann – sei es in Worten, Einstellungen oder Handlungen.«[42]

Hier nun stellt sich das Problem der Hermeneutik als des Verstehens der dialektischen Beziehung zwischen Allgemeinem und Besonderem, die sich im dialogischen Verhältnis der Subjekte herstellt, jenem Ort ihrer reziproken Anerkennung in der Dialektik von Identifikation und Differentiation. Es folgen die reichhaltigen Ausführungen über die besonderen Merkmale der täglichen Umgangssprache in ihrer Unterscheidung von den formalen Sprachen. Kraft ihrer Fähigkeit, in der Lebenspraxis Fuß zu fassen, nicht-verbale Formen anzunehmen, ist es der Umgangssprache möglich, sich selbst zu interpretieren, ihre eigene Metasprache zu sein, einen Reflexionsprozeß über sich selbst in Gang zu setzen. Diese Selbstinterpretation zu entschlüsseln, ist die Aufgabe der Hermeneutik. Verwurzelt in der »gedankenbildenden Arbeit des Lebens« (Dilthey), wir die Hermeneutik zur wissenschaftlichen Form der interpretatorischen Alltagsleistungen, ebenso wie das wissenschaftliche Experiment die methodische Form des instrumentalen Alltagshandelns ist. »Die hermeneutischen Wissenschaften sind den umgangssprachlich vermittelten Interaktionen so eingelagert wie die empirisch-analytischen Wissenschaften dem Funktionskreis instrumentalen Handelns. Beide lassen sich von *Erkenntnisinteressen* leiten, die in den Lebenszusammenhängen des kommunikativen Handelns und des instrumentalen verwurzelt sind. Während die empirisch-analytischen Verfahren darauf gerichtet sind, die Wirklichkeit unter dem transzendentalen Gesichtspunkt möglicher technischer Verfügung freizulegen und zu erfassen, gehen die hermeneutischen Verfahren darauf aus, die Intersubjektivität der Verständigung in der umgangssprachlichen Kommunikation und im Handeln unter gemeinsamen Normen zu sichern. Das hermeneutische Verstehen ist seiner Struktur nach darauf angelegt, innerhalb kultureller Überlieferungen ein mögliches handlungsorientierendes Selbstverständnis von Individuen und Gruppen und ein reziprokes Fremdverständnis anderer Individuen und anderer Gruppen zu garantieren.«[43] Allein diese Hermeneutik, so fährt Habermas fort, ermöglicht jenen zwanglosen Konsensus, jene gewaltfreie wechselseitige Anerkennung, jene »gebrochene Intersubjektivität« (ein schwer zu übersetzender Ausdruck, der genau jenen gesellschaftlichen Prozeß der Selbst- und Fremdidentifikation bezeichnet, der die Subjektivität phänomenologisch und psychologisch konstituiert), die das kommunikative Handeln in seinem Interesse definieren.

Habermas' Darlegungen gipfeln nun in einer wichtigen Bemerkung: Weil all dies »die Voraussetzung von Praxis ist, *nennen wir das erkenntnisleitende Interesse der Geisteswissenschaften ›praktisch‹.* Vom technischen Erkenntnisinteresse unterscheidet es sich dadurch, daß es nicht auf die Erfassung einer objektivierten Wirklichkeit, sondern auf die Wahrung der Intersubjektivität einer Verständigung gerichtet ist, in deren Horizont die Wirklichkeit erst als etwas erscheinen kann.«[44]

Hier sind wir am neuralgischen Punkt der theoretischen Verankerung aller aus Peirce und Dilthey gewonnenen Ergebnisse. »Wenn... das praktische Erkenntnisinteresse die Ebene der Hermeneutik selber a priori in derselben Weise definiert wie das technische Erkenntnisinteresse den Rahmen der empirisch-analytischen Wissenschaften, dann kann daraus eine Beeinträchtigung der Objektivität der Wissenschaft nicht entstehen – denn das erkenntnisleitende Interesse legt die Bedingungen möglicher Objektivität der Erkenntnis erst fest.«[45] Nun entfaltet sich das Habermassche Projekt: Die Objektivität – die Gültigkeit – der Natur- und Geisteswissenschaften, weit entfernt, sich außerhalb der Lebensinteressen der Gesellschaft festzumachen, findet in ebendiesen Bedingungen ihre Grundlage. »Die Logik der Natur- und Geisteswissenschaften hat es nicht wie die transzendentale Logik mit der Ausstattung der reinen theoretischen Vernunft, sondern mit den methodologischen Regeln für die Organisation von Forschungsprozessen zu tun. Diese Regeln ... gehen aber aus faktischen Lebenszusammenhängen hervor: aus Strukturen einer Gattung, die ihr Leben durch Lernprozesse der gesellschaftlich organisierten Arbeit ebenso reproduziert wie durch Verständigungsprozesse in umgangssprachlich vermittelten Interaktionen.«[46]

Halten wir die einzelnen Schritte in dieser Passage nochmals fest: Forschungsprozesse – Lebenszusammenhänge – menschliche Gattung. Habermas versucht, seine gesamte Darlegung zusammenzufügen, indem er den zweiten Teil des Buches mit dem ersten verbindet. »Die *Zurückführung* des Rahmens nomologischer und hermeneutischer Wissenschaften auf einen *Lebenszusammenhang,* und die entsprechende Ableitung des Sinnes der Geltung von Aussagen aus Erkenntnisinteressen wird nötig, sobald an die Stelle eines transzendentalen Subjektes eine unter kulturellen Bedingungen sich reproduzierende, und das heißt: in einem Bildungsprozeß *sich selber erst konstituierende Gattung* tritt. Die Forschungsprozesse, als deren Subjekt uns diese Gattung zunächst interessiert, sind Teil des umfassenden Bildungsprozesses der Gattungsgeschichte.«[47]

Das Interesse tritt nur dann in Gegensatz zur Objektivität wissenschaftlicher Erkenntnis, wenn – wie in der Tradition geschehen – der Erkenntnisprozeß von den Lebenszusammenhängen getrennt worden ist. Umgekehrt wird das Interesse zur begrifflichen Brücke zwischen Leben und Erkenntnis. Zu diesem Zweck nimmt Habermas nochmals das »reine Interesse« von Kant thematisch auf, um so zu einem »legitimen Gebrauch der theoretischen Vernunft in praktischer Absicht« zu gelangen. »Dabei scheint das reine praktische Interesse die Rolle eines erkenntnisleitenden Interesses zu übernehmen.«[48] Doch Kant sträubt sich noch gegen eine Überwindung des Bruches zwischen theoretischer und praktischer Vernunft. Erst mit Fichte wird deutlich, daß »das praktische Vernunftinteresse zur Vernunft selber [gehört]: im Interesse an der Selbständigkeit des Ich setzt sich Vernunft in gleichem Maße durch, wie der Akt der Vernunft als solcher Freiheit hervorbringt. *Die Selbstreflexion ist Anschauung und Emanzipation, Einsicht und Befreiung aus dogmatischer Abhängigkeit in einem.*«[49]

Von den Zielen, die sich Habermas mit der Thematisierung des »Interesses« steckte, hat er das der Verbindung von Logik wissenschaftlicher Forschung mit den »Lebensinteressen« wohl überzeugend erreicht. Doch der Begriff des *Lebens* selbst bleibt noch gefährlich allgemein. Die Einfügung der Thematik der »Reflexion«, wie sie Habermas anhand einer knappen

Übersicht über die Hegelsche *Phänomenologie* und über Fichte vollzogen hat, erscheint wenig überzeugend und erweckt den Verdacht, daß die Fichtesche Emphase im Grunde eine Ausweglosigkeit verdecken soll. Die Selbstreflexion der Wissenschaften kann sich – außer bei bloß polemischer Absicht – nicht darauf beschränken, die historischen Konstitutionsprozesse der wissenschaftlichen Logik im Zusammenhang mit nicht genauer bestimmten Lebensinteressen festzustellen. So sieht sich Habermas zu einer »Anwendung« gezwungen, die er zum guten Teil innerhalb der Humanwissenschaften in Angriff nimmt, wobei er die Freudsche Psychoanalyse als Bezugspunkt ansetzt. Dies ist eine Entscheidung von ausschlaggebender Bedeutung für die richtige Beurteilung der gesamten Habermasschen Arbeit.

Die Anlage der ganzen Darlegung wird formal in allen ihren Teilen durchgeführt: Die lange Analyse Freuds (wie auch am Ende die scharfen Bemerkungen über Nietzsche) sollte nur das »Beispiel einer methodisch Selbstreflexion in Anspruch nehmenden Wissenschaft« sein (wie umgekehrt Nietzsche das Beispiel einer Selbstzerstörung der Reflexion[50]). In Wirklichkeit aber gewinnen sämtliche bisher eingeführten theoretischen Figuren in der psychoanalytischen Analyse eine Konkretisierung, die klärend nach rückwärts wirkt. Die Figur der Reflexion nimmt die Grundzüge der introspektiven analytischen Operation an, und die Emanzipation fällt zusammen mit geglückter Therapie intra- und interkommunikativer Störungen.

Auch hier kann nicht im einzelnen dargelegt werden, was Habermas – oft faszinierend – zur Freudschen Hermeneutik der Alltags- und der Traumsprache in Kontrapunkt zur Analyse Diltheys ausführt. Insbesondere untersucht er die Pathologie der Kommunikation als Normalfall unter den bekannten gesellschaftlichen und historischen Bedingungen, für deren Lösung die analytische Therapie ein Mittel ist. Die Analyse mündet in Therapie, weil mit der kritischen Überwindung der Bewußtseinsblockierungen und der Klärung der falschen Objektivierungen eine Wiederaneignung der eigenen Geschichte stattfindet. »Der Analytiker leitet den Patienten an, damit er die eigenen, von ihm selbst verstümmelten und entstellten Texte lesen und Symbole von einer privatsprachlich deformierten Ausdrucksweise in die Ausdrucksweise der öffentlichen Kommunikation übersetzen lernt. Diese Übersetzung erschließt einer bis dahin blockierten Erinnerung die genetisch wichtigen Phasen der Lebensgeschichte und macht den eigenen Bildungsprozeß bewußt: insofern zielt die psychoanalytische nicht wie die geisteswissenschaftliche Hermeneutik auf das Verstehen symbolischer Zusammenhänge überhaupt, sondern *der Akt des Verstehens,* zu dem sie führt, *ist Selbstreflexion.*«[51] Habermas hat seine Thematik wieder: das Interesse an Selbstreflexion, das sittliche Modell der Kausalität des Schicksals usw.

Gerade aber seine bewiesene gründliche Kenntnis der Freudschen Themen erlaubt dem Autor nicht zu verheimlichen, daß Freud selbst ein anderes »Selbstverständnis« von seiner Arbeit hatte. Freud »hat die Metapsychologie nicht als das begriffen, was sie im Bezugssystem der Selbstreflexion allein sein kann: als eine *allgemeine Interpretation von Bildungsprozessen . . .* Dabei handelt es sich nicht um eine empirische Theorie, sondern um eine Metatheorie oder besser *Metahermeneutik,* die die Bedingungen der Möglichkeit psychoanalytischer Erkenntnis klärt. Die Metapsychologie entfaltet die *Logik der Deutung in der analytischen Gesprächssituation.* Insofern steht sie auf derselben Ebene wie die Methodologie der Natur- und Geisteswissenschaften. Wie diese reflektiert sie den transzendentalen Rahmen der analytischen Erkenntnis als einen objektiven Zusammenhang von organisierten Forschungs-, und das heißt hier zugleich auch Selbsterforschungsprozessen.«[52] Hat es die Methodologie der Naturwissenschaften mit dem Zusammenhang zwischen Sprache und instrumentalem Handeln zu tun und die Methodologie der Geisteswissenschaften mit dem zwischen Sprache und kommunikativem Handeln, so behandelt die Metapsychologie »einen ebenso fundamentalen Zusammenhang: den nämlich zwischen *Sprachdeformation und Verhaltenspathologie.* Sie setzt dabei eine Theorie der Umgangssprache voraus, deren Aufgabe es ist, die intersubjektive Geltung von Symbolen und die sprachliche Vermittlung von Interaktionen auf der Grundlage reziproker Anerkennung ebenso zu klären wie die sozialisierende Eingewöhnung in die Grammatik von Sprachspielen als Individuierungsvorgang begreiflich zu machen.«[53].

Habermas' Bemühen (unterstützt von A. Lorenzer, der die Analyse triebdynamischer Prozesse als eine Sprachanalyse im Sinne von Tiefenhermeneutik ansieht) geht dahin, die Freudsche Problematik aus ihrem naturhaften Rahmen herauszulösen, um sie dann auf interkommunikativer Ebene zu entfalten, wo »die *abgespaltene Symbole* und die *abgewehrten Motive* ... ihre Gewalt über die Köpfe der Subjekte hinweg [entfalten] und ... Substitutbefriedigungen und Ersatzsymbolisierungen [erzwingen].«[54] Habermas führt die Hegelsche »Kausalität des Schicksals« wieder ein, die nur mit der Therapie der Reflexion bezwungen werden kann. So ist »der kausale Zusammenhang zwischen Ursprungsszene, Abwehr und Symptom nicht naturgesetzlich verankert ... in einer *Invarianz der Natur,* sondern nur naturwüchsig in einer, durch den Wiederholungszwang repräsentierten, aber durch die Kraft der Reflexion auflösbaren *Invarianz der Lebensgeschichte*«[55].

Der ursprüngliche Konflikt der potentiellen Triebe wird nur in kulturellen Bedingungen faßbar: Arbeit, Sprache, Herrschaft. So schließt der Habermassche Freud an die vorangegangene Darlegung an. Nach Habermas »hat nun Freud in der Metapsychologie einen Rahmen verzerrten kommunikativen Handelns gewonnen, der die Entstehung von Institutionen und den Stellenwert von Illusionen, eben Herrschaft und Ideologie, zu begreifen erlaubt. Freud kann einen Zusammenhang darstellen, den Marx nicht durchschaut hat.«[56] Der Hinweis auf Marx vervollständigt die bereits vorgetragene Kritik: Die von Marx versäumte Betrachtung der Reflexions-Dimension im menschlichen Entwicklungsprozeß, die gleichsam unter der Dimension der Produktion erdrückt wurde, hinderte ihn daran, die Dimension der »verzerrten Kommunikation« in ihrer spezifischen Dynamik auf der sogenannten Überbauebene, dem Ort von Herrschaft und Ideologie, zu begreifen. »Marx begreift den institutionellen Rahmen als eine Regelung der Interessen, die unmittelbar im System der gesellschaftlichen Arbeit nach dem Verhältnis von sozialen Entschädigungen und imponierten Belastungen gesetzt sind. Die Gewalt der Institutionen rührt daher, daß sie eine auf Gewalt begründete, klassenspezifisch verzerrte Distribution von Entschädigungen und Belastungen auf Dauer stellen.

Freud hingegen begreift den institutionellen Rahmen im Zusammenhang mit der Repression von Triebregungen, die im System der Selbsterhaltung *generell*, auch unabhängig von einer *klassenspezifischen* Verteilung der Güter und der Leiden, auferlegt werden muß.«[57] Habermas ergründet nicht, welche Motivationen Marx dazu brachten, die institutionelle Gewalt als Ausdruck eines Klassenverhältnisses zu begreifen. Wollte er dies ergründen, so bräuchte er einen nicht bloß »interkommunikativen« Klassenbegriff und müßte bei Marx selbst die »politische« Dimension bewerten, die dann gemeinsam mit der Vorstellung vom »Zusammenbruch« des Kapitalismus umfassendere und tiefergreifende Konfrontationselemente hätte liefern können.

Doch Habermas optiert für die Freudsche Lösung. Mit knappen Sätzen gibt er die Beziehung zwischen der sozio-ökonomischen und der Triebstruktur an: »Die äußere Autorität, die durch Aufrichtung des Über-Ich intrapsychisch verlängert wird, ist mithin *ökonomisch* begründet«[58], und: »Dieselben Konstellationen, die den Einzelnen in die Neurose treiben, bewegen die Gesellschaft zur Errichtung von Institutionen.«[59] Die Freudsche Lösung ist offensichtlich breiter als die Marxsche, weil sie nicht nur auf die Organisation der Arbeit gerichtet ist, sondern auf die Entwicklung der Institutionen als solcher, die den Konflikt zwischen Triebüberschuß und Realitätszwang auf Dauer stellen – die Institutionen als »Mächte«, die die akute äußere Gewalt gegen den andauernden internen Zwang einer verkehrten und sich selbst beschränkenden Kommunikation vertauschen. Ein derartiger Institutionsbegriff gestattet Habermas nun, seine Darlegung zur Reflexion wieder einzuholen: Die Institutionen »sind zugleich die Mächte, von denen das ideologisch befangene Bewußtsein, wenn ein neues Potential an Naturbeherrschung alte Legitimationen unglaubwürdig macht, durch Selbstreflexion befreit werden kann.«[60] Ebenso gestattet ihm dieser Begriff auch, seine Reflexionsthematik zusammenfallen zu lassen mit dem von Freud erklärten Ziel der Aufklärung, »die affektiven Grundlagen seines [des Menschen] Kulturgehorsams durch rationelle zu ersetzen«[61].

Damit sind wir zur Zusammenfassung der Habermasschen Arbeit gelangt. Wir haben uns unter Berücksichtigung der bereits in der Darstellung vorgebrachten kritischen Bemerkungen zu fragen, ob Habermas sein explizit im Vorwort erklärtes Ziel erreicht hat: »Die Analyse des Zusammenhanges von Erkenntnis und Interesse soll die Behauptung stützen, daß radikale Erkenntniskritik nur als Gesellschaftstheorie möglich ist.«[62] Oder anders: daß die Rekonstitution eines korrekten Verhältnisses von Wissenschaft und Philosophie, von Humanwissenschaft und Naturwissenschaft, von Wissenschaften und praktischem Handeln heißt, eine radikale Erkenntniskritik durchzuführen, die kritische Gesellschaftstheorie wäre. Wir haben gesehen, wie empirisch-analytische Forschung die systematische Fortsetzung eines kumulativen Lernprozesses ist, der sich auf vorwissenschaftliche Weise im Funktionskreis instrumentalen Handelns vollzieht; desgleichen wie hermeneutische Forschung einen Verstehensvorgang in methodische Form bringt, der vorwissenschaftlich im traditionellen Zusammenhang symbolisch vermittelter Interaktionen aufgekommen ist. Dort handelt es sich um die Produktion eines technisch zu realisierenden Wissens, hier um die Erklärung eines wirksamen Wissens. Die beiden Arten von Wissen spiegeln zwei Bereiche des »Lebens« – Arbeit und Interaktion – und strukturieren sich als Zusammenhänge von Erkenntnis und Interesse. Der in der Selbstreflexion zutage tretende Zusammenhang von Erkenntnis und Interesse beantwortet in der Theorie den Zusammenhang von historischer «Konstitution« und wissenschaftlicher »Objektivierung« und endet als »Praxis« in der »herrschaftsfreien Kommunikation«. Die exemplarische Konkretisierung der Selbstreflexion jener Wissenschaften, die diesem kritisch-praktischen Modell folgen, ist die Psychoanalyse.

Es wäre nicht richtig, wollte man Habermas einfach die Überbewertung der Dynamik der Intersubjektivität und des kommunikativen Handelns überhaupt und die Entwertung von Wissenschaft vorwerfen. »Herrschaft und Ideologie« sind zwei Themen, die aus der heutigen soziologischen Problemstellung nicht wegzudenken sind. Die Anerkennung ihrer selbständigen Dynamik ist Voraussetzung zur Ausschaltung aller nominalistischen Lösungen der Dialektik von Produktivkräften und Produktionsverhältnissen – um die Marxsche Terminologie zu benutzen. Das große Verdienst von Habermas' Buch ist, daß es uns außer wertvollen Informationen und scharfsinnigen Analysen über bekannte und weniger bekannte Autoren das Beispiel einer zur Formulierung einer derartigen Problematik notwendigen *theoretischen Radikalität* liefert.

Doch die besondere Argumentation von *Erkenntnis und Interesse* erweckt nicht geringes Erstaunen. Die bei Habermas durchgängige Besorgnis (man bedenke was wir zu Anfang sagten und überdies den politischen und wissenschaftlichen Kontext im heutigen Deutschland) angesichts des Vorherrschens von gesellschaftlichen Verhaltensweisen, die um der Produktion willen kulturell manipuliert sind, angesichts des Erstarkens von technokratischen und szientistischen Ideologien, drängt ihn zur Betonung unmittelbar antagonistischer Kategorien: freie Interaktion, rationale Aufklärung, Öffentlichkeit. Die »praktische« Bemühung verlagert sich deutlich auf die interkommunikative Ebene, während der instrumentale Produktionsprozeß, ohne daß seine Wichtigkeit geleugnet würde, doch etwas Automatisches bleibt, etwas, das in der spezifischen gesellschaftlichen Organisation nicht vorkommt. Gewiß zielt die Kategorie des »Interesses« darauf, das instrumentale und wissenschaftliche Handeln wieder mit dem kollektiven »Leben« zusammenzufügen, indem sie dessen Objektivität in die historischen Konstitutionsprozesse der Menschengattung zurückführt; doch die grundlegende Operation ist nicht überzeugend.

Die »Gesellschaftstheorie«, die gefordert wird zur Rekonstitution der erkenntniskritischen Problematik, innerhalb derer dann das Problem der Wissenschaft wieder aufzuwerfen ist, wird zentriert auf die Begriffe von »Konstitution« und »Bildung«. Diese jedoch funktionieren in verschiedener Weise je nach den untersuchten Wissenschaften. Angesichts der Naturwissenschaften im engeren Sinne haben sie bloß eine negativkritische Rolle, wodurch sie das Erneuerungspotential des erkenntniskritischen Ansatzes schwächen. Habermas' systematisches Bemühen um eine Korrektur des Selbstbewußtseins der Philosophen und Wissenschaftler (des positivistischen Selbstverständnisses der Wissenschaften) lenkt seinen Blick davon ab, wie Wissenschaft in der Gesellschaft tatsächlich »gemacht wird«. Indem er »die Menschengattung« ohne weiteres als Subjekt der Wissenschaft setzt, bleibt seine kritische

Operation auf halbem Wege stehen. Wie bereits in der Arbeit, so auch in der Wissenschaft zerfällt »das« Subjekt gesellschaftlich, pluralisiert sich bis zum Antagonismus. Gewiß nicht in der Wissenschaft an sich, aber doch eben in jenem Konstitutionsprozeß, in jenem »Interesse«, die sie an das Gesellschaftliche binden. An dieser Stelle ist das Kontinuum Arbeit – Wissenschaft ganz und gar fragwürdig. Die Abtrennung des instrumentalen Handelns vom »praktischen« Bereich des kommunikativen Handelns läßt eine Reihe von theoretisch und soziologisch bedeutsamen Überlegungen zur gesellschaftlichen Organisation der Arbeit – und damit auch der Wissenschaft – außer acht (z. B. zum Verhältnis von reiner und angewandter Wissenschaft etc.), Überlegungen, die jedoch in den Untersuchungsgang miteinbezogen werden müßten.

Auf der anderen Seite läuft die Entfaltung der Thematik von »Konstitution« und »Bildung« in den Geisteswissenschaften Gefahr, ein nicht weniger zweideutiges Kontinuum zwischen individueller Selbstreflexion und kollektivem Bewußtsein aufzubauen. So droht, ungeachtet der dem Gesellschaftlichen zuerkannten Naturwüchsigkeit *sui generis*, die kombinierte Aktion von Hegelianismus[63] und Freudianismus, die spezifische Realität und Dynamik der Institutionalisierung – jenem eigentlichen Verbindungsglied zwischen instrumentalem und kommunikativem Handeln – aufzulösen in eine Pathologie der gesellschaftlichen Kommunikation, bei Gefahr einer Vertauschung der gesellschaftlichen »Praxis« durch eine »Gruppentherapie«.

Anmerkungen

1 A. Wellmer, *Kritische und analytische Theorie*, in *Marxismusstudien*, VI, 1969, S. 187-239.
2 Frankfurt 1968.
3 Vgl. dazu den Sammelband *Die Linke antwortet Jürgen Habermas*, Frankfurt 1968.
4 Beiheft 5 der Philosophischen Rundschau, Tübingen 1967.
5 Hier wäre die Darlegung zu erweitern um eine Auseinandersetzung mit den Erwartungen, die sich, zu Recht oder zu Unrecht, auch hierzu-

lande um Habermas gebildet haben, wohl auch nicht allein aus wissenschaftlichem Interesse; Erwartungen, die sich schon nach kurzer Zeit, eben gemäß den Gesetzen der kulturellen Mode, in recht oberflächliche Urteile verkehren könnten. Im übrigen ist Habermas' Verhältnis zu den Altmeistern der »kritischen Theorie« durchaus komplex, was hier allerdings nicht näher behandelt werden kann.

6 A.a.O., S. 91.

7 Vgl. die Aufsatzsammlung *Der Positivismusstreit in der deutschen Soziologie,* Neuwied 1969.

8 Vgl. Habermas u. a., *Student und Politik,* Neuwied 1961, sowie ders., *Strukturwandel der Öffentlichkeit,* Neuwied 1962.

9 *Erkenntnis und Interesse,* S. 14.

10 Damit versucht Habermas die Schwierigkeiten zu überwinden, in denen seines Erachtens Marcuse steckt. So schreibt er in *Technik und Wissenschaft als ›Ideologie‹,* a.a.O., S. 59 f.: »Die Schwierigkeit, die Marcuse mit dem Ausdruck des politischen Gehalts der technischen Vernunft nur zudeckt, ist die, kategorial genau zu bestimmen, was das heißt: daß sich die rationale Form von Wissenschaft und Technik, also die in Systemen zweckrationalen Handelns verkörperte Rationalität, zur Lebensform, zur ›geschichtlichen Totalität‹ einer Lebenswelt erweitert.«

11 *Erkenntnis und Interesse,* S. 243.

12 Ebd.

13 A.a.O., S. 242 f.

14 A.a.O., S. 244.

15 A.a.O., S. 29.

16 A.a.O., S. 26.

17 A.a.O., S. 28.

18 A.a.O., S. 31.

19 A.a.O., S. 43.

20 A.a.O., S. 44.

21 A.a.O., S. 55 f.

22 A.a.O., S. 59.

23 A.a.O., S. 62.

24 L. Colletti, *Ideologia e società,* Bari 1969, S. 89.

25 K. Marx/F. Engels, *Werke* Bd. 6, S. 407.

26 Vgl. zu diesem Zweck die Artikel von W. Müller, R. Damus und C. Rolshausen in *Sozialistische Politik,* Nr. 1 und 4/1969.

27 Marx/Engels, *Werke,* Bd. 13, S. 625.

28 *Erkenntnis und Interesse,* S. 55.

29 A.a.O., S. 71.

30 A.a.O., S. 72.

31 A.a.O., S. 78 f.

32 A.a.O., S. 83.

33 A.a.O., S. 86.

34 A.a.O., S. 116.

35 A.a.O., S. 120.

36 A.a.O., S. 153.

37 A.a.O., S. 172 f.

38 A.a.O., S. 179.

39 A.a.O., S. 191.

40 A.a.O., S. 195.

41 A.a.O., S. 196 f.

42 A.a.O., S. 198.

43 A.a.O., S. 221.

44 A.a.O., S. 222.

45 A.a.O., S. 223 f.

46 A.a.O., S. 240.

47 Ebd.

48 A.a.O., S. 251.

49 A.a.O., S. 256.

50 A.a.O., S. 262. Zu Nietzsche schreibt Habermas: »Als *Virtuose einer sich selbst verleugnenden Reflexion* hat er den Zusammenhang von Erkenntnis und Interesse zugleich entfaltet und empiristisch mißdeutet. Für den neu ansetzenden Positivismus schien Nietzsche den Beweis geliefert zu haben, daß Selbstreflextion der Wissenschaften nur zur Psychologisierung von Verhältnissen führt, die als logische und methodologische Verhältnisse mit empirischen Beziehungen nicht auf *eine* Ebene gestellt werden dürfen.« (A.a.O., S. 364)

51 A.a.O., S. 280.

52 A.a.O., S. 309 f.

53 A.a.O., S. 311.

54 Ebd.

55 A.a.O., S. 330.

56 A.a.O., S. 341.

57 A.a.O., S. 337.

58 A.a.O., S. 334.

59 A.a.O., S. 335.

60 A.a.O., S. 342.

61 A.a.O., S. 344 mit Anm. 112.

62 A.a.O., S. 9.

63 Ihr Hegelianismus ist den Exponenten der Kritischen Theorie übrigens mehrfach vorgeworfen worden, vgl. R. Bubner, *Was ist kritische Theorie (M. Horkheimer – J. Habermas)?*, in *Philosophische Rundschau*, XVI, S. 247:
»Ihre [der kritischen Theorie] eigenen Beiträge dazu stehen aber in der Tradition der junghegelianischen Bewegung der ›reinen Kritik‹ und haben, wie es scheint, von dieser die entscheidenden Schwächen

geerbt... Die undiskutierte Rezeption und Übersteigerung eines Hegelianismus ließ sie an das Zusammenfallen eines in bestimmter Weise auf seine Zeit bezogenen, gegenüber dem Bestehenden negativen Denkens mit realer Veränderung glauben.«

Siehe auch die Habermas-Kritik von H. Hülsmann in *Die soziale Welt*, XX, 1969, S. 199-213.

Günter Rohrmoser
Das Elend
der kritischen Theorie
Jürgen Habermas

In der Revision des überkommenen Marxismus hat Jürgen Habermas Marcuse noch überboten. Was ist für Habermas vom Marxschen Erbe durch die geschichtliche Entwicklung überholt worden? Zunächst ist für ihn die materialistische Geschichtsphilosophie selbst oder genauer die Form und Begründung, die ihr Marx gegeben hat, obsolet geworden, weil sie noch zuviel Philosophie in sich enthielt und zu stark von der Hegelschen Philosophie abhängig war. Die Forderung nach einer neuen materialistischen Theorie der Geschichte schlägt sich bei Habermas in dem Postulat nieder, daß man die ontologischen Voraussetzungen der Philosophie, von der sich auch Karl Marx noch nicht befreit habe, in Gesellschaftskritik übersetzen müsse. Habermas nimmt also in seine kritische Theorie das Postulat auf, Kritik müsse jeder ontologischen und damit jeder metaphysischen Voraussetzung entraten. Außerdem sei die Marxsche These vom Proletariat als dem Akteur der Revolution nicht nur falsch, weil sie durch die Geschichte enttäuscht worden ist, sondern schon bei Marx selber insofern falsch gewesen, als nicht einzusehen sei, wie man von den entfremdetsten und verkrüppeltsten Individuen der kapitalistischen Gesellschaft die Verwirklichung von Humanität erwarten könne, die über das geschichtlich gewordene Maß hinausgeht. Auch die von Marx angenommene Dichotomie von Staat und Gesellschaft habe sich als unhaltbar erwiesen. Denn der Staat im Zeitalter des Spätkapitalismus sei nicht mehr von der Gesellschaft zu trennen, sondern die durch den spätkapitalistischen Staat verwaltete Gesellschaft sei mindestens so sehr ein Produkt des Staates wie der Staat seinerseits ein Produkt der Gesellschaft. Beide seien unlösbar unmittelbar verbunden. Damit hängt auf das engste zusammen, daß die Marxsche Theorie der Klassengesellschaft heute nicht mehr zu halten sei. Durch ständige Integration in die Gesellschaft könnten sich die Klassenstrukturen nicht mehr rein entfalten; sie blieben daher latent. Die Theorie der Klassengesellschaft und damit der Begriff der Klasse seien für revolutionäre Zwecke nicht mehr zu verwenden. Auch die Leninsche Anpassung der marxistischen Theorie an die Verhältnisse des Spätkapitalismus, vor allem seine Imperialismustheorie, seien nicht mehr aktuell. Das in der Leninschen Konzeption des Imperialismus eingeschlossene Ausbeutungsverhältnis der armen durch die reichen Länder, sei in der Gegenwart nicht mehr zu halten. Natürlich hängt mit diesen Revisionen der Marxschen Theorie auch die These zusammen, daß Fragen des Überbaus und der Ideologie nicht mehr in der Form des traditionellen Marxismus gestellt werden können. Die positivistische, analytische Wissenschaftstheorie und deren Auslegung der technologischen Gesellschaft seien eben nicht nur Ideologie. Möglicherweise haben einige Schüler von Habermas noch nicht richtig verarbeitet, daß Habermas die analytische Wissenschaftsphilosophie für die mögliche Theorie einer Gesellschaft hält, die einen faktischen Fortschritt in der Befriedigung materieller Bedürfnisse der Individuen vollzogen hat. Wenn man sich die Bilanz des Revisionismus bei Habermas ansieht – daß die materialistische Geschichtsphilosophie in ihrer genuinen Form überholt, die Trennung von Staat und Gesellschaft nicht mehr aufrechtzuerhalten und der Klassenbegriff hermeneutisch nicht mehr ergiebig sei, daß Karl Marx sich in der Einschätzung des Proletariats getäuscht habe und der marxistische Ideologiebegriff auf die gegenwärtige Gesellschaft nicht mehr so ohne weiteres angewandt werden könne –, kann man freilich die Frage stellen, mit welchem Recht diese Kritik des Marxismus noch marxistisch zu nennen sei. Der naheliegende Schluß wäre doch, daß der Marxismus durch die Geschichte überholt sei, da sich Bedingungen herausgebildet haben, auf welche die Theorie von Karl Marx nicht mehr anwendbar ist. Dann hätte Habermas vor der Aufgabe gestanden, eine neue Theorie der seit Marx grundlegend veränderten Gesellschaft zu entwickeln. Habermas gibt jedoch dem Marxismus keinen Abschied, sondern versucht ihn umzuinterpretieren in eine empirischer Kontrolle sich unterwerfende Geschichtsphilosophie in praktischer Absicht.

Obwohl vom überkommenen klassischen Bestand marxistischer Theorie bei ihm so gut wie nichts übrigbleibt, versucht Habermas dennoch, am Marxismus festzuhalten, indem er ihn im Horizont der Gegenwart und im Lichte der Erfahrungen, die wir seit Karl Marx gemacht haben, zu begründen versucht. Wie ist eine solche kritische Erneuerung des Marxismus, die einer völligen Neukonstitution und Neukonstruktion gleichkommt, eigentlich möglich? Nur durch eine in ihren Konsequenzen schwer zu übersehende Kritik an Marx und eine Preisgabe entscheidender Momente marxistischer Theorie ist dies möglich. Habermas ist gezwungen, den Sinn und Charakter marxistischer Theorie neu zu formulieren, indem er über alle seine bisherigen Gestalten hinausgeht.

»Es ist das Problem einer empirisch gesicherten Geschichtsphilosophie und zugleich Theorie der Gesellschaft in Gestalt einer ›letzten‹ Philosophie überhaupt.«[1]

Den spezifischen Gehalt marxistischer Theorie bestimmt Habermas als geschichtsphilosophischen. Es ist von großer Bedeutung, daß bereits in seinem Ansatz Habermas die marxistische Theorie dem Begriff einer Geschichtsphilosophie besonderen Typs subsumiert. Der als Geschichtsphilosophie in praktischer Absicht verstandene Marxismus gehört nach ihm als abschließendes Glied in die seit Vico ausgebildete Bewegung neuzeitlicher Historiographie hinein, von der er sich aber durch den Anspruch unterscheidet, den Kriterien moderner empirischer Sozialwissenschaft genügen zu können. Die These, daß der Marxismus empirisch fundiert werden, daß die Feststellung objektiver Bedingungen der Revolution einer empirischen Kontrolle unterliegen müsse, ist angesichts der geschichtlichen Erfahrung mit dem Marxismus so überraschend, daß Habermas sie nur aufrechterhalten kann, wenn er Marx fundamentale Irrtümer nachzuweisen vermag. Die Anpassung des Marxismus an die Gegenwart schließt also die Forderung in sich ein, die Entscheidung der Frage nach den objektiven Bedingungen der Revolution von den methodologischen Verfahren einer empirisch analytischen Sozialwissenschaft abhängig zu machen. Es wird häufig übersehen, daß Habermas trotz aller im Namen der wiederherzustellenden Dialektik an der empirisch-analytischen Sozialwissenschaft geübten Kritik eine fundamentale und möglicherweise über das Schicksal seiner Theorie entscheidende Konzession gemacht hat. Es geht ihm nicht darum, daß an die Stelle der empirisch-analytischen Theorie eine andere, beispielsweise eine kritisch-dialektische tritt. Habermas anerkennt vielmehr die Kapazität einer analytischen Sozialwissenschaft, in der im Grunde für die Absicht seiner Theorie entscheidenden Frage zuständig zu sein, nämlich auszumachen, ob die objektiven Bedingungen für eine Revolution in einer Gesellschaft vorliegen oder nicht.

»Die Kehrseite der Positivismuskritik ist nämlich die Einsicht, daß sich eine jede Theorie der Gesellschaft am Forschungsstand der empirischen Wissenschaften und vor dem Forum der zeitgenössischen Wissenschaftstheorie rechtfertigen muß. Kritik kann nicht den Anspruch auf Überschwenglichkeit stellen; sie muß sich dem Zwang zu immanent kritischer Anknüpfung gerade dort unterwerfen, wo sie strikte Erfahrungswissenschaft transzendiert. Das paßt denen nicht, die Wissenschaftskritik nur noch mit den Händen betreiben und mit Sprengkapseln an den Wissenschaftsprozeß von außen herantreten, als sei er ein Gebäude aus Stein. – Wichtig für die Umsetzung theoretischer Einsichten in Praxis ist darüber hinaus eine erkenntnistheoretische Folgerung, die ich seit den Anfängen meiner Beschäftigung mit Marx explizit bezogen habe. Eine Geschichtsphilosophie in praktischer Absicht muß dem ontologischen Gewißheitsanspruch entsagen.«[2]

Wenn man das ernst nimmt, dann macht Habermas mit diesem Zugeständnis das Schicksal der Revolution – wenigstens in den fortgeschrittenen technologischen Gesellschaften des Westens – davon abhängig, ob die Annahme der objektiven Bedingungen für eine Umwälzung mittels empirisch-analytischer Verfahren verifizierbar ist oder nicht. Die Tatsache, daß Habermas so leidenschaftlich und entschieden gegen den Irrationalismus und die Theorieabstinenz der »Neuen Linken« polemisieren kann, geht auf diese Konzession zurück. Die Ermittlung objektiver Bedingungen für eine Revolution entscheidet sich nach Habermas im Gespräch der Wissenschaftler. Zugespitzt formuliert wird also die Frage nach dem Bestehen objektiver revolutionärer Bedingungen abhängig gemacht von der Kommunikation der Wissenschaftler, welche eine Zuständigkeit für die Erkenntnis der Gesellschaft in Anspruch nehmen. Das Vertrauen in die Kommunikationsfähigkeit von Wissenschaftlern, denen es angeblich um objektive Erkenntnis gehe, erklärt das große Maß an Scharfsinn, Gelehrsamkeit und produktiver theoretischer Kraft, das Habermas in die Auseinandersetzung mit der empirisch-analytischen Sozialwissenschaft investiert hat. Ohne seine Konzession an die etablierte Wissenschaft der Gesellschaft wäre die subtile Diskussion über die Methodologie in den Sozialwissenschaften unverständlich. Was Habermas seinerseits in seiner Auseinandersetzung mit den Vertretern der empirisch-analytischen Sozialwissenschaft erreichen will, ist deren Zugeständnis, daß der methodologische Rahmen ihrer Forschungen von einem Interesse abhängt, das nicht durchschaut wird und mit empirisch-analytischen Methoden auch gar nicht analysiert werden kann.

Habermas will nachweisen, daß das transzendentale Interesse, von dem empirische Theorie abhängt und durch welches sie bestimmt ist, das Interesse an der technischen Verfügung über die natürliche und soziale Realität ist, das heißt ein Interesse an Herrschaft. Der empirisch-analytischen Theorie liege ein durch Herrschaft bestimmtes transzendentales Interesse zugrunde, und zwar das Interesse an der Aufrechterhaltung bestehender Herrschaft. Habermas glaubt nun, daß aus einer sozialkritischen und dialektischen Aufklärung der Sozialwissenschaften über das sie unbewußt determinierende Interesse eine Veränderung der kategorialen Formen hervorgehen könne, in denen die Gesellschaft durch die empirisch-analytische Theorie erkannt wird. Eine nur an technologischer Verfügung orientierte Sozialwissenschaft könne nicht die Rolle der Aufklärung der Gesellschaft über sich selbst übernehmen, da eine solche Wissenschaft selber der Aufklärung über das sie unbewußt bestimmende Interesse bedürftig sei. Wenn aber dennoch empirische Verfahren über das Vorhandensein oder Nichtvorhandensein objektiver Bedingungen von Revolution entscheiden sollen, stellt sich, abgesehen von der Frage nach der Ermittlung objektiver Bedingungen, mit unvermindertem Nachdruck die Frage nach dem Subjekt, das, wenn die Wissenschaften eine objektiv revolutionäre Lage der Gesellschaft erkannt haben, in Übereinstimmung mit dieser Erkenntnis nun auch subjektiv die Konsequenz der Revolution zieht. Spätestens hier kehrt das Grunddilemma des revisionistischen Marxismus wieder, denn ein solches Subjekt ist infolge der durch die Geschichte vollzogenen Demontage wesentlicher Voraussetzungen marxistischer Theorie gegenwärtig nicht aufzufinden. So ist es denn auch kein Zufall, daß Habermas noch vor kurzer Zeit das potentielle Revolutionssubjekt aus den jugendlichen Subkulturen des gesellschaftlichen Untergrundes kommen sah, da in ihnen die Herrschaft der Leistungstechnik und die moralischen Ordnungen der bürgerlichen Gesellschaft nicht mehr akzeptiert würden:

»Nicht um einen höheren Anteil an sozialen Entschädigungen der verfügbaren Kategorien: Einkommen und arbeitsfreie Zeit, kämpfen Studenten und Schüler. Ihr Protest richtet sich vielmehr gegen die Kategorie der ›Entschädigung‹ selber. Die wenigen Daten, die vorliegen, bestätigen die Vermutung, daß sich der Protest der Jugendlichen aus bürgerlichen Elternhäusern mit dem Muster des seit Generationen üblichen Autoritätskonflikts überhaupt nicht mehr deckt. Die aktiven Studenten haben eher Eltern, die ihre kritischen Einstellungen teilen; sie sind relativ oft mit mehr psychologischem Verständnis und nach liberalen Erziehungsgrundsätzen aufgewachsen als die nicht aktiven Vergleichsgruppen. Ihre Sozialisation scheint sich eher in den vom unmittelbaren ökonomischen Zwang freigesetzten Subkulturen vollzogen zu haben, in denen die Überlieferungen der bürgerlichen Moral und die kleinbürgerlichen Ableitungen ihre Funktion verloren haben, so daß das Training für das ›Umschalten‹ auf Wertorientierungen des zweckrationalen Handelns dessen Fetischisierung nicht mehr einschließt. Diese Erziehungstechniken können Erfahrungen ermöglichen und Orientierungen begünstigen, die mit der konservierten Lebensform einer Ökonomie der Armut zusammenprallen. Auf dieser Grundlage könnte sich ein prinzipielles Unverständnis für die sinnlose Reproduktion überflüssig gewordener Tugenden und Opfer herausbilden – ein Unverständnis dafür, warum das Leben des einzelnen trotz des hohen Standes der technologischen Entwicklung nach wie vor durch das Diktat der Berufsarbeit, durch die Ethik des Leistungswettbewerbs, durch den Druck der Statuskonkurrenz, durch Werte der possessiven Verdinglichung und der angebotenen Surrogatbefriedigungen bestimmt ist, warum der institutionalisierte Kampf ums Dasein, die Disziplin der entfremdeten Arbeit, die Tilgung von Sinnlichkeit und ästhetischer Befriedigung aufrechterhalten werden. Dieser Sensibilität muß eine strukturelle Ausschaltung praktischer Fragen aus der entpolitisierten Öffentlichkeit unerträglich werden. Eine politische Kraft wird sich daraus freilich nur ergeben können, wenn jene Sensibilisierung an ein unlösbares Systemproblem rührt. Für die Zukunft sehe ich ein solches Problem. Das Maß des gesellschaftlichen Reichtums, den ein industriell entfalteter Kapitalismus hervorbringt, und die technischen wie organisatorischen Bedingungen, unter denen dieser Reichtum produziert wird, machen es immer schwieriger, die Statuszuweisung auch nur subjektiv überzeugend an den Mechanismus der Bewertung individueller Leistung zu binden. Auf lange Sicht könnte deshalb der Studenten- und Schülerprotest diese brüchig werdende Leistungsideologie dauerhaft zerstören und damit die ohnehin fragile, allein durch Entpolitisierung abgedeckte Legitimationsgrundlage des Spätkapitalismus zum Einsturz bringen.«[3]

Das Vertrauen in die Heranbildung eines revolutionären Subjektes in den jugendlichen Subkulturen muß sicher als die verzweifelte Auskunft einer Theorie verstanden werden, die in der manifesten und etablierten Gesellschaft ein zum revolutionären Vollzug befähigtes und gewilltes Subjekt nicht entdecken kann. Heute dagegen sagt Habermas, daß er sich geirrt habe: was inzwischen an revolutionärer Subjektivität sich öffentlich gezeigt habe, sei nur ein getreues Spiegelbild der Gesellschaft, gegen die sie rebelliert.

Wenn aber ein revolutionäres Subjekt in der Gegenwart nicht aufgefunden werden kann, was soll dann die Aufklärung der empirisch-analytischen Sozialwissenschaften über das sie unbewußt bestimmende transzendentale Interesse an technologischer Herrschaft und ihrer Aufrechterhaltung leisten?

Habermas stellt neben das Modell einer Erkenntnis, die an technologischer Beherrschung orientiert ist, ein zweites auf. Dieses Modell ist bestimmt durch die Logik der Interaktion oder, vielleicht besser, durch die Logik des Hermeneutischen. Habermas versucht im Prozeß der von ihm gewünschten Wiederherstellung auch die Logik der Hermeneutik in einen sich kritisch vermittelnden, an Praxis orientierten Wissenschaftsbegriff hineinzuholen. Was Habermas auch immer unter dem Modell der Interaktion verstehen mag, so steht doch fest, daß er damit ein Interesse verbunden sieht, das nicht an Beherrschung, sondern an Verständigung orientiert ist. Modell ist der nach der Logik wechselseitiger Anerkennung verlaufende Dialog, in welchem erst die Ziele humaner Praxis ermittelt werden sollen, die auch die technologischen Potentiale in sich einbeziehen und vor allem sich unterordnen sollen. Das Modell der Interaktion bestimmt entscheidend das Verständnis von Politik, das Habermas' Theorie zugrunde liegt. Das Modell politischer Praxis geht bei Habermas aus der Aneignung der Tradition der Hermeneutik von Dilthey bis Gadamer hervor. Es geht davon aus, daß es in der Politik um die Wiedergewinnung eines herrschaftsfreien Raumes der Diskussion gehe, in welcher jeder jeden anerkennt und sich auf diesem Boden in Freiheit und Gleichheit verständigt.

Es ist deutlich, wie sehr dieser Gedanke eine entscheidende Funktion in allen Diskussionen übernommen hat, in denen der empirisch-analytische Wissenschaftsbegriff auf einen an der Praxis orientierten und durch sie normierbaren überschritten werden soll. Das Modell der dialogischen, herrschaftsfreien Diskussion, in welcher die Anerkennung eines jeden durch jeden gewaltlos sich herstellen soll, wird von Habermas gleichzeitig als der Raum gedacht, in welchem eine Übereinstimmung über die Ziele gewonnen werden soll, denen alle als Zielen der Verwirklichung von Humanität zustimmen können.

»Wir können Kritik, die nicht definiert werden kann, weil sich die Maßstäbe der Rationalität in ihr selbst erst explizieren lassen, behelfsweise als einen Prozeß auffassen, der in herrschaftsfreier Diskussion eine fortschreitende Auflösung von Dissens einschließt. Eine solche Diskussion steht unter der Idee eines allgemeinen und ungezwungenen Konsensus derer, die an ihr teilnehmen. Dabei soll ›Übereinstimmung‹ nicht die Idee der Wahrheit auf beobachtbares Verhalten reduzieren. Vielmehr sind die Kriterien, anhand deren jeweils Übereinstimmung erzielt werden kann, selber abhängig von dem Prozeß, den wir als einen Prozeß zur Erzielung von Konsensus auffassen. Die Idee der Übereinstimmung schließt deshalb die Unterscheidung von wahrem und falschem Konsensus nicht aus; aber diese Wahrheit läßt sich nicht revisionsfrei definieren. Albert hält mir entgegen, daß ich so etwas wie vernünftige Diskussion in methodologischen Zusammenhängen als Faktum voraussetze. Als ein Faktum setze ich sie voraus, weil wir uns immer schon in einer Kommunikation vorfinden, die zur Verständigung führen soll. Aber diese empirische Tatsache hat zugleich die Eigentümlichkeit einer transzendentalen Bedingung: In der Diskussion läßt sich erst Einigung über die Standards erzielen, anhand deren wir Tatsachen von bloßem Spuk unterscheiden. Die inkriminierte Verbindung formaler und empirischer Aussagen versucht einem Zusammenhang gerecht zu werden, in dem sich methodologische Fragen nicht mehr sinnvoll von Fragen der Kommunikation trennen lassen.«[4]

Es taucht dabei die Frage auf, wer die konkreten Subjekte sind, die den herrschaftsfreien, als die Substanz des Politischen bestimmten Dialog führen sollen. Ein Blick auf die Agora der griechischen Polis zeigt, daß die Bürger auf dem Marktplatz fast unbefristet, wenn nicht dringende politische Entscheidungen zur Eile zwangen, diesen herrschaftsfreien Dialog miteinander geführt haben. Es ist nicht unwichtig darauf aufmerksam zu machen, wie sehr es auch bei Habermas um die Wiederherstellung eines Begriffs des Politischen geht, der sich der griechischen Polis verdankt. Eine Demokratie, die das Element der freien und unrepressiv geführten Diskussion um die Ermittlung der Ziele und Methoden politischer Praxis nicht mehr kennt, wäre mit dem Ende von Demokratie identisch. In der griechischen Polis gab es die Sklaven, die der Notwendigkeit der Arbeit unterworfen waren und so eine Freistellung der Bürger für das politische Gespräch ermöglichten. In der gegenwärtigen Gesellschaft könnte die Automation die Stelle einnehmen, die von den Sklaven in der griechischen Polis eingenommen worden ist. Das technologische Potential müßte in der zukünftigen Gesellschaft so organisiert werden, daß der Mensch vom Zwang, die Totalität seines Lebens der arbeitsteiligen gesellschaftlichen Produktion unterwerfen zu müssen, befreit würde. Das wäre eine wesentliche und fundamentale Voraussetzung für die Ermöglichung eines herrschaftsfreien Dialogs, an dem alle Bürger gleichberechtigt und einander anerkennend partizipieren könnten. Eine solche Veränderung der modernen Gesellschaft wäre eine reale Utopie, keine bloße Fiktion. Aber man sollte sich ebensowenig darüber täuschen, wie fundamental die Organisationsbedingungen geändert werden müßten, um die an sich realisierbare Utopie auch tatsächlich verwirklichen zu können. Da man nicht unmittelbar an alle Individuen der modernen Gesellschaft denken kann, so liegt es nahe, daß der Dialog zunächst von den miteinander kommunizierenden Wissenschaftlern geführt würde. Das würde bedeuten – wenn wir diese Theorie von Habermas im Kontext marxistischer Theorie reflektieren –, daß an die Stelle des Proletariats die am wissenschaftlichen Prozeß beteiligten Wissenschaftler treten. Diese Annahme folgt aus der für die Habermassche Konzeption zentralen These, daß die Wissenschaft zur wichtigsten Produktivkraft in der gegenwärtigen Gesellschaft geworden sei:

»Die eigentümliche ›Rationalität‹ von Wissenschaft und Technik, die einerseits ein wachsendes, den institutionellen Rahmen nach wie vor bedrohendes Potential von überschießenden Produktivkräften kennzeichnet, und andererseits auch den Maßstab zur Legitimation der einschränkenden Produktionsverhältnisse selber abgibt – die Zwiespältigkeit dieser Rationalität wird weder durch eine Historisierung des Begriffs noch durch eine Rückkehr zur orthodoxen Auffassung, wird weder von dem Modell des Sündenfalls noch von dem der Unschuld des wissenschaftlich-technischen Fortschritts zureichend repräsentiert.«[5]

Und es ist ja auch keine Frage, daß der Bestand und die Fortentwicklung der Gesellschaft von keinem Faktor so abhängt wie von der Wissenschaft und von dem Verständnis, das die an dem Prozeß der Wissenschaft beteiligten Subjekte von dem haben, was sie tun. Von den Vertretern der Frankfurter Schule hat Habermas am entschiedensten und differenziertesten die kritische Theorie des frühen Horkheimer an dieser Stelle weiterentwickelt, daß an die Stelle des Marxschen Proletariats die Produktivkraft Wissenschaft getreten sei. Daraus folgt, daß bei Habermas der primäre Adressat der kritischen Theorie nicht die Arbeiter, sondern die über ihre Stellung und Funktion in der Gesellschaft aufzuklärenden Wissenschaftler sind.

Wenn es nun in diesem Dialog darum gehen soll, daß sich die

an diesem Dialog beteiligten Partner gegenseitig anerkennen und in dieser Anerkennung über die fundamentalen Ziele des gesellschaftlichen Prozesses verständigen, so würde doch von einer gelingenden Kommunikation der Wissenschaftler noch keine unmittelbare Veränderung der objektiven politischen Herrschaftsstrukturen zu erwarten sein, von der auch Habermas annimmt, daß sie für die Totalität der Gesellschaft und ihrer möglichen Veränderung entscheidend seien. Eine Realveränderung der objektiven Bedingungen, unter denen die Individuen zu leben gezwungen sind, würde aus einer partiellen und vielleicht auch tendenziell alle Individuen der Gesellschaft einbeziehenden, aber im Hermeneutischen verbleibenden Kommunikation noch nicht resultieren. Aus diesem Grunde muß Habermas das zweite Modell, nämlich das an der Tradition der Hermeneutik von Dilthey bis Gadamer gewonnene Modell der Interaktion, auf ein drittes hin überschreiten; das einer kritisch-emanzipatorischen Praxis, die weder orientiert ist an einer Herrschaft technologischer Verfügung noch an der Herstellung von Bedingungen gelingender formaler Verständigung der Individuen, sondern an der Neukonstitution und Fortentwicklung emanzipativer, das heißt repressive Strukturen der Gesellschaft auflösender Praxis. Der Habermassche Versuch, unter den Bedingungen der veränderten Stellung der Wissenschaft, in der Gegenwart den Marxismus und die genuin dialektische Theorie zu erneuern, führt zu einem für die Dialektik und ihre Wiederherstellung sehr problematischen Ergebnis. Man könnte durchaus die These vertreten, daß bei keinem der neomarxistischen Theoretiker die Dialektik so radikal und vollständig destruiert wird, wie bei Jürgen Habermas. In einer fast an die Hartmannsche Schichtenlehre erinnernden Weise werden drei durch heterogene transzendentale Interessenmotive aufgebaute theoretische Modelle nebeneinandergestellt und nur postulativ miteinander verbunden. Es gibt das Modell der Arbeit oder technischer Verfügung über die Natur, es gibt das Modell hermeneutischer Verständigung und es gibt das Modell, das orientiert ist an der Wiederherstellung emanzipatorischer Praxis durch die Reflexion auf das in der gegenwärtigen Gesellschaft angeblich verdrängte und unterdrückte transzendentale Interesse an dieser emanzipatorischen Praxis.

»Ein positivistisches Selbstverständnis der nomologischen Wissenschaften leistet vielmehr dem Ersatz aufgeklärten Handelns durch Technik Vorschub. Es steuert die Verwertung der erfahrungswissenschaftlichen Informationen unter dem illusionären Gesichtspunkt, als ließe sich die praktische Beherrschung der Geschichte auf die technische Verfügung über vergegenständlichte Prozesse zurückführen. Nicht minder folgenreich ist das objektivistische Selbstverständnis der hermeneutischen Wissenschaften. Es entzieht ein sterilisiertes Wissen der reflektierten Aneignung wirkender Traditionen und sperrt statt dessen Geschichte ins Museum. Geleitet von der objektivistischen Einstellung tatsachenbildender Theorie, ergänzen sich die nomologischen und die hermeneutischen Wissenschaften in Ansehung ihrer praktischen Folgen. Während diese den Traditionszusammenhang ins Unverbindliche entrücken, bannen jene auf dem blankgefegten Fundament einer verdrängten Geschichte die Lebenspraxis ausschließlich in den Funktionskreis instrumentalen Handelns. Die Dimension, in der die handelnden Subjekte über Ziele und Zwecke sich rational verständigen könnten, wird so der Finsternis der bloßen Dezision zwischen verdinglichten Wertordnungen und uneinsichtigen Glaubensmächten überantwortet. Wenn sich dieser von allen guten Geistern verlassenen Dimension dann noch eine Reflexion bemächtigt, die sich wie die alte Philosophie gegenüber der Geschichte objektivistisch verhält, siegt der Positivismus auf höchster Stufe – wie einst bei Comte. Das ist der Fall, wenn Kritik unkritisch ihren eigenen Zusammenhang mit dem emanzipatorischen Erkenntnisinteresse zugunsten reiner Theorie verleugnet. Eine solche überschwengliche Kritik projiziert den unentschiedenen Prozeß des Fortgangs der Menschengattung auf die Ebene einer Geschichtsphilosophie, die Handlungsanweisungen dogmatisch erteilt. Eine verblendende Philosophie der Geschichte ist aber nur die Kehrseite des erblindeten Dezisionismus – mit einer kontemplativ mißverstandenen Wertneutralität verträgt sich die bürokratisch verordnete Parteilichkeit nur zu gut. Diesen praktischen Folgen eines beschränkten szientistischen Bewußtseins der Wissenschaften kann eine Kritik entgegenwirken, die den objektivistischen Schein zerstört. Freilich wird der Objektivismus nicht, wie Husserl noch wähnte, durch die Kraft einer erneuerten Theoria gebrochen, sondern allein durch den Nachweis dessen, was er verdeckt: des Zusammenhangs von Erkenntnis und Interesse. Die Philosophie bleibt ihrer großen Tradition treu, indem sie ihr entsagt.«[6]

Von Dialektik könnte man doch erst reden, wenn diese drei Modelle und die sie fundierenden Formen transzendentalen Interesses sich zu dem Ganzen einer Theorie und Praxis übergreifenden und sich in ihrer Vermittlung gewinnenden Einheit zusammenfügten. Bei Habermas fallen sie insofern unvermittelt auseinander, als die für ihre Vermittlung in Anspruch genommene Notwendigkeit bloß faktischer, kontingenter Natur sein soll. Das Problem liegt darin, daß auch die von Habermas gewünschte vernünftige kritische Theorie, aus welcher ein Fortschritt der Emanzipation und das heißt doch ein Fortschritt in der Befreiung der Humanität resultieren soll, begründet ist in einem Interesse an dieser Theorie. Auch bei Habermas steht für die Vernunft emanzipativer kritischer Praxis erst ein durch Aufklärung theoretisch zu erzeugendes Interesse an dieser Praxis. Daher die Bedeutung der Auseinandersetzung mit Sigmund Freud in seinem Buch »Erkenntnis und Interesse«, weil der Begründer der Psychoanalyse eine Methode entwickelt hat, verdrängte Interessen zu entdecken, ihre Verdrängung aufzubrechen und so das Individuum instand zu setzen, sie sich als die eigenen wieder anzuzeigen. Doch wie soll man sich Aufklärung in einer Gesellschaft vorstellen, von der gesagt wird, daß sie an emanzipatorischer Aufklärung über sich selbst kein Interesse habe? Wie soll man sich in der Dimension der Gesellschaft eine gewaltlose, durch Dialog erhoffte Aufklärung eines verdrängten Interesses vorstellen? Die bisher praktizierten Formen einer Praxis, durch welche gesellschaftlich verdrängte Interessen aktualisiert werden sollen, haben, wie bekannt, die Gestalt direkter und indirekter Gewalt angenommen. Es ist ja auch schwer einzusehen, wie man an der Affirmation von Gewalt vorbeikommen will, wenn ein als verdrängt unterstelltes Interesse durch eine Praxis in einer Gesellschaft wiederhergestellt werden soll, die diese Praxis eben nicht will. Wenn diese Gesellschaft die emanzipatorische Praxis nicht will, dann steht hinter diesem Nichtwollen der Gesellschaft eben das Interesse, sie nicht zu wollen. Und hinter der Praxis, die Emanzipation nach ihrem Verständnis will, steht zunächst auch nur das Interesse, sie zu wollen. Beide Formen von Interesse aber haben den ontologischen Status von rein kontingenten Faktizitäten. Die von Habermas in der Entmythologisierung von Karl Marx ausgetriebene Ontologie läßt sich gar nicht so leicht vertreiben, wie es sich die Frankfurter Theoretiker gedacht haben. Die Destruktion der Philosophie als Metaphysik und Ontologie hat die Konsequenz, daß die emanzipatorisch-kritische Praxis begründen wollende Theorie nicht mehr und nichts anderes zu ihrer Begründung auszumachen vermag als ein kontingentes faktisches Interesse. Die Transzendentalisierung des Interessenbegriffs ist in seiner Formalisierung ja nur die Verschleierung dieses brutalen Tatbestandes. Wenn aber von bloßen, letzten Endes naturalen Interessen die Rede ist, dann kann man auch sagen, daß die Gesellschaft ein Interesse daran habe, die zu bleiben, die sie ist. Ähnlich mögen Vertreter der empirisch-analytischen Wissenschaften an der Aufrechterhaltung des ihnen zugute kommenden Scheins einer objektiven Erkenntnis der gesellschaftlichen Realitäten interessiert sein. Dazu hat Habermas in seiner Kontroverse mit Hans Albert Entscheidendes gesagt. Schließlich gibt es noch eine Gruppe, die an einer die bestehenden – sowohl gesellschaftlichen wie psychologischen – Strukturen aufbrechenden emanzipatorischen Praxis interessiert ist. Was diese Gruppe ins Spiel bringt, ist, wie die Theorie sagt, ebenfalls ein Interesse. Das Subjekt des Interesses an emanzipatorischer Praxis ist bei Habermas in letzter Instanz die Menschengattung. Das Subjekt der Geschichte ist die Gattung Menschheit, die sich, dem Zwang schierer Lebenserhaltung folgend, die Natur unterworfen hat und aufgrund eines über die jeweiligen gesellschaftlichen Organisationen hinausgehenden Potentials immer von neuem auf Zukunft hin transzendiert. Aber was heißt Menschengattung? Menschengattung ist zunächst ein abstrakter Begriff, das heißt die Gattung, die hier als Subjekt des Geschichtsprozesses substituiert wird, ist selber das Produkt einer Reflexion. In einem abstrakten Begriff werden alle die Merkmale zusammengefaßt, in welchen alle Vertreter des menschlichen Geschlechtes übereinstimmen. Wenn man ihn so faßt, kommen dabei nicht mehr als

Trivialitäten wie Zweibeinigkeit und aufrechter Gang heraus. Oder man bestimmt ihn im Sinne Augustins, der darunter eine durch die Zeiten hindurch einander folgende Generationenkette verstanden hat. Doch wie immer es mit dem Begriff der Menschengattung stehen mag, theoretische Probleme sind auf jeden Fall mit ihm nicht zu lösen.

Was hat Habermas erreicht, wenn er die drei transzendentalen, ihrem ontologischen Status nach kontingenten Formen von Interessiertsein nebeneinanderstellt? Er hat die die gegenwärtige Gesellschaft bestimmende Grundkonstellation reproduziert. Es gibt in der Tat diese drei fundamentalen Formationen menschlichen Interessiertseins in der gegenwärtigen Gesellschaft, nämlich das Interesse an der bloßen Erhaltung, das Interesse an objektivistischer Theorie und das globale Interesse an einer totalen Veränderung. Die Habermassche Theorie leistet auf dem Boden eines bei ihm sehr problematisch gewordenen Begriffs von Dialektik die Reproduktion dessen, was ist. Die Frage lautet: Was leistet die Theorie darüber hinaus? Leistet sie das, was sie zu leisten beansprucht? Die metakritische Rückfrage an Adorno hatte gezeigt, daß die von Adorno mit seiner Theorie gewollte und gemeinte Verhinderung einer Wiederkehr totalitärer Praxis des Völker- und Rassenmords problematisch erscheint, wenn man seine Theorie auf mögliche Gründe hin befragt, die einer solchen Wiederkehr entgegenwirken könnten. Wenn die Geschichte, wie Adorno meint, dem Gesetz folgt, nach welchem die großen Tiere die kleinen fressen, dann ist die Konsequenz von Hitler, man müsse dafür sorgen, daß man nicht zu denen gehört, die gefressen werden, nicht mehr völlig abwegig. Vermag aber auf der andern Seite eine Theorie die von ihr anerkannte faktische Geltung des Gesetzes nicht als überwindbar einsichtig zu machen, dann bleibt nur der Rückzug aus der Geschichte in die Ästhetik.

Marcuse versuchte durch eine die politische Ökonomie von Marx stärker berücksichtigende und in sich aufnehmende kritische Theorie, die Praxis totaler Umwälzung der Gesellschaft durch Ermittlung von Subjekten (Studenten, Massen der dritten Welt) wiederzugewinnen, die zu einer solchen Praxis befähigt sind. Der Versuch Marcuses, auf dem Boden des von ihm postulierten neuen Menschen die Praxis einer realen Veränderung der Gesellschaft wiederzugewinnen, hat unter den Bedingungen der westlichen technologischen Gesellschaft – wie von Marcuse selbst zugestanden wird – zur »großen Weigerung« geführt. Die Veränderung des Bestehenden oder gar seine Zerstörung aufgrund der Einsicht in den von Marcuse interpretierten psychologischen Mechanismus, durch den die Individuen das Bestehende bejahen und somit das Schlechte wollen, kommt in der Form der Psychologisierung der Politik faktisch an der Gewalt nicht vorbei, die die Form psychischen Terrors annimmt.

In der Nebeneinanderstellung der drei Modelle der Arbeit, der Interaktion und der emanzipatorisch-kritischen Praxis reproduziert sich in der Habermasschen Theorie die politische Konstellation gegenwärtiger Gesellschaft. Der Anspruch seiner Theorie, diese Konstellation auf einen Fortschritt an verwirklichter Humanität hin zu überschreiten, ist an ihr selber nicht abzulesen. In der metakritischen Interpretation der neomarxistisch-dialektischen Sozialphilosophie werden die Voraussetzungen, von denen diese Theorie ausgeht, zunächst einmal undiskutiert gelassen. Es wäre die Frage, ob das Elend der kritischen Theorie, die sich in der Reproduktion gegenwärtiger Konstellationen erschöpft, nicht in dem dogmatischen Charakter der Voraussetzungen begründet ist, an die sie sich gebunden hat. Der dogmatische Charakter ihrer Voraussetzungen wird sichtbar in ihrem ungebrochenen Willen, die Praxis von Emanzipation als Aufhebung von Philosophie zu verstehen. In diesem Willen stimmt die kritische Theorie sowohl mit dem Zeitgeist wie mit den letzten Intentionen von Karl Marx überein. Der Nachdruck, mit dem die Geschichte sich dieser Zumutung verweigert, bleibt ebenso unberücksichtigt wie die Deformationen der Subjekte, denen durch das Ziel einer praktischen Aufhebung unabhängiger und selbständiger Theorie das gute Gewissen gemacht wird, sich als die Träger einer neuen Humanität auszugeben. Die im Verlauf unserer Interpretation sich immer wieder einstellende Erinnerung an Nietzsche mag an den Preis erinnern, den man für die Destruktion der Vernunftphilosophie zahlen muß. Dieser Preis ist kein Geringerer als der Verlust der Idee der Wahrheit. Ist Wahrheit aber als solche nicht mehr erkennbar und wird sie zur Frage einer diesseitigen Gestalt gesellschaftlicher Praxis, dann muß nach dem Scheitern des Marxschen Entwurfes, die Geschichte aus ihrer Vorgeschichte zu befreien, die Praxis selber zu einem Kampf um die wahre Praxis führen. In diesem Kampf um die wahre Praxis können dann aber nur die Entschlossenheit und die Mittel entscheiden, die diejenigen anzuwenden bereit sind, die zu einer Entscheidung des Kampfes zu ihren Gunsten entschlossen sind. Der total gewordene Charakter des Faschismusverdachtes hat angesichts dieses Sachverhalts seinen bestürzenden Grund. Es ist ein Zeichen der Hoffnung, daß bei dem Gründer der Frankfurter Schule, bei Max Horkheimer, ein Bewußtsein über den Zusammenhang zwischen dem Glauben an Gott und der geschichtlichen Macht eines sich an die Wahrheit bindenden und ihr verpflichteten Gewissens meldet. Horkheimer, der sich am wenigsten der Einsicht in den dialektischen Zusammenhang von Metaphysik und Geschichte entzogen hatte, blieb es nicht verborgen, daß mit dem Verlust des Glaubens an Gott eine verbindliche Theorie der Wahrheit wie ihrer praktischen Verwirklichung sinnlos und gegenstandslos wurden. Der frühe Horkheimer glaubte, daß die Menschen angesichts ihrer definitiven Nichtigkeit und ihres bloß ephemeren Glücks in der Solidarität jenen Trost finden könnten, der es ihnen erlauben würde, menschlich miteinander umzugehen. Von dem Glauben an diesen Trost ist bei dem alten Horkheimer nichts mehr zu spüren. Die These von der erneuerten und unverminderten Aktualität Arthur Schopenhauers im Weltbürgerkrieg der Gegenwart gibt davon beredtes Zeugnis:

»In den hundert Jahren seit Schopenhauers Tod hat die Geschichte eingestanden, daß er ihr ins Herz gesehen hat. Existierte bei aller Ungerechtigkeit im Innern der Staaten um die Mitte des letzten Jahrhunderts noch so etwa wie europäische Solidarität, eine Art urbanen Umgangs zwischen den Nationen, Behutsamkeit, ja selbst Respekt der großen vor den kleinen Staaten, so hat seit seinem Tod die neue Phase eingesetzt. Es war der Fortschritt vom Gleichgewicht der Mächte, der balance of power, zur rücksichtslosen Konkurrenz der Völker.«[7]

Es wäre naheliegend, aber nicht richtig, in der nur schwach verhüllten Verzweiflung des alten Max Horkheimer nur Resignation zu sehen, die man hurtig psychologisch und gesellschaftlich rationalisieren könne. Paulus und Kierkegaard stimmen darin überein, daß das, was der Welt als Resignation erscheint, auch die Form sein kann, in der das Subjekt die Fähigkeit zurückgewinnt, eine Wahrheit zu erfahren, an deren Maß es selber gemessen werden kann.

Anmerkungen

1 Jürgen Habermas: *Theorie und Praxis, Sozialphilosophische Studien*, Neuwied 1963, S. 301.

2 Jürgen Habermas: *Protestbewegung und Hochschulreform*, Frankfurt 1969, S. 44.

3 Jürgen Habermas: *Technik und Wissenschaft als ›Ideologie‹*, Frankfurt 1968, S. 102 f.

4 Jürgen Habermas: *Gegen einen positivistisch halbierten Rationalismus*, in: Der Positivismusstreit in der deutschen Soziologie, Neuwied 1969, S. 254.

5 Jürgen Habermas, *Technik und Wissenschaft als ›Ideologie‹*, a.a.O., S. 58 f.

6 A.a.O., S. 166 f.

7 Max Horkheimer: *Die Aktualität Schopenhauers*, in: Max Horkheimer, Theodor W. Adorno: *Sociologica II. Reden und Vorträge*, Frankfurt 1962, S. 126.

Ulrich Anacker
Erkenntnis und Interesse

»Daß wir die Reflexion verleugnen, *ist* der Positivismus.«[1] Die Absicht des von Habermas vorgelegten Buches ist zweifelsohne nicht die, diesen Satz einfach umzukehren, d. h. so, wie der sogenannte Positivismus die Erkenntnistheorie durch Methodologie ersetzte, nunmehr die Methodologie mit einer wie auch immer zu bestimmenden kritischen Theorie unmittelbar zu konfrontieren. Methodisch weiß sich Habermas dem, was Hegel bestimmte Negation nannte, verpflichtet. Argument und Gegenargument verweisen auf ein drittes, die Reflexion, welche den Schein der Positivität unmittelbar gegebener Argumente in dem Maße überwindet, wie sie sich selbst als Subjekt der Argumentation begreift. Soll gegen den Positivismus bzw. Objektivismus argumentiert werden, so kann dies nicht bedeuten, daß ihm die Position, die er leugnete, unmittelbar entgegengehalten wird, denn das hieße, Reflexion zu einem Argument unter möglichen anderen zu machen. Soll das verhindert werden, soll Reflexion vielmehr im Sinne Hegels als die Auflösung eines Argumentes zugleich dessen Bestimmung sein, dann ist das Aufzulösende nicht einfach als falsch zu bezeichnen. Die Auflösung als die Bestimmung zu verstehen heißt: daß die Bedeutung eines Argumentes nicht bereits an diesem unmittelbar selbst abgelesen werden kann, sondern sich nur in einer Dimension ausmachen läßt, welche selbst nicht unmittelbar als Argument auftritt, gleichwohl aber als Bestimmung von Argumenten gelten kann. – Negiert wird die Form, in der sich Argumente unmittelbar stellen und artikulieren. Diese Form dechiffriert Reflexion als die sich vergessende Tätigkeit des Subjekts und zeigt das scheinbar vom Subjekt Getrennte, Gegenständliche, als ein durch es Vermitteltes.

Der Rekurs auf Hegels Kantkritik[2] thematisiert die auch für die Methodologie zentralen Fragen: was sind die Kriterien der Wissenschaft, wie läßt sich verbindliches Wissen prüfen etc. Daß Habermas die erkenntnistheoretische Diskussion gerade an diesem Punkte aufgreift, an dem sie, wie er sagt, radikalisiert und abgebrochen wurde, hat nicht nur den Sinn eines historischen Exkurses, wenngleich er vorausschickt, man betrete damit verlassene Stufen der Reflexion. Was verdeutlicht werden soll, ist das Verhältnis von Philosophie und Wissenschaft, das, so Habermas, seit Kant nicht mehr ernsthaft begriffen wurde; sei es aufgrund der Entwicklung der kritischen zur absoluten Reflexion, sei es durch die im 19. Jahrhundert sich unabhängig von der Philosophie etablierende Autonomie der Naturwissenschaften. Beide Entwicklungen haben das Verständnis von Philosophie nachhaltig verändert. Aus diesem Grunde läßt sich Erkenntnistheorie nicht abstrakt, d. h. ohne Rücksicht auf die veränderte Argumentationssituation wiederherstellen, »sondern nur in eine Dimension zurückführen, die durch die radikale Selbstkritik der Erkenntnistheorie von Hegel zunächst geöffnet, dann aber wieder verstellt worden ist.«[3] Die Rückführung der Erkenntnistheorie in diese Dimension soll die Stufe der Reflexion anzeigen, auf der sich Argumente angeben lassen, die das artikulieren, was Erkenntnistheorie in Gang setzte: Selbstreflexion. Sie ist es, welche die eingespielten Formen der Argumentation kritisiert und auflöst.

Mein Diskussionsbeitrag konzentriert sich hauptsächlich auf diesen Begriff, da sich an ihm, wie ich meine, die Konsistenz der Habermasschen Theorie entscheidet. Die systematischen Implikate dieses Begriffes sind teilweise der Hegelschen Phänomenologie entlehnt; schon deshalb ist es sinnvoll, auf Hegel ausführlich einzugehen. Letzteres geschieht jedoch auch noch aus einem anderen Grunde. Es soll gezeigt werden, daß der von Habermas verwendete Ausdruck »Erfahrung der Reflexion« fragwürdig wird, sobald er, mit Habermas zu reden, aus seinen »identitätsphilosophischen Prämissen« herausgelöst wird.

In seiner Kritik an Kant macht Hegel auf die Aporien aufmerksam, die sich aus dem Ansatz einer Kritik der reinen Vernunft ergeben. Der Anspruch der Kantischen Erkenntniskritik ist es, einen nicht hintergehbaren Begriff von Erkenntnis zu geben. Methodisch entspricht diesem Anspruch die Forderung, keine Voraussetzungen zu machen, die sich nicht durch kritische Reflexion einholen lassen. Daß Kant diesen

Anspruch nicht einlöst, versucht Hegel mit Argumenten zu beweisen, die Habermas dahingehend zusammenfaßt, daß die scheinbar voraussetzungslose Kritik de facto drei Voraussetzungen macht, die in der Transzendentalphilosophie Kants unbefragt bleiben:

1. der normative Begriff der Wissenschaft,
2. der normative Ich-Begriff,
3. die Unterscheidung von theoretischer und praktischer Vernunft.

»Kant rekurriert bezeichnenderweise schon in der Vorrede zur Kritik der reinen Vernunft auf das Beispiel der Mathematik und der zeitgenössischen Physik. Sie erfüllen ein Kriterium, das Kant in die stereotype Formel vom sicheren Gang der Wissenschaft kleidet«. Dieses Beispiel ist von Kant nicht zufällig gewählt, »er ist vielmehr auf jenes Beispiel systematisch angewiesen, weil die nur zum Scheine voraussetzungslose Kritik mit einem vorgängigen, d. h. unausgewiesenen und doch als verbindlich angenommenen Kriterium der Geltung wissenschaftlicher Aussagen beginnen muß«[4]. Demgegenüber beharrt Hegel darauf, »daß ein Wissen, das als Wissenschaft auftritt, zunächst erscheinendes Wissen ist«[5]. Als erscheinendes Wissen ist die Wissenschaft anderen Formen des Wissens konfrontiert, welche ebenfalls unmittelbar mit dem Anspruch auf Objektivität und Wahrheit auftreten. Die universale Geltung der Wissenschaft ergibt sich noch nicht aus ihrem tatsächlichen Erfolg. Soll sich der universale Geltungsanspruch der Wissenschaft legitimieren, so Hegel, dann kann dies aber ebensowenig durch den Rekurs auf reine Vernunft geschehen, sondern nur durch die Auflösung, d. h. durch das Begreifen der sich der Wissenschaft konfrontierenden anderen Formen des Wissens; der Standpunkt der Wissenschaft kann sich als universaler nur dadurch legitimieren, daß er die anderen Formen des Wissens als durch ihn aufgelöste und begriffene nachweist. Dieser Nachweis, als die Transposition des erscheinenden Wissens in die Form der Wissenschaft befreit den Standpunkt der Wissenschaft zugleich von dem Verdacht, nur erscheinendes Wissen zu sein, und präsentiert ihn als den wahren *Begriff* des Wissens. Der Standpunkt der Wissenschaft ist nicht wie bei Fichte mit einem Schlage erreicht, er ist durch Erfahrungen vermittelt, die das Bewußtsein mit sich selbst macht, Erfahrungen, die sich in der Rekonstruktion des Standpunktes der Wissenschaft als Erfahrungen der Reflexion zeigen und darstellen lassen. Nicht sind die Erfahrungen des Bewußtseins an sich Erfahrungen der Reflexion, sondern als solche zeigen sie sich nur in der Rekonstruktion. Über diese Unterscheidung wird noch zu diskutieren sein. Zunächst soll nur festgehalten werden, daß der Standpunkt der Wissenschaft nicht unmittelbar als universaler behauptet werden kann, wie auch nicht der in dieser Behauptung implizierte normative Ich-Begriff, denn das Ich, als der Inbegriff der Gesetzmäßigkeit aller synthetischen Leistungen des Bewußtseins (Kant) bildet sich erst im Prozeß der von ihm gemachten Erfahrungen und gilt nicht abstrakt als deren Bedingung der Möglichkeit. Die Selbsterfahrung des Ich zeigt dieses zudem als theoretisches und praktisches in eins; »die Reflexion zerbricht nämlich ... mit einer falschen Ansicht der Dinge zugleich die Dogmatik einer eingewöhnten Lebensform«[6]. Damit ist natürlich der Begriff des Praktischen Kant gegenüber entscheidend abgeändert. Das Praktische ist nicht das »Sollen«, welches qua Prinzip den Willen bestimmt, sondern Moment der Selbsterfahrung, welche die transzendentale Differenz von Prinzip und Faktum immer schon unterlaufen hat, weshalb auch gesagt werden kann, das Ich sei dem Prozeß, den es erinnert, mit einbezogen. An diese Selbsterfahrung des Ich stellt Hegel nun die Frage nach der Objektivität, denn diese Frage ist es, die den Standpunkt der Wissenschaft, von dem aus rekonstruiert wird, auszeichnet. Zwar mag die Selbsterfahrung subjektiv gewiß sein – ob sie damit aber auch bereits objektiv wahr ist, kann nicht von vornherein als ausgemacht gelten.

Die Voraussetzung einer darstellbaren Selbsterfahrung des Bewußtseins, so Hegel, ist die Umkehrung des Bewußtseins, d. h. die Einsicht, daß alles Ansich ein »Ansich-für-es« ist. Das Für-es-sein ist der Gegenstand der Selbsterfahrung. Die Umkehrung also, von der Hegel sagt, sie sei »unsere Zutat«, konstituiert das für alle Erfahrung unabdingbare gegenständliche Moment. Dem erfahrenden Bewußtsein wird das »Für-es-sein« Gegenstand. Dieses erfahrende Bewußtsein ist sich selbst nicht als erfahrendes transparent, sondern sieht sich seinem Gegenstande *unmittelbar* konfrontiert. »Für es (das erfahrende Bewußtsein, Vf.) ist dies Entstandene (das Für-es-sein, Vf.) nur als Gegenstand, für uns zugleich als Bewegung und Werden.«[7] Dem erfahrenden Bewußtsein zeigt sich der Gegenstand nicht als werdender. Wir, die wir die Erfahrung des Bewußtseins sehen, sehen sie in der Form des Werdens. Diese Form qualifiziert die Erfahrung des Bewußtseins als objektive und wahre. Nicht ist diese Form Ausdruck unserer subjektiven Gewißheit, denn wir beobachten keinen Gegenstand, sondern »die dialektische Bewegung, die das Bewußtsein an sich selbst und an seinem Gegenstande ausübt, insofern ihm der neue Gegenstand daraus entspringt«[8]. Diese Bewegung sieht das erfahrende Bewußtsein nicht, weshalb es sich auch als erfahrendes nicht transparent wird, obwohl es an sich selbst diese Bewegung ist. Ihm, dem erfahrenden Bewußtsein ist nur der Gegenstand, nicht aber dessen Werden. Das Werden ist die objektive Form des Für-es-seins und als solche ist sie für uns, was nicht bedeutet, daß wir ein Werden projizieren – für uns stellt sich die Erfahrung als ein Werden dar, weil wir nur das sehen, was zur Erscheinung kommt, d. h. *wird*. Aus diesem Grund bewegen wir uns schon immer in der Dimension der Wissenschaft, d. h. uns stellt sich die Rekonstruktion des Selbstbewußtseins nur in der Form des Begriffes, des Werdens dar. Nur so kann die Rekonstruktion, als die Genesis des Standpunktes der Wissenschaft, diesen Standpunkt von dem Verdacht befreien, selber nur erscheinendes Wissen zu sein. Dieser Standpunkt ist deshalb kein Gegenstand, sondern der Ort, von dem aus der Gegenstand, das Für-es-sein, in seinem Werden gesehen, d. h. Erfahrungen begriffen werden können. »Begriffen«, so kann deshalb gesagt werden, wird kein Gegenstand; Gegenstände werden erfahren; begriffen wird die Erfahrung als »die dialektische Bewegung, die das Bewußtsein an sich selbst und an seinem Gegenstande ausübt, insofern ihm der neue Gegenstand daraus entspringt.« In diesem Zusammenhange ist das absolute Wissen unvermeidlich, denn es allein ist die Form, in der sich die Erfahrungen als werdende zeigen. Werden ist die begreifende und sich begreifende Bewegung der Reflexion, welche ohne absolutes Wissen sinnlos würde, denn es allein verbürgt die Objektivität subjektiver Erfahrungen. Die Reflexion kann sich als Subjekt der Erfahrung nicht erfahren, sondern nur begreifen.

Würde sich die Reflexion erfahren, so könnte dieser Selbstbezug durch Erfahrung nicht als Auflösung verstanden werden, d. h. in diesem Falle könnte von einem Werden keine Rede sein. Der Einwand von Habermas, das absolute Wissen sei »hypostasiert«, ist angesicht der Hegelschen Bestimmung dieses Wissens als Reflexion der Reflexion, als Auflösung der Gegenständlichkeit, unverständlich. Hypostasieren heißt doch wohl »verdinglichen«, die Reflexion als solche zu vergessen. Genau das Gegenteil ist in der Hegelschen Konzeption des absoluten Wissens der Fall. Das absolute Wissen hat die Bedeutung, die Auflösung aller Gegenständlichkeit zu sein, womit wie ich meine, eine radikale Kritik an dem vollzogen ist, was Habermas unter Objektivismus versteht. Das Werden ist kein Ansich, das dem Begreifen vorhergeht, sondern das Begreifen selbst. Wenn im Sinne Hegels die Rekonstruktion des Bildungsprozesses des Geistes diesem sich einbezogen weiß, so ist das deshalb plausibel, weil Rekonstruktion als das Begreifen die Bedingung dafür ist, daß überhaupt von einem Werden, einem Prozeß etc. gesprochen werden kann. Weil Reflexion immer auch bereits Selbstreflexion besagt, kann sich der Begriff, das absolute Wissen, aus jeder Erfahrung, aus jeder Form der Gegenständlichkeit, zur Form des Werdens, der Wissenschaft, befreien. So artikuliert sich denn auch in jeder Erfahrung der Selbstbezug des Ich als deren Wahrheit, so daß sich die Unmittelbarkeit, in der sich das erfahrende Bewußtsein seinem Gegenstande konfrontiert sieht, als Schein erweist. Der Objektivismus dagegen insistiert auf der Unmittelbarkeit, in der sich die Erfahrung an sich vollzieht, ohne dieses Ansich als ein »Ansich-für« begreifen zu können, denn um dies zu können, müßte er die Unmittelbarkeit, an der er festhält, verlassen. Weil er das nicht tut, ist ihm Erfahrung der einzige Bezugspunkt für Bewußtsein, welches er deshalb auch nur in den Kategorien der Gegenständlichkeit begreifen kann, Erfahrung also nicht als die Genesis des freien Selbst ansehen kann. Die Genesis des freien Selbst bedeutet die Zerstörung der durch die Positivität als solche auferlegten Beschränkung – und als solche Zerstörung fungiert das absolute Wissen. Es garantiert, daß Bewußtsein qua Selbstbewußtsein nicht eodem actu Gegenstandsbewußtsein besagt. Es wird sich im folgenden zeigen, daß diese Hegelsche Konzeption notwendig ist, wenn das Thema Erkenntnis und Interesse zu den Konsequenzen führen soll, die Habermas angibt. Zugleich wird sich daraus eine Kritik ergeben, die nicht seine Zielvorstellung betrifft, sondern die Art und Weise deren systematischer Begründung, nämlich die Erfahrung der Reflexion ohne ihre »identitätsphilosophischen Prämissen« beibehalten zu wollen.

In den beiden Kapiteln über Marx versucht Habermas die Erkenntniskritik aus ihren »identitätsphilosophischen Prämissen« zu lösen. Marx setzt nicht wie Kant bei Urteilen an und fragt nicht nach der Bedingung der Möglichkeit synthetischer Urteile apriori, wenngleich, so Habermas, der Zusammenhang von Erkenntnis und Synthesis in nuce beibehalten ist. Die Arbeit ist es, welche als die gegenstandskonstituierende Tätigkeit identifiziert wird. Sie ist es, die das Ansich in ein Ansich für uns verwandelt. Die Arbeit richtet sich auf eine Materie, die durch sie geformt wird. Form hat dabei zugleich einen erkenntnistheoretischen Sinn; obschon nicht als Urteilsform gedacht, bezeichnet sie, als Form des instrumentalen Handelns, eine Art und Weise der Weltauffassung.[9] Form, so Habermas, ist gleichermaßen empirisch und transzendental zu verstehen, weshalb sie auch, als Moment der Synthesis nicht auf die Invarianz eines transzendentalen Bewußtseins verweist, sondern auf den historischen Prozeß, in dem sich die Formen des instrumentalen Handelns bilden und verändern. Aus diesem sind die Formen nicht deduktiv zu entfalten. Die durch diese Formen synthetisch erstellte Objektivität der Erfahrung ist nicht an einem Punkte festgemacht, der als Bedingung der Erfahrung gedacht werden müßte, sondern: »Die Objektivität der Erfahrung konstituiert sich innerhalb eines durch anthropologisch tiefsitzende Handlungsstrukturen bestimmten Auffassungsschemas, das für alle sich durch Arbeit am Leben haltenden Subjekte gleichermaßen verbindlich ist. Die Objektivität der Erfahrung ist also an der Identität eines natürlichen Substrates, eben der auf Handlung angelegten körperlichen Organisation des Menschen festgemacht, und nicht an einer ursprünglichen Einheit der Apperzeption.«[10] »Nur weil die Bedingungen der Objektivität möglicher naturwissenschaftlicher Erkenntnis anthropologisch an einer invarianten Handlungsstruktur festsitzen, können Gesetzesaussagen überhaupt universelle Geltung beanspruchen.«[11] Ohne eine ursprüngliche Identität geht es also hier auch nicht. Das Schema des instrumentalen Handelns, die Identität des natürlichen Substrates ist das die Objektivität der Erfahrung, die universelle Geltung der Gesetzesaussagen Begründende (»nur weil...«). Die Regeln der Synthesis, aus welchen diese Objektivität hervorgeht, sind technische Regeln, sie qualifizieren das Erfahrungswissen als Verfügungswissen. Das aber, worüber verfügt wird, die Natur, setzt dem Verfügen selbst Grenzen, weshalb es kein absolutes Verfügen ist, und weshalb auch keine Synthesis als absolute Synthesis angesehen werden kann.[12] In der Natur bleibt ein substantieller Kern, der sich uns nicht aufschließt.[13] Damit soll die prinzipielle Kontingenz aller Naturerfahrung ausgesprochen sein.

Wird nun alles Wissen auf instrumentales Handeln reduziert, dann ist alles Wissen als Verfügungswissen zu bezeichnen. Da Marx in der Produktion den einzigen Rahmen sieht, in dem die Entstehung und Funktion der Erkenntnis interpretierbar ist, bewegt sich die Wissenschaft vom Menschen ebenfalls in den Kategorien des Verfügungswissens.[14] Die Geschichte des Bewußtseins wäre dann identisch der Geschichte der Technologie. Dem hält Habermas entgegen, daß die Technologie nicht unmittelbar die durch sie möglichen Herrschaftsformen repräsentiert[15], d. h. daß die Geschichte der Interaktion der Menschen nicht identisch der Entwicklung der Technologie ist. Neben die Produktion tritt der Bereich der kulturellen Überlieferung, in der die Beziehungen der Subjekte normativ geregelt sind; sie ist der sprachliche Kommunikationszusammenhang, »aus dem die Subjekte die Natur und sich in ihrer Umwelt interpretieren«[16]. Sie ist der Bereich, in dem sich die Subjekte vom Zwang ihrer eigenen Natur befreien, durch revolutionäre Praxis – und nicht durch produktive Tätigkeit.[17] Die emanzipatorische, revolutionäre Tätigkeit der Subjekte, als deren Ziel die herrschaftsfreie Diskussion gilt, wird nicht durch neue Technologien bezeichnet, sondern durch Stufen der Reflexion, »durch welche die Dynamik überwundener Herrschaftsformen und Ideologien aufgelöst, der Druck des institutionellen Rahmens sublimiert und kommunikatives Handeln als kommunikatives freigesetzt wird.

Antizipiert ist damit das Ziel der Bewegung: die Organisation der Gesellschaft auf der ausschließlichen Basis herrschaftsfreier Diskussion«[18]. Der Verweis auf die kulturelle Überlieferung, auf die Stufen der Reflexion, ist notwendig, wenn der Begriff der Synthesis nicht auf das instrumentale Handeln beschränkt bleiben, sondern auch die Dialektik des Klassenbewußtseins umfassen soll. Eine Gesellschaftstheorie, welche die genannten beiden Aspekte impliziert, »wird deshalb die Naturgeschichte der Produktion nur im Rahmen einer Rekonstruktion des erscheinenden Bewußtseins dieser Klassen analysieren können. Das System der gesellschaftlichen Arbeit entwickelt sich allein im objektiven Zusammenhang mit dem Antagonismus der Klassen«[19].

Die Hauptthesen, die für Erkenntnis und Interesse verpflichtend bleiben, sind nun folgende:

1. Arbeit ist ein Schema des Handelns und der Weltauffassung in eins, und als solche ist die Arbeit eine Erkenntniskategorie, die gleichermaßen empirisch und transzendental ist; sie verdeutlicht das kontingente Moment aller Erfahrungserkenntnis. Synthesis durch Arbeit evoziert nicht ein transzendentales Subjekt im Sinne Kants; die Objektivität der Erfahrungserkenntnis verweist auf die Identität eines natürlichen Substrates.

2. Reflexion ist nicht identisch instrumentales Handeln, und auch nicht auf dieses reduzierbar. Sprache und Interaktion sind an sich kein Verfügungswissen, sondern Reflexionswissen. Dieses artikuliert sich in der Geschichte der kulturellen Überlieferung.

3. Die aus dieser Überlieferung heraus sich artikulierende herrschaftsfreie Diskussion ist nicht abstrakt gegen die Geschichte der Produktion gerichtet. Sie realisiert sich in dem Maße, wie der Befreiung vom äußeren Zwang der Natur die Befreiung vom Zwang der eigenen Natur entspricht.

4. Dies kann demonstriert werden durch die Rekonstruktion des Bildungsprozesses der Gattung. Diese Rekonstruktion erweist zugleich die Einheit von Gesellschafts- und Erkenntnistheorie. Die Rekonstruktion weiß sich dem Prozeß, den sie erinnert, einbezogen. Die so verstandene Reflexion weiß sich durch das bestimmt, was in ihr zur Erscheinung kommt: »Das erkennende Bewußtsein kann indessen die Traditionsgestalt,

in der es sich vorfindet, nur in dem Maße abstreifen, in dem es den Bildungsprozeß der Gattung als eine jeweils durch Produktionsprozesse vermittelte Bewegung des Klassenantagonismus begreift, sich selber also als Resultat der Geschichte des erscheinenden Klassenbewußtseins erkennt und dadurch *als* Selbstbewußtsein vom objektiven Schein befreit.«[20]

Vor allem gegen die in 1 und 4 aufgeführten Thesen sollen im folgenden Argumente vorgetragen werden.

Im Verfügungswissen zeigt sich der Stand unserer Auseinandersetzung mit der Natur. Verfügungswissen bildet sich im Funktionskreis instrumentalen Handelns. »Die Bedingungen instrumentalen Handelns sind in der natürlichen Evolution der Menschengattung kontingent entstanden.«[21] Entstanden ist hier realistisch zu verstehen, so gewiß das, was entstanden ist, nicht Moment eines transzendentalen Bewußtseins bzw. der Bewegung des Begriffes ist, sondern die artspezifische Organisation des Hominiden. Durch diese Organisation ist die Objektivität und Geltung des Verfügungswissens bestimmt und begründet. Diese Argumentation ist durchgängig im Sinne der materialistischen Ontologie konzipiert, d. h. objektivistisch. Die Objektivität des Wissens ergibt sich nicht durch dessen Selbstreflexion, sondern durch den Rekurs auf ein Ansich, auf Natur, auf die Identität eines natürlichen Substrates, das sich nicht in Sich-Wissen auflösen läßt. Die Frage nach der Objektivität und Geltung des Wissens stellt sich jedoch erst auf einer Reflexionsstufe, die z. B. durch das Kantische »quid iuris« angezeigt ist. Die Frage nach der Objektivität zeigt bereits eine Stufe der Selbstreflexion an, in der der Bereich, in dem der Mensch hantiert, zum Moment geworden ist; die Frage nach der Objektivität des Erfahrungswissens kann nicht dadurch beantwortet werden, daß gleichsam der Versuch unternommen wird, sich aus der Reflexion herauszureden und zu einem Ansich zurückgekehrt wird. Fichte und auch Hegel sahen, daß die Frage nach der Objektivität des Erfahrungswissens sich nur durch Selbstreflexion beantworten läßt, d. h. nur dann beantworten läßt, wenn Reflexion als Subjekt verstanden wird.

Wird letzteres abgelehnt, dann ist auch nur ein reduzierter Begriff von Emanzipation möglich. Die These von der prinzipiellen Unauflösbarkeit der Natur führt zu einer Ontologisierung der Arbeit, was sich eben auch schon darin ausdrückt, daß sie an einer anthropologischen Konstante, an der Identität eines natürlichen Substrates festgemacht ist. Der in der Arbeit sich zeigende Zwang geht unmittelbar auf die Natur zurück und ist nicht, wie bei Hegel, durch die Furcht des Herrn vermittelt. Da nun Natur nicht aufgehoben werden kann, sie also nicht zum Moment der emanzipatorischen Bewegung der Selbstreflexion werden kann, unterstehen auch die utopischen Gehalte des Reflexionswissens der Kontingenz der Erfahrung; dadurch ist ihnen ihre Radikalität genommen. Zudem entsteht die Schwierigkeit, auf Grund dieser Ontologisierung der Arbeit nunmehr den Satz zu verstehen, daß die Bildungsgeschichte der Gattung als eine durch Produktionsprozesse vermittelte Bewegung des Klassenantagonismus zu begreifen sei, und daß sich das Bewußtsein in diesem Begreifen von der Traditionsgestalt, in der es sich vorfindet, befreie. Produktionsprozesse lassen sich als das Vermittelnde nur dann begreifen, wenn sie aus der Unmittelbarkeit des Natürlichen herausgelöst sind, wenn sie Gegenstand im Sinne des Für-es-seins sind. Soll Vermittlung nicht einen realistischen Abbild-Prozeß meinen, dann ist es nicht möglich, die Arbeit ontologisch zu verstehen, d. h. sie durch den Rekurs auf anthropologische Konstanten zu erklären. Tut man das dennoch, dann ist es zwar klar, daß sich das emanzipatorische Interesse nicht auf das technologische Interesse reduzieren läßt, wie auch umgekehrt, es ist dann aber auch klar, daß jede Theorie von Revolution eine natürliche Grenze hat. Emanzipation, die im Anschluß an Hegel als die Befreiung von der Gegenständlichkeit zu begreifen wäre, bleibt bei Habermas prinzipiell beschränkte Emanzipation, die das Gegenständliche, Kontingente, als ein Stück Natur impliziert. So muß denn auch seine Kritik am Objektivismus, dem das Gegenständliche zum Ansich wird, dahingehend verstanden werden, daß die Gegenständlichkeit nicht als solche in Frage steht, sondern lediglich anders interpretiert wird. Der Streit mit den Positivisten hat aus diesem Grunde nicht den Charakter einer Grundsatzdiskussion, sosehr auch darauf insistiert werden muß, daß Poppers »trial and error« keineswegs mit dem kongruiert, was Habermas negative Dialektik nennt. Allerdings wäre vom Hegelschen Erfahrungsbegriff gegen Habermas ebenso zu argumentieren: »Daß wir die Reflexion verleugnen ist der Positivismus.« Denn die Realität des Rekonstruierten ist bei Habermas keineswegs die des Begriffes. Der gattungsgschichtliche Bildungsprozeß, dem die Rekonstruktion selber einbezogen sein soll, ist der Reflexion vorgegeben, so daß auch der Terminus »Prozeß« realistisch zu verstehen ist. Wie soll dann aber die Rekonstruktion diesem Prozesse einbezogen sein, wenn an dieser Stelle nicht eine Geschichtsontologie behauptet werden soll, die Habermas doch bei Gadamer kritisiert?

Es mag deutlich geworden sein, welche Schwierigkeiten sich ergeben, wenn man den Hegelschen Erfahrungsbegriff ohne seine »identitätsphilosophischen« Prämissen übernimmt. Nun ist es nicht so, daß dieser Fehler Habermas einfach unterlaufen wäre; er erklärt sich aus der Absicht, die Rekonstruktion nicht zur Eule der Minerva werden zu lassen, sondern als den berechtigten Anspruch auf die Veränderung der Gesellschaft zu formulieren. Das ist der Grund, warum der Prozeß selber der Reflexion vorgegeben sein soll, und nicht durch diese allererst als »Prozeß« (vgl. die Ausführungen über Hegel) entsteht. Die Frage ist aber, wie das gedacht werden kann? Denn soll mit dem Ausdruck »einbezogen« nicht jene Metaphysik des Lebens auf den Plan gerufen werden, die Habermas bei Dilthey ablehnt, dann müßte doch gezeigt werden, wie eine Differenz zwischen Konstruktion und Prozeß möglich ist derart, daß die Rekonstruktion gerade als das kritische Moment des Prozesses begreifbar ist. Denn wie sollten anders die falschen Formen des Bewußtseins als falsche qualifizierbar sein, wenn nicht das kritische Moment des Prozesses von diesem selbst qualitativ unterscheidbar wäre? Mit anderen Worten, wie sollte sich anders feststellen lassen, daß die Rekonstruktion selber nicht bloß erscheinendes Wissen im Sinne Hegels ist, sondern gerade der Ort, von dem aus Begriffe wie Prozeß, Entwicklung, Bildung etc. ihre Berechtigung gewinnen?

Es scheint, daß der Begriff des Interesses Antwort auf die gestellten Fragen gibt. In dem Kapitel »Psychoanalyse und Gesellschaftstheorie«[22] entwickelt Habermas einen Zusammenhang von Erkenntnis und Interesse, der seinem systematischen Ursprung nach Fichte entlehnt ist, seiner Funktion nach durch die Rezeption Freuds bestimmt ist. Selbstreflexion ist der Begriff für die kritische Einheit von Erkenntnis und Interesse; in ihr gelangt die »Erkenntnis um der Erkenntnis willen mit dem Interesse an Mündigkeit zur Deckung; denn der Vollzug der Reflexion weiß sich als Bewegung der Emanzipation. Vernunft untersteht zugleich dem Interesse an Vernunft«[23]. Der Begriff des Interesses, das mag aus diesem Zitat deutlich werden, »verfolgt keine naturalistische Reduktion von transzendentallogischen Bestimmungen auf empirische«[24], wie man das noch bei der Reduktion von Objektivität und Geltung auf die Identität eines natürlichen Substrates vermuten konnte. Die Reflexion, welche eine Bewegung der Emanzipation ist, befragt das technologische und das hermeneutische Interesse nach ihrem emanzipatorischen Sinn und sprengt damit die Dimension, in der diese objektivistisch mißverstanden werden können. Die dermaßen kritische Vernunft erfaßt sich in der Selbstreflexion als interessierte Vernunft, d. h. als eine sich durch sich emanzipierende Vernunft. Die Vernunft ist es, die das Ansich als ein Ansich-für dechiffriert und damit auf jene Tätigkeit aufmerksam macht, die Subjektivität heißt. Auf den Zusammenhang von Erkenntnis und Interesse stoßen wir, »wenn wir Methodologie in der Weise der Erfahrung der Reflexion entfalten: als die kritische Auflösung des Objektivismus, nämlich des objektivistischen Selbstverständnisses der Wissenschaften, das den Anteil subjektiver Tätigkeit an den präformierten Gegenständen möglicher Erfahrung unterschlägt«[25]. Subjektive Tätigkeit ist es, welcher die Erfahrung der Reflexion inne wird. In diesem Tatbestand bewahrheitet sich die Annahme, daß in den für die Wissenschaften erkenntnisleitenden Interessen Vernunft impliziert ist, d. h. daß sie als Bestandteile der emanzipatorischen Bewegung der Reflexion begreifbar sind. Das Interesse an Mündigkeit gewinnt dabei den Stellenwert eines Apriori, dessen Vollzugs- und Darstellungsform die Erfahrung der Reflexion ist. Dieses Apriori und seine Vollzugs- bzw. Darstellungsform sind unabtrennbar, weshalb Vernunft der Prozeß zu ihr hin ist. Habermas zieht daraus die Konsequenz, im Sinne der Psychoanalyse, daß die Rekonstruktion des gattungsgeschichtlichen Bildungsprozesses Theorie und Therapie in eins ist: die Rekonstruktion *ist* Selbstreflexion; sie bezieht ihre Standards nicht aus einer vorweggewußten Vernunft; die Standards der Rekonstruktion bilden sich in dieser selbst, weshalb auch nicht nur die Rekonstruktion, sondern auch die darin implizierte emanzipatorische Bewegung der Logik von Versuch und Irrtum unterstehen. Daß dem so ist, ergibt sich bei Habermas aus der handlungsorientierten Funktion der Rekonstruktion. Die Rekonstruktion befreit das Subjekt zu jener Unmittelbarkeit, in der sich die Dialektik der Vernunft aufhebt. Die Dialektik der Vernunft ist negative Dialektik, die in dem Maße aufgehoben wird, in dem Theorie als Therapie de facto funktioniert.

Selbst wenn nun darauf hingewiesen wird, daß dieses Interesse an Mündigkeit an die kontingente Bildungsgeschichte der Gattung verwiesen bleibt, so ist doch nicht zu übersehen, daß es Regeln der Kommunikation und Interaktion beinhalten soll, die, an sich zwar immer schon vorhanden, dennoch erst durch Selbstreflexion unverstellt erscheinen. Das ist nur möglich, wenn Selbstreflexion nicht jener Positivität verfällt, die sie als objektivistisch kritisiert. Sofern die Selbstreflexion der Zielvorstellung herrschaftsfreier Diskussion untersteht, kann das nicht bedeuten, daß sie statt der kritisierten Formen von Kommunikation und Interaktion neue setzt, die den gleichen Zwang ausüben; überhaupt müßte für sie jegliche Interpretation als Zwang unmöglich werden. Vernunft als experimentierende Vernunft (im Sinne von Habermas) wäre dafür die Garantie. Die Befreiung vom Objektivismus ist nur dann möglich, wenn man sich weigert, der experimentierenden Vernunft jene Positivität wieder abzuverlangen, die durch Selbstreflexion als Zwang entlarvt wurde. Genau um das zu garantieren, philosophierte Hegel in der Dimension des absoluten Wissens, das für ihn die Bedeutung der Befreiung hatte, da durch es alle Positivität aufgehoben und zum Moment des Begriffes, des freien Selbst, wurde. Das Interesse an Mündigkeit müßte bei Habermas die gleiche Funktion haben, wenn Mündigkeit sich nicht in den Kategorien der Positivität, der Gegenständlichkeit etc. artikulieren soll, sondern als deren Auflösung fungieren soll, als deren permanente Kritik. Daraus würde dann folgen, daß die erinnernde Rekonstruktion, als die Befreiung vom Zwang, niemals als abgeschlossen gelten kann, so gewiß sich die Logik von Versuch und Irrtum nicht ontologisch begründen läßt, sondern Ausdruck einer a priori an sich selbst interessierten Vernunft ist. In diesem Zusammenhang kann die Psychoanalyse lediglich die Funktion eines Beispiels haben, wenn man so will, die Funktion eines gesetzgebenden Beispiels, dessen Allgemeinheit davon abhängt, inwieweit es die Darstellung eines apriorischen Interesses leistet. Dies zu beurteilen kann allerdings nicht die Aufgabe der Metapsychologie sein – was bei Habermas auch nicht der Fall ist –, eher ist dies Aufgabe jener Anstrengung des Begriffs, die Hegel im Bilde des Kreises von Kreisen zusammenfaßte. Könnte die Darstellung des Interesses an Mündigkeit in diesem Bilde verstanden werden, dann wäre Erkenntnis und Interesse nicht nur ein Syndrom von historischen Kenntnissen und systematischen Absichten, es wäre als der Versuch anzusehen, eine historisch vorhandene Argumentationssituation so zu begreifen, daß deren Auflösung als notwendig erscheint, um das Interesse an Mündigkeit neu formulieren zu können, d. h. den Begriff einer kritischen Wissenschaft, den Habermas mit Recht intendiert, von dem Verdacht zu befreien, selber nur erscheinendes Wissen zu sein.

Anmerkungen

1 Jürgen Habermas, *Erkenntnis und Interesse,* Frankfurt 1968, S. 9.

2 A.a.O., S. 14-35.

3 A.a.O., S. 14.

4 A.a.O., S. 23-24.

5 A.a.O.

6 A.a.O., S. 27.

7 Georg Wilhelm Friedrich Hegel, *Phänomenologie des Geistes,* Hamburg 1952, S. 74.

8 Hegel, a.a.O.

9 Habermas, a.a.O., S. 39.

10 A.a.O., S. 44.

11 A.a.O., S. 51.

12 A.a.O., S. 45.

13 A.a.O., S. 46.

14 A.a.O., S. 65.

15 A.a.O., S. 70.

16 A.a.O., S. 71.

17 A.a.O., S. 72.

18 A.a.O., S. 76.

19 A.a.O., S. 83.

20 A.a.O., S. 84.

21 A.a.O., S. 49.

22 A.a.O., S. 332 ff.

23 A.a.O., S. 244.

24 A.a.O., S. 241.

25 A.a.O., S. 261.

Nikolaus Lobkowicz
Interesse und Objektivität

In seiner Frankfurter Antrittsvorlesung[1] vom Juni 1965 entwickelte Jürgen Habermas die These, bei allen »Forschungsprozessen« lasse sich ein präzis umschreibbarer Zusammenhang zwischen »logisch-methodologischen Regeln« und »erkenntnisleitenden Interessen« feststellen: naturwissenschaftliches Denken ist vom Interesse bestimmt, mit Hilfe der Technik über die Natur zu verfügen und dadurch erfolgreiches Handeln zu gewährleisten; die historisch-hermeneutischen Wissenschaften sind vom Interesse geleitet, die Intersubjektivität auf Handlung orientierter Verständigung zu garantieren; und »Handlungswissenschaften« – Habermas nennt Ökonomie, Soziologie und Politik – verfolgen als kritische Sozialwissenschaften ein »emanzipatorisches« Interesse, zielen also darauf ab, den Menschen von naturwüchsigem Zwang zu befreien und ihm damit zur Mündigkeit zu verhelfen. Was schließlich die Philosophie betrifft, so verfolgt sie zwei Aufgaben: einerseits deckt sie die eben erwähnten Zusammenhänge zwischen Erkenntnis und Interesse auf und ist insofern eine »kritische Wissenschaftstheorie, die den Fallstricken des Positivismus entgeht«; andererseits ist sie eben dadurch, ähnlich den Handlungswissenschaften, von einem »emanzipatorischen« Interesse geleitet: indem sie etwa begreift, daß die erkenntnisleitenden Interessen bestimmten Medien menschlicher Vergesellschaftung (Arbeit, Sprache, Herrschaft) entspringen und daß deswegen »die Leistungen des transzendentalen Subjekts ... ihre Basis in der Naturgeschichte der Menschengattung haben«, leistet Philosophie Emanzipation. »Indem wir der Unüberschreitbarkeit dieser transzendentalen Grenzen möglicher Weltauffassung innewerden, erwirbt sich durch uns ein Stück Natur Autonomie in der Natur.«
Diese These wurde im Sinne einer kritischen Überwindung des Positivismus bzw. des positivistischen Selbstverständnisses moderner Wissenschaften vorgetragen.

Zwar hätten alle Wissenschaften Routinen ausgebildet, welche der Verfälschung wissenschaftlicher Aussagen durch eine unreflektierte Interessenbindung vorbeugen; und die Wissenssoziologie stelle sich sogar die Aufgabe, diejenigen Interessen zu entlarven, die sich nicht aus der psychologischen Konstellation von Individuen, sondern aus der objektiven Lage gesellschaftlicher Gruppen ergeben. Aber gerade wegen der erfolgreichen Möglichkeit einer solchen Kritik von Rationalisierungen und Ideologien täusche sich die moderne Wissenschaft über den Umstand hinweg, daß es *fundamentale* Interessen gibt, von denen keine Wissenschaft sich je freimachen kann, weil sie diesen Interessen die Bedingungen ihrer »Objektivität« verdankt. Anders ausgedrückt: die Vorstellung, Wissenschaft könne sich durch Ausklammerung oder Entlarvung von Interesseeinstellungen zur reinen Theorie aufschwingen, ist eine Selbsttäuschung; die rein theoretische Erkenntnis, welche die Wirklichkeit so erfaßt, wie sie ist und erst nachträglich und gleichsam akzidentell von erkenntnisfremden Interessen in den Dienst genommen wird, gibt es nicht. Auch eine kritische Philosophie kann nicht mehr leisten, als die erkenntnisleitenden Interessen einholen; sie kann sie nicht überwinden. Aber indem sie solche Interessen durchschaut, indem sie zum Bewußtsein bringt, daß auch die objektivste Wissenschaft nicht mehr sein kann als ein Instrument der (allerdings keineswegs nur biologischen und jedenfalls höchst dynamischen) Selbsterhaltung der Menschengattung, macht sie deutlich, daß nicht nur der implizite Positivismus moderner Wissenschaften, sondern ebenso das objektivistische Selbstverständnis traditioneller Ontologien nichts anderes ist als Mangel an Selbstreflexion.

Für die Naturwissenschaften mag das Forschen in einem weiter nicht problematisierten Rahmen angeblicher Objektivität eine fortschrittsfördernde Funktion haben; doch die Philosophie muß sich endgültig vom Objektivismus ontologischer Fragestellungen befreien und ihre alleinige Verwurzelung dort suchen, wo die Sehnsucht nach echter Objektivität sich in die Einsicht verwandelt, daß es dergleichen Objektivität nicht gibt: in der »Selbstreflexion«.

Der Letzteren gelingt dann allerdings doch so etwas wie Objektivität; denn während die Standards aller anderen

Erkenntnisprozesse der Entlarvung ihrer Interessengebundenheit ausgeliefert sind, sind die Maßstäbe der Selbstreflexion dieser immanent. Sie sind theoretisch gewiß, da das Interesse an Mündigkeit, von dem die Selbstreflexion geleitet wird, a priori als objektiv eingesehen werden kann. »In der Selbstreflexion gelangt eine Erkenntnis um der Erkenntnis willen mit dem Interesse an Mündigkeit zur Deckung ... sind Erkenntnis und Interesse eins.« Allerdings läßt sich diese in der Selbstreflexion gewonnene Objektivität nicht – wie es alle diejenigen tun, die Husserl verächtlich als »transzendentale Realisten« bezeichnete – in eine Objektivität der von Haus aus nicht reflektierenden Wissenschaften umsetzen. Denn was in der Selbstreflexion zutage tritt und von der kritischen Theorie dem positivistischen Selbstverständnis ebenso der modernen Wissenschaft wie der alten Ontologien entgegengehalten wird, ist eben dies: alle wissenschaftliche Erkenntnis ist von Interesse geleitet, die selbst wiederum Funktion der Selbstkonstituierung der Menschengattung sind.

In seinem jüngsten Buch [*Erkenntnis und Interesse*, Anm. d. Hrsg.] versucht nun Habermas diese Thesen an Hand einer Rekonstruktion der Vorgeschichte des neueren Positivismus zu erhärten; ausdrücklich weist er darauf hin, daß seine historischen Untersuchungen von den in seiner Antrittsvorlesung skizzierten »systematischen Gesichtspunkten« (9) geleitet sind. In Wirklichkeit scheint mir allerdings Habermas' kurze Selbstdarstellung im Vorwort höchst irreführend; denn vom Positivismus und seiner Entstehungsgeschichte ist nur am Rande die Rede. Was er vielmehr tut, ist zweierlei: erstens füllt er das Gedankenskelett seiner Antrittsvorlesung mit (teilweise allerdings höchst interessanten und originellen) historischen Detailuntersuchungen auf; zweitens entwickelt er eine These, die zwar der Antrittsvorlesung implizit, aber in ihr nicht ausdrücklich formuliert war, daß nämlich heute Erkenntniskritik nur noch in Form einer Gesellschaftstheorie möglich sei.

An Hand dieser zwei Themen kann die Grundstruktur des Buches wie folgt dargestellt werden: im ersten Teil, überschrieben *Die Krise der Erkenntniskritik* (11-87), versucht Habermas zu zeigen, daß Hegels Kritik an der Möglichkeit einer Erkenntniskritik à la Kant in die Philosophie (des jungen) Marx einmündet, der zum erstenmal, allerdings ohne es selbst wahrzuhaben, die »Idee einer Erkenntnistheorie als Gesellschaftstheorie« konzipierte; im zweiten Teil, dem Habermas den Verlegenheitstitel *Positivismus, Pragmatismus, Historismus* gibt (88-233), wird zunächst an Hand von Comte und Mach eine kurze Grundsatzkritik des Positivismus durchgeführt und dann an Hand von Peirce und Dilthey der Zusammenhang von Erkenntnis und Interesse je in den Natur- und in den Geisteswissenschaften dargestellt; und im dritten Teil (234-364) versucht Habermas schließlich seine Konzeption des »emanzipatorischen Interesses« an Hand einer Analyse der Freudschen Psychologie durchzuartikulieren.

Wie schon diese kurze Inhaltsrekonstruktion vermuten läßt, ist Habermas' neues Buch ein durch und durch deutsches Produkt. Denn außerhalb Deutschlands würde es wohl niemandem einfallen, in langwierige historische Untersuchungen auszuweichen, wo die Leser, fasziniert von den prägnanten Thesen der Antrittsvorlesung, auf eine systematische Analyse hofften – auf eine Analyse, die sie einer Antwort auf die zwar gewiß naive, aber deswegen nicht weniger unabweisbare und letztlich sogar einzig interessierende Frage näherbringen würde, ob denn Habermas mit seinen Thesen recht hat oder nicht.

Vielleicht wird man mir entgegenhalten, daß aus Habermas' Perspektive eines neo-marxistischen Historismus philosophiegeschichtliche Reflexionen der einzige Weg sind, auf welchem dergleichen naive Fragen beantwortet werden könnten. Mag sein, daß Habermas so denkt; aber er bleibt dem Leser jede Auskunft darüber schuldig, warum und inwiefern er dieser Meinung ist. So faszinierend seine historischen Analysen sind, sie sind ohne jeden bestimmten Bezug zu den leitenden Gesichtspunkten, ähnlich etwa der langatmigen Begriffsgeschichte von »Welt« in Heideggers *Vom Wesen des Grundes*. Genauer: der Bezug reduziert sich strenggenommen auf das Triviale, daß Habermas sich eben entschlossen hat, die jüngere Philosophiegeschichte von einem Standpunkt aus zu untersuchen, dessen Gültigkeit zwar behauptet, aber weiter nicht erwiesen wird. Wie Habermas selbst schreibt, tut er nichts mehr und nichts weniger als »über verlassene Stufen der Reflexion« (9) zu steigen. Und niemand wird ihm abstreiten, daß es sein gutes Recht ist, dergleichen zu tun; es ist ja keine Schande, Philosophiegeschichte zu treiben. Aber der Leser hatte anderes erwartet und angesichts des Titels (die Antrittsvorlesung hieß ebenfalls »Erkenntnis und Interesse«) auch das Recht, anderes zu erwarten – und ist enttäuscht. Zumindest derjenige Leser, der immer noch naiv genug ist, zu meinen, man betreibe Philosophie »non ad hoc quod sciatur quid homines senserint, sed qualiter se habeat veritas rerum«.[2]

Ich kann mich allerdings nicht des Eindruckes erwehren, daß Habermas nicht nur, wie er selbst sagt, Philosophiegeschichte unter bestimmten leitenden Gesichtspunkten betreibt, sondern gleichzeitig seine philosophiegeschichtlichen Analysen als Bestätigung jener Gesichtspunkte versteht. Daß dies ein Zirkel ist, und zwar keineswegs ein hermeneutischer, sondern schlichtweg ein vitioser, will ich bloß erwähnen. Wichtiger scheint mir der Umstand, daß Habermas mehr oder minder ausdrücklich zugesteht, daß keiner der nach den leitenden Gesichtspunkten befragten Philosophen dasjenige selbst bestätigt, was er ihnen nahelegt.

Denn von jedem einzelnen heißt es, er habe seine Gedanken nicht konsequent durchgeführt und seine eigensten Intentionen oder gar sein ganzes Konzept mißverstanden und, kurz und gut, am Ende jeweils nicht das gesagt, was er laut Habermas hätte sagen sollen; nur die Positivisten Comte und Mach kommen dieses eine Mal gut davon, weil sie sich gar nicht bemühten, sich zu verstehen, und sich deswegen auch nicht mißverstehen konnten, nach dem Grundsatz: »Daß wir Reflexionen verleugnen, *ist* Positivismus« (9). Hegel wies zwar nach, daß Kants Erkenntniskritik durch eine phänomenologische Selbstreflexion radikalisiert werden muß, aus der dann hervorgehen würde, daß eine ihren eigenen Intentionen vorbehaltlos folgende Erkenntniskritik nicht empirisch gegebene Wissenschaften als gültig voraussetzen kann, sondern daß alle Maßstäbe der Kritik aus der »Erfahrung der Reflexion« genommen werden müssen; bedauerlicherweise war er jedoch »von identitätsphilosophischen Voraussetzungen präokkupiert« (14), warf deswegen jede Erkenntniskritik über Bord und landete bei einem »absoluten Wissen« (35, 258). Marx entdeckte, daß die transzendentale Leistung in der

gegenständlichen Tätigkeit des Menschen beruht, und durch-
schaute sogar, daß eben deswegen Erkenntniskritik nur als
Gesellschaftstheorie möglich ist (14, 38 ff.); leider unterließ er
es aber, diese wichtige Einsicht deutlich auszusprechen und
mißverstand überdies sein ganzes eigenes Konzept, indem er
die gegenstandsgerichteten Aktivitäten, durch welche die
menschliche Gattung sich geschichtlich konstituiert, auf
Arbeit reduzierte (58). Peirce antizipierte Habermas'
Behauptung, der Gegenstand naturwissenschaftlicher Forschung sei durch den transzendentalen Gesichtspunkt möglicher technischer Verfügung konstituiert; doch entgegen allen
Hoffnungen stellt sich am Ende heraus, daß er der positivistischen Ursünde der Ontologisierung verfallen war (169 ff.).
Dilthey, an dem Habermas das Verhältnis von historisch-hermeneutischen Wissenschaften und »praktischem« Kommuni-
kationsinteresse durchexerziert, überträgt das naturwissenschaftliche Objektivitätsideal auf die Geisteswissenschaften
(224 ff.); obwohl er die Selbstreflexion der Geisteswissenschaften bis zu einer Stufe vorangetrieben hatte, »auf der die
erkenntnisleitenden Interessen greifbar wurden«, gelang es
ihm nicht, diese Interessen als solche zu reflektieren (235,
243). Was schließlich Freud betrifft, so ist seine Psychoanalyse
zwar für Habermas »das einzig greifbare Beispiel einer
methodisch Selbstreflexion in Anspruch nehmenden Wissenschaft« (262), aber auch ihm gelang es nicht, das ihm vorge-
schriebene Soll zu erreichen; indem er zwar eine von emanzipatorischen Interessen geleitete Reflexionswissenschaft begründete, diese dann aber selbst als Naturwissenschaft deutete, verfiel er dem allerorts üblichen »szientistischen Selbstmißverständnis« (263 ff., 300 ff.).
Der mit Habermas' Buch vertraute Leser wird mir vermutlich
vorhalten, dies sei billige Ironisierung. Ich kann nicht leugnen, daß ich im letzten Absatz Habermas' verwickelten
Gedankengang ungebührlich vereinfachte; und ich will auch
nicht verhehlen, daß das eben Gesagte ironisch gemeint war.
Aber ob meine Ironie billig im Sinne von *vile* und nicht vielmehr von *aeque* ist, ließe sich erst dann entscheiden, wenn
erstens die Frage nach der Richtigkeit von Habermas' »systematischen Gesichtspunkten« entschieden wäre und zweitens
Habermas uns über das genaue Verhältnis dieser leitenden

Gesichtspunkte zu seinen philosophiegeschichtlichen Reflexionen aufklären würde.

An sich ist nichts dagegen einzuwenden, daß man Denkern der Vergangenheit vorhält, sie hätten nicht das gesagt, was sie – ihren eigenen Ausgangspunkt und *unsere Annahmen über denselben ebenso wie über die veritas rerum* einmal vorausgesetzt – hätten sagen können und sollen. In diesem Sinne könnte sogar die Auffassung berechtigt sein, die Habermas schon in *Theorie und Praxis* vertrat und die er in seinem neuen Buch ebenso konsequent wie stillschweigend voraussetzt, daß nämlich Spätergeborene die Denkwege Vergangener u. U. besser verstehen können als die letzteren selbst.

Fragwürdig wird die Angelegenheit erst dort, wo unser esoterisches Verständnis dem exoterischen des Interpretierten entgegengehalten und dennoch der so Interpretierte zur Rechtfertigung von Perspektiven herangezogen wird, die unser esoterisches Verständnis erst ermöglicht hatten. Trivialer formuliert: entweder sucht Habermas in der Philosophiegeschichte keine Bestätigung der Thesen, die er in der Antrittsvorlesung entwickelt hatte – und dann ist sein Buch einfach von weiter unbefragten und jedenfalls weiterhin unbestätigten Gesichtspunkten geleitete Philosophiehistorie; oder aber seine philosophiegeschichtlichen Reflexionen verfolgen das Ziel, die Thesen der Antrittsvorlesung zu bestätigen – und dann ist meine Ironie wohlbegründet. Denn im letzteren Falle wären Habermas' Darlegungen ein typisches Beispiel der von Hegelianern und Hegelingen so gerne geübten »Autoverifizierung«: zur Bestätigung einer Theorie beruft man sich auf Einsichten, die nur und allein unter der Voraussetzung gelten, daß die Theorie selbst gilt.

Dergleichen »Autoverifikation« fehlt übrigens auch dort nicht, wo man sie zunächst am wenigsten erwarten würde: im Abschnitt über den Positivismus, in dem es aus Habermas' Perspektive gewiß unergiebig wäre, »den ständig fortwirkenden Maulwurf des wirklichen philosophischen Wissens« gegen das »gesprächige, exoterische, sich mannigfach gebärdende phänomenologische Bewußtsein des Subjekts«[3] auszuspielen. Denn für Habermas ist es ja das Wesen des Positivismus, daß der esoterische Maulwurf der Reflexion aus der Wissenschaft ausgesperrt wird: Positivismus ist Verweigerung der Reflexion und damit Verleugnung jener Erkenntniskritik, zu deren Durchführung die philosophische Diskussion der jüngeren Neuzeit einberufen worden ist:

»Der Positivismus steht und fällt mit dem Grundsatz des Szientismus, daß der Sinn von Erkenntnis durch das, was die Wissenschaften leisten, definiert ist und darum zureichend auf dem Wege der methodologischen Analyse wissenschaftlicher Verfahrensweisen expliziert werden kann. Erkenntnistheorie, die den Rahmen der Methodologie als solchen transzendiert, verfällt nun selber jenem Verdikt der Überschwänglichkeit und Sinnlosigkeit, das sie einst über Metaphysik verhängt hatte« (89).

An diesen beim ersten Anhören durchaus richtig klingenden Sätzen fällt bei weiterem Überlegen zunächst die Unklarheit der Wendung: ›Sinn der Erkenntnis‹ auf. Wonach fragt man denn, wenn man nach dem »Sinn der Erkenntnis« fragt? Habermas gibt darüber keinerlei Auskunft. Und dies ist gewiß kein Zufall, denn wenn nach einem solchen »Sinn« zu fragen dasselbe bedeutet wie die Grundfrage der philosophischen Diskussion der Neuzeit zu stellen, wie nämlich »zuverlässige Erkenntnis möglich« sei (11), dann gelangt man schließlich zur reichlich trivialen Aussage, der Positivismus stehe und falle mit dem Grundsatz, die Grenzen der möglichen zuverlässigen Erkenntnis seien dadurch definiert, was Wissenschaften leisten. Jeder Positivist würde diesen Grundsatz selbstverständlich unterschreiben; er würde nur der Klarheit halber hinzufügen, daß die *heutigen* Leistungen der Wissenschaft natürlich nicht mehr umschreiben als die *bis heute* erkennbaren Grenzen zuverlässiger Erkenntnis – und auf den herausfordernden Blick des Dialektikers zurückfragen, an Hand von was denn Erkenntnisgrenzen überhaupt abgesteckt werden sollten, wenn nicht an Hand von in bewährten Wissenschaften aktualisierter Erkenntnis.

Des Dialektikers Antwort auf diese Frage deutet Habermas im Kapitel über Hegels Kantkritik an (14 ff.): jede konsequente Erkenntnistheorie verstrickt sich unvermeidlich in den Zirkel, daß sie – um ihr Geschäft überhaupt anfangen zu können – dasjenige als gültig voraussetzen muß, dessen Gültigkeit sie erst erfragen will. Damit, so könnte man mit Hegel gegen Habermas meinen, kann die »konsequente« oder »radikale« Erkenntniskritik *ad acta* gelegt und statt eines »Mißtrauens in die Wissenschaft« ein »Mißtrauen in dies Mißtrauen« gesetzt werden⁴. Eben dies tut der Positivist, wenn er sich weigert, »Wissenschaft als solche zu problematisieren« (110): er – und keineswegs bloß er – durchschaut die Furcht zu irren als den eigentlichen Irrtum und beschränkt sich darauf, die Verfahrensweisen existierender Wissenschaften hinsichtlich der in ihnen impliziten methodologischen Regeln und nichtthematischen Annahmen zu untersuchen. Habermas dagegen hält es mit dem esoterischen Hegel – mit dem Verfasser einer *Phänomenologie*, der anderes tut, als er zu tun meint, und der, ohne es wahrhaben zu wollen, einen Ausweg aus dem eben erwähnten Zirkel gefunden hat: die dialektische Methode der Selbstreflexion. Der angeblich tödliche Zirkel erweist sich als ein heilsamer Kuraufenthalt: die Erkenntnistheorie muß an ihm ihr falsches Bewußtsein abstreifen, »kurieren«, und sich »metakritisch gegen sich wenden« (17 ff.).

Hier wird die Angelegenheit unheimlich, und zwar nicht nur für den Positivisten; steht man doch vor der schlichten Frage, was damit eigentlich gesagt sein soll. Was ist denn genau die »Reflexion«, deren Verleugnung laut Habermas das Wesen des Positivismus ausmacht und an Hand deren der »Sinn der Erkenntnis« entdeckt werden kann? Habermas meint, der Positivismus habe die »transzendental-logische Frage nach den Bedingungen möglicher Erkenntnis« und damit auch die Forderung nach einer radikalen Erkenntnistheorie vor allem deswegen abgeschnitten, weil ihm dergleichen Probleme angesichts des Fortschritts moderner Wissenschaften sinnlos erschienen (88).

Dies ist aber nur ein Teil der Geschichte, und zwar der unwesentlichere. Was jedenfalls den »neueren Positivismus« betrifft, so hat er solche Fragen vor allem deswegen abgeschnitten, weil er ihnen keinen präzis umschreibbaren Sinngehalt abgewinnen konnte. Er hörte von Hegel und bekommt neuerdings wiederum durch Habermas zu hören, daß es nicht ausreiche, jeweils nur einzelne Voraussetzungen zu problematisieren und den Rest ungeschoren zu lassen, da auch bei beliebiger Iteration dieses Verfahrens jeweils »die Wahl des ersten Bezugssystems und die Reihenfolge der weiteren Untersu-

chungsschritte ... arbiträr« bleiben und damit das Unphiloso-
phische des Konventionellen an sich hätten (15 ff.).
Dies mag richtig sein, beweist aber zunächst nicht mehr, als
daß jene »aufs Ganze« zielende Erkenntnistheorie, der es um
eine *totale* kritische Rechtfertigung aller Bedingungen möglicher Erkenntnis geht, eben ein Unding ist. Jedenfalls wird der
Positivist zurückfragen dürfen, was der Dialektiker denn Besseres zu bieten habe. Die Antwort lautet: eine Verfahrensweise, deren Standards ihr selbst immanent sind. Der ausnahms-
weise einmal aufgeschlossene Positivist horcht auf: ob es vielleicht dem Dialektiker gelungen sein könnte, die uralte Sehnsucht der philosophierenden Menschen zu stillen, eine rein aus
sich heraus zu rechtfertigende Philosophie zu entdecken?
Aber seine freudige Erregung verwandelt sich nur zu bald in
saure Enttäuschung: der Dialektiker weiß zwar seine »Methode« zu handhaben und weist auch darauf hin, man könnte
sie erlernen wie jedes andere Handwerk auch; aber er kann
nicht genau erklären, was er tut, und weiß jedenfalls keine
handfesten Kriterien anzugeben, nach denen zu entscheiden
wäre, ob er sein Handwerk beherrscht oder nicht.
So erklärt er etwa, die totale Erkenntniskritik müsse an
Bewußtseinsformationen anknüpfen, die sie zunächst nur
empirisch antrifft; doch die Wahl des Anknüpfungspunktes
sei nicht konventionell. »Sinnliche Gewißheit ist der Titel für
das natürliche Bewußtsein einer Alltagswelt, in der wir uns
mit unvermeidbarer Kontingenz immer schon vorfinden«
(16). Der geduldige Positivist liest seinen Hegel nach und
stellt dreierlei fest: erstens, daß diese »sinnliche Gewißheit«
ein so künstlich Eingeengtes ist, daß ihm im »natürlichen
Bewußtsein« gar überhaupt nichts entspricht; zweitens, daß
die angeblichen Widersprüche dieser Bewußtseinsform vorwiegend davon herrühren, daß der Vater der Dialektik einen
groben semantischen Schnitzer begeht, indem er Ausdrücke
wie ›ich‹, ›jetzt‹ und ›hier‹ als Substantiva gebraucht, was kein
vernünftiger Mensch je tun würde; und schließlich drittens,
daß keinerlei Kriterien dafür geboten werden, daß die
Schwierigkeiten im Bereich der »sinnlichen Gewißheit«
gerade zur »Wahrnehmung« und nicht zu einem x-beliebigen
Anderen führen sollen. Wenn er literarischen Geschmack hat,
wird er vom Text fasziniert sein und vielleicht sogar zugeste-

hen, daß er ihn dorthin führte, wo der Dialektiker ihn offenbar haben wollte. Aber da ihm keine Maßstäbe gegeben werden, an Hand deren er auch nur fragen könnte, ob er nun ge- oder nicht vielmehr verführt worden ist, wird er zum Ergebnis gelangen: die angeblich immanenten oder gar »theoretisch gewissen«[5] Standards der Selbstreflexion sind nicht mehr als die Absenz auch nur präzis formulierbarer, geschweige denn ausweisbarer Maßstäbe und die ganze dialektische Methode bloß ein Freibrief für »spekulative« Willkür.

Nun ist es vielleicht ungerecht, Habermas zu unterstellen, er sehe das Unwesen des Positivismus allein darin, daß seine Vertreter nicht bereit sind, sich in den unübersichtlichen Sumpf der dialektischen Methode versenken zu lassen; wenn ich mich nicht irre, kommt der Ausdruck ›dialektische Methode‹ im Buch nicht ein einziges Mal vor. Jedenfalls trägt er an entscheidender Stelle noch ein anderes Argument gegen den Positivismus vor: er ignoriere die synthetischen Leistungen des erkennenden Subjekts, verdecke damit die Problematik der Weltkonstitution und halte an der »naiven Vorstellung« fest, daß Erkenntnis die Realität beschreibe (90). Diese Stelle scheint mir deswegen entscheidend, weil die von Habermas skizzierte Dialektik der modernen Erkenntnistheorie (eine Dialektik, aus der Habermas schließlich seine These von den »erkenntnisleitenden Interessen« herleitet) nur dann sinnvoll in Gang gesetzt werden kann, wenn diese Anklage gegen den Positivismus berechtigt ist. Denn wenn die eine oder andere Version der »naiven Vorstellung« zurecht besteht, dann hat der Positivismus zumindest darin recht, daß er die Frage des Dialektikers nach einem »Sinn von Erkenntnis überhaupt« abgeschnitten hat und dann ist Habermas der Zugangsweg zu seiner eigenen Spekulation versperrt.

Ich habe hier nicht die Absicht, einen Erkenntnisrealismus welcher Art auch immer zu verteidigen, sondern will mich auf folgende drei Bemerkungen beschränken:

Erstens veranlaßt mich Habermas' Argument auf S. 90, nochmals zu betonen, daß *Erkenntnis und Interesse* ein Produkt deutschen Philosophierens ist. Denn zu den Untugenden deutscher philosophischer Tradition seit Fichte gehört unter vielem anderen auch die Tendenz, Ausdrücke wie ›naiv‹ als ein Prädikat zu gebrauchen, kraft dessen das unglückliche Subjekt – meist eine Meinung, eine Aussage oder eine Theorie – als grundsätzlich unhaltbar gebrandmarkt wird. Wen, es sei denn einen Vertreter jener seltsamen Tradition, die von Fichte über Hegel, die Linkshegelianer, den jungen Marx, Heidegger etc. bis zu Adorno und Habermas führt, interessiert denn, ob eine Vorstellung naiv ist? Ist denn a priori einsichtig, daß naive Vorstellungen unbegründet oder gar falsch sind? Steht es nicht vielmehr umgekehrt so, daß ›naiv‹ erst dann aus einem quasi-ästhetischen zu einem semantischen Prädikat werden kann, wenn das Unhaltbare des Subjektes schon erwiesen ist? Und daß die Vorstellung, Erkenntnis beschreibe die Realität, falsch ist, wird von Habermas nie gezeigt; ich komme auf diesen Punkt zurück. Hier sei nur darauf hingewiesen, daß Habermas sich in so mancher Hinsicht würdig in die Tradition derjenigen einreiht, die sich über die »Verständigkeit des gemeinen Verstandes«[6] lustig machen, aber erstens nicht zeigen, was daran eigentlich so belustigend sein sollte und zweitens außer Unklarem nichts Besseres zu bieten haben.

Zweitens will ich die eben gemachte Bemerkung ausklammern und Habermas zugestehen, daß die Vorstellung, Erkenntnis beschreibe Realität, tatsächlich naiv ist, *sofern* man sie im Sinne einer vereinfachten *Abbildtheorie* versteht. Hier lohnt es wohl, kurz darauf hinzuweisen, daß sogar der naive Ontologe Thomas von Aquin, durch dessen Verdienste die Wendung von der *adaequatio rei et intellectus* in Schwang kam, sich durchaus bewußt war, daß diese Formel unbekannter Herkunft von der aristotelischen Wahrheitsdefinition her interpretiert werden muß: die Aussage ›p‹ ist wahr, wenn p; man lese dazu den dritten Artikel der ersten *Quaestio disputata de veritate* und beachte, wie Thomas dort argumentiert. Und was an der Behauptung naiv sein sollte, daß Erkenntnis die Wirklichkeit so erfaßt, wie sie ist, bleibt mir unklar; sie mag unbeweisbar oder gar nachweislich falsch sein, aber als solche ist sie um keinen Deut naiver als ihre Negation.

Drittens schließlich möchte ich den Leser bitten, einen Augenblick lang aus Habermas' dialektischem Zauberkreis herauszutreten und die ganze Angelegenheit aus einer anderen Perspektive zu betrachten. Da ist zunächst einmal der Umstand, daß Kant seine Lehre von den synthetischen Leistungen des erkennenden Subjekts nicht etwa auf Grund einer »Erfahrung der Reflexion«, sondern zur Auflösung eines ihm sonst unlösbar erscheinenden Problems entwickelt hatte: er wollte Aussagen erklären, die er in von ihm weiter unbezweifelten Wissenschaften wie Mathematik und Physik (sowie in der für ihn höchst zweifelhaften Metaphysik) vorfand – Aussagen, die weder durch Begriffsanalyse bzw. mit Hilfe des Widerspruchsprinzipes noch durch Empirie zu erklären waren. Da ist weiterhin der Umstand, daß schon Fichte und dann erst recht Hegel gar nicht mehr sehen, daß Kant nicht etwa auf Grund von Reflexionserlebnissen oder gar aus emanzipatorischem Interesse Idealist wurde, sondern aus durchaus ernstzunehmenden wissenschaftstheoretischen Überlegungen. Daß seine transzendentale Hypothese in ihrer konkreten Ausgestaltung dann schließlich Formen annahm, die Spekulationen von der Fichte-Hegelschen Abart nahelegte, will ich gerne zugestehen. Aber hier wird dann ein dritter Umstand relevant: daß zumindest der Positivismus des Wiener Kreises, dessen Zusammenhang mit Comte und Mach übrigens sehr viel dünner ist, als Habermas meint, von der Einsicht ausging, daß die Aussagen der Mathematik analytisch und diejenigen der Physik empirisch sind – und somit die »synthetischen Leistungen des erkennenden Subjekts« bloß in der schon ohnehin suspekten Metaphysik als Lösung eines Problems auch nur angeboten werden konnten.

Da ich selbst, allem bisherigen Anschein zum Trotz, weder Positivist noch Thomist bin, tue ich wohl gut daran, an dieser Stelle zu betonen, daß es mir nicht darum geht, den Positivismus alter oder neuer Prägung zu verteidigen. Überhaupt rennt hier Habermas offene Türen ein, denn der Positivismus, den er bekämpft, wird nicht einmal mehr von den Überlebenden des Wiener Kreises ernsthaft vertreten; wie etwa P. F. Strawsons *Individuals,* mit dem bezeichnenden Untertitel »An Essay in Descriptive Metaphysics«, und etwa die zwei jüngsten englischen Kantstudien zeigen, ist man sich auch unter analytischen Philosophen zunehmend bewußt geworden, daß synthetische Aussagen a priori nicht einfach wegdisputiert werden können (weswegen man allerdings noch lange nicht bereit ist, von »synthetischen Leistungen« u. ä. zu sprechen).[7] Worum es mir hier geht, ist dies: daß die positivistische Einstellung die Problematik der Weltkonstitution und der synthetischen Leistungen »verdeckt«, ist dann und nur dann ein sinnvoller Einwand, wenn *zuvor* erwiesen worden ist, daß unsere Erfahrung ohne die Annahme solcher dem natürlichen Bewußtsein widersprechender Hypothesen unverständlich bleiben müßte. Und dieser Erweis kann zweifellos nicht durch die kahle Behauptung erbracht werden, die Bestandteile der metaphysischen Tradition tauschten im Positivismus nur ihren Stellenwert (101) bzw. der Positivismus könne sich nur in metaphysischen Begriffen verständlich machen (103); ebenso könnte man behaupten, Hexen, Elfen und Zwerge hätten im Bewußtsein des modernen Menschen bloß ihren Stellenwert vertauscht oder der Atheist könne sich nur in Begriffen ausdrücken, welche die Anerkennung Gottes implizieren. (Natürlich muß sich der Positivist metaphysischer Aussagen bedienen, um sich vom Metaphysiker *abzugrenzen;* aber dies ist trivial – um etwas abzulehnen, muß man es beim Namen nennen.)

Was Habermas hier zu übersehen scheint (und doch an anderen Stellen ganz klar sieht), ist, daß »Metaphysik«, sei es nun in Form klassischer Ontologien oder moderner transzendentalphilosophischer Reflexionen, sich heute nur dadurch verteidigen kann, daß sie ihre Unvermeidlichkeit *innerhalb* jenes empirischen Bewußtseins aufweist, an welches der Positivist sich hält. Denn der »Positivist« welcher Prägung auch immer hat zunächst den Vorteil auf seiner Seite: er bleibt genau an jenem Ort stehen, von dem auch sein Gegner ausgehen muß, sofern er nicht ein Phantast sein will; weswegen eine Überwindung des Positivismus heute einzig dadurch möglich ist, daß ihm, dem Repräsentanten des unvermeidlichen Ausgangspunktes, gezeigt wird, daß er unmöglich bleiben kann, wo er steht. Kant hat dies noch genau gesehen, weswegen Habermas nicht ganz unrecht hat, wenn er – etwas unmotiviert – erklärt, er sei der letzte gewesen, der sich ernsthaft philosophisch mit Wissenschaft befaßte (12). Auch Hegel hat es auf seine Weise gesehen, nur daß eben seine »Methode« des sich in der Reflexion wandelnden Gegenstandes keine Methode ist, da sie nicht zeigen kann, warum sich der Gegenstand gerade so und nicht anders wandeln sollte. Husserl dagegen hat dies zumindest zeitweise nicht gesehen; man erinnere sich etwa an E. Finks autorisierte Husserl-Verteidigung aus dem Jahre 1933, aus der klar hervorgeht, daß die »transzendentale Reduktion« erst gerechtfertigt werden kann, nachdem sie schon geschehen ist, also gerade *nicht* innerhalb der »natürlichen Einstellung«.[8]

Und damit wäre ich beim entscheidenden Thema angelangt, bei der Frage, ob Habermas mit seiner These von den »erkenntnisleitenden Interessen« recht hat oder nicht. Um diese Frage sachgemäß beantworten zu können, müßten allerdings zwei Vorfragen geklärt sein: erstens, was denn Habermas eigentlich genau behauptet; und zweitens, nach welcherart Kriterien, was immer er behauptet, überhaupt beurteilt werden kann. Und schon die erste dieser beiden Vorfragen stellt uns vor große Schwierigkeiten, denn *Erkenntnis und Interesse* ist ein ebenso erregendes wie unklares Buch; auch in dieser Hinsicht ist es der neueren deutschen Tradition verpflichtet. Dies wird – von seltsamen jungmarxschen Reminiszenzen wie einer ihr Leben reproduzierenden Gattung (171 u. ö.) und eines sich geschichtlich konstituierenden Gattungssubjektes (259 u. ö.) völlig abgesehen – vor allem beim Zentralbegriff des *Interesses* deutlich. Nur an einer einzigen Stelle fand ich den entsprechenden Ausdruck in Anführungszeichen gesetzt; und dennoch dürfte klar sein, daß Habermas diesen Ausdruck nicht so gebraucht, wie dies in der Alltags- oder auch der üblichen Fachsprache meist der Fall ist.

Wenn es heißt, wissenschaftliche Erkenntnis sei von einem Interesse geleitet, so ist gewiß nicht gemeint, der einzelne Forscher könne bei sich ein solches Interesse feststellen, und sei es auch nur auf Grund einer psychoanalytischen Behandlung, auf deren Erfahrung weder Habermas (10) noch ich sich berufen können. Zwar betont Habermas hinsichtlich der Naturwissenschaften, ihre Sprache sei »monologisch« (238) und das »zweckrationale Handeln«, dessen Dringlichkeit dem diese Wissenschaften leitenden Interesse entspricht, sei »prinzipiell einsam« (176); doch daß jeder einzelne Wissenschaftler in welch empirischem Sinne auch immer an »möglicher technischer Verfügung« interessiert sei, ist eine allzu offensichtlich falsche Behauptung, als daß man sie Habermas unterstellen dürfte. Nicht einmal von der Gemeinschaft der Forschenden wird man sinnvoll sagen können, sie sei technisch interessiert: zwar werden heute gewiß ganze Zweige der theoretischen Naturwissenschaft von der Industrie gefördert und deswegen nicht nur Forschungsbereiche, sondern auch Theorien beiseitegeschoben, die industriell nicht zu verwerten sind; aber erstens ist dies ein Phänomen, das höchstens hundert Jahre alt ist gegenüber mehr als dreihundert Jahren seit der Kopernikanischen bzw. Galileischen »Wende«, und zweitens dürfte auch heute bei der Forschergemeinschaft eher ein Interesse an Forschungsgeldern als an industriellen Erfolgen nachweisbar sein. Kurz und gut, was Habermas »Interesse« nennt, ist als solches nicht subjektiv erlebbar; es handelt sich um ein Interesse, bei dem u. U. niemand empirisch nachweisbar interessiert ist — um ein transzendentales Interesse, eine »Grundorientierung«, die in der »organischen Ausstattung« (171) bzw. den »fundamentalen Bedingungen der möglichen Reproduktion und Selbstkonstituierung« der Menschengattung (242) wurzelt. Wenn mithin die Behauptung, wissenschaftliche Erkenntnis sei von Interessen geleitet, mehr sein soll als ein vielleicht geistreiches, aber völlig unverbindliches Aperçu, können die habermasschen »Interessen« nur als eine Bedingung der Möglichkeit des jeweiligen Wissenschaftstypus verstanden und d. h. letztlich nur an Hand einer »transzendentalen Analyse« der einschlägigen Wissenschaften nachgewiesen werden. Habermas setzt an Kant aus, er habe sich durch die Newtonsche Physik einen Wissenschaftsbegriff »vorgeben« lassen, was der Intention einer vorbehaltlosen Erkenntniskritik widerspreche (88); aber es ist nicht recht einzusehen, wie Habermas vermeiden will, ebendasselbe zu tun, wenn auch der Wissenschaftsbegriff, den er sich »vorgeben« läßt, nicht einfach derjenige der Physik und mithin weit differenzierter und umfassender als der Kantische ist.

Damit ist aber die entscheidende Unklarheit seines Interessebegriffs noch nicht einmal berührt. Im Gegensatz zu Kant, dessen transzendentaler Idealismus eine Antwort auf die präzis gestellte Frage nach der Bedingung der Möglichkeit allgemeiner und notwendiger synthetischer Erkenntnis ist, ist bei Habermas keineswegs ohne weiteres klar, auf die Frage nach den Bedingungen der Möglichkeit *wovon* seine These von den erkenntnisleitenden Interessen antworten soll. Soweit ich sehe, könnte diese These als Antwort auf zumindest folgende drei Fragen verstanden werden:

1. Warum gibt es überhaupt Wissenschaft? Diese Frage könnte wiederum zumindest zweierlei besagen: a) Warum ist Wissenschaft entstanden? und b) Warum wird auch heute noch Wissenschaft betrieben?

2. Warum gibt es in der Wissenschaft überhaupt einen Fortschritt bzw. worin besteht er?

3. Warum geht Wissenschaft so vor, wie sie es tatsächlich tut, d. h. betrachtet sie die Wirklichkeit aus dieser eher als aus jener Perspektive, läßt dies eher als jenes als Bestätigung gelten, sucht sie nach dieserart eher als nach jenerart Ergebnissen, etc.?

Daß theoretische Wissenschaften ihren Ursprung den ἀναγκαῖα verdanken (1a), wußte schon Aristoteles[9]; und heute würde wohl. niemand leugnen, daß jedenfalls der moderne Naturwissenschaftsbetrieb auf weite Strecken nur deswegen von der Gesellschaft gefördert wird, weil man sich von ihm direkt oder indirekt eine Befriedigung menschlicher Bedürfnisse erhofft (1b). Dies letztere bedeutet aber, wie ich schon betonte, nicht, daß die Forschergemeinschaft oder gar der einzelne Wissenschaftler bewußt diesem Interesse dienen; es bedeutet nur, daß die Gesellschaft bzw. die in ihr herrschenden Gruppen die Wissenschaftler gewähren lassen bzw. unterstützen, weil natur- und, weniger sichtbar, wohl auch geisteswissenschaftliche Ergebnisse »praktische« Bedeutung haben können und oft auch haben. Man kann der Meinung sein, Wissenschaften sollten sich vorwiegend oder gar ausschließlich mit Fragen befassen, deren Beantwortung für die Befriedigung menschlicher Bedürfnisse im weitesten Sinne des Wortes relevant sind; doch abgesehen davon, daß diese bildungspolitische Maxime etwas kurzsichtig ist (da ja heute nicht abzusehen ist, welche theoretischen Ergebnisse morgen »praktische« Bedeutung haben könnten), ist sie nicht mehr als eine sozio-ethische *Forderung,* die als solche zunächst kein Licht auf das »Wesen« wissenschaftlicher Erkenntnis wirft.

Was dieses »Wesen« betrifft, wird die These von den erkenntnisleitenden Interessen erst dann interessant, wenn nicht bloß die Entstehung und das Fortbestehen, sondern das Vorgehen und die methodologische Struktur einer Wissenschaft aus dergleichen Interessen erklärt werden sollen, genauer: wenn gezeigt werden kann, daß ohne die Annahme solcher Interessen unverständlich bleibt, warum Wissenschaften so vorgehen, wie dies tatsächlich der Fall ist (3) bzw. ihren eigenen Fortschritt so beurteilen, wie sie es tatsächlich tun (2). Anders ausgedrückt, die These von den erkenntnisleitenden Interessen erreicht erst dann die grundsätzliche Relevanz, die Habermas ihr zuzusprechen scheint, wenn ihre Richtigkeit durch eine Art »transzendentaler Deduktion« der vorfindlichen Wissenschafts*struktur* aus den erkenntnisleitenden Interessen erwiesen werden kann.

Ich will mich hier darauf beschränken, kurz das »Interesse an möglicher technischer Verfügung« (173) zu analysieren, das Habermas den Naturwissenschaften zuordnet.

Wenn ich ihn recht verstehe, will Habermas diesbezüglich zumindest zweierlei sagen: erstens, daß Naturwissenschaften so vorgehen, wie dies nachweislich der Fall ist, und zu den Ergebnissen gelangen, die uns aus ihrer Geschichte bekannt sind, weil sie – ohne sich dessen notwendig bewußt zu sein – den Maßstab der Gültigkeit bzw. Fortschrittlichkeit ihrer Ergebnisse und deswegen auch die Standards ihres Vorgehens einem – vom Wissenschaftler selbst nicht notwendig erlebten – Interesse an »zweckrationalem, am Erfolg kontrollierten Handeln« (171) entnehmen; und zweitens, daß dieses Interesse die Funktion einer »gegenstandskonstituierenden Leistung« hat, die Naturwissenschaften also die Wirklichkeit jeweils schon unter dem Gesichtspunkt möglicher technischer Verfügung »objektivieren«. (Dabei legt die Wendung ›erfolgskontrolliertes Handeln‹ den Gedanken an Tätigkeiten nahe, welche die jeweils gesteckten Ziele optimal erreichen, und besagt ›mögliche technische Verfügung‹ wohl soviel wie ›die Möglichkeit bzw. Fähigkeit, mit der Wirklichkeit wie beabsichtigt umzugehen‹; allerdings dürfen die gesteckten Ziele und Absichten ungeachtet des »monologischen Sprachgebrauchs« [176] der Naturwissenschaften nicht als individuelle Willkür verstanden werden, sondern ergeben sich aus dem geschichtlichen Stand der gesellschaftlichen Arbeit [242 ff.].)

Was die erste Aussage betrifft, so trägt zwar Habermas kein eigentliches Argument vor, scheint sich aber hier und dort auf dreierlei zu berufen: daß naturwissenschaftliche Erkenntnis grundsätzlich immer technisch verwertbar ist; daß die Basissätze der Naturwissenschaften nur Erfolge oder Mißerfolge unserer Operationen zum Ausdruck bringen; und daß auch die experimentelle Bestätigung naturwissenschaftlicher Theorien grundsätzlich operativ ist. Gegen das erste Argument wäre einzuwenden, daß es ganze Zweige der Naturwissenschaften gibt, die, jedenfalls unmittelbar, kaum technisch zu verwerten sind: man denke an die Geologie, an die Astronomie oder auch an die Evolutionslehre; daß der Fortschrittsmaßstab auch der theoretischen Physik gewiß nicht auf technische Verwertbarkeit reduziert werden kann: obwohl heute jeder Physiker der Meinung ist, die Relativitätstheorie sei Newtons Mechanik überlegen, basiert bis heute mit ganz wenigen Ausnahmen unsere gesamte Technik auf der letzteren; und schließlich grundlegender, daß die grundsätzliche »praktische« Verwertbarkeit theoretischer naturwissenschaftlicher Einsichten ja auch davon herrühren könnte, daß die Naturwirklichkeit in dergleichen Einsichten so erfaßt worden ist, wie sie eben ist.

Die beiden anderen Argumente sind ungleich gewichtiger; die mit ihnen aufgeworfenen Fragen gehören zu den schwierigsten der jüngeren Wissenschaftstheorie, weswegen ich mich auf zwei Bemerkungen beschränken will:

1. Es ist gewiß wahr, daß die »kontrollierte Beobachtung«, welche naturwissenschaftlichen Theorien zugrunde liegt und an Hand deren sie auch experimentell bestätigt werden, zum größten Teil ohne Operationen unmöglich ist. Trotzdem scheint es mir höchst irreführend, von Beobachtungssätzen zu sagen, sie würden bloß den Erfolg oder Mißerfolg unserer Operationen zum Ausdruck bringen.

Natürlich kann ich ebenso Beobachtungen wie Voraussagen operativ formulieren, etwa: »Wenn die Hypothese T zutrifft, dann wird Dir, falls Du x unter den Bedingungen C tust, y gelingen.« Aber abgesehen davon, daß dies keineswegs immer möglich ist bzw. die Anweisung, x zu tun, sich auf die Aufforderung beschränken kann, an einer bestimmten Stelle zu graben oder das Teleskop auf eine bestimmte Himmelsrichtung einzustellen, besteht das Wesentliche nicht darin, daß *mir* bzw. *jemand* y *gelingt*, sondern vielmehr darin, daß y auf Grund der Anfangsbedingungen Cx *geschieht* bzw. festgestellt werden kann. Anders ausgedrückt: daß z. B. eine Hypothese unhaltbar ist, kann nicht einfach dadurch belegt werden, daß niemand gelungen ist, die aus ihr ableitbaren Voraussetzungen zu verwirklichen; dies könnte ja auch davon herrühren, daß es nicht zum Experiment kommen konnte bzw. es falsch durchgeführt wurde.

Vielmehr wird die Unhaltbarkeit einer Hypothese dadurch erwiesen, daß die Voraussagen nicht zutreffen, obwohl wir genau die Anfangsbedingungen hergestellt hatten, unter denen sie hätten zutreffen sollen. Wie sehr Habermas diesen Punkt übersieht, ergibt sich daraus, daß er den positiven bzw. negativen Ausgang eines Experimentes als Erfolg bzw. Mißerfolg von *Meß*operationen darstellt (237). Das ist aber einfach falsch: die Meßoperationen müssen beim negativen Ausgang nicht weniger erfolgreich sein als beim positiven. Nicht die Meßoperation hat Erfolg oder Mißerfolg, sondern allerhöchstens diejenige Operation, welche erfolgreich sein sollte, wenn die Hypothese richtig ist – eine Operation, bei der nicht wesentlich ist, daß ein Mensch sie ausführt, sondern allein, daß sich etwas Meßbares ereignet.

Darauf hat übrigens schon 1923 G. Lukács hingewiesen, als er sich mit Engels' Behauptung auseinandersetzte, Experimente seien Wahrheitskriterien, *insofern sie Praxis* implizieren.[10]

Gewiß gibt es kein Experiment ohne »Praxis«, aber was verifiziert bzw. falsifiziert, ist nicht die »Praxis« selbst, sondern ein durch sie bzw. die Naturmanipulation freigelegter Zusammenhang, Zustand oder Prozeß. Ähnliches wird man Habermas entgegenhalten müssen, wenn er Peirce vorwirft, er falle »in die Ontologisierung zurück«, indem er z. B. die Härte eines Diamanten darin sieht, daß *etwas* – und nicht wie Habermas möchte: *jemand* – ihn reibt, ohne ihn zu ritzen; Habermas hat wohl recht, wenn er meint, diese Aussage sei nicht gut mit dem pragmatischen Wissenschaftsbegriff vereinbar (154 ff.), doch von der Sache her ist sie so korrekt, daß weniger diese »Ontologisierung« als der pragmatistische Ansatz fraglich ist. Die Härte des Diamanten ist (vielleicht) real nur in Beziehung auf bestimmte mögliche Ereignisse (die Reibberührung mit einem anderen Gegenstand); aber es ist nicht im geringsten einzusehen, warum sie – wie Habermas behauptet (169) – nur in Beziehung auf mögliche *Operationen* real sein sollte.

2. Schon hier wird deutlich, daß Habermas seiner transzendentalen Deduktion einen ganz spezifischen Naturwissenschaftsbegriff zugrunde legt, von dem ich nicht recht weiß, ob ich ihn als extrem positivistisch oder als extrem pragmatistisch charakterisieren soll. Er nimmt nämlich wie Peirce an, daß der einzige Informationsgehalt einer naturwissenschaftlichen Aussage die von ihm ableitbaren empirischen Folgen sind.

Dies geht so weit, daß er von naturwissenschaftlichen Aussagen meint, sie seien zumindest ihrer logischen Form nach »Kalküle, die wir durch eine geregelte Manipulation von Zeichen erzeugen können« (236) und daß er die Forschergemeinschaft gelegentlich als eine »Experimentiergemeinschaft« bezeichnet (178). Legt man eine extrem positivistische Wissenschaftstheorie wie etwa diejenige von Hempel und Oppenheim[11] zugrunde, für welche *explanation* und *prediction* streng symmetrisch sind, so ist dies nicht unplausibel; denn dann kann man sagen, die einzige Funktion naturwissenschaftlicher theoretischer Aussagen bestehe darin, Voraussagen zu ermöglichen, wobei die Theorien selbst keinerlei eigene Intelligibilität zu haben brauchen und im Extremfall tatsächlich durch mechanisch manipulierbare Kalküle ersetzt werden könnten.

Gerade in den letzten Jahren ist aber immer deutlicher geworden, daß es dem von Wissenschaftstheoretikern wie Braithwaite, Hempel, Nagel, Oppenheim, Popper u. a. artikulierten deduktiven *covering-law model* nicht gelingt, dem neben der Feststellung von Gesetzmäßigkeiten wichtigsten Anliegen moderner Naturwissenschaften gerecht zu werden, nämlich zu *erklären*. Ein wichtiges Ergebnis dieser Einsicht ist die schon 1920 von Campbell[12] begonnene, aber erst in den letzten zehn Jahren wirklich in Gang gekommene Diskussion über die Bedeutung von Modellen und Analogien, ja sogar einer »metaphoric redescription of the domain of the explanandum«, für Theorien: es wird darauf hingewiesen, daß Modelle nicht, wie Hertz, Mach, Duhem und heute die Positivisten und Formalisten meinen, bloß ein Instrument der Theorie*konstruktion*, sondern ein Wesensbestandteil *der Theorie selbst* sei – ein Bestandteil, welcher der Theorie eine von den

Voraussagen weitgehend unabhängige Intelligibilität verleiht und ihren eigentlichen Erklärungswert ausmacht[13].

Ich gehe nun zur zweiten These über: daß Naturwissenschaften es schon mit einer unter dem Gesichtspunkt möglicher technischer Verfügung objektivierten Wirklichkeit zu tun haben. Es ist mir nicht klar geworden, ob Habermas diese zweite These eher als eine selbstverständliche Implikation oder vielmehr als die entscheidende Begründung der ersten betrachtet.

Wäre das letztere der Fall, so könnte er darauf hinweisen, der von mir betonte nicht-operative Aspekt ebenso von Beobachtungssätzen wie von Erklärungshypothesen tue nichts zur Sache, da er etwas »innerhalb« einer je immer schon operativen bzw. instrumentalen Wirklichkeitsobjektivierung sei. Andererseits trägt Habermas keinerlei Argumente für diese zweite These vor, weswegen man dann annehmen müßte, er setze stillschweigend die Richtigkeit von Analysen voraus, wie sie etwa Heidegger in *Sein und Zeit* und Husserl in seiner Skizze über den Ursprung der Geometrie vorgetragen haben.[14]

Angesichts dieser undurchsichtigen Argumentationslage will ich mich mit folgenden fünf Bemerkungen begnügen:

1. Was Habermas »Objektivierung der Wirklichkeit unter dem Gesichtspunkt möglicher technischer Verfügung« nennt, könnte man ohne große Schwierigkeiten mit Hilfe des klassischen Abstraktionsbegriffes als ein Absehen bzw. Übersehen von Wirklichkeitsaspekten, die nicht technisch verwertbar sind, umschreiben. Dies hätte u. a. den Vorteil, daß nicht im vorhinein durch bloßen Wortfetischismus die Möglichkeit einer realistischen Deutung verbaut würde. An einer Stelle spricht Habermas von einer der objektivierten Wirklichkeit entsprechenden »restringierten Erfahrung« (236); diese Wendung ist nur dann sinnvoll, wenn man um eine nichtrestringierte Erfahrung weiß und diese nicht etwa als einen »defizienten Modus« instrumentaler Erkenntnis, sondern umgekehrt als den notwendigen Hintergrund der letzteren voraussetzt.

2. Damit erweist sich auch die stereotype Wendung von den synthetischen bzw. konstituierenden Leistungen als irreführ-

rend, insbesondere, wenn man dabei nicht, wie der späte Husserl, bloß von der letztlich psychologischen Erkenntnis*genesis* spricht, sondern der Wendung von vornherein jene antirealistische Konnotation beilegt, die sie bei Habermas zweifellos hat. Habermas spricht ständig so, als ob es die Gegenstände naturwissenschaftlicher Forschung streng genommen nur kraft des Interesses an technischer Verfügung überhaupt *gäbe*. Dagegen spricht, daß die heute von der Naturwissenschaft berücksichtigten Wirklichkeitsaspekte zwar vielleicht nicht mehr so viel Aufmerksamkeit auf sich ziehen, aber dennoch grundsätzlich zugänglich bleiben würden, wenn wider Erwarten das Interesse an technischer Verfügung einmal verschwinden sollte. Die Interessegebundenheit der naturwissenschaftlichen Wirklichkeitsperzeption einmal vorausgesetzt, muß man hier wohl zweierlei unterscheiden: den Umstand, daß Menschen ohne technisches Interesse auf bestimmte Wirklichkeitsaspekte nie *aufmerken* würden, und die Behauptung, ohne Interessegebundenheit wären diese Wirklichkeitsaspekte grundsätzlich unzugänglich. Ich sehe nicht, was für die letztere Behauptung sprechen würde.

3. Die Interessegebundenheit der naturwissenschaftlichen Wirklichkeitsperzeption ist zudem keineswegs so selbstverständlich, wie Habermas meint. Hier genügt es zweifellos nicht, darauf hinzuweisen, daß die Grundthemen naturwissenschaftlicher Erkenntnis dem »Funktionskreis instrumentalen Handelns« entsprungen sind und daß die Naturwissenschaft die Wirklichkeit ausschließlich unter der Perspektive des Meßbaren anvisiert (237). Was den ersten Punkt betrifft, so müßte erst gezeigt werden, inwiefern und warum die historische Genesis einer Erkenntnisweise für deren systematische Analyse bestimmend sein soll; es liegt nahe, hier auf die Gefahr einer *genetic fallacy* hinzuweisen, also einer Verwechslung von Entstehungsgeschichte und innerer Berechtigung bzw. Gültigkeit. Was den zweiten Punkt betrifft, so müßte erst gezeigt werden, daß Messen eine Funktion des Interesses an technischer Verfügung ist. Gewiß entstand etwa die Geometrie in einem »praktischen« Lebenszusammenhang; aber ist damit gesagt, daß etwa das Messen der Gezeiten oder der Geschwindigkeit von Schallwellen nur aus der Perspektive eines Interesses an »möglicher technischer

Verfügung« begreiflich ist? Selbstverständlich ist dies gewiß nicht.

4. Einer der Gründe, warum Habermas mit dem Begriff der Objektivierung bzw. der konstituierenden Leistungen die Leugnung der Möglichkeit verbindet, die Wirklichkeit so zu erkennen, wie sie an sich ist, scheint mir seine stillschweigende Annahme zu sein, daß nur »das Ganze« als Wahrheit gelten kann. Wenn man wie Hegel annimmt, jede abstrakte Erkenntnis sei eo ipso schief oder gar falsch, dann muß man natürlich naturwissenschaftlichen Aussagen jedes Vermögen absprechen, die Wirklichkeit so darzustellen, wie sie ist. Es scheint mir aber, daß diese Annahme überfordert, was man gemeinhin unter ›Wahrheit‹ versteht: daß es sich tatsächlich so verhält, wie ich sage.[15]

5. Schließlich wird man nicht umhin können, Habermas nach dem Status seiner eigenen Aussagen über naturwissenschaftliche Erkenntnis zu fragen; dies gilt besonders für die Stellen über die Verwurzelung der erkenntnisleitenden Interessen in der »Naturgeschichte der Menschengattung«. Hier wird ein Unterschied zwischen seinem eigenen Vorgehen und demjenigen Kants wesentlich, auf den Habermas übrigens selbst hinweist: Kant frägt nach den Bedingungen der Möglichkeit endlicher Erkenntnis überhaupt, Habermas dagegen nach jenen bestimmter historischer Erkenntnisweisen (240 ff.). Damit scheint aber gegeben, daß, während Kants Analysen von der Erfahrung her nicht bestritten und in der wissenschaftlich zugänglichen Welt auch nicht verankert werden können, Habermas Urteile fällt, zu deren Beurteilung empirisch-wissenschaftliche Informationen relevant sind und die sich überdies in einer Welt abspielen, über die uns die Wissenschaften informieren. Wenn Habermas etwa im Anschluß an Peirce schreibt, naturwissenschaftliche Erkenntnis sei ein »entwicklungsgeschichtliches Substitut für verlorengegangene oder beeinträchtigte animalische Steuerungsmechanismen« (172), oder betont, das Apriori der Naturwissenschaften sei durch den objektiven Lebenszusammenhang bestimmt (240), so scheint er sich auf Evidenzen zu berufen, als deren Vermittler und Interpret im allgemeinen Disziplinen wie Entwicklungs- und Verhaltenspsychologie und damit implizit auch Neurologie, Physiologie, Biochemie, Optik usf. gelten.

Wie können wir davon sprechen, daß das erkenntnisleitende Interesse empirisch-analytischer Wissenschaften seine Basis nicht nur in der Kultur-, sondern eben auch in der *Natur*geschichte der Menschengattung hat, ohne bei dergleichen Aussagen und insbesondere bei ihrer weiteren Artikulierung wiederum vom Interesse an möglicher technischer Verfügung geleitet zu sein? Würde es nicht gelingen, diesen Zirkel zu sprengen, d. h. müßte Habermas zur Letztbegründung seiner Analysen sich doch wieder auf naturwissenschaftliche Aussagen berufen, so müßte man fragen, inwiefern und warum denn seine Behauptung von den erkenntnisleitenden Interessen »wirklichkeitsnäher« sein sollte als die Aussagen der Naturwissenschaft selbst.

M. a. W.: soll Habermas' These von den erkenntnisleitenden Interessen das positivistische Selbstverständnis der Wissenschaften erschüttern können, so muß die Erkenntnis der erkenntnisleitenden Interessen einen grundsätzlich anderen Status haben als die angeblich interessegeleiteten Erkenntnisse selbst. Und zwar genügt es hier nicht, einfach darauf hinzuweisen, die These von den erkenntnisleitenden Interessen sei eben »transzendental«; denn sie ist nicht transzendental im Sinne Kants — sie erklärt nicht innerweltliche Erkenntnis überhaupt, sondern nur bestimmte Erkenntnisweisen und setzt sich damit dem Verdacht aus, selbst in einer dieser innerweltlichen Erkenntnisweisen beheimatet zu sein.

Kurz und gut, Habermas muß seine These von den erkenntnisleitenden Interessen je der Natur- und der Geisteswissenschaften in einer von diesen Wissenschaften unantastbaren These von einem leitenden Interesse menschlicher Erkenntnis überhaupt verankern, und zwar so, daß die erste These von der letzteren irgendwie »abgeleitet« werden kann. Was man vielleicht auch so ausdrücken kann: er muß nicht bloß eine transzendentale Deduktion der Natur- und Geisteswissenschaften aus den jeweils leitenden Interessen, sondern überdies eine Deduktion dieser Interessen aus dem »Wesen« oder »Sinn« menschlicher Erkenntnis überhaupt vorlegen.

Damit ist m. E. der Stellenwert von Habermas' These vom »emanzipatorischen Interesse« gekennzeichnet, der wir uns zum Abschluß zuwenden wollen. Mit dieser These muß es Habermas offenbar gelingen, gleichsam einen absoluten

Bezugspunkt zu erreichen, der folgende drei Bedingungen erfüllt: die Wirklichkeitstreue der an diesem Punkt gewonnenen Aussagen darf durch die Interessegeleitetheit von Natur- und Geisteswissenschaften nicht mehr in Frage gestellt werden können; das an diesem Punkt auftauchende Interesse darf zwar ein erkenntnisleitendes, aber nicht ein erkenntnis*verlei*tendes sein; und schließlich muß von diesem Punkt aus verständlich werden, warum Naturerkenntnis gerade vom Interesse an möglicher technischer Verfügung und Geisterkenntnis gerade vom Interesse an intersubjektiver Verständigung geleitet werden.

Sehen wir uns diesen seltsamen Bezugspunkt etwas näher an. Habermas geht hier von einem der fragwürdigsten Kapitel deutscher Philosophiegeschichte aus: von Fichtes Unterscheidung zwischen dem Dogmatiker und dem Idealisten (253 ff., 349).

Fichte sah den Unterschied bekanntlich darin, daß der Idealist sich im Gegensatz zum Dogmatiker zu einem Freiheitsakt durchringt, welcher jeden »Glauben an die Dinge« in Frage stellt und den Imperativ beinhaltet, die verdinglichte Welt der Erfahrung als »verlorene Produkte der Freiheit« umzuinterpretieren.[16] Es ist allerdings kein Zufall, daß Fichte sich immer wieder von neuem bemühen mußte, seine Leser »zum Verständnis zu zwingen«; der Freiheitsakt, welcher den Idealisten als einen solchen konstituiert, scheint ja nichts anderes zu sein als der prometheische (bzw. auf das Erlebnis der Französischen Revolution zurückgehende) *Entschluß*, nichts anzuerkennen, was man nicht selbst vollzogen hat und von dem man dennoch determiniert wird. Denn zwar schreibt Fichte, man würde sich seiner Selbständigkeit und Unabhängigkeit *bewußt* – als ob sie etwas Vorgegebenes und bloß Vergessenes wäre; aber dann fügt er gleich hinzu, diese Bewußtwerdung gelinge nur dadurch, »daß man sich unabhängig von allem durch sich selbst zu etwas macht«[17].

Es bleibt unklar, ob es die Entdeckung einer je immer schon vorgegebenen und, sobald entdeckt, a priori gewissen Freiheitsstruktur ist, die den Idealisten von den Dingen emanzipiert; oder ob nicht vielmehr ein zunächst völlig willkürlich, ja absurd anmutender Freiheitsakt das hier zu Entdeckende erst konstituiert.

Habermas hält sich bei solchen Zweideutigkeiten nicht weiter auf, sondern nennt diesen Freiheitsakt »Selbstreflexion« und behauptet dann von dieser, sie sei »Anschauung und Emanzipation, Einsicht und Befreiung aus dogmatischer Abhängigkeit in einem« (256). Auf den mehr als hundert verbleibenden Seiten ist dann immer wieder von neuem von dieser »Selbstreflexion« und deren »Erfahrung« die Rede; aber es bereitet einige Mühe zu entdecken, was sie eigentlich ist. Als es zu Beginn hieß, Positivismus sei nichts anderes als Verleugnung der Reflexion, wurde zwar auch nicht präzisiert, wovon denn genau die Rede ist; aber man meinte doch zu verstehen, sie sei so etwas wie eine Infragestellung der natürlichen Einstellung ebenso der Wissenschaften wie der Alltagserkenntnis, und zwar in Form einer Besinnung auf die Bedingungen der Möglichkeit bestimmter Erkenntnisweisen. Damit ist noch verträglich, daß Reflexion nun plötzlich als »Selbsterkenntnis« identifiziert wird (287). Aber dann stellt sich allmählich heraus, daß Habermas von Anfang an etwas ganz anderes und jedenfalls viel Spezifischeres im Sinne hatte: »Selbstreflexion« erweist sich als »kritische Erinnerung eines selbsterzeugten, aber gegenüber dem Subjekt verselbständigten Scheins« (362), als Durchschauen einer »Objektivation, deren Gewalt allein darauf beruht, daß sich das Subjekt in ihr als seinem Anderen nicht wiedererkennt« (348). Man wundert sich, warum dergleichen gerade »Selbstreflexion« genannt werden soll und nicht einfach »kritisches, d. h. unterscheidendes Denken«; demnach wäre ja etwa Feuerbachs Religionskritik oder gar Marxens Analyse des Warenfetischismus »Selbstreflexion«. Bis man dann schließlich den Grund feststellt: Habermas setzt stillschweigend voraus, daß Wesen und Schein dadurch voneinander getrennt werden und überhaupt »kritisches Denken« darin besteht, daß wir uns *erinnern*, daß, warum und wie der Schein durch unsere eigenen Tätigkeiten zustande gekommen war. Die »Erfahrung der Reflexion« erweist sich als *Erinnerung* an die Wege, auf denen unsere Objektivationen, und damit auch die Wissenschaft mitsamt ihrem positivistischen Selbstverständnis, sich konstituiert hatten (317).

Von daher wird verständlich, warum Habermas gerade Freuds Psychoanalyse als »das einzige greifbare Beispiel einer methodisch Selbstreflexion in Anspruch nehmenden Wissenschaft« betrachtet (262); besteht doch das analytische *Heilverfahren* im wesentlichen darin, daß der Patient, angeregt durch Rekonstruktionen des Arztes, sich an einen vergessenen bzw. verdrängten Lebensabschnitt erinnert und sich ihn dann bewußt aneignet (282). Gleichzeitig wird aber deutlich, daß es diese Art von »Befreiung aus dogmatischer Abhängigkeit durch Einsicht« strenggenommen nur in der psychoanalytischen Situation gibt und überhaupt geben kann, – daß das analytische Modell nicht sinnvoll auf die allgemeineren Zusammenhänge übertragen werden kann, auf welche Habermas es übertragen möchte. Man denke an Fichte zurück: zwar entspricht seine »Gnosogonie«[18] den suggestiven Rekonstruktionen des Psychoanalytikers; aber es fehlt eben die Erinnerung des Patienten, die allein über die Triftigkeit dieser Rekonstruktionen zu entscheiden erlauben würde. Und da diese Erinnerung fehlt, haben schließlich »allgemeine Interpretationen von Bildungsprozessen« (309) einen erkenntnistheoretischen Status, der sich von demjenigen naturwissenschaftlicher Theorien letztlich nur dadurch unterscheidet, daß letztere falsifiziert bzw. verifiziert werden können, die ersteren dagegen nicht. In beiden Fällen fehlt die Möglichkeit eines Rekurses auf unmittelbare, und sei es erinnernde, Erfahrung; weswegen sie »getestet« werden müssen. Nur daß eben solche Tests zwar bei den naturwissenschaftlichen Theorien, nicht aber im Falle der »allgemeinen Interpretationen« möglich sind; letztere lassen sich nicht widerlegen, aber deswegen eben auch nicht bestätigen.

Habermas ist dieser Umstand nicht entgangen; aber er versucht, ihn durch den Hinweis zu überspielen, daß bei den »allgemeinen Interpretationen« eine »Selbstapplikation des am Erkenntnisprozeß beteiligten Forschungsobjektes« stattfindet (318 ff.). D. h.: während sich die Forschungsobjekte etwa der Naturwissenschaft nicht an der Diskussion über die Richtigkeit der sie betreffenden Theorien beteiligen können und deswegen ihr »Urteil« weiter nicht berücksichtigt werden muß, zeichnen sich »allgemeine Interpretationen« dadurch aus, daß ihre Triftigkeit erst dann als erwiesen gelten kann, wenn die Forschungsobjekte – also die Menschen, deren Bildungsprozeß diese Interpretationen rekonstruieren – sie *als Einsichten akzeptieren.* Dieser Hinweis betont einen grundlegenden Unterschied zwischen Psychoanalyse und theoretischen Wissenschaften, gewiß; aber in Wirklichkeit zeigt er nur noch einmal, daß sich das psychoanalytische Modell nicht auf andere Zusammenhänge übertragen läßt. Denn wo die *Erinnerung* im Sinne einer Wiederholung von *schon einmal Erlebtem* fehlt (und dies ist hinsichtlich aller nicht-psychoanalytischen »allgemeinen Interpretationen von Bildungsprozessen« der Fall), ist auf die Aussagen des Forschungsobjektes *kein Verlaß*. Anders ausgedrückt: wo echte Erinnerung fehlt, kann man sich nur darauf berufen, daß die Interpretierten sich in der Interpretation »wiedererkennen« (319) – und es bedarf keiner großen Erfahrung zu wissen, daß Menschen sich im größten Quatsch wiederzuerkennen vermögen. So gibt es z. B. verschrobene Intellektuelle, die einen »Glauben an die Dinge« als erniedrigend und unerträglich empfinden und sich deswegen in einer »allgemeinen Interpretation« wiedererkennen, laut deren es Dinge im landläufigen Sinne gar nicht gibt. Andere, nicht weniger Verschrobene, leiden an einer Antiinstitutionalitis und finden deswegen ihre höchste Selbstbefriedigung in der »Einsicht«, gesellschaftliche Institutionen seien pathologische Erscheinungen (349). Dem Leser dürfte nicht schwerfallen, ähnliche Wiedererkennungsprozesse selbst herzustellen; so erlauben z. B. LSD-Drogen, sich in der Interpretation wiederzuerkennen, man könne fliegen und habe es nur leider verlernt. Dergleichen Perversionen dürften der Grund gewesen sein, warum man sich seit den Griechen darum bemühte, etwas »neutralere« Wahrheitskriterien ausfindig zu machen als einen »Zug zur fortschreitenden kritisch-revolutionären... Verwirklichung der großen Menschheitsillusionen« (350) oder ein emanzipatorisches »Interesse an Mündigkeit«.

Gegen Ende seines Buches schreibt Habermas, er habe sich der verschiedenen Zusammenhänge »nicht naiv, sondern auf dem Weg einer wissenschaftstheoretisch ansetzenden, sodann transzendental gewendeten und schließlich ihres objektiven Zusammenhangs innewerdenden Selbstreflexion der Erkenntnis versichert« (347). Von wissenschaftstheoretischen Analysen war im Grunde wenig zu bemerken, es sei denn Antediluvianisches; schließlich ist der »von der analytischen Wissenschaftstheorie erarbeitete Stand« (13) heute weder Peirce noch Dilthey, geschweige denn Hegel und Marx. Auch Poppers *Logik der Forschung* ist bald fünfunddreißig Jahre alt und kann deswegen kaum als für die »neuere Wissenschaftstheorie« (22) repräsentativ gelten. Was die transzendentale Wendung betrifft, so vermochte sie nicht den Naturwissenschaften, sondern höchstens deren extrem positivistischer Deutung gerecht zu werden, einer Deutung, die heute immer seltener vertreten wird. Und das »Innewerden des objektiven Zusammenhangs der Selbstreflexion« erlaubte zwar einen interessanten Einblick in das psychoanalytische Vorgehen, lieferte aber keinerlei Beweis der mithin weiterhin unbegründeten Behauptung, der eigentliche »Sinn der Erkenntnis« bestehe im »Interesse an dem Maß Emanzipation, das historisch, unter den gegebenen wie unter den manipulierbaren Bedingungen, objektiv möglich ist« (350). Wie Habermas selbst betont, kann die von ihm postulierte Zuordnung von »forschungstranszendentalen Gesichtspunkten« und »erkenntnisleitenden Interessen« erst dann als notwendig eingesehen werden, wenn am »Typus der kritischen Wissenschaft« die Einheit von Vernunft und ihrem interessierten Gebrauch durchschaut worden ist (351). Nun ist ihm zwar gelungen, diese Einheit als den Kern des psychoanalytischen Heilverfahrens darzustellen, nicht aber, zu zeigen, warum dies über die Deutung der Psychoanalyse hinausgehende Konsequenzen haben sollte. Daß ein therapeutisches Verfahren nicht mit Hilfe des »kontemplativen Erkenntnisbegriffs« gedeutet werden kann (257), ist schließlich keine Neuigkeit.

Anmerkungen

1 *Erkenntnis und Interesse*, in: Jürgen Habermas: *Technik und Wissenschaft als »Ideologie«*, Frankfurt a. M. 1969, S. 146-168.
2 Thomas v. Aquin, *In de caelo et mundo* I, 22, ed. Leonina Bd. III, S. 91.
3 Marx in den Vorarbeiten zur Doktordissertation, vgl. *MEGA* I, 1/1, S. 143.
4 Hegel, *Phänomenologie des Geistes*, ed. Glockner, Bd. II, S. 68 ff.
5 Vgl. Habermas, a.a.O., S. 163.

6 Vgl. M. Heidegger, *Vom Wesen der Wahrheit*, Frankfurt a. M. 1949, S. 6.

7 Vgl. P. F. Strawson, *Individuals*. London 1959; ders., *The Bound of Sense*, London 1966. J. Bennett, *Kant's Analytic*, Cambridge 1966.

8 E. Fink, *Die phänomenologische Philosophie E. Husserls in der gegenw. Kritik*, in: *Kantstudien* 1933, S. 319-383.

9 981b 13-25.

10 G. Lukács, *Geschichte und Klassenbewußtsein*, Berlin 1923.

11 C. G. Hempel–P. Oppenheim, *Studies in the Logic of Expanation*, in: *Philosophy of Science*, 1948 (15), S. 135-175.

12 N. R. Campbell, *Physics, the Elements*, Cambridge 1920.

13 Am ausdrücklichsten M. Hesse, vgl. ihren Artikel *Models and Analogy in Science*, in: *The Encyclopaedia of Philosophy*, hg. von Edwards, und das gleichnamige Buch, Notre Dame 1966, S. 157 ff.

14 M. Heidegger, *Sein und Zeit*, Tübingen 1953, S. 66 ff.; E. Husserl, *Die Krisis der europäischen Wissenschaft etc.*, Haag 1954, S. 365 ff., bes. 383 ff.

15 Vgl. dazu meinen Artikel *Abstraction and Dialectics*, in: *Review of Metaphysics*, 1968 (XXI), 3, S. 468-490.

16 Vgl. A. Gehlen, *Über die Geburt der Freiheit aus der Entfremdung*, in: *Arch. f. Rechts- u. Sozialphilos.*, 1952/53, S. 338 ff.

17 J. G. Fichte, *Ausgew. Werke*, hg. von Medicus, Bd. III, S. 17.

18 Ebd. S. 623, vgl. 599.

Lorenz Krüger
Überlegungen zum Verhältnis wissenschaftlicher Erkenntnis und gesellschaftlicher Interessen

»Wissenschaft ist die gemeinsame Anstrengung von Menschen, das Verhältnis aller Menschen zur natürlichen und sozialen Welt zum Zweck der vernünftigen Einrichtung der Menschheit unter die Form universaler Rationalität zu bringen.« Diese Begriffsbestimmung ist in der Grundsatzerklärung der Bundes-Assistenten-Konferenz aus dem Jahre 1968 über die Aufgabe der Hochschule in Staat und Gesellschaft zu finden (Kreuznacher Hochschulkonzept). Sie mag beim ersten Hören und wohl auch beim wiederholten Lesen nicht ganz leicht zu verstehen sein; immerhin ist ihre Grundintention unverkennbar herauszuhören: Die Wissenschaften sollen als das Instrument einer umfassenden und vernünftigen Gestaltung des gesellschaftlichen Lebens aufgefaßt und dienstbar gemacht werden. Ihnen diese Rolle zuzuschreiben, ist mittlerweile ein Gemeinplatz geworden; und doch kommt in ihm weniger die gegenwärtige Realität zum Ausdruck als vielmehr eine große Hoffnung. Ich will nicht versäumen, an dieser Stelle gleich zu sagen, daß es mir – abgesehen von der Unklarheit über den Inhalt dessen, was man da hofft – nicht schwer wird, diese Hoffnung zu teilen. Aber Hoffnungen haben nicht selten die Eigentümlichkeit, daß sie sich auch dann behaupten, wenn man nicht recht an sie glauben kann. Was ist also an dieser großen Hoffnung daran? Oder bescheidener gefragt: Wie läßt sie sich überhaupt des näheren präzisieren?

So viel ist klar: die Wissenschaften sollen hier zur Erreichung eines Zieles eingesetzt werden, sie sollen einem Interesse dienstbar gemacht werden. Da überdies das Ziel als eine vernünftige Verfassung der Menschheit bezeichnet wird und da unterstellt wird, daß gerade die Wissenschaften als hervorragende Beispiele von Vernünftigkeit gelten dürfen, sollen sie das Ziel nicht nur erreichen, sondern auch erkennen helfen, dem Interesse nicht nur dienen, sondern es auch erzeugen und verbreiten. Das alles ist mitgemeint, wenn heutzutage von der emanzipatorischen Funktion der Wissenschaft die Rede ist: wahrlich kein anspruchsloses Konzept, das wir uns hier zumuten sollen. Warum sollen wir dies eigentlich?

Zwei Gründe drängen in diese Richtung: zum einen ist die Entwicklung der gesamten menschlichen Gesellschaft so sehr in den Sog wissenschaftlicher und technischer Entwicklungen geraten, daß eine umfassende Lebensplanung unter maßgeblicher Mitwirkung der Wissenschaften selbst zur unausweichlichen Aufgabe geworden ist. Zum zweiten erscheint uns heute nicht nur die praktische, sondern auch die theoretische Übermacht der Wissenschaften so erdrückend, daß es unmöglich zu sein scheint, irgendwelche Interessen, und seien sie noch so berechtigt und noch so allgemein gebilligt, in einem Konflikt *gegen* wissenschaftliche Erkenntnisse durchzufechten. Durch die wissenschaftliche Zivilisation sind wir auf ein Gleis geraten, von dem wir nur noch durch eine Katastrophe hinuntergeschleudert werden, aber nicht mehr im Verfolg eines vernünftigen Interesses abbiegen können. Da scheint es nichts anderes als konsequent zu sein, die Hoffnungen auf eine bessere Gesellschaft der Zukunft gerade an die Wissenschaft zu richten. Und selbst wenn man sich angewöhnt hat, Hoffnungen mit vorsichtiger Skepsis zu begegnen, wird man doch sagen dürfen, daß angesichts der eben genannten Sachlage der Versuch nicht unterbleiben kann, eine positive und produktive Bestimmung des Verhältnisses wissenschaftlicher Erkenntnis und gesellschaftlicher Interessen zu finden.

Es liegt in der Natur einer so umfassenden und vielschichtigen Aufgabe, daß ein Einzelner und gar in einer einzelnen Vorlesungsstunde nicht mehr zu ihr beitragen kann als einige wenige Überlegungen. Sie werden angesichts der Erwartungen, die man an die Behandlung dieser Aufgabe unwillkürlich richtet, notwendigerweise enttäuschend ausfallen. Ich werde mich nämlich in der Hauptsache damit beschäftigen, das Verhältnis von Wissen und Interesse im Hinblick auf diejenigen Wissenschaften zu betrachten, die durch ihren Erfolg auch heute noch eine paradigmatische Rolle für wissenschaftliche Erkenntnis überhaupt haben, also im Hinblick auf die Naturwissenschaften. Daß die Überlegungen durch diese Beschränkung von vornherein zur Irrelevanz verdammt sind, glaube ich indes nicht; und ich werde versuchen, dies zum Schluß wenigstens anzudeuten. Ferner werde ich darauf verzichten, das Thema gewissermaßen systematisch und von Anfang an aufzurollen, sondern ich glaube klug daran zu tun, den Anschluß an eine Diskussion zu suchen, der mittlerweile ein breites Echo zuteil geworden ist und die unter anderem auch in jenem eingangs verlesenen Zitat aus dem »Kreuznacher Hochschulkonzept« ihren etwas krausen Niederschlag gefunden hat.

Meine Anspielung zielt natürlich auf den sogenannten »Positivismusstreit« der Soziologen, der aber bekanntermaßen wegen des grundsätzlichen Charakters vieler in ihm aufgeworfener Fragen über die Sozialwissenschaften hinaus eine allgemeine Bedeutung für unser Thema erlangt hat. Eine der streitenden Positionen ist bekanntermaßen die des »kritischen Rationalismus« Karl Raimund Poppers; sie wird in Deutschland am aktivsten von Hans Albert vertreten. In der in dieser Hinsicht nicht sehr differenzierten Terminologie ihrer Gegner heißt sie auch die »positivistische« – und das nicht ganz zufällig. Denn die andere Position macht ihrerseits Anspruch auf den Ehrentitel ›kritisch‹; sie hat sich geradezu unter dem Namen »kritische Theorie« bekannt gemacht; vornehmlich ist sie von Frankfurt aus durch Jürgen Habermas sowie durch dessen Lehrer und Mitarbeiter vertreten worden. Den Streit der Positionen zu analysieren, bedürfte einer semesterlangen Vorlesung. Daher muß ich die Kontroverse auf einen mir wichtigen Punkt hin radikal vereinfacht darstellen.

Einig sind sich beide Positionen zunächst darin, daß im außerwissenschaftlichen Leben Wissen und Interessen, Tatsachen und Wertungen unentwirrbar miteinander verwoben sind. Albert spricht z. B. davon, daß unsere Alltagssprache »eine gebrauchsfertige Gesamtorientierung, in der deskriptive und präskriptive Elemente miteinander verschmolzen sind«, enthalte (Albert 63, S. 182). Sobald es aber um die Folgerungen aus dieser Sachlage für den Begriff der Wissenschaft geht, scheiden sich die Geister: Die kritischen Rationalisten möchten die Besonderheit der Wissenschaft darin sehen, daß in ihr Erkenntnisse und Interessen säuberlich getrennt werden.

Habermas hingegen ist bemüht, gerade ihren unlösbaren Zusammenhang als konstitutiv für jegliche Wissenschaft zu erweisen.

Mein Programm ist nun das folgende: Erstens möchte ich zeigen, daß Popper und Albert die, wie ich meine, zu Recht erstrebte Trennung von Erkenntnissen und Interessen nicht richtig beschreiben und begründen und sie deshalb auch gegen Habermas nicht überzeugend verteidigen können. Zweitens möchte ich dann zeigen, daß Habermas' Ausnutzung dieser Streitlage ihn zu einer Theorie führt, die jedenfalls den Anspruch, für *alle* Wissenschaften zu gelten, nicht einlöst. Und schließlich drittens möchte ich versuchen, die Bedeutung der an Habermas geäußerten Kritik für andere zuvor nicht diskutierte Teile unseres Problems abzuschätzen.

Zunächst also zum ersten Punkt, der Kritik an Popper und Albert: Die von den kritischen Rationalisten energisch vertretene Trennung zwischen Tatsachen und Entscheidungen, zwischen deskriptiven und normativen Aussagen (z. B. Popper 45, Bd. II, S. 265) bedarf offenbar angesichts der anerkannten Verflechtung beider im täglichen Leben für die Wissenschaften einer besonderen Erklärung und Absicherung. Albert geht dabei folgendermaßen vor: Er konzediert zunächst, »daß die wissenschaftliche Erkenntnis keine Offenbarung der Vernunft oder der Sinne, sondern das Ergebnis einer Tätigkeit ist, die mit *Entscheidungen* aller Art durchsetzt ist« (Albert 63, S. 187). Die Entscheidungen bzw. die Werturteile, die sie empfehlen oder als gerechtfertigt behaupten, will er jedoch aus den Theorien der Wissenschaften selbst heraushalten. Es genügt nach seiner Auffassung einzusehen, daß sie auf die metatheoretische Ebene, z. B. der Methodenwahl bzw. der methodologischen Normierungen, verschoben werden können. Interessen und Wertungen können nach seinen Worten (Albert 63, S. 189) u. a. überall da eingreifen, wo es um »die Auswahl von Problemen, die Annehmbarkeit von Methoden, die Brauchbarkeit von Hypothesen und die Relevanz von Beobachtungen für bestimmte Probleme« geht. Durch diese Unterscheidung von objektsprachlicher und metasprachlicher Ebene wird es nach Albert möglich, daß man innerhalb der wissenschaftlichen Theorien alle Werturteile und damit jeglichen unmittelbaren Einfluß von Interessen eliminiert. Dies geschieht jedoch um den Preis, daß man die Wissenschaften als *ganze* auf eine von unseren Interessen und Entscheidungen abhängige »Wertbasis« – so der Ausdruck Alberts – stellt.

Freilich wird dabei wohl angenommen, daß diese Basis nicht beliebig festgelegt werden kann. Sie muß, mit Albert zu reden, »an einem Erkenntnisideal orientiert« (Albert 63, S. 187) sein. Popper drückt dies so aus, daß es unter den vielen Werten die »rein wissenschaftlichen Werte« zu unterscheiden gelte. Er sagt: »... was der Wissenschaft ihren besonderen Charakter gibt, ist nicht die Ausschaltung, sondern die Unterscheidung jener nicht zur Wahrheitssuche gehörenden Interessen von dem rein wissenschaftlichen Interesse an der Wahrheit.« (Popper 62, S. 113/4). Wissenschaft kann dann nur dadurch zustande kommen, daß man sich dieses besondere Interesse zu eigen macht; sie setzt, wie Popper sagt, eine Entscheidung für Rationalität voraus, die als solche außerhalb des wissenschaftlich Einsehbaren steht (Popper 45, Bd. II, S. 265). Offenbar steht dieser Gedankengang unter dem Eindruck des methodischen Charakters der Wissenschaft. Als Forschungstätigkeit geht sie nach Regeln und Normen vor sich. Nur wenn man solche schon voraussetzt, scheinen Begründungen und gesicherte Behauptungen überhaupt möglich. Wir werden noch zu fragen haben, ob deshalb die Normen selbst wirklich auf einer »Wertbasis« beruhen oder ob ihre Annahme wirklich eine Entscheidung für die Wahrheit als Wert voraussetzt. Zuvor möchte ich jedoch noch andeuten, in welcher Weise ein Kritiker Vorteil aus der Art ziehen kann, in der Popper und Albert die Wissenschaften in den mit Entscheidungen und Wertungen durchsetzten Prozeß gesellschaftlichen Lebens eingebettet sehen.

Habermas hat die eben herausgehobene Seite des kritischen Rationalismus als eine schwache Stelle erkannt. Vorzugsweise rollt er sein Argument an Hand des sogenannten Basisproblems auf: Um seinen grundsätzlichen Kritizismus nicht zu durchbrechen, hatte Popper konsequenterweise nicht nur Kritik an Theorien durch Beobachtungen zugelassen, sondern auch Kritik an den Beobachtungsaussagen selbst. Da aber nun eine Prüfung von Aussagen de facto nicht ad infinitum fortgesetzt werden kann, muß sie zu jedem gegebenen Zeitpunkt bei vorläufig akzeptierten Basisaussagen abgebrochen werden.

Bei welchen Aussagen? Popper antwortet: »Die Basissätze werden durch Beschluß, durch Konvention anerkannt, sie sind *Festsetzungen*.« (Popper 34, § 30, Anfang, unverändert übernommen in die 3. Auflage von 1969). Obwohl er hier von »Konvention« spricht, möchte sich Popper unbedingt vom Konventionalismus absetzen; aber er tut dies, wie ich meine, auf unzulängliche Weise. Denn er teilt mit den Konventionalisten erklärtermaßen immer noch zweierlei: (1) daß die Auszeichnung einer besonderen Theorie eine »Sache des praktischen Handelns« sei, und (2) daß sie »durch Zweckmäßigkeitsüberlegungen mitbestimmt wird« (Ebd., § 30).[1]

Damit überantwortet er die Wissenschaften letztlich doch den praktischen Gesichtspunkten, die das Handeln der Forscher lenken, so daß ihm Habermas nicht ganz zu Unrecht den Vorwurf machen kann, es komme schließlich darauf hinaus, »daß Tradition die unabhängige Variable ist, von der in letzter Instanz Denken und Beobachtung ebenso abhängen wie die Testverfahren, die aus ihnen kombiniert sind« (Habermas 64, S. 240/1).

Wie kann sich eine solche, der Popperschen Absicht zweifellos zuwiderlaufende, Konsequenz einschleichen? Der fundamentale Mangel der skizzierten Überlegungen kritizistischer Prägung zum Problem des Wissens und der Wissenschaft liegt in dem folgenden Fehlschluß: Aus der These, daß wissenschaftliche Erkenntnis einer Tätigkeit entspringt, die ferner um des Prinzips der Kritik und um der Vermeidung des Dogmatismus willen nirgends als erledigt gelten sollte, folgt keineswegs, daß das jeweils vorliegende Wissen als solches eine praktische Angelegenheit sei und daß die positive Rechtfertigung dessen, was man jeweils nicht oder noch nicht kritisiert, in einer Übereinkunft begründet sein müßte. Die konsequente kritizistische These lautet nun freilich auch, daß keine positive Rechtfertigung von Wissen verlangt werden könne; ein solches Verlangen sei vielmehr der Kardinalfehler aller bisherigen Erkenntnis- und Wissenschaftstheorie (Albert 68, Kap. I und Anfang von Kap. II). Aber dieser Standpunkt reicht gerade dann nicht aus, wenn Wissen irgendeine Relevanz für das praktische Handeln gewinnen soll, mit dem ja die faktische Aneignung des Wissens, auf das man sich jeweils stützt, unvermeidlich verbunden ist.

Der Poppersche Kritizismus folgt dagegen einem Ideal von Rationalität, das in seiner ausschließlichen Einengung auf den *einen* Gedanken möglichst strenger Überprüfung zu formal geworden ist. Dieser Gedanke kann ungeschmälert festgehalten werden, reicht aber für sich allein zur Charakterisierung von Wissenschaft nicht aus. Will man sich auf ihn beschränken, so gerät man unversehens dahin, praktische Grundlagen theoretischen Wissens in Anspruch zu nehmen und damit jedenfalls das Prinzip der Habermasschen Philosophie der Wissenschaft zu akzeptieren. Vernünftige Kritik kann nicht auf ihre formale Komponente, die strenge Überprüfung, eingeschränkt werden; sie braucht inhaltliche Prinzipien darüber, was jeweils als Grundlage ihrer eigenen Argumente in Betracht kommt und woraus man sich mit Recht als auf ein Wissen, wenn auch nicht als auf ein unfehlbares, berufen kann.

Mit dieser Bemerkung komme ich zum zweiten Punkt meines Programms, der kritischen Darstellung der von Habermas angeführten Gegenbewegung gegen die Poppersche Wissenschaftsphilosophie. Daß der offenbar auch von den kritischen Rationalisten beanspruchte Zusammenhang von Erkenntnis und interessengeleitetem Handeln nicht bedacht werde, nennt Habermas »positivistisch«. Gegen das Ausfallen dieser Reflexion hat er seinen Vorwurf vom »positivistisch halbierten Rationalismus« (Titel von Habermas 64) geprägt. Dessen Position beschränkt seiner Meinung nach Wissenschaft und Vernunft auf einen überdies noch willkürlich abgegrenzten Bereich von Tatsachen und überläßt alle praktischen Belange unseres Handelns einem irrationalen Dezisionismus. Statt der »äußerlichen« (für den Terminus siehe z. B. Habermas 68a, S. 261) Verknüpfung von Erkenntnis und Interesse bei seinen Widersachern plädiert er für eine »Verschränkung von Erkenntnis und Interesse« (ib.); seine These lautet: »Die Beziehung zur Praxis ist den Wissenschaften immanent.« (Habermas 68b, S. 245) Mit dieser These ist nicht weniger gemeint als die Absage an den weithin selbstverständlich akzeptierten Unterschied zwischen Aussagen über Tatsachen und Empfehlungen oder Anweisungen zum Handeln; sie zielt auf einen neuen Begriff von Wissenschaft, oder genauer gesagt: auf eine modernisierte Erneuerung jenes Begriffs von

Wissenschaft, wie ihn in der Verbindung mit der Behauptung eines Primats der praktischen Vernunft der Deutsche Idealismus, vor allem Fichte, entwickelt hatte (Habermas 68a, Kap. 9).

Um darzustellen, wie sich Habermas die Verschmelzung von Erkenntnis und Interesse in einem neuen Begriff von Wissenschaft vorstellt, muß ich kurz auf seine Einteilung der Wissenschaften eingehen. Er unterscheidet drei Typen: die empirisch-analytischen Wissenschaften von der Natur, die historisch-hermeneutischen Wissenschaften der menschlichen Geschichte und die Sozialwissenschaften. Sodann ordnet er jeder dieser Gruppen ein von ihm als »erkenntnisleitend« bezeichnetes Interesse zu: »In den Ansatz der empirisch-analytischen Wissenschaften geht ein *technisches,* in den Ansatz der historisch-hermeneutischen Wissenschaften ein *praktisches* und in den Ansatz kritisch orientierter Wissenschaften jenes *emanzipatorische* Erkenntnisinteresse ein, das schon den traditionellen Theorien... zugrundelag.« (Habermas 65, S. 155) (Nebenbei bemerken sie, daß hier stillschweigend an die Stelle der Sozialwissenschaften die kritisch orientierten Wissenschaften, also die Sozialwissenschaften, wie sie nach den Vorstellungen der Frankfurter Schule sein *sollen,* getreten sind.)

Was bedeutet es nun, daß in den Ansatz einer Wissenschaft ein Interesse eingeht? Diese Wendung soll keineswegs nur besagen, daß die Entstehung und die faktische Fortführung der fraglichen Wissenschaft unter der Einwirkung eines Interesses steht. Wenige Seiten später stellt Habermas klar: Die Wissenschaft verdankt fundamentalen Interessen »nicht nur ihren Antrieb, sondern *die Bedingungen möglicher Objektivität* selber« (ib. S. 160); sie verdankt den Interessen also das, was sie zur Wissenschaft macht. »Am Interessenzusammenhang« – so lautet die relativ schärfste Formulierung, die sich bei Habermas in dieser Sache findet – »... bemißt sich... der Sinn der Geltung von Aussagen...« (Habermas 68a, S. 240).

Mit anderen Worten: wenn wir fragen, was jemand mit der Behauptung, daß eine bestimmte wissenschaftliche Aussage Geltung, also ein Recht auf intersubjektive Anerkennung besitzt, meine, so soll die Antwort auf das der entsprechenden Wissenschaft zugrunde gelegte Interesse Bezug nehmen müssen. Obwohl Habermas dies nirgends klar ausspricht, kann ich ihn hier nur so verstehen, daß er sagen will, die Geltung der Aussage, bzw. die Anerkennung der Wahrheit der Aussage müsse mit Berufung auf jenes Interesse *gerechtfertigt* werden. Tatsächlich wird diese Interpretation durch die in neuerer Zeit von Habermas vorgetragene Konsensus-Theorie der Wahrheit bestätigt, der zufolge alle Entscheidungen über wahr und falsch auf einer Einigung der Menschen im Vollzug gemeinsamen Handelns beruhen sollen (Habermas 71, bes. Abschnitt IV).

Meine Kritik an dieser Theorie wissenschaftlicher Objektivität und Wahrheit will ich auf zwei Punkte konzentrieren: einen historischen und einen systematischen. Zunächst der historische: Habermas sieht sich genötigt, die Tatsache zu erklären, daß gewisse Wissenschaften über alle sozialen und politischen Umwälzungen hinweg seit Jahrhunderten, ja Jahrtausenden eine stabile Entwicklung zeigen. Dazu sagt er folgendes: »Das Interesse an der Lebenserhaltung durch gesellschaftliche Arbeit unter dem Zwang natürlicher Umstände scheint in den bisherigen Entwicklungsstadien der menschlichen Gattung so gut wie konstant gewesen zu sein. Deshalb ist ein Konsensus über den Sinn von technischer Verfügung diesseits historischer und kultureller Schwellen ohne prinzipielle Schwierigkeit zu erreichen.« (Habermas 63, S. 307) Mit anderen Worten: Die konstante Geltung naturwissenschaftlicher Aussagen beruht auf der Konstanz unseres Interesses am technischen Handlungserfolg, darauf, daß wir mittels gesellschaftlich organisierter Arbeit überleben wollen. Den mit solcherart Geltung ausgestatteten Aussagen schreibt Habermas dann folgerichtig »allenfalls soziale Verbindlichkeit« zu (Habermas 63, S. 306).

An dieser Stelle drängt sich eine Umkehrung des Habermasschen Arguments geradezu auf: Nicht weil wir alle etwas Bestimmtes wollen, lassen wir gewisse Aussagen und Wissenschaften gelten, sondern weil wir nicht anders können, als gewisse Aussagen gelten zu lassen, sehen wir uns veranlaßt, etwas Bestimmtes zu wollen. Weil wir unabhängig davon, ob wir Überleben oder Untergang anstreben, einsehen müssen, daß gewisse Maßnahmen das eine, andere das andere herbeiführen werden, können wir uns begründet und vernünftig dafür entscheiden, nach Wissen zu suchen, das unseren technischen Handlungserfolg sicherstellt oder erweitert und das damit die notwendigen Bedingungen des Überlebens garantiert. Wenn das aber so ist, muß die Wahrheit jener Aussagen, die gelten zu lassen wir nicht umhin können, eine andere Basis haben als unser Interesse, so sehr wir uns auch in ihm intersubjektiv einig wissen mögen.

Damit komme ich zu meinem systematischen Argument gegen Habermas' Verständnis von Objektivität und Wahrheit. Ich bringe es in die Form einer These, die sich gegen die Verknüpfung von Erkenntnis und Interesse richtet, zugleich aber auch gegen die Auffassung methodischer Regeln und Normen, die bei Popper und Albert zur Einbruchsstelle für Habermas geworden war. Meine These lautet: Wissen, insbesondere wissenschaftliche Erkenntnis, liegt nur dann vor, wenn eine bestimmten Normen genügende Begründung gegeben worden ist oder jederzeit gegeben werden könnte; diese Normen sind jedoch, soweit sie *Wissen* konstituieren, keiner irgendwie sozial, politisch oder historisch bedingten Konvention unterworfen. Mit anderen Worten: Wenn eine Norm *wissens*begründend sein soll, muß sie in einer gegebenen Lage dem von Interessen gesteuerten Handeln der Menschen entzogen sein. Zum Maßstab für Wissen taugt etwas nur, falls man nicht zugleich noch meinen kann, es stehe frei, sich je nach Handlungszielen dafür oder auch dagegen zu entscheiden – sei es nun individuell oder in einer Vereinbarung mit anderen über jene Handlungsziele.

Diese These bedarf der Erläuterung und der Qualifikation. Zunächst wird man fragen wollen, wo denn die hier unterstellten interessenunabhängigen, nicht-konventionellen Normen zu finden seien. Die wichtigsten Beispiele stammen aus dem Bereich der natürlichen sinnlichen Wahrnehmung und der Tiefenstruktur unserer Sprachen. Wenn es um die Feststellung simpler Fakten geht, etwa daß es regnet, oder daß der Bahnhof brennt, ist Wissen durch die »Norm« des gemeinsamen Augenscheins, der wir uns in solchen Dingen allgemein unterwerfen, jederzeit zu haben. Aber der Augenschein genügt nicht: wir müssen, um ihn in Wissen von bestimmten Tatsachen umzusetzen, sprachliche Kennzeichnungen heranziehen.

Nun ist Sprache aber historisch gewachsen und bedingt; sie steht uns als ein frei und bewußt zu handhabendes Instrument im Dienste gewisser Ziele zur Verfügung. Sie ist daher, so könnte man denken, letztlich nur eine soziale Konvention. Aber in dieser Auffassung von Sprache wird der Unterschied und das Zusammenspiel von *Norm* und *Konvention* verkannt. Intersubjektiv verständliches Sprechen setzt zweifellos Regeln für Wortgebrauch und Satzbau voraus, mögen sie auch im Einzelfall nicht immer leicht zu fassen sein. Aber diese Regeln sind keineswegs *alle* willkürlicher Abänderung zugänglich. Es ist ein bekanntes Diskussionsthema der Wissenschaftstheorie, daß es gewissermaßen natürliche Begriffsbildungen gibt, die auf zukünftige Anwendungsfälle »projizierbar« sind, und willkürliche, die dies nicht sind. Gewiß hat man im Prinzip, wenn auch nicht oft de facto, die Freiheit, gewisse von Natur aus mögliche Unterscheidungen entweder zu machen oder auch nicht zu machen, z. B. die zwischen ›nieseln‹ und ›regnen‹; aber daß gewisse Unterschiede der sprachlichen Erfassung überhaupt zugänglich und daß andere ihr zwangsläufig unterworfen sind, z. B. der Unterschied zwischen Regenwetter und Sonnenschein oder zwischen Brennen und Nicht-Brennen des Bahnhofs, wird dadurch nicht tangiert. Ähnliches gilt ferner für gewisse sprachliche Regeln, z. B. der, daß man in vielen Aussagen zwischen dem, worüber gesprochen wird, und dem, was gesagt wird, unterscheiden muß und dafür entsprechende Hilfsmittel des Ausdrucks braucht. Grundstrukturen des Vokabulars und der Tiefengrammatik, so nehme ich an, sind in der Erfahrung und der Erfahrungsfähigkeit des Menschen tief verankert. Daran ändert die ausdrückliche Formulierung solcher Strukturen in mehr oder minder frei wählbaren Ausdrucksformen nichts; sie kann allenfalls den Anschein von Konventionen erzeugen, die doch nur deshalb allgemeine Anerkennung finden, weil es zu ihnen keine Alternative gibt. In dieser Stellung sehe ich auch die Grundlagen der Logik und der Mathematik.

Über den nicht-konventionellen Kern von Wahrnehmung und Sprache täuscht man sich deshalb leicht hinweg, weil er durch ein dichtes Netz von willkürlichen Konventionen gleichsam verhüllt und mit ausdrücklichen Abreden über Beobachtungsverfahren, über Wortbedeutungen, Regeln der Oberflächengrammatik, ja durch die Möglichkeit einer freien Wahl zwischen verschiedenen Sprachen fast unkenntlich gemacht ist. Solche Ergänzungen der unabweisbaren Grundnormen sind freilich notwendig. Das Verhältnis von Norm und Konvention kann man sich an einem banalen Beispiel vergegenwärtigen: Daß im Straßenverkehr jeweils auf einer und immer nur derselben Seite gefahren werden muß, ist eine unabweisbare Norm, ohne die jeglicher Straßenverkehr unmöglich sein würde. Daß eine bestimmte Seite, z. B. die rechte, der anderen vorgezogen wird, ist eine ihrem Inhalt nach willkürliche Konvention, die aber für das Wirksamwerden der Norm eine unerläßliche Ergänzung bildet.

Kehren wir zur obigen These zurück und wenden wir die eben angestellte Überlegung auf das Problem des Wissens an: Weil es sprachlich gefaßt und auf jedenfalls teilweise konventionell gestaltete Verfahren der Überprüfung begründet wird, wird jegliches Wissen in einer auch durch Konventionen mitbestimmten *Form* auftreten. Was aber den *Inhalt* dessen angeht, was jeweils als das Gewußte gemeint und verstanden wird, so muß er durch diese wechselnde Hülle von Konventionen hindurch erfaßt werden – als der harte Kern, der von Festsetzungen und Wünschen, von Zwecksetzungen und Interessen unabhängig ist. Das Wesentliche der vorangehenden Überlegung besteht in der Auffassung, daß man nur das zu wissen meinen kann, bezüglich dessen man sich der Freiheit, es für so oder anders beschaffen zu halten, beraubt sieht. In diesem Sinne schließen sich Wissen und Freiheit gegenseitig aus, also auch Wissen und Interesse; denn ein Interesse ist etwas, wozu man so oder anders Stellung nehmen, etwas, was man sich zu eigen machen oder aufgeben, befürworten oder bekämpfen kann.

Nun könnte man hiergegen noch einmal mit Habermas argumentieren wollen, daß doch die von ihm als »erkenntnisleitend« beanspruchten Interessen gerade solche seien, die wir uns nicht willentlich zu eigen machen oder verwerfen können, weil sie »naturwüchsig« aus der Geschichte der Menschengattung hervorgehen und unter gegebenen Bedingungen von Arbeit, Sprache und Herrschaft eindeutig bestimmt sind. Aber mit dieser Auskunft verlöre der Begriff des Interesses die Besonderheit, auf die es Habermas gerade ankommt. Seine

Betrachtung zielt von vornherein darauf, *jeglicher* Wissenschaft einen »praktischen« Charakter zuzusprechen, d. h. eine immanente Beziehung auf bewußtes Handeln, das letztlich unter dem Gesichtspunkt der moralischen Verantwortung und der Freiheit steht. Er sagt: »Mir liegt daran, ... die Trennung von Wissenschaft und Ethik in Frage zu stellen. Denn einerseits konstituiert sich das an Tatsachen bewährte theoretische Wissen innerhalb eines normativen Rahmens, der nur einer kritischen, keiner deduktiv-empirischen Rechtfertigung fähig ist. Andererseits schließt die kritische Erörterung von Standards empirische Erwägungen, also Rekurs auf sogenannte Tatsachen, gerade ein. Eine Kritik, die zwischen Einstellungen und Argumenten einen rationalen Zusammenhang herstellt, ist die umfassende Dimension der Wissenschaft selbst. Auch das theoretische Wissen kann um nichts gewisser sein als das kritische.« (Habermas 64, S. 255)

Diese Äußerung zeigt deutlicher als viele andere, worum es Habermas eigentlich geht und zu welchen Konsequenzen ihn sein Vorhaben verleitet: Es geht um den rationalen Zusammenhang von Argumenten und Einstellungen. Was diesen nun für den Fall empirischer Wissenschaften bereits herstellen soll, ist in Habermas' Augen der Umstand, daß theoretisches Tatsachenwissen innerhalb eines normativen Rahmens begründet wird und daß die Begründung dieses Rahmens einer kritischen Diskussion von Einstellungen entspringen soll. Folgerichtig läßt sich dann dem so begründeten theoretischen Wissen keine höhere Gewißheit mehr zuerkennen als dem Ergebnis einer kritischen Diskussion über Einstellungen.

Diese Konsequenz nun erweist sich angesichts der erdrückenden, alle Unterschiede von »Einstellungen« einebnenden Überzeugungskraft gewisser theoretischer Wissenschaften von der Natur als unhaltbar. Sie wird zum Widerlegungsfall einer Erkenntnisbemühung, die sich von einem Interesse leiten läßt: vom Interesse an praktischer Vernunft. Aber so sehr es uns allen auch um diese Vernunft des Handelns gehen mag und so sehr wir darum wünschen mögen, ihr jene Sicherheit gegen Zweifel und Bestreitung zuwachsen zu lassen, die in unserer wissenschaftsgläubigen Zeit aus einer Verknüpfung mit den Grundlagen der Wissenschaft hervorgehen würde, so läßt sich doch diese Sicherheit nicht dadurch glaubhaft herstellen, daß man einfach *alle* Wissenschaften als Stücke einer Praxis umdeutet, von der a priori einzusehen wäre, daß sie auf die Verwirklichung der Freiheit orientiert werden kann und soll.

Damit scheinen wir wieder am Anfang zu stehen: Wissen und Wissenschaft wurden auf den Bereich dessen beschränkt, was sich uns unausweichlich aufdrängt. Heißt das nicht doch, daß Vernunft »positivistisch« halbiert und das Handeln der Willkür überlassen wird? Diese Folgerung wäre nur dann berechtigt, wenn es außerhalb der Wissenschaft keine Vernunft gäbe. Und wäre dies so, wäre allerdings beim derzeitigen Stande der Wissenschaften eine totale Katastrophe in Chaos und Willkür unvermeidlich. Was die vorangehenden Überlegungen zeigen sollten, war nicht, daß vernünftiges Handeln nur im Bereich naturwissenschaftlich begründeter technischer Verfolgung vorausgesetzter Zwecke möglich sei, sondern vielmehr nur dies, daß unserem Wunsch und der uns allen auferlegten Notwendigkeit vernünftiger Gestaltung des Lebens im ganzen nicht einfach dadurch ein sicherer Boden verschafft werden kann, daß man sich einen neuen Begriff von Wissenschaft macht. Wir werden die Motive, nach einer Wissenschaft aus praktischer Vernunft zu suchen, ohne Rückhalt akzeptieren können, auch wenn wir uns nicht imstande sehen, die Einsicht aufzugeben, daß man eine Wissenschaft, ja jegliches Wissen, nicht dadurch erzeugen kann, daß man sie oder es aus einem berechtigten und billigenswerten Interesse heraus postuliert. Wissen kann man nicht wollen, sondern nur suchen; eine Wissenschaft kann man nicht fordern, sondern nur erforschen. Das Finden des Gesuchten und das Gelingen der Forschung können von keinem Bedürfnis und keinem Interesse der Gesellschaft vorweggenommen werden.

Ich schreite jetzt von der Kritik an Habermas zu meinem letzten Programmpunkt fort, indem ich versuche, einige allgemeinere Konsequenzen ins Auge zu fassen. Es sollte klar sein, daß ich nicht habe sagen wollen, wir könnten und sollten nicht gemäß unseren sozialen Interessen und unserer jeweiligen Einsicht in deren Begründetheit die immer aufwendiger werdenden Anstrengungen der wissenschaftlichen Forschung planend verteilen. Wir werden nicht darum herumkommen, zu entscheiden, ob wir mehr oder weniger Geld für die Erforschung der Marsoberfläche, der psychischen und sozialen Folgen unseres Städtebaus oder der Ursachen von Krebserkrankungen ausgeben wollen. Es ist eine begreifliche Klage gegen die mangelnde Reflexion über unseren Wissenschaftsbetrieb geworden, daß positivistisches Denken – wie Adorno es ausgedrückt hat – »den Primat der Methode über die Sache« und damit »schließlich die Willkür der wissenschaftlichen Veranstaltung« sanktioniert habe (Adorno 57, S. 86). In dieser Hinsicht ist zweifellos vieles versäumt worden und noch unabsehbar mehr zu tun möglich, als getan wird. Aber sinnvoll wird es doch nur getan werden können, wenn man das Recht jener sachlichen Entgegensetzung von Wissen und Methode gegen Wünsche und Zielsetzungen nicht übersieht. Gerade das zuletzt genannte Beispiel der Krebsforschung kann uns diese zur Skepsis mahnende Sachlage demonstrieren: Krankheiten sind von eh und je eine schreckliche Plage der Menschheit gewesen. Das Bedürfnis, ihnen entgegenzutreten, hat darum auch seit den primitivsten Kulturen zu einer mehr oder weniger institutionalisierten Anstrengung geführt. Aber trotz der allgemeinen Billigung des ihr zugrundeliegenden Interesses war bis zur Entstehung der modernen Naturwissenschaft, ja bis zu ihrer Konsolidierung im vergangenen Jahrhundert allenfalls an eine Kunstlehre zu denken, nicht aber an eine medizinische *Wissenschaft*.

Sind wir mit unserem Bedürfnis nach der Verwissenschaftlichung praktischer Vernunft heute besser dran als die vorneuzeitlichen Gesellschaften mit der Medizin? Bislang habe ich meine Überlegungen vorzugsweise im Hinblick auf die Naturwissenschaften erläutert. Wie steht es mit den sogenannten Geisteswissenschaften und mit den Sozialwissenschaften? Ich werde diese Frage offen lassen müssen, weil ich die Antwort nicht absehe.[2]

Natürlich habe ich mich bemüht, derzeit im Umlauf befindliche Antworten zu erfassen; aber ich habe auf dem Hintergrund der eben dargelegten Gedanken kein Zutrauen zu ihnen fassen können. Einen Grund dafür habe ich schon genannt: In der fortgeschrittensten und derzeit einflußreichsten Fassung, die durch Habermas allgemein in Umlauf gekommen ist, wird des Guten zuviel getan, indem Wissenschaft überhaupt und ihrem Begriffe nach als eine »Praxis« interpretiert wird, in der auch die Bestimmung der *Ziele* des gesellschaftlichen Handelns und die zwanglose Einigung über diese Ziele erfolgen soll.

Weitere Gründe für meine Skepsis ergeben sich aus dem angedeuteten Konzept von Wissen. Das Einbeziehen hermeneutischer Verfahren in den historisch-philologischen Wissenschaften mag sehr wohl dazu dienen können, die nötige kulturelle Verständigung und Selbsteinschätzung herzustellen, ohne die wir unser zivilisiertes Leben nicht fortsetzen könnten. Damit tragen sie zweifellos dazu bei, die *Ausgangslage* für die Bestimmung gesellschaftlicher Ziele mitzugestalten. Aber können sie als Wissenschaften und mit dem Anspruch des Wissens diese Ziele selbst bestimmen, also in diesem traditionellen Sinne »praktisch« werden? Oder sollte es doch dabei bleiben, daß die Wissenschaften nur da sind, wo sie Intentionen lediglich vermitteln, und daß umgekehrt dort, wo Handlungsziele vertreten werden, wissenschaftliche Ergebnisse nur genutzt, eine Stellungnahme aus ihnen aber nicht abgeleitet werden kann? Der unübersehbare Zwiespalt zwischen handfester Detailforschung und umstrittenen Gesamtdeutungen sollte eine leichtfertige Beruhigung über diese Frage hintanhalten.

Wir hatten aber auch schon gesehen, daß die eigentlich emanzipatorische Leistung im Habermasschen Modell einer kritisch verstandenen *Sozial*wissenschaft zugedacht ist. Daher möchte ich zum Schluß eine Bemerkung über die Relevanz meiner Überlegungen für diesen Fall machen. Die Sonderrolle der systematischen Sozialwissenschaften wird in der Frankfurter Tradition durchweg damit begründet, daß der Forschungsprozeß seinem Gegenstand nicht gegenübersteht, sondern ein mit dem Ganzen in Wechselwirkung befindlicher Teil des Gesellschaftsprozesses selber ist (z. B. Habermas 64, S. 260). Nur eine Reflexion auf die Totalität dieses Prozesses könne ihn daher von zufälligen und womöglich verhängnisvollen Abhängigkeiten lösen (z. B. Adorno 69, S. 18). Die mittlerweile überall in diesem Lande verbreitete philosophisch durchsäuerte Auffassung der Soziologie ist aber weniger in diesem Totalitätsanspruch als solchem begründet als vielmehr in der Meinung, erst er mache sie zum Instrument der Emanzipation tauglich, indem er den Weg zu ideologiekritischer Arbeit bahne, also zur Aufdeckung dessen, daß manche fälschlich als Wissen ausgegebene Lehren in Wahrheit nichts anderes sind als die Produkte der materiellen Interessen derer, die diese Lehren glauben oder verbreiten. Derartige Untersuchungen sind ohne Zweifel außerordentlich wichtig für eine kritische Einschätzung gesellschaftsgestaltender Interessen, denen wir mindestens so lange hilflos ausgeliefert sind, als wir sie nicht kennen. Aber diese Untersuchungen werden um so glaubhafter und damit um so wirksamer werden, je weniger ihre Ergebnisse auf einen eigenen Vorentwurf jener gesellschaftlichen Totalität begründet werden müssen. Vorstellungen von unserer Lage im ganzen haben und brauchen wir alle, da wir ja ständig unter dem Einfluß der ihnen zugrundeliegenden Interessen handeln. Für die wissenschaftliche Untersuchung jedoch sollten diese Interessen auf ihre motivierende und ihre heuristische Funktion zurückgedrängt werden; denn jene allgemeine Überzeugungskraft, um derentwillen man ja die *wissenschaftliche* Sicherung irgendwelcher Meinungen anstrebt, kann nur aus Gründen entspringen, die auch Menschen mit entgegengesetzten Interessen zuletzt doch teilen müssen, ob sie nun wollen oder nicht.

Damit bin ich ans Ende meiner Überlegungen gelangt. Um einer grundsätzlichen Mißdeutung dessen, was ich gesagt habe, vorzubeugen, sollte ich vielleicht noch einmal an den Titel dieser Abhandlung erinnern: Es ging in ihr um das Verhältnis gesellschaftlicher Interessen und wissenschaftlicher *Erkenntnis*. Dementsprechend habe ich *nicht* darüber gesprochen, wie es sich mit der realen gesellschaftlichen Durchführung der Wissenschaft verhält: mit der Organisation von Lehre und Forschung an unseren Universitäten und anderen Institutionen, mit der wissenschaftlichen Berufsausbildung von Studenten und den damit verbundenen Zielsetzungen, die ja keineswegs auf die Erlangung von Erkenntnissen beschränkt werden können. Natürlich bin ich, wie wohl jeder meiner Leser, davon überzeugt, daß diese Fragen von höchster Wichtigkeit sind. Andererseits werden Sie mir wohl auch darin zustimmen, daß ihre Diskussion und die Beiträge zu ihrer Klärung von vielen verschiedenen Seiten außerhalb und innerhalb der Universitäten zusammen bestritten werden müssen. Von der Philosophie aus glaubte ich am ehesten Anlaß zu haben, auf die begrifflichen Grundkonzeptionen vom Verhältnis wissenschaftlicher Erkenntnis und gesellschaftlichen Handelns einzugehen. Über diese Konzeptionen nach Möglichkeit eine Klarheit zu gewinnen, wird allerdings, wie ich meine, auch für die Praxis der wissenschaftlichen Zivilisation unerläßlich sein.

Literaturverzeichnis

Adorno, Th. W. (1957): Soziologie und empirische Forschung, aus: K. Ziegler (Hg.), Wesen und Wirklichkeit des Menschen, FS für H. Plessner, Göttingen 1957; zitiert nach: Adorno et al.: Der Positivismusstreit in der deutschen Soziologie, Neuwied 1969.

Adorno, Th. W. (1969): Einleitung zu: Adorno et al., Der Positivismusstreit in der deutschen Soziologie, Neuwied 1969.

Albert, H. (1960): Wissenschaft und Politik, Zum Problem der Anwendbarkeit einer wertfreien Sozialwissenschaft, aus: Topitsch, E. (Hg.), Probleme der Wissenschaftstheorie, FS für Victor Kraft, Wien 1960.

Albert, H. (1963): Wertfreiheit als methodisches Prinzip, Zur Frage der Notwendigkeit einer normativen Sozialwissenschaft, aus: Beckerath, E. von, und Giersch, H. (Hg.), Probleme der normativen Ökonomik und der wirtschaftspolitischen Beratung; zitiert nach: Topitsch, E. (Hg.), Logik der Sozialwissenschaften, 2. Aufl. Köln 1965.

Albert, H. (1968): Traktat über kritische Vernunft, Tübingen 1968, 2. Aufl. 1969.

Apel, K. O. (1970): Wissenschaft als Emanzipation?, Zeitschrift für allgemeine Wissenschaftstheorie 1 (1970), 171-195.

Apel, K. O., et. al. (1971): Hermeneutik und Ideologiekritik, Frankfurt: Suhrkamp 1971.

Habermas, J. (1963): Analytische Wissenschaftstheorie und Dialektik, Ein Nachtrag zur Kontroverse zwischen Popper und Adorno, aus: Horkheimer, M. (Hg.), Zeugnisse, FS für Theodor W. Adorno, Frankfurt 1963; zitiert nach: Topitsch, E. (Hg.), Logik der Sozialwissenschaften, 2. Aufl Köln 1965.

Habermas, J. (1964): Gegen einen positivistisch halbierten Rationalismus, Erwiderung eines Pamphleten, Kölner Zeitschrift für Soziologie und Sozialpsychologie 16 (1964), 225 bis 256; zitiert nach: Adorno et al., Der Positivismusstreit in der deutschen Soziologie, Neuwied 1969.

Habermas, J. (1965): Erkenntnis und Interesse, Frankfurter Antrittsvorlesung vom 28.6.1965, aus: Merkur, Heft 213, Dezember 1965, S. 1139-1153; zitiert nach: Habermas, Technik und Wissenschaft als »Ideologie«, Frankfurt 1968.

Habermas, J. (1968a): Erkenntnis und Interesse, Frankfurt 1968.

Habermas, J. (1968b): Gegen Wissenschaftsstürmerei, aus: Habermas, Protestbewegung und Hochschulreform, Frankfurt 1969.

Habermas, J. (1971): Vorbereitende Bemerkungen zu einer Theorie der kommunikativen Kompetenz, aus: Habermas, J. und Luhmann, N., Theorie der Gesellschaft oder Sozialtechnologie, Frankfurt 1971.

Lakatos, I. (1970): Falsification and the Methodology of Scientific Research Programmes, aus: Lakatos, I., and Musgrave, A. (eds.), Criticism and the Growth of Knowledge, Cambridge Univ. Press 1970.

Lakatos, I. (1971): Popper zum Abgrenzungs- und Induktionsproblem, aus: Lenk, H. (Hg.), Neue Aspekte der Wissenschaftstheorie, Braunschweig 1971.

Popper, K. R. (1934): Logik der Forschung, Wien 1934, 3. Aufl. Tübingen 1969.

Popper, K. R. (1945): The Open Society and Its Enemies, London 1945, 3. impression 1949.

Popper, K. R. (1962): Die Logik der Sozialwissenschaften, Referat Tübingen 1961, Kölner Zeitschrift für Soziologie und Sozialpsychologie 14 (1962), 233-248; zitiert nach: Adorno et al., Der Positivismusstreit in der deutschen Soziologie, Neuwied 1969.

Anmerkungen

1 Auch in der Popper-Schule selbst ist die Auffassung zu finden, daß Poppers Wissenschaftsphilosophie unbeschadet der Ablehnung des Konventionalismus im engeren Sinne doch in einem weiteren Sinne als konventionalistisch bezeichnet werden kann (Lakatos 70, S. 105 f.; vgl. auch Lakatos 71, S. 78, 80 ff.).

2 Um diese Antwort geben zu können, wäre es u. a. nötig, diejenigen Wissenschaften zu diskutieren, die als Beispiele für die Verschmelzung von Theorie und Praxis genannt werden und die damit als Vorbilder oder Teile für die gesuchte emanzipatorische Wissenschaft jedenfalls in Betracht gezogen werden können: die Psychoanalyse (Habermas 68a, Kap. 10-12; Diskussion in Apel et al. 71 durch Gadamer, Giegel und Habermas), die Pädagogik (Apel 70, S. 184 ff.), vor allem aber natürlich die sozialwissenschaftliche Ideologiekritik, zu der im folgenden Text wenigstens eine Anmerkung gemacht wird. Keine dieser Wissenschaften scheint mir die glückliche Eigenschaft zu besitzen, daß sich die in ihr gewonnenen theoretischen Ergebnisse eo ipso mit einer wohlbestimmten Zielen dienenden Praxis verbinden; vor allem scheinen sie nicht gegen freiheitszerstörenden Mißbrauch gefeit, also nicht als solche schon »emanzipatorisch« zu sein.

Erich Hahn
Die theoretischen Grundlagen der Soziologie von Jürgen Habermas*

I.

Über Mangel an kritischer Aufmerksamkeit kann sich Jürgen Habermas in jüngster Zeit nicht beklagen. Und bisweilen scheint es, als bedürfe der Bruch linker studentischer Kräfte mit Habermas keiner weiteren Vertiefung. Offenkundig ist auch, daß dieser Bruch an der Nahtstelle zwischen Theorie und Praxis einsetzt, da, wo die kritische Theorie ehemals eine praktische Potenz zu werden versprach. Andererseits bringt gerade diese Basis der Kritik es zwangsläufig mit sich, daß die Schärfe der Distanzierung bei nicht wenigen Kritikern zunimmt mit der Entfernung des Gegenstandes der jeweiligen Polemik von den theoretischen Grundfragen. Anders ausgedrückt: von wenigen Ausnahmen abgesehen (Abendroth, Lederer, Damus, Tjaden u. a.) werden die praktisch-politischen Implikationen der Habermasschen Konzeption schärfer attackiert als deren theoretische Prämissen. Es ist daher zu fragen: Hapert es wirklich nur an den taktischen Folgerungen einer im Grunde genommen revolutionären Theorie?

Es ist ohne Einschränkung richtig, daß jede Kritik am staatsmonopolistischen Kapitalismus, die dessen ökonomische Grundlage ausspart, nicht nur fehlschlagen muß, sondern unter Umständen systemstabilisierend wirkt. Andererseits wäre es eine gefährliche Illusion, zu meinen, Habermas' programmatische Abwendung von der Kritik der Produktionsverhältnisse des staatsmonopolistischen Herrschaftssystems sei Ergebnis einer adäquaten Analyse der wirklichen Entwicklungstendenzen dieser Gesellschaft. Sie ist vielmehr eine notwendige Folge des fehlerhaften philosophisch-soziologischen Standpunktes, von dem aus Habermas diese Realität zu analysieren versucht. Mehr noch, in *Technik und Wissenschaft als*

---

* Bei der Ausarbeitung dieser Abhandlung konnte ich mich auf Hinweise und Vorarbeiten von Frank Adler stützen.

Ideologie formuliert Habermas diese Forderung im Zusammenhang mit einer offenen Revision marxistischer Ideen. Der Nachweis tiefgreifender Differenzen zwischen Habermas und dem Marxismus-Leninismus an und für sich erübrigt sich daher heute mehr denn je. Aber Habermas versucht den Anschein zu erwecken, als habe die Realität Marx überholt und besagte Revision herausgefordert. In Wirklichkeit gilt jedoch auch in diesem Zusammenhang, daß Habermas' eigene, von grundlegenden Fehlinterpretationen des Marxismus geprägte philosophisch-soziologische Konzeption der Spiritus rector jener nunmehr offenen Revision ist. Man soll nicht die Realität verantwortlich machen, wenn man über den eigenen Standpunkt stolpert.

Zwischen Habermas' Gesellschaftstheorie und Habermas' Imperialismus-Analyse besteht ein enger Zusammenhang. Habermas läßt seine Gesellschaftstheorie als Produkt, als Ergebnis einer Verarbeitung, einer Überwindung des historischen Materialismus erscheinen. Das muß grundsätzlich bestritten werden. Habermas setzt sich nicht mit dem Marxismus-Leninismus, sondern mit einem von ihm konstruierten Popanz auseinander. Im Ergebnis kommt daher nichts heraus, was nicht in der Voraussetzung enthalten war. Ich zeige daher nicht den Konflikt zwischen Habermas und Marx, sondern zwischen dem von Habermas konstruierten und dem wirklichen Marx.

II.

Für Habermas schließt sich der Kreis zwischen Theorie und Praxis offenkundig in der Kategorie der »entpolitisierten Öffentlichkeit«, jener »Konfliktzone« jenseits von Klassen und Klassenkampf. In *Technik und Wissenschaft als Ideologie* ist dieser Begriff Resultat der Analyse der spätkapitalistischen Gesellschaft. Und in den Thesen zum Frankfurter VDS-Kongreß vom Juni 1968 fungiert er als Ausgangspunkt der Analyse der Studentenbewegung. Die Ableitung dieser Kategorie erfolgt nicht ohne Aufwand. Zwei Tendenzen vor allem charakterisieren nach Habermas' Meinung die Entwicklung in den fortgeschrittenen kapitalistischen Ländern, das Anwachsen der interventionistischen Staatstätigkeit zur Sicherung der Stabilität des Systems und die wachsende Interdependenz von

Forschung und Technik, die die Wissenschaften zur ersten Produktivkraft gemacht hat.[1] Politische Dauerregulierung der Wirtschaft mache sich notwendig, weil ökonomische Selbstregulierung des Kapitalismus nicht mehr möglich sei. Ökonomie ist nun nicht mehr Basis, Politik nicht mehr Überbau. Letztere ist nicht mehr an der Verwirklichung praktischer Ziele, sondern an der Lösung technischer Fragen orientiert. Praktische Fragen, sprich die Diskussion der Ziele und Standards der gesellschaftlichen Entwicklung, werden ausgeschaltet.

Die spätkapitalistische Gesellschaft verdrängt kritisches Bewußtsein durch technokratische Ideologie. Sie verstößt damit gegen das Interesse an Mündigkeit und Aufklärung. Der Konflikt zwischen Arbeit und Interaktion, zwischen Technik und Praxis wird aus dem Bewußtsein eliminiert. Entpolitisierung der Masse der Bevölkerung wird notwendig. Möglich wird sie auf Grund des Wirkens der zweiten Tendenz: Technik und Wissenschaft übernehmen die Rolle der Ideologie. Das technokratische Bewußtsein lenkt die Interessen breiter Schichten auf den privaten Bereich.[2]

Die Entwicklung der Produktivkräfte sei kein Potential der Befreiung mehr, sondern selbst Legitimationsgrundlage.[3] Der Dualismus von Arbeit und Interaktion, von Technik und Praxis trete im Bewußtsein der Menschen zurück.[4] Um dem entgegenzuwirken, um also diesen Dualismus wieder ins rechte Licht zu rücken, schlägt Habermas vor, durch ihn terminologisch den Zusammenhang von Produktivkräften und Produktionsverhältnissen zu ersetzen.[5] Mit diesem Schritt vom Konkreten zum Abstrakten sei der Realität auch deshalb Genüge getan, weil die technokratische Ideologie nicht mehr ein Ausdruck des ideologischen Klassenkampfes sei, sondern ein allgemein-menschliches Interesse, »das emanzipatorische Gattungsinteresse als solches« treffe.[6] So entsteht die neue Konfliktzone, die sich nicht mehr mit den Frontlinien des Klassengegensatzes deckt,[7] die »entpolitisierte Öffentlichkeit«.

Man könnte bereits an dieser Stelle eine Menge Einwände gegen die skizzierte Konzeption geltend machen. Offenkundig ist, daß Habermas' Analyse nicht auf einer sozialökonomischen, sondern auf einer politisch-ideologischen Bestimmung der spätkapitalistischen Gesellschaft fußt. Offenkundig ist auch die Berechtigung der Kritik von K. H. Tjaden, der anmerkt, daß »die sogenannte kritische Gesellschaftstheorie denjenigen, der kritische Auskunft über die Gesellschaft verlangt, im wesentlichen auf eine Auseinandersetzung mit den Ideen verweist, die durch sie gegeben sind. Als Gegenstand der Theorie erscheinen zuvorderst Bewußtseinsformen, die auf ihresgleichen bezogen sind . . «[8]

Ich möchte den Bogen etwas weiter spannen und zeigen, daß die geschilderte Konzeption eine Konsequenz oder Begleiterscheinung einer grundsätzlich fehlerhaften Interpretation des Verhältnisses von Ökonomie und Gesellschaft durch Habermas ist. Habermas ersetzt die materialistische Geschichtsauffassung durch einen eklektischen Dualismus, der wie jeder Dualismus im Idealismus mündet.

III.

Man kann sicher voraussetzen, daß das Kategorienpaar »Arbeit-Interaktion« in Habermas' Konzeption einen zentralen Stellenwert einnimmt und andererseits einen – wenn nicht den entscheidenden – Konzentrationspunkt seiner Marx-Revision bezeichnet. In *Erkenntnis und Interesse* läßt Habermas dieses Kategorienpaar direkt als krönende Alternative aus der »Verarbeitung« des historischen Materialismus hervorgehen. Freilich offenbart auch gerade diese Konfrontation entscheidende Punkte jener grundlegenden Fehlinterpretation des Marxismus durch Habermas, von der eingangs die Rede war.

Habermas' Gesellschaftstheorie läuft darauf hinaus, jenen Konflikt zwischen Arbeit und Interaktion, der durch den Imperialismus auf die Spitze getrieben wird, als Grundelement des Geschichtsprozesses, als gattungsgeschichtlich erzeugt, hinzustellen. Deshalb gipfelt sein Vorwurf Marx gegenüber darin, diesen Konflikt nicht in sein – Marx' – philosophisches System aufgenommen zu haben. Um den eigenen Geschichtsdualismus – eben den von Arbeit und Interaktion, von Synthesis durch Arbeit und Synthesis durch Kampf, von instrumentalem und kommunikativem Handeln usw. – zu rechtfertigen, braucht Habermas einen Marx, der nicht in der Lage ist, den Geschichtsprozeß materialistisch-monistisch zu erklären. Seinen Hauptangriff richtet er daher gegen den *gesellschaftlichen* Charakter der Produktion, gegen die Einheit von Produktivkräften und Produktionsverhältnissen, gegen die *materielle* Grundlage der Klassen und des Klassenkampfes, die Produktionsverhältnisse.

Im Zuge der Auseinandersetzung mit dem historischen Materialismus kritisiert Habermas, daß Marx den Selbsterzeugungsakt der Menschengattung auf Arbeit reduziert habe. In sein philosophisches Bezugssystem gehe ein Praxisbegriff ein, der den Zusammenhang symbolisch vermittelter Interaktion und die Rolle kultureller Überlieferung unterschlage. Da Herrschaft und Ideologie aber »allein« aus diesen Dimensionen zu begreifen seien, da vor allem die phänomenologische Erfahrung sich in dieser Dimension bewege, sei Marx nicht in der Lage gewesen, jene »vorbehaltlose phänomenologische Selbstreflexion der Erkenntnis zu etablieren«, die dem Positivismus vorbeugen könne.[9]

Nichts liegt uns ferner, als Marx gegen den Vorwurf zu verteidigen, er habe nicht vorbehaltlos genug die Etablierung einer phänomenologischen Erkenntnistheorie betrieben. Ebensowenig wird es Verwunderung hervorrufen, wenn ich es nicht als meine Aufgabe ansehe, Jürgen Habermas bei der Überwindung der Schwierigkeiten zu helfen, die der Verwirklichung und Vollendung dieses Projekts entgegenstehen. Sehen wir uns jedoch einige der Interpretationen an, die zur Begründung dieses Vorwurfs herhalten müssen. Der Grundfehler scheint mir darin zu liegen, daß Habermas stillschweigend der Kategorie Arbeit – genauer gesagt der konkreten Arbeit – in Marx' theoretischem System Funktionen zuweist, die nur die Kategorie »gesellschaftliche Produktion« erfüllen kann, daß er eine vom Menschen als Naturwesen vollzogene Auseinandersetzung mit der Natur als Basis des historischen Materialismus hinstellt.

Das beginnt mit dem Trick, daß Habermas Marx' ausdrücklich als solche bezeichnete Definition der konkreten Arbeit als Definition der Arbeit schlechthin ausgibt, wovon man sich an genau den Stellen aus dem *Kapital* überzeugen kann, die Habermas zitiert.[10] Stets wenn Marx Arbeit als Prozeß zwischen Mensch und Natur definiert, wenn er die einfachen, abstrakten Momente des Arbeitsprozesses charakterisiert, merkt er ausdrücklich an, daß er bewußt von der gesellschaftlichen Form der Arbeit, von dem Verhältnis, in dem der Arbeiter zu anderen Arbeitern steht,[11] abstrahiere. Gerade dieser Unterscheidung, dieser Abstraktion kommt jedoch eine riesige Bedeutung zu. Immer wieder setzt Marx sich mit jener »ökonomischen Mystifikation« auseinander, die die bürgerliche Ökonomie nicht nur nicht durchschaut, sondern reproduziert, da sie »die Naturnotwendigkeit und ewige Berechtigung« der kapitalistischen Produktionsweise proklamiert und insofern dem »Interesse der herrschenden Klassen« völlig entspricht.[12]

Es handelt sich um die Verkehrung, die die gesellschaftlichen Verhältnisse in Eigenschaften der Dinge, der stofflichen Elemente der Produktion verwandelt. Genau dies trifft auch auf den Arbeitsprozeß zu: »Die Arbeit als solche, in ihrer einfachen Bestimmtheit als zweckmäßige produktive Tätigkeit, bezieht sich auf die Produktionsmittel, nicht in deren gesellschaftlicher Formbestimmtheit, sondern in ihrer stofflichen Substanz, als Material und Mittel der Arbeit, die sich ebenfalls nur stofflich, als Gebrauchswerte voneinander unterscheiden...«[13] Wird dies übersehen, so werden die Arbeitsmittel als solche Kapital, die Erde als solche Grundeigentum. Ohne diesen Abstraktionsprozeß ist die Identifizierung und die Denunziation des Kapitals undenkbar.

Genau diesen Abstraktionsprozeß, dessen praktische Bedeutung für die revolutionäre Bewegung der Arbeiterklasse gar nicht hoch genug bewertet werden kann, unterschlägt jedoch Habermas und weist Dingen bzw. dinglichen Prozessen Eigenschaften zu, die in Wirklichkeit *gesellschaftlichen* Beziehungen entspringen. Folgerichtig reduzieren sich für Habermas stets Gattungsmerkmale auf Eigenschaften des Menschen als Naturwesen. So wenn sich beispielsweise die Objektivität der Erfahrung an einem durch »anthropologisch tiefsitzende Handlungsstrukturen bestimmten Auffassungsschema« konstituiert, an der »Identität eines natürlichen Substrats, eben der auf Handlung angelegten körperlichen Organisation des Menschen festgemacht« ist.[14] Als ob Marx nicht bereits 1844 geschrieben hätte: »... darum sind die Sinne des gesellschaftlichen Menschen andre Sinne wie die des ungesellschaftlichen;... Die Bildung der fünf Sinne ist eine Arbeit der ganzen bisherigen Weltgeschichte.«[15] Und wohlgemerkt, auch die in dem gleichen Zusammenhang erfolgende Bezeichnung der Geschichte der Industrie als »aufgeschlagnes Buch der menschlichen Wesenskräfte« läßt keine Interpretation zu, der zufolge Marx Geschichte etwa auf Geschichte der Industrie reduziere. Er wendet sich vielmehr ausdrücklich polemisch gegen die Fassung der Geschichte der Industrie »nur in einer äußern Nützlichkeitsbeziehung«, die der entfremdeten Vorstellung entspricht, »nur das allgemeine Dasein des Menschen, die Religion oder die Geschichte in ihrem abstrakt-allgemeinen Wesen, als Politik, Kunst, Literatur etc. als Wirklichkeit der menschlichen Wesenskräfte und als menschliche Gattungsakte zu fassen«.[16] Als habe Karl Marx Jürgen Habermas vor Augen gehabt!

Gleich mit zwei Zitaten versucht Habermas, Marx zu überführen, die Geschichte aus der körperlichen Organisation des Menschen, aus den natürlichen Grundlagen des Geschichtsprozesses begriffen zu haben. An Marx' Feststellung in den ersten Sätzen der *Deutschen Ideologie,* daß die erste Voraussetzung aller Menschengeschichte die Existenz lebendiger menschlicher Individuen, der erste zu konstatierende Tatbestand also die körperliche Organisation dieser Individuen und ihr dadurch gegebenes Verhältnis zur übrigen Natur sei, knüpft er unschuldsvoll die Frage, daß Marx leider nicht sage, wie wir die Geschichte als Fortsetzung der Naturgeschichte begreifen können.[17] Habermas übersieht, daß Marx unmittelbar im Anschluß an diese Bemerkungen sich sofort der neuen, der eigentlichen Qualität der menschlichen Geschichte zuwendet, ausdrücklich anmerkt, daß die Behandlung der vom Menschen vorgefundenen Naturbedingungen sowie der physischen Beschaffenheit des Menschen selbst natürlich »hier«, also in der *Deutschen Ideologie,* also bei der Darstellung der materiellen Grundlagen des Geschichtsprozesses zwar vorausgesetzt werden müsse, im weiteren Gang der Darstellung jedoch nicht weiterverfolgt zu werden brauche. Eine – wie mir scheint – überaus aktuelle methodologische Bemerkung, die dann an den verschiedensten Stellen, u. a. im *Kapital,* aufgenommen und präzisiert wird, wo Marx beispielsweise klipp und klar sagt, wie der historische Materialismus an die Beurteilung untergegangener ökonomischer Gesellschaftsformationen im Unterschied zur Erkenntnis der Organisation untergegangener Tiergeschlechter herangeht.[18]

Also nicht als einfache »Fortsetzung« der Naturgeschichte begreift der historische Materialismus die Geschichte, sondern auf deren Grundlage in ihrer *eigenen* Qualität, aus den ihr eigenen Triebkräften und Gesetzmäßigkeiten, die mit dem Übergang zur gesellschaftlichen Produktion ihre Wirksamkeit zu entfalten beginnen. Die Diskontinuität des Geschichtsprozesses ist nicht aus der Wirkung eines Faktors heraus zu begreifen, der natürlich keine absolute, aber im Vergleich zu der zu begreifenden Diskontinuität eine wesentlich größere Konstanz aufweist. Und dessen im Rahmen dieser relativen Konstanz erfolgende Entwicklung eben auch nicht mehr aus natürlichen, sondern aus historischen Triebkräften abzuleiten ist!

Ich betone »*gesellschaftliche Produktion*«. Mit diesem Begriff steht Habermas prinzipiell auf Kriegsfuß. In der ganzen Darstellung des Selbsterzeugungsaktes der Menschengattung, wie Marx ihn angeblich gesehen habe, wird nicht ein einziges Mal der grundlegende Umstand erwähnt, daß im Prozeß der materiellen Produktion eben nicht nur die Produktivkräfte, sondern die gesellschaftlichen Beziehungen, die die Menschen in diesem Produktionsprozeß miteinander eingehen, produziert und reproduziert werden. In ein und demselben Prozeß der materiellen Produktion produzieren und reproduzieren die Menschen die Produktivkräfte und die Produktionsverhältnisse. Bezogen auf den kapitalistischen Produktionsprozeß gilt, daß die Arbeit sich eben nicht schlechthin im Produkt vergegenständlicht, sondern in »fremdem Produkt«, wie Marx im *Kapital* schreibt.[19] Oder: »Endlich als Resultat des Produktions- und Verwertungsprozesses erscheint vor allem die Reproduktion und Neuproduktion des *Verhältnisses von Kapital und Arbeit selbst, von Kapitalist und Arbeiter.* Dies soziale Verhältnis, Produktionsverhältnis, erscheint in fact als ein noch wichtigeres Resultat des Prozesses als seine materiellen Resultate.«[20] Das ist Marx. Hingegen Habermas: »Andererseits rechnet Marx im Unterschied zu Kant mit empirisch vermittelten Regeln der Synthesis, die sich zu Produktivkräften vergegenständlichen und die Stellung der Subjekte zu der umgebenden Natur historisch verändern.«[21] Oder: »Aus der

Produktion jener Tathandlung also, die Marx als fortwährendes sinnliches Arbeiten und Schaffen apostrophiert, gehen gleichzeitig die bestimmten Formationen der Natur hervor, denen sich das gesellschaftliche Subjekt gegenübersieht, wie auch andererseits die Produktivkräfte, welche das Subjekt instandsetzen, seinerseits die vorgefundene Natur zu transformieren und daran seine Identität zu bilden.«[22]

Der Höhepunkt dieser Entstellungen ist die Art und Weise, in der Habermas den Begriff »Produktionsverhältnisse« selbst einführt. Die Marxsche Gesellschaftstheorie nehme in ihren Ansatz »neben den Produktivkräften« auch den institutionellen Rahmen, die Produktionsverhältnisse auf.[23] Auf das »neben« lege ich das Gewicht. Das hat mit Marxismus nichts zu tun. Ich erspare es mir, den zitierten Belegen dafür, in wie starkem Maße und mit welcher Deutlichkeit Marx die dialektisch-widersprüchliche Einheit von Produktivkräften und Produktionsverhältnissen begriffen und dargestellt hat, eine Vielzahl weiterer hinzuzufügen. Erwähnt sei lediglich das Vorwort zur *Kritik der politischen Ökonomie* oder der berühmte Brief an Annenkow, in dem Marx die Produktionsverhältnisse als die notwendigen Formen charakterisiert, in denen die Menschen ihre materielle und individuelle Tätigkeit realisieren,[24] sowie die Einleitung zur *Kritik der politischen Ökonomie,* in der Marx »in Gesellschaft produzierende Individuen« als den Ausgangspunkt seines Systems bezeichnet: »Wenn also von Produktion die Rede ist, ist immer die Rede von Produktion auf einer bestimmten gesellschaftlichen Entwicklungsstufe – von der Produktion gesellschaftlicher Individuen.«[25]

Natürlich verfolgt diese »eigenwillige« Marx-Rezeption im Zusammenhang der Argumentation von Habermas ihren Zweck. Habermas braucht einen Marx, der die gesellschaftliche Produktion auf die Auseinandersetzung eines isoliert gedachten Menschen als Naturwesen mit der äußeren Natur reduziert, um den von ihm als Alternative konstruierten dualistischen Emanzipationsmechanismus an die Stelle der materialistischen Geschichtsauffassung treten lassen zu können. Dem Leser wird ein Marx präsentiert, der sich bei dem Versuch, Geschichte und Gesellschaft aus der Entwicklung der materiellen Produktion zu erklären, in hoffnungslose Schwierigkeiten verstrickt. Deshalb wird die Produktion in Marx' Verständnis ihres gesellschaftlichen Charakters beraubt. Habermas muß die Produktionsverhältnisse aus der Produktion eliminieren oder sie den Produktivkräften gegenüber verselbständigen, um die materiellen Grundlagen des Geschichtsprozesses unbegreiflich zu machen und seinen Dualismus zu rechtfertigen. Dies wird besonders deutlich an der Marx immer wieder untergeschobenen These von der »emanzipatorischen Funktion der Produktivkräfte«.[26] In *Technik und Wissenschaft als Ideologie* wird diese These einfach vorgetragen. In *Erkenntnis und Interesse* wird sie hingegen aus einer weiteren unglaublichen Entstellung Marxscher Gedanken abgeleitet. Habermas liest aus Marx zwei Versionen heraus, die in dessen theoretischem Ansatz begründet seien.[27] Der einen zufolge führe die Entwicklung der Produktivkräfte, insonderheit die Verwissenschaftlichung der Produktion, die Transformation von Wissenschaft in Maschinerie eo ipso zur »Freisetzung eines selbstbewußten, den Produktionsprozeß beherrschenden Gesamtsubjektes«,[28] Naturwissenschaft und Technologie setzten sich automatisch in ein »den materiellen Lebensprozeß kontrollierendes Selbstbewußtsein des gesellschaftlichen Subjekts« um.[29]

In der anderen anerkenne Marx dagegen, daß dieser Prozeß an den Produktionsverhältnissen eine Grenze finde. In Habermas' Terminologie: Die Selbstkonstituierung der Gattung vollzieht sich »nicht nur im Zusammenhang des instrumentalen Handelns von Menschen gegenüber der Natur, sondern zugleich in der Dimension von Gewaltverhältnissen, die die Interaktionen der Menschen untereinander festlegen«.[30] Der wissenschaftlich-technische Fortschritt führe nicht »für sich genommen« zu einer »reflexiven Einsicht in den naturwüchsigen Gesellschaftsprozeß derart, daß sich daraus eine selbstbewußte Kontrolle ergeben könnte«.[31] Gegen die jeweils neue, durch »den Fortschritt der als Produktivkraft etablierten Wissenschaft allerdings sollizitierte Stufe der Reflexion« sperrt sich vielmehr der »institutionelle Rahmen«, die »zur Abstraktion erstarrte Lebensform«, »ein Verhältnis sozialer Gewalt, nämlich die Macht einer sozialen Klasse über eine andere«.[32] Soweit nach Habermas Marx' Schizophrenie.

Ich bezeichne diese Habermassche Aussage als unglaublich,

weil es sich in Wirklichkeit an der von Habermas herangezogenen Stelle aus den »Grundrissen der Kritik der politischen Ökonomie« nicht im mindesten um zwei Versionen handelt, sondern schlicht und einfach um die Charakterisierung einer sich historisch im Rahmen der kapitalistischen Produktionsweise vollziehenden Tendenz der Entwicklung der Produktivkräfte, die in diesem Rahmen nicht bzw. nur verzerrt, eingeschränkt, widerspruchsvoll – wie sich gegenwärtig anschaulich zeigt – zur Entfaltung gelangen kann, die diese Gesellschaftsordnung daher historisch in Frage stellt. Marx hat an diese Tendenz – die übrigens (was Habermas in Abrede stellt[33]) von Marx auch später, im »Kapital« sehr wohl analysiert wird, nur in anderer Terminologie – also nicht im Traum die Hoffnung oder Erwartung geknüpft, sie werde »eo ipso« zu jenem paradiesischen Zustand führen, den Habermas umschreibt. Das setzt vielmehr die Beseitigung der kapitalistischen Produktionsverhältnisse (und nicht nur dies) voraus. Deshalb bezeichnet Marx diese Tendenz auf der nächsten Seite der »Grundrisse« als die materielle Bedingung, um jene »bornierte Grundlage« in »die Luft zu sprengen«.[34]

Was Marx also darstellt, ist einer der entscheidenden Widersprüche zwischen der Grundlage der kapitalistischen Produktion und ihrer Entwicklung selbst. Und daraus macht Habermas zwei »im theoretischen Ansatz selbst« begründete Versionen! Richtig ist vielmehr, daß diese originelle und großzügige Deutung des Marxismus in Habermas' eigenem theoretischen Ansatz begründet ist. Das läßt sich nachweisen. Insbesondere an der eigenwilligen Ausdrucksweise, deren Habermas sich an all den Stellen bedient, an denen – bei einer exakten Wiedergabe Marxscher Gedankgengänge – eigentlich von den Produktionsverhältnissen die Rede sein müßte. Nicht die kapitalistischen Produktionsverhältnisse hemmen die Produktivkräfte, sondern der »institutionelle Rahmen« »sperrt sich« gegen deren Entwicklung.[35] Und dieser ist nicht »unmittelbar Ergebnis eines Arbeitsprozesses« (womit Habermas sogar recht hat), aber auch nicht etwa gesellschaftliche Form der materiellen Produktion, sondern eine zur »Abstraktion erstarrte Lebensform«.[36] In dem »Verhältnis sozialer Gewalt«, in »der Macht einer sozialen Klasse über eine andere« repräsentiert sich eine »Gestalt des erscheinenden Bewußtseins«.[37]

Wir müssen freilich Habermas Gerechtigkeit widerfahren lassen. Bei diesen Passagen geht die Wiedergabe angeblich Marxscher Gedanken fließend über in die Darstellung der eigenen Position, in die Darstellung ebenjenes Dualismus, den Habermas an die Stelle der Dialektik von Produktivkräften und Produktionsverhältnissen treten läßt. Dabei spreche ich von Dualismus nicht schlechthin in einem neutralen oder formalen Sinne wie Habermas selbst, um einfach etwas Unterschiedenes zu bezeichnen,[38] sondern in einem erkenntnistheoretischen Sinn. Der Dualismus von Arbeit und Interaktion, von instrumentalem und kommunikativem Handeln, von Selbsterzeugung durch produktive Tätigkeit und Bildung durch kritisch revolutionäre Tätigkeit und schließlich von Synthesis durch Arbeit und Synthesis durch Kampf ist nicht im mindesten geeignet, Funktion und Stellenwert der Dialektik von Produktivkräften und Produktionsverhältnissen im historischen Materialismus auszufüllen oder zu präzisieren.

Im Gegenteil, er ersetzt jene Dialektik durch ein idealistisches Schema der historischen Entwicklung. Da Habermas die Produktion nicht als von vornherein gesellschaftlich begreift und die gesellschaftliche Produktion demzufolge auch nicht als die ursprüngliche Realität des gesellschaftlichen Wesens des Menschen, ist er genötigt, einen neben der Produktion verlaufenden Gesellschaftsprozeß zu konstituieren, dessen Dynamik aus Quellen gespeist wird, die auch nicht vermittelt oder letztendlich in der materiellen Produktion wurzeln. Die zwei Habermasschen Dimensionen oder Entwicklungslinien des Geschichtsprozesses sind lediglich durch die Beziehung der Interdependenz miteinander verbunden.[39] An Hegels Überlegungen unterstreicht er, daß die Kategorien Sprache, Werkzeug und Familie drei *gleichwertige* Muster dialektischer Beziehungen bezeichnen.[40] »Eine Zurückführung der Interaktion auf Arbeit oder eine Ableitung der Arbeit aus Interaktion ist nicht möglich.«[41] Und gegen Marx wird gerade der Kardinalvorwurf erhoben, daß er »nicht eigentlich den Zusammenhang von Interaktion und Arbeit expliziert, sondern unter dem unspezifischen Titel der gesellschaftlichen Praxis eins auf das andere reduziert, nämlich kommunikatives Handeln auf instrumentales zurückführt«.[42]

Habermas stellt beide einander gegenüber und gelangt denn auch folgerichtig zum Begreifen des Klassenkampfes nach Hegels Modell der Dialektik der Sittlichkeit, als Reflexionsprozeß im großen usw. Wobei nicht oft genug hervorgehoben werden kann, daß Habermas stets die Auseinandersetzung des Menschen mit der Natur einem jenseits und neben der Produktion sich vollziehenden Gesellschaftsprozeß gegenüberstellt. Dieser Dualismus läßt sich bis in Habermas' Bild einer zukünftigen Gesellschaft verfolgen, wie sie ihm vorschwebt: »die Organisation der Gesellschaft auf der ausschließlichen Grundlage herrschaftsfreier Diskussion«. In dieser Gesellschaft »entspricht« der Anreicherung technisch verwertbaren Wissens durch Maschinerie die »Selbstreflexion des erscheinenden Bewußtseins bis zu dem Punkt, an dem ein zur Kritik gewordenes Selbstbewußtsein der Gattung von ideologischer Verblendung überhaupt sich befreit hat«.[43]

Der eben zitierte Vorwurf gegen Marx, Interaktion auf Arbeit zu reduzieren, trifft diesen überhaupt nicht. Er geht von der grundfalschen Voraussetzung aus, Marx habe in der Dialektik von Produktivkräften und Produktionsverhältnissen den Zusammenhang von Arbeit und Interaktion »wiederentdeckt«.[44] Umgekehrt: Habermas fälscht Marx' Dialektik von Produktivkräften und Produktionsverhältnissen in jenen Zusammenhang von Arbeit und Interaktion[45] um; er liest Marx subjektivistisch, durch den selbstgezimmerten »Interpretationsrahmen« und wundert sich, daß das Ganze nicht zusammenpaßt. Gelegentlich scheint er dies selbst zu spüren. So wenn er sich in *Erkenntnis und Interesse* (S. 83) gegen den eigenen Idealismus zu wehren versucht. Er schreibt dort, daß sich im Klassenkampf, jenem »Reflexionsprozeß im großen«, die Gestalten des Klassenbewußtseins bilden, »freilich nicht idealistisch in der Selbstbewegung eines absoluten Geistes, sondern materialistisch auf der Grundlage von Objektivationen der Aneignung einer externen Natur. Ausgelöst wird jene Reflexion, in der eine existierende Lebensform ihrer Abstraktion jeweils überführt und dadurch revolutioniert wird, durch das wachsende Potential der Verfügung über die in der Arbeit vergegenständlichten Prozesse der Natur«.[46]

Genau das ist eben keine materialistische Geschichtsauffassung. Das Klassenbewußtsein bildet sich nicht auf der Grundlage von Objektivationen der Aneignung einer externen Natur, sondern auf der Grundlage der objektiv gegebenen Existenz von Klassen im System der Produktionsverhältnisse, die ihrerseits dem Entwicklungsstand der Produktivkräfte entsprechen. Genau mit dieser Dialektik macht Habermas an keiner Stelle seiner Abhandlungen Ernst. Aus der Entwicklung der Produktivkräfte allein ist weder der Geschichtsprozeß im ganzen noch das Klassenbewußtsein im besonderen abzuleiten. Ohne die vermittelnde Wirkung der Produktionsverhältnisse bleibt die Rolle der Produktivkräfte im Geschichtsprozeß schlechterdings unerklärlich. Marx' geniale Entdeckung war es gerade, den objektiven Charakter, den materiell determinierten Inhalt, die notwendige Beschaffenheit jener *ursprünglichen gesellschaftlichen Beziehungen,* die allen übrigen gesellschaftlichen Beziehungen zugrunde liegen, aus dem jeweils gegebenen, konkret historisch zu ermittelnden Charakter der Produktivkräfte zu erklären. Diese ursprünglichen, weil durch den Charakter der Produktivkräfte bedingten Beziehungen, sind die Produktionsverhältnisse.

V.

Ich fasse zusammen. Habermas setzt sich nicht mit Marx, sondern mit einer eigenwilligen Konstruktion auseinander, die – um zwei Lieblingsausdrücke Habermas' zu gebrauchen – »vorgängig« »festgemacht ist« an den Erfordernissen und Postulaten seines eigenen Standpunktes. Sinn und Ergebnis der Habermasschen »Verarbeitung« des historischen Materialismus ist eine Konzeption, die Gesellschaft und Geschichte in eine instrumentalistisch verbogene und technizistisch reduzierte Ökonomie einerseits und in einen dieser gegenüber zwangsläufig autonomen »Gesellschaftsprozeß« andererseits aufspaltet. Habermas' Alternative läuft auf eine *entökonomisierte Geschichte* und eine *enthistorisierte Ökonomie* hinaus. Ehe wir nun zu einigen praktischen Konsequenzen dieser Konzeption übergehen, müssen zwei ihrer wesentlichsten Grundlagen kurz genannt werden.

1. Für das Verständnis der Position, von der aus Habermas auf subjektivistische Weise Marx verfälscht, scheint mir der von ihm selbst in *Erkenntnis und Interesse* wie in *Technik und Wissenschaft als Ideologie* immer wieder betonte Ausgangs-

punkt nicht unwichtig. Habermas widmet die Schrift *Erkenntnis und Interesse* einer Stützung der Behauptung, »daß radikale Erkenntniskritik nur als Gesellschaftstheorie möglich ist«.[47] So weit so gut. Aber in dem gleichen Vorwort findet sich die verhängnisvolle Umkehrung dieser Behauptung: er möchte einer Gesellschaftstheorie nicht vorgreifen, »zu der ich Zugang durch eine Selbstreflexion der Wissenschaft erst *gewinnen* möchte«.[48] Und wenn er in der gleichen Arbeit gegen Marx den Vorwurf erhebt, dieser habe eine »erkenntniskritische Rechtfertigung der Gesellschaftstheorie nicht für nötig gehalten«[49], so wird man unweigerlich an Marx' zweite Feuerbachthese erinnert: »Die Frage, ob dem menschlichen Denken gegenständliche Wahrheit zukomme – ist keine Frage der Theorie, sondern eine *praktische* Frage ... Der Streit über die Wirklichkeit oder Nichtwirklichkeit des Denkens – das von der Praxis isoliert ist – ist eine rein *scholastische Frage.*«[50] Und Marx beginnt denn auch die Darlegung seiner eigenen Gesellschaftstheorie nicht mit deren erkenntniskritischer Rechtfertigung, sondern mit den *wirklichen* Voraussetzungen des Geschichtsprozesses, den wirklichen Individuen, ihrer Aktion und ihren materiellen Lebensbedingungen, mit Voraussetzungen, von denen man nur in der Einbildung abstrahieren kann.

Natürlich ist dieser Gang der Darstellung nicht mit der Weise der gedanklichen Aneignung der Wirklichkeit zu verwechseln. Die »wirklichen Voraussetzungen«, mit denen Marx und Engels die »Deutsche Ideologie« beginnen, sind selbst Abstraktionen, aus denen die gedankliche Reproduktion des Konkreten erfolgt. Aber Abstraktionen, die »sich aus der Betrachtung der historischen Entwicklung der Menschen abstrahieren lassen«[51] und nicht aus der Frage nach der »erkenntniskritischen Rechtfertigung« der Gesellschaftstheorie. Letztere Frage hingegen scheint mir prinzipiell hinter Marx' Materialismus zurückzugehen. Mir scheint also, daß sein eigenes Programm Habermas einen bösen Streich spielt. Heraus kommt nicht die Fundierung der Erkenntnistheorie in der Gesellschaftstheorie, sondern die Konstruktion der Gesellschaftstheorie nach den Prämissen einer historisch überholten erkenntnistheoretischen Fragestellung.

Dieser Verdacht bestärkt sich durch folgenden Umstand. Der

verabsolutierte erkenntnistheoretische Gesichtspunkt treibt Habermas immer wieder zu der Frage nach dem Subjekt der Erkenntnis[52] bzw. nach den die Erkenntnis leitenden Interessen. Bei der Beantwortung dieser Frage aber wird die *Ersetzung* der Gesellschaftstheorie durch subjektivistische erkenntnistheoretische Überlegungen offensichtlich. Als methodologisches Prinzip der Rekonstruktion der Gattungsgeschichte (also doch wohl eine gesellschaftstheoretische Fragestellung) wird gefordert, die Gattung als ein *Subjekt* zu begreifen.[53] Als grundlegende Antwort wird ein absolut ahistorischer Mechanismus, das Interesse der Gattung an Mündigkeit[54] bzw. die Selbstreflexion als solche[55] präsentiert. Und folgerichtig werden beide mit wesentlich praktischen Eigenschaften, mit geschichtsbewegenden Funktionen ausgestattet. Die Selbstreflexion löst das Subjekt von hypostasierten Gewalten,[56] und das Gattungsinteresse an Mündigkeit hat emanzipatorische Funktion.[57] Der »Vollzug der Reflexion weiß sich als Bewegung der Emanzipation«.[58] »Die Selbstreflexion ist Anschauung und Emanzipation, Einsicht und Befreiung aus dogmatischer Abhängigkeit in einem.«[59] Der Kreis zur Praxis schließt sich, wenn Habermas in *Technik und Wissenschaft als ›Ideologie‹* den Gegensatz zwischen bürgerlicher und sozialistischer Ideologie direkt und unumwunden durch den Widerspruch zwischen diesem emanzipatorischen Gattungsinteresse als solchem und dem technokratischen Bewußtsein ersetzt.[60]

2. Aus ebendiesem fatalen Primat der Erkenntnistheorie gegenüber der Gesellschaftstheorie erklärt sich auch – jedenfalls etwa ab 1967 – Habermas' Leidenschaft für Freud, die ja sogar von der *Welt* registriert und begrüßt worden ist.[61] »Die Psychoanalyse ist für uns als das einzig greifbare Beispiel einer methodisch Selbstreflexion in Anspruch nehmenden Wissenschaft relevant.«[62] Und wiederum konzentriert sich die Ersetzung oder Revision Marx' durch Freud in der Eliminierung des Klassenkampfs als Triebkraft der Geschichte. Weil Freud den Konflikt zwischen »Funktionen der Selbsterhaltung, die unter dem Zwang der äußeren Natur durch die kollektive Anstrengung der vergesellschafteten Individuen gesichert werden muß, einerseits und dem überschießenden Potential der inneren Natur, den libidinösen und aggressiven

Bedürfnissen andererseits«[63] als Grundkonflikt der Geschichte begreife, sei er in der Lage, die Probleme zu lösen, an denen Marx scheiterte. Er begreift Herrschaft als »den institutionellen Rahmen im Zusammenhang mit der Repression von Triebregungen, die im System der Selbsterhaltung *generell,* auch unabhängig von einer *klassenspezifischen* Verteilung der Güter und Leiden, auferlegt werden muß«.[64] Und Ideologie, sprich kulturelle Überlieferung, versteht er »als das wie immer zensierte, nach außen gestülpte kollektive Unbewußte, wo die ausgesperrten Symbole die von Kommunikation abgespaltenen, aber ruhelos umgetriebenen Motive auf Bahnen virtueller Befriedigung lenken«.[65] So wird Herrschaft legitimiert. Und – wie könnte es anders sein – befreit wird das ideologische Bewußtsein von diesen Mächten durch Selbstreflexion.[66]

Natürlich kann es im Rahmen dieses kurzen Beitrages nicht um eine ausführliche Darstellung der Beziehungen Habermas' zur Psychoanalyse, geschweige denn eine grundsätzliche »Würdigung« des Themas »Psychoanalyse und Gesellschaftstheorie« gehen. Anzumerken ist lediglich: Habermas vermag gesellschaftlich bedingte individuelle Konflikte deshalb nicht in eine gesellschaftskritische Potenz zu verwandeln und auf die sozialökonomischen Wurzeln der Entfremdung zu richten, weil er diese gerade eliminiert und die Geschichts- und Gesellschaftstheorie psychoanalytisch umfunktioniert, den Klassenkampf durch allgemeinmenschliche bzw. gattungsspezifische Konflikte ersetzt. »Aber wie in der klinischen Situation, so ist in der Gesellschaft mit dem pathologischen Zwang selbst auch das Interesse an seiner Aufhebung gesetzt.«[67] »Dieselben Konstellationen, die den einzelnen in die Neurose treiben, bewegen die Gesellschaft zur Errichtung von Institutionen.«[68]

Damit verfehlt Habermas einerseits einen weiteren entscheidenden Ansatzpunkt des historischen Materialismus. Die Gesetzmäßigkeiten der gesellschaftlichen Entwicklung sind keinesfalls auf Gesetzmäßigkeiten der individuellen Entwicklung reduzierbar. Sie stellen diesen gegenüber eine neue Qualität dar. Andererseits fügt Habermas sich mit dieser Reduktion in einen der entscheidenden Trends der offiziellen bürgerlichen Schulsoziologie. Zugleich wirft diese psychoanalytische Sichtweise Habermas' Licht auf die bereits dargestellte Verabsolutierung der körperlichen Organisation des Menschen, des Menschen als Naturwesen aus einer Voraussetzung der menschlichen Geschichte zu einem Element, aus dem unmittelbar historische Erscheinungen abgeleitet werden. Beides zusammengenommen, die erkenntnistheoretische und die psychoanalytische Orientierung, sind wesentliche Komponenten der Grundhaltung, aus der heraus Habermas den Marxismus verfälscht.

VI.

Die wichtigste Konsequenz aus Habermas' gesellschaftstheoretischen Reflexionen ist jene inadäquate und desorientierende Imperialismus-Analyse, von der unsere Überlegungen ausgingen. Offensichtlich ist die Ausklammerung der Produktionsverhältnisse des staatsmonopolistischen Kapitalismus aus der Kritik, die programmatische Verabsolutierung der angeblich klassenmäßig indifferenten »entpolitisierten Öffentlichkeit« zum hauptsächlichen, wenn nicht ausschließlichen Angriffspunkt »der Kritik«. Und man kann sicher in direkter Beziehung sagen, daß dies eine Konsequenz seiner Trennung der Geschichte und Gesellschaft von der Ökonomie ist, seiner Verlagerung und Einschränkung von Emanzipation und Fortschritt auf den entökonomisierten Gesellschaftsprozeß. Die Ironie besteht jedoch darin, daß Habermas in seiner eigenen »materialen Imperialismusanalyse« Geschichte auf Technik reduziert. Habermas wird theoretisch ein Opfer seiner eigenen »Marx-Überwindung«. Was er in Marx hineinliest, praktiziert er selbst. Wie wir sahen, unterstellt er Marx die Annahme einer »emanzipatorischen Funktion« der Produktivkräfte und weiß sich einer derartigen Reduktion natürlich haushoch überlegen. De facto aber begeht er genau einen solchen Fehler, wenn er Technik und Wissenschaft gewissermaßen zur konterrevolutionären Potenz erklärt (er polemisiert gegen die politische Unschuld der Produktivkräfte[69]) und die herrschaftslegitimierende Technokratie-Ideologie des »Spätkapitalismus« unmittelbar aus Technik und Wissenschaft ableitet. Was seine Logik hat, da er die Produktionsverhältnisse und den Klassenantagonismus als Basis dieser Ideologie negiert.

Dies ist freilich aus theoretischen Ungereimtheiten allein nicht zu erklären. Die ganze Art und Weise der Argumentation, die Sichtweise bzw. Konstruktion der bewegenden Widersprüche seiner Umgebung, das skizzierte Zukunftsbild weisen Habermas als Ideologen aus, der *zwischen* den entscheidenden Fronten des Klassenkampfes steht. Das äußert sich darin, daß er Widersprüche zwar sieht, ihr soziales, ihr Klassenwesen aber nicht ausspricht. Habermas sieht das hohe Entwicklungsniveau der Technik auf der einen Seite, die anwachsende Macht des Staates, die immer zielstrebigere Manipulation geistiger Bedürfnisse, die zunehmende Durchsetzung des geistigen und praktischen Lebens dieser Gesellschaft mit Brutalität, Existenzangst, Unsicherheit, Defekten in den zwischenmenschlichen Beziehungen, den schwindenden Einfluß humanistischer Ideen, die wachsende Sinnleere und Unsicherheit des menschlichen Lebens auf der anderen Seite.

Was er nicht vermag, ist, dies als Existenzbedingung einer überlebten und untergehenden Klassenherrschaft wahrzuhaben. Er sieht die zunehmende Einmischung des Staates in die gesellschaftlichen Angelegenheiten, begreift dies jedoch nicht als Unterordnung unter die Macht der Monopole. Er sieht den Abbau der Demokratie, versteht diese »Wendung von der Demokratie zur politischen Reaktion« aber nicht als »politischen Überbau über der neuen Ökonomik, dem monopolistischen Kapitalismus«, wie Lenin 1916 schrieb.[70] Kein Wunder, da er ja programmistisch die Dialektik von Basis und Überbau außer Kraft gesetzt hat. Er sieht die wachsende interventionistische Tätigkeit des Staates und die Ausbreitung des »technokratischen Bewußtseins«, begreift sie jedoch nicht als Praxis und »Legitimationsgrundlage« des Monopolkapitals zur ökonomischen Untermauerung seiner Herrschaft. Und das angesichts der unübersehbaren Welle von Kapitalkonzentrations- und Zentralisationsvorgängen, die im Laufe der sechziger Jahre in allen hochentwickelten kapitalistischen Ländern eingesetzt hat. Er erkennt den staatsmonopolitischen Kapitalismus nicht als klassenbedingte Reaktion auf die mit der wissenschaftlich-technischen Revolution erreichten neuen Dimensionen der Vergesellschaftung der Arbeit. Und – nicht zuletzt – Habermas sieht eine »entpolitisierte Öffentlichkeit«, aber nicht deren Klasseninhalt, welcher sich in deren emsig betriebener Ausstattung mit einer »soliden« antikommunistischen Grundlage ausdrückt.

Das ist jedoch nur die eine Seite der Medaille. Die andere ist, daß Habermas sich und seinen Anhängern das Verständnis ebendieses Klassencharakters des staatsmonopolistischen Kapitalismus verbaut durch sein, um mich sehr höflich auszudrücken, stark getrübtes Verhältnis zum existierenden Sozialismus. Ich sprach bisher nur von der Reaktion des imperialistischen Herrschaftssystems auf seine inneren Widersprüche. Das reicht jedoch nicht aus. Die Entwicklung des staatsmonopolistischen Kapitalismus und seiner inneren Widersprüche muß heute in zunehmendem Maße als Reaktion des Kapitals auf die mit der Existenz des sozialistischen Weltsystems entstandene neue strategische Situation verstanden werden. Die defensive Frontstellung des Imperialismus gegen die in Gestalt des sozialistischen Weltsystems praktisch existierende klassenmäßige Alternative offenbart unübersehbar seinen Klassencharakter. Und umgekehrt, den Standpunkt der Arbeiterklasse einnehmen bedeutet heute, den gegen diese wichtigste historische Errungenschaft der Arbeiterbewegung, die staatlich organisierte Macht der Arbeiterklasse, das sozialistische Weltsystem gerichteten Antikommunismus vorbehaltlos zu bekämpfen. Die Ideologen des Monopolkapitals begreifen diese Frontstellung des von ihnen zu verteidigenden Systems weitaus besser als Habermas.

Hinzu kommt folgendes. Wolfgang Abendroth und Herbert Lederer machen mit vollem Recht auf die Kehrseite der ausdrücklichen Leugnung des Klasseninhalts der »entpolitisierten Öffentlichkeit« aufmerksam. Welches Ziel und welchen Inhalt soll die Politisierung, die Aufklärung haben, wenn diese nicht auf der Grundlage des ideologischen Klassenkampfes verstanden und betrieben wird?[71] Die Antwort von Habermas ist recht eindeutig: »Die Reflexion, die die neue Ideologie herausfordert, muß daher hinter ein historisch bestimmtes Klasseninteresse zurückgehen und den Interessenzusammenhang einer sich selbst konstituierenden Gattung als solchen freilegen.«[72] Habermas leugnet also nicht nur den Klasseninhalt einer möglichen Politisierung, sondern ersetzt ihn ausdrücklich durch nebulöses Gattungsinteresse.

Das provoziert folgende Überlegung. Seine Vorstellung von einer politisch wirksamen Diskussion präzisiert Habermas in den beiden Aufsätzen *Technischer Fortschritt und soziale Lebenswelt* und *Verwissenschaftlichte Politik und öffentliche Meinung*. Diese Diskussion soll »die politisch Handelnden im Verhältnis zu dem gesellschaftlichen Potential an technischem Wissen und Können über das traditionsbestimmte Selbstverständnis ihrer Interessen und Ziele aufklären und sie zugleich im Lichte der artikulierten und neu interpretierten Bedürfnisse instand setzen, praktisch zu beurteilen, in welcher Richtung sie ihr technisches Wissen und Können künftig entwickeln wollen«[73]. Nach amerikanischem Vorbild fordert er »Politikberatung«, um Forschungsergebnisse aus dem Horizont leitender Interessen zu interpretieren und andererseits Programme und Projekte anzuregen, die »den Forschungsprozeß in die Richtung praktischer Fragen lenken«.[74] Die Dialektik von Können und Wollen müsse reflektiert werden.[75]

Als Soziologe, der den jahrelangen erbitterten Streit zwischen Dialektikern bzw. Kritikern einerseits und Positivisten andererseits mit Interesse verfolgt hat, fällt mir an diesen Formulierungen nun die weitgehende Übereinstimmung mit Vorschlägen von Hans Albert, also doch wohl mit einem Gegner Habermas', auf, die dieser vor kurzem in der *Zeit* veröffentlicht hat. Albert weist der Sozialwissenschaft die Aufgabe zu, die Mängel und Schwächen von Problemlösungen im Bereich der Bildung, der Erziehung, der Produktion, der politischen Willensbildung und in anderen Bereichen kausal und funktional zu analysieren, damit die politische Praxis von einer vergleichenden Beurteilung der in Betracht kommenden Änderungen und des bisherigen Zustandes ausgehen könne.[76] Bei einiger Bosheit könnte man den Bogen bis zu Daniel Bell spannen, der in der gleichen Serie, dem »198. Jahrzehnt«, etwas unverblümter für die postindustrielle Gesellschaft postuliert, daß die politischen Entscheidungen zwar weiter von der Regierung vorgenommen, die Ideen, Methoden, Initiativen hierfür hingegen von den intellektuellen Institutionen geliefert werden müßten.[77] Also Politikberatung zur Perfektionierung des Herrschaftssystems, Qualifizierung der Machtausübung, ohne deren Klassencharakter in Frage zu stellen, Reformen zur Verbesserung, nicht zur schrittweisen Änderung der Gesellschaftsordnung.

Jürgen Habermas muß sich daher abschließend mindestens eine Frage und eine Feststellung gefallen lassen. Die Frage: An welche »politisch Handelnden« wendet er sich mit der konzipierten Strategie? Die Feststellung: In der gegenwärtigen Form erweist sich Jürgen Habermas' Gesellschaftstheorie als untauglich, den demokratischen geschweige denn sozialistischen Kräften der Bundesrepublik als Orientierung zu dienen. Nicht, daß sie »den Totalzusammenhang des Geschehens« »bedenkt«, eine »totale Kritik« der bestehenden Gesellschaft bietet und Anspruch auf deren »totale Umwandlung« erhebt (dies die Vorwürfe von Hans Albert), werfen wir dieser Konzeption vor, sondern daß sie diesen Anspruch nicht einzulösen vermag.

Im Gegenteil. Durch eine (aus seiner letztendlich idealistischen Gesellschaftstheorie stammende) Fehleinschätzung der entscheidenden Widersprüche und Triebkräfte der gegenwärtigen sozialen Wirklichkeit übt Habermas zur Zeit eine desorientierende Wirkung auf den Kampf jener Teile der Intelligenz aus, die sich auf eine demokratische Bewegung orientieren und deren Herausbildung Jürgen Habermas ehemals beeinflußt hat. Diese Kräfte bedürfen einer klaren klassenmäßigen Orientierung, einer Orientierung, die um die geistige Bewältigung des Marxismus-Leninismus nicht herumkommt. Diesen Prozeß hemmt Habermas' gegenwärtige Konzeption. Deshalb setzen wir uns mit ihr auseinander.

Anmerkungen

1 Jürgen Habermas, *Technik und Wissenschaft als »Ideologie«*, 3. Aufl., Frankfurt 1969, S. 74 (i. folg.: *TuW*).
2 *Die Linke antwortet Jürgen Habermas*, Frankfurt 1968, S. 6.
3 *TuW*, S. 88, 92.
4 A.a.O., S. 80, 91.
5 A.a.O., S. 92.
6 A.a.O., S. 89.
7 *Die Linke antwortet Jürgen Habermas*, S. 6.
8 K. H. Tjaden, *Konservative Gehalte soziologischer Theorien* in: *Das Argument*, Nr. 50, S. 40.

9 Jürgen Habermas, *Erkenntnis und Interesse*, Frankfurt 1968, S. 58 (i. folg.: *EI*).

10 A.a.O., S. 39.

11 Marx/Engels, *Werke* (i. folg.: *MEW*), Bd. 23, Berlin 1962, S. 192, 198.

12 *MEW*, Bd. 25, Berlin 1964, S. 835.

13 A.a.O., S. 833.

14 *EI*, S. 49.

15 *MEW*, Ergänzungsband, Schriften bis 1844, Erster Teil, Berlin 1968, S. 541 ff.

16 A.a.O., S. 542.

17 *EI*, S. 20 ff.

18 *MEW*, Bd. 23, Berlin 1962, S. 194.

19 A.a.O., S. 596.

20 Karl Marx, *Grundrisse der Kritik der politischen Ökonomie*, Berlin 1953, S. 362.

21 *EI*, S. 48 ff.

22 A.a.O., S. 55.

23 A.a.O., S. 58.

24 *MEW*, Bd. 27, Berlin 1963, S. 453.

25 *MEW*, Bd. 13, Berlin 1961, S. 615, 616.

26 Vgl. *TuW*, S. 88, 92.

27 *EI*, S. 71.

28 A.a.O., S. 69.

29 A.a.O., S. 65.

30 A.a.O., S. 69.

31 Ebd.

32 A.a.O., S. 70.

33 A.a.O., S. 69.

34 Karl Marx, *Grundrisse der Kritik der politischen Ökonomie*, S. 594.

35 *EI*, S. 70.

36 Ebd.

37 Ebd.

38 *TuW*, S. 80.

39 *EI*, S. 77.

40 *TuW*, S. 9.

41 A.a.O., S. 33.

42 A.a.O., S. 45.

43 *EI*, S. 76 ff.

44 *TuW*, S. 44 ff.

45 Vgl. Renate Damus, *Habermas und der »heimliche Positivismus« bei Marx*, in: *Sozialistische Politik*, 1. Jg., Nr. 4, Dez. 69.

46 *EI*, S. 83.

47 A.a.O., S. 9.
48 Ebd.
49 A.a.O., S. 62.
50 *MEW*, Bd. 3, Berlin 1958, S. 5.
51 A.a.O., S. 27.
52 *TuW*, S. 30.
53 *EI*, S. 347.
54 *TuW*, S. 159, 163.
55 A.a.O., S. 159.
56 Ebd.
57 Ebd.
58 *EI*, S. 244.
59 A.a.O., S. 256.
60 *TuW*, S. 89, 91.
61 G. Zehm, Der Mensch ist nicht nur ein Arbeitstier, in: *Die Welt*, Westberlin, 30. 1. 69.
62 *EI*, S. 262.
63 A.a.O., S. 334.
64 A.a.O., S. 337.
65 A.a.O., S. 342.
66 Ebd.
67 A.a.O., S. 349.
68 A.a.O., S. 335.
69 *TuW*, S. 58.
70 Lenin, *Werke*, Bd. 23, Berlin 1957, S. 34.
71 *Die Linke antwortet Jürgen Habermas*, S. 116 ff., 128 ff., 138.
72 *TuW*, S. 91.
73 A.a.O., S. 136; vgl. S. 118 f.
74 A.a.O., S. 134.
75 A.a.O., S. 119.
76 *Die Zeit*, Hamburg, 5. Dezember 1969, S. 68.
77 *Die Zeit*, Hamburg, 28. November 1969, S. 55.

Göran Therborn
Jürgen Habermas: Ein neuer Eklektiker

Jürgen Habermas ist gegenwärtig der angesehenste Nachfolger der Frankfurter Schule und bis jetzt der einzige, der weit über die Bundesrepublik Deutschland hinaus bekannt ist. In einem Artikel der New Left Review Nr. 63 habe ich mich mit den Arbeiten von Horkheimer, Adorno und Marcuse, den Begründern der Frankfurter Schule, auseinandergesetzt. Deren nachgerückte Schüler wurden zwar zitiert, aber aus zwei Gründen nicht eingehend diskutiert. Erstens, die drei oben genannten gehörten der ersten Generation an, sie teilten weithin die gleiche historische Erfahrung. Zweitens, wenigstens bis in die 60er Jahre, und trotz grundsätzlicher politischer Meinungsverschiedenheiten, blieben die drei Begründer der Schule philosophisch ihrem marxistischen Ursprung treu. Dieser Aufsatz macht den Versuch, Habermas' Denken zu analysieren und seine Wegentwicklung von den marxistischen Standpunkten der Begründer der Schule zu verfolgen. Die Analyse Habermasscher Ideen wird deswegen so bedeutsam, weil diese Ideen sich als besonders anziehend für jene Gruppe von ›Reform-Soziologen‹ erwiesen haben, die der konservativen Orthodoxie in ihrem Fach eine ›kritische‹ Sozialwissenschaft entgegensetzen wollen.

Der Text von Habermas' Antrittsvorlesung als Professor für Philosophie und Soziologie an der Universität von Frankfurt verdeutlicht die Verwurzelung Habermasscher Standpunkte in Horkheimers Ideen, läßt aber auch die Abweichungen erkennen, die sich bildeten, seit Horkheimer seine Ideen ursprünglich formulierte. Die Antrittsvorlesung, veröffentlicht unter dem Titel *Erkenntnis und Interesse*[1], fordert den Vergleich mit dem bedeutendsten Beitrag der klassischen Frankfurter Schule, Horkheimers *Traditionelle und Kritische Theorie*[2], heraus, da dieser Beitrag ja, Habermas zufolge, seine Vorlesung thematisch bestimmt (*TWI*, S. 147). Jedoch wird die klassische kritische Theorie in der Vorlesung kaum besprochen; es wäre unmöglich, sie aus Habermas' Ausführungen abzuleiten.

Horkheimer betrachtete die kritische Theorie als Marxismus, wenn auch als einen eigenständig interpretierten Marxismus. Habermas' Vortrag erwähnt Marx und Engels nicht einmal (mit der Ausnahme einer negativen Verweisung auf den sowjetischen Marxismus). Statt dessen bezieht er sich auf griechische Philosophie, Schelling, Husserl und Adornos Kritik an letzterem, sowie auf zeitgenössische Hermeneutiker wie Apel und Gadamer. Horkheimers kritische Theorie gründete sich auf das revolutionäre Proletariat. In Habermas' akademischer Rede ist kein Platz für Arbeiter, noch weniger für ein revolutionäres Proletariat. Das ›emanzipatorische Interesse‹ (ein Terminus von Habermas), von dem sich Horkheimer leiten ließ und welches dieser als das ›einzige Anliegen‹ des kritischen Theoretikers betrachtete, war, »eine Entwicklung zu fördern, die zu einer Gesellschaft ohne Ausbeutung führen sollte«. Vom Kontext her war diese Entwicklung als proletarische, sozialistische Revolution aufzufassen. Habermas' Interesse an Emanzipation dagegen führt nur zur ›Selbstreflexion‹ (*TWI*, S. 159).

Habermas' Arbeitsfeld ist die ›Erkenntnistheorie‹, die Theorie von den Bedingungen möglicher Erkenntnis. Habermas behauptet, daß seit der Mitte des 19. Jahrhunderts Erkenntnistheorien durch Wissenschaftstheorien ersetzt worden sind. Der Bezugsrahmen ist nicht länger das erkennende Subjekt, sondern ein System wissenschaftlicher Aussagen und Methoden. Habermas versucht, die Kluft von *Erkenntnistheorie* und *Erkenntniskritik* zu überbrücken.[3] Er kommt zu dem Schluß, »daß eine radikalisierte Erkenntniskritik am Ende nur in Form einer Rekonstruktion der Gattungsgeschichte [der Menschheit, Anm. des Übersetzers] durchgeführt werden kann« (*EI*, S. 85 f.). Dieses Argument gründet sich auf den Hegelschen Begriff der Gattungsgeschichte als eines ›Bildungsprozesses‹, eines Lern- und Gestaltungsprozesses, durch den die Gattung sich konstituiert. Die Verbindung zwischen Geschichtsphilosophie und Erkenntnistheorie wird durch den Begriff des ›Interesses‹ vermittelt, oder, um genau zu sein, des ›erkenntnisleitenden Interesses‹ (*EI*, S. 243). »Interessen nenne ich die Grundorientierungen, die an bestimmten fundamentalen Bedingungen der möglichen Reproduktion haften« (*EI*, S. 242). Diese Interessen bestimmen die ›Bedingungen möglicher Objektivität‹ für die verschiedenen Wissenschaften (*TWI*, S. 160).

Habermas unterscheidet drei ›erkenntnisleitende Interessen‹: 1. das technische – »Erkenntnisinteresse an der technischen Verfügung über vergegenständlichte Prozesse«; 2. das praktische – »Sinnverstehen tradierter Sachverhalte des praktischen Lebens«; und 3. das emanzipatorische – »Erkenntnisinteresse an der Emanzipation von naturwüchsigen Zwängen«.

Diese korrespondieren mit oder führen zu drei Typen von Wissenschaft: der empirisch-analytischen, der historisch-hermeneutischen und der kritischen Wissenschaft. Diese Interessen und die Wissenschaften, die sie leiten, bilden sich in den drei ›Medien‹, in denen sich das soziale Leben des Menschen entfaltet: in Arbeit, Sprache und Herrschaft (*TWI*, S. 155 ff.): »Jene Gesichtspunkte (nach denen wir die Wirklichkeit transzendental notwendig erfassen) entspringen dem Interessenzusammenhang einer Gattung, die von Haus aus an bestimmte Medien der Vergesellschaftung gebunden ist: an Arbeit, Sprache und Herrschaft. Die Menschengattung sichert ihre Existenz in Systemen gesellschaftlicher Arbeit und gewaltsamer Selbstbehauptung; durch ein traditionsvermitteltes Zusammenleben in umgangssprachlicher Kommunikation; und schließlich mit Hilfe von Ich-Identitäten, die das Bewußtsein des Einzelnen im Verhältnis zu den Normen der Gruppe auf jeder Stufe der Individuierung von neuem befestigen. So haften die erkenntnisleitenden Interessen an den Funktionen eines Ich, das sich in Lernprozessen an seine externen Lebensbedingungen anpaßt; das sich durch Bildungsprozesse in den Kommunikationszusammenhang einer sozialen Lebenswelt einübt; und das im Konflikt zwischen Triebansprüchen und gesellschaftlichen Zwängen eine Identität aufbaut.« (*TWI*, S. 162 ff.)

Die kritischen Wissenschaften haben natürlicherweise einen besonderen Platz in dieser Trinität von Interessen, Medien und Wissenschaften. Ihre Verknüpfung über ›Herrschaft‹ ist auf den ersten Blick unklar. Der Begriff Herrschaft beinhaltet (überraschenderweise vielleicht) sozial-psychologische Prozesse des ›role-learning‹ und der Persönlichkeitsbildung. In Hegels *System der Sittlichkeit* werden diese Funktionen von der Familie erfüllt.[4] In späteren Formulierungen hat Habermas diese – zusammen mit dem symbolischen Bereich – unter den Begriff ›Interaktion‹ subsumiert. Er begreift dann Herrschaft als ›verzerrte Kommunikation‹, dabei auf Freud zurückgreifend.[5] Mit anderen Worten, kritische Wissenschaften und emanzipatorisches Interesse sind mit Max Webers und Talcott Parsons Theorien des sozialen Handelns verbunden, d. h. verbunden mit an Erwartungen orientierten Verhaltensweisen von der Art: wie reagiert ›alter‹ auf Handlungen von ›ego‹.[6] Wir können jetzt das Ziel Habermasscher Kritik verstehen: »Die systematischen Handlungswissenschaften, nämlich Ökonomie, Soziologie und Politik, haben, wie die empirisch-analytischen Naturwissenschaften, das Ziel, nomologisches Wissen hervorzubringen. Eine kritische Sozialwissenschaft wird sich freilich dabei nicht bescheiden. Sie bemüht sich darüber hinaus zu prüfen, wann die theoretischen Aussagen invariante Gesetzmäßigkeiten des sozialen Handelns überhaupt und wann sie ideologisch festgefrorene, im Prinzip aber veränderliche Abhängigkeitsverhältnisse erfassen.« Der Kernpunkt kann dann wie folgt zusammengefaßt werden: Es »rechnet die Ideologiekritik, ebenso übrigens wie die Psychoanalyse, damit, daß die Information über Gesetzeszusammenhänge im Bewußtsein des Betroffenen selber einen Vorgang der Reflexion auslöst; dadurch kann die Stufe unreflektierten Bewußtseins, die zu den Ausgangsbedingungen solcher Gesetze gehört, verändert werden ... Der methodologische Rahmen, der den Sinn der Geltung dieser Kategorie von kritischen Aussagen festlegt, bemißt sich am Begriff der Selbstreflexion. Diese löst das Subjekt aus der Abhängigkeit von hypostasierten Gewalten. Selbstreflexion ist von einem emanzipatorischen Erkenntnisinteresse bestimmt. Die kritisch orientierten Wissenschaften teilen es mit der Philosophie« (*TWI*, S. 158 ff.).

Die von Habermas gewählte Methode ist somit die immanente Kritik: »Die kritische Soziologie ist der Erinnerung dessen mächtig, was mit dem heute täglich zu Verwirklichenden und tatsächlich Erreichten einst intendiert war. Sie nimmt den prätendierten Sinn der bestehenden Einrichtungen beim Wort, denn noch wo es utopische Worte sind, erschließen diese, realistisch verstanden, am Bestehenden das, was es *nicht* ist.«[7] Demnach soll die psychoanalytische Situation den kritischen Prozeß darstellen (*EI*, Kap. 10-12).

Horkheimers Ideen sind nach diesem Programm offensichtlich drastisch überarbeitet. Horkheimer sah die Trennlinie zwischen traditioneller und kritischer Theorie im wesentlichen in soziologischer Hinsicht: sein Kriterium war, ob die Theorie der Reproduktion der Gesellschaft förderlich oder abträglich war. Habermas' Kriterium ist ontologisch, angehängt an eine spekulative Vorstellung vom Menschen, die er von Hegels Jenenser Vorlesungen entlehnt (vgl. *TWI*, S. 9-47). Die klassische kritische Theorie war auch in einem zweiten Sinne soziologisch bestimmt – wie schwach auch diese Verknüpfung gewesen sein mag, die Theorie bezog sich auf eine bestimmte soziale Gruppe: die Arbeiterklasse. Habermas' Theorie bezieht sich nur auf seine eigene Anschauung von den ›Funktionen‹ des Menschen (ego). Dies findet sich noch klarer formuliert in einem anderen Aufsatz: »Die Reflexion..., muß daher hinter ein historisch bestimmtes Klasseninteresse zurückgehen und den Interessenzusammenhang einer sich selbst konstituierenden Gattung als solchen freilegen.« (*TWI*, S. 91; *TRS*, S. 113) Trotz dieser grundsätzlichen Veränderungen, deren Wirkungen ich weiter unten noch analysieren werde, leitet sich ein Großteil Habermasscher Ideen doch von den Ideen der klassischen Frankfurter Schule ab oder stimmt mit ihnen überein. Die hermeneutische Ausrichtung und Betonung der Intersubjektivität, die er mit Horkheimer, Adorno und sogar Marcuse teilt, verwischt die Trennungslinie zwischen wissenschaftlicher Theorie und intersubjektivem Alltagsverstehen innerhalb einer sprachlich-kulturellen Gemeinschaft. Diese Nivellierung ist eine Vorbedingung für die Behauptung, daß Kritik und Verwerfung einer wissenschaftlichen Theorie oder einer wissenschaftlichen Argumentation reduziert werden kann auf einen Prozeß der ›Ideologiekritik‹. Ebenso wie bei der älteren Generation der Frankfurter Schule, gibt diese Nivellierung Anlaß zu jenen Fehlern, die in der Interpretation von Marx und Freud und dem Versuch der Versöhnung der beiden am klarsten hervortreten.

Marx und Freud

Es gibt zahlreiche Interpretationen von Freud. Zwei sind bei Habermas zu finden. Die eine ist hermeneutisch; sie geht von einer klinischen Situation, dem Dialog zwischen Patienten und Analytiker, aus und sieht die Therapie als einen Akt der Selbstreflexion für beide. Die andere ist kritisch; sie bezieht sich auf Freuds metapsychologische Arbeiten, seine Schriften über Kultur und seine Vorstellung von der menschlichen Kulturentwicklung als Folge der Verdrängung der Instinkte.[8]

Welchen Wert diese Interpretationen auch in der Kulturanthropologie haben mögen, in der Diskussion über Wissenschaftstheorie haben sie keinen Platz; aber gerade in diesem Kontext führt Habermas sie ein. Sie verschleiern das, was Freud über einen Sprechstunden-Therapeuten und Kulturphilosophen hinaushebt, also gerade das, was den Hermeneutikern und Kulturphilosophen Anlaß gibt, bei Freud nach erkenntnistheoretischen Aspekten zu suchen. Diese Interpretationen zeigen beispielhaft, was der große französische Erkenntnistheoretiker Gaston Bachelard als parasitären Mißbrauch der Wissenschaft für Zwecke der Philosophie bezeichnete.[9]

Nach Habermas' Interpretation ist der Kern der Psychoanalyse eine Theorie linguistischer Sprachbarrieren und systematisch verzerrter Kommunikation – Beispiele hierfür sind Träume, alltägliche Freudsche Versprecher, neurotische und psychotische Symptome und auch »die versteckte Pathologie in der Gruppendynamik und in ganzen sozialen Systemen« (*TTCC*, S. 117 f.). Als Ausdruck verzerrter Kommunikation ist ein neurotisches Symptom durch den Gebrauch abweichender Sprachregeln, zwanghafter Wiederholungen und die Diskrepanz zwischen Kommunikationsebenen gekennzeichnet. Merkmale, die alle zur Herausbildung einer Privatsprache durch den Betroffenen führen. Dies ist ein Ergebnis frühkindlicher Unfähigkeit zur Konfliktlösung, bei Anlässen, die Kind und Erwachsene durch Dekodierung und Symptombildung von öffentlicher Kommunikation ausschließen. Im therapeutischen Verhältnis werden diese Primär-Erlebnisse wiederholt, und deren Reaktivierung versetzt den Patienten in die Lage, Symptome zu reflektieren, Handlungsmechanismen zu verstehen und damit den Gegenstand des Konfliktes ins Bewußtsein zurückzuholen und auszusprechen.

Dies könnte als eine Interpretation von Freud im Sinne Lacans erscheinen, der die Betonung ebenso auf die linguistische Seite der Psychoanalyse legt und das Ziel der Therapie in der Transformation einer ›leeren Sprache‹ in eine ›volle Sprache‹ sieht. Aber diese scheinbare Ähnlichkeit ist nur oberflächlich. Für Habermas sind unbewußte Prozesse nur bei pathologischer Pseudo-Kommunikation erklärungsbedürftig (bezeichnenderweise bezieht er sich auf Freuds spätere Topographie von Es, Ich und Über-Ich und nicht auf die Dichotomie von Bewußtsein/Unterbewußtsein). Normale soziale Kommunikation erklärt sich dagegen von selbst; Intersubjektivität ist selbstverständlich. Und mehr noch, diese normale und wünschenswerte Transparenz wird auch auf soziale Systeme ausgedehnt, die von kritischen Sozialwissenschaftlern ›sozio-analysiert‹ werden sollen. In Lacans Arbeiten haben im Gegensatz dazu pathologische und normale Kommunikation gerade das Unterbewußtsein gemein: es ist allgegenwärtig (und gänzlich un-bewußt). Darüber hinaus aber ist das Unterbewußtsein nicht nur der Bodensatz der Begrifflichkeiten der täglichen Erfahrung, der letztere geschickterweise erklärt. Es ist ein wissenschaftlicher Begriff, und seine Entdeckung erfordert daher die Transformation der Begrifflichkeiten der täglichen Erfahrungen in Begriffe einer psychoanalytischen Theorie. Das trifft z. B. auf einen der zentralen Begriffe der Psychoanalyse, den Begriff der Sexualität, zu. Ein wichtiger Schritt für die Konstituierung der Psychoanalyse als Wissenschaft bestand gerade in der Erarbeitung einer radikal neuen Definition von Sexualität.[10]

Habermas' Rekurs auf Freud ist somit ein Versuch, Phänomene wie das der neurotischen Symptome, die nicht in das Konzept der Transparenz intersubjektiver Kommunikation passen, hinwegzuerklären, um dann unter Hinweis auf verzerrte Kommunikation soziale Systeme so zu kritisieren und zu reformieren, daß deren ›unbewußte‹ Komponenten ausgemerzt werden können. Nichts könnte von einer wissenschaftlichen Interpretation Freuds weiter entfernt sein.

Die Implikationen des Habermasschen Programms für die kritischen Sozialwissenschaften werden vielleicht noch klarer, wenn wir uns Marx zuwenden. Habermas reduziert Marx auf einen Ideologiekritiker: »›Kritik der Politischen Ökonomie‹ war, Marx zufolge, Theorie der bürgerlichen Gesellschaft nur als ›Ideologiekritik‹. Wenn aber die Ideologie des gerechten

Tausches zerfällt, kann das Herrschaftssystem auch nicht mehr an den Produktionsverhältnissen *unmittelbar* kritisiert werden.« (*TWI*, S. 76; *TRS*, S. 101) Marx gab sich jedoch nicht mit einer ›Kritik‹ der bürgerlichen Ideologie zufrieden, indem er nur das Mißverhältnis zwischen Schein und Wirklichkeit aufdeckte. *Das Kapital* ist nicht eine immanente Kritik am Liberalismus – wäre es das, so würde es heute wenig Interesse wecken. Es ist ein Werk, in dem eine neue Gesellschaftswissenschaft und Geschichtswissenschaft entworfen wird. Marx entwickelt darin einen neuen Begriff der Ökonomie, nicht auf der Basis menschlicher Verhaltensneigungen (propensities) – ob nun A. Smiths ›Neigung zum Warentausch‹ oder Keynes' ›Konsumneigung‹ –, sondern als einen Teilbereich in einer komplexen sozialen Struktur, der durch die Begriffe ›Produktivkräfte‹ und ›Produktionsverhältnisse‹ definiert ist.[11]

Es ist bemerkenswert, daß Marx in Habermas' Interpretation (ganz abgesehen von Habermas' eigener kritischer Theorie) in den Grundzügen den gleichen Typ von Kapitalismuskritik vertritt, den Marx und Engels bei den utopischen Sozialisten wie Proudhon, Saint-Simon, Fourier und Owen vorfanden und bekämpften.[12] Letztere kritisierten die bürgerliche Gesellschaft am Maßstab der Ideale dieser Gesellschaft und formulierten ihre Utopien auf der gleichen Grundlage. Marx und Engels dagegen zeigten, daß die bürgerlichen Ideale – liberale Konzepte von Gerechtigkeit und Freiheit – nicht im grundsätzlichen Widerspruch zur wirklichen Funktionsweise der bürgerlichen Gesellschaft standen, sondern im Gegenteil ein Ausdruck dieser Verhältnisse waren. Eine immanente Kritik, wie die von Fourier, konnte zwar die Entlarvung der Scheinheiligkeit der meisten bürgerlichen Ideologen leisten. Der wissenschaftliche Sozialismus von Marx und Engels dagegen wies die Notwendigkeit nach, ein anderes *Ziel* für den Sozialismus zu setzen, als dies die Utopisten taten – nicht Proudhons gerechte Tauschgesellschaft, sondern die vorübergehende Diktatur des Proletariats und den Kommunismus. Dieses Konzept zeigte auch weitere *Vorbedingungen* des Sozialismus – Strukturkonflikte zwischen den Produktivkräften und den Produktionsverhältnissen – in der kapitalistischen Ökonomie auf. Und drittens wies der wissenschaftliche

Sozialismus auf neue *Mittel* hin: den Klassenkampf, die revolutionäre Partei und die proletarische Revolution.

Freud und Marx verharrten nicht auf dem abgegrasten Terrain der Psychologie und Ökonomie als ›Kritiker‹. Sie wiesen die Sterilität dieser Terrains auf, verwarfen sie und schufen neue. Daher ist unsere Aufgabe heute nicht, das kritische Gewissen bürgerlich-sozialen Denkens zu sein, sondern mit letzterem zu *brechen;* es ist nicht die Aufgabe, eine ›kritische Sozialwissenschaft‹ zu schaffen, die friedfertig und parasitär neben dem traditionell ideologischen Output koexistiert, sondern dessen Anspruch der Wissenschaftlichkeit zurückzuweisen und auf dem Pfad wahrer Wissenschaft fortzuschreiten, den Marx geebnet hat.[13]

Arbeit und Interaktion

Soweit könnte meine Kritik ebensosehr auf die Schriften von Horkheimer oder Adorno angewendet werden. Aber es ist offensichtlich, daß Habermas' Abrücken vom Marxismus wesentlich radikaler als das seiner Vorgänger ist. Die Verbindung zum klassischen Marxismus, die von den Gründern der Frankfurter Schule noch in ihren wildesten Abenteuern sorgfältig gepflegt wurde, wurde von Habermas entschieden abgebrochen. Ich werde die Gründe hierfür weiter unten diskutieren. Zuvor möchte ich mich auf die Folgen konzentrieren, die sich für Habermas' eigene Position ergaben: er mußte sich sein eigenes Ersatzsystem schaffen. Diesem neuen System will ich mich nun zuwenden.

Habermas verwirft die Begriffe Produktivkräfte und Produktionsverhältnisse und ersetzt sie durch die Begriffe Arbeit und Interaktion. Seine explizite Begründung für die Substitution ist die größere Allgemeinheit der neuen Begriffe, während erstere an Annahmen über einen liberalen Kapitalismus gebunden sind, die nicht mehr gelten (*TWI*, S. 92; *TRS*, S. 113). Diese explizite Revision geht auf eine noch grundsätzlichere Revision zurück, die Marx' wissenschaftliche Neuerungen in eine Geschichtsphilosophie verkehrt, für die Hegels »System der Sittlichkeit« (vgl. *EI*, Kap. 2-3) Modell gestanden hat.

Im Marxismus als einer geschichts- und sozialwissenschaftlichen Theorie der Produktion bezeichnen die Produktivkräfte und Produktionsverhältnisse objektive ökonomische Strukturen. Der Stand der Produktivkräfte bestimmt die technischorganisatorische Produktionsweise wie zum Beispiel im Handwerk, in der Maschinenindustrie, der verarbeitenden Industrie, verschiedenen Bereichen der Informationsgüter-Industrie, usw. Die Produktionsverhältnisse beziehen sich jedoch weder auf juristisches Eigentum noch auf tatsächliche Verfügung (in keinem dieser Fälle könnte Kapital als Produktionsverhältnis fungieren). Sie beziehen sich vielmehr auf die Art und Weise – spezifisch für jede Art der Produktion –, in welcher Mehrwert den eigentlichen Produzenten entzogen wird. Die Produktionsverhältnisse bestimmen das Verhältnis zwischen den produktiv Arbeitenden und denen, die ihnen den Mehrwert expropriieren – etwa zwischen dem Sklaven und dem Sklavenbesitzer, oder zwischen dem Lohnempfänger und dem Kapitalisten. Sie bestimmen das Ziel der Produktion: Konsumption, Verkauf auf dem Markt, Profit. Sie bestimmen die Umstände der unmittelbaren Arbeitssituation – ob unabhängig, wie im feudalen Lehnsverhältnis, oder direkt kontrolliert durch den Kapitalisten und seine Untergebenen – und sie bestimmen das Verhältnis zwischen notwendiger Arbeit und Mehrarbeit.[14]

Solche Begriffe sind für einen Geschichtsphilosophen von geringem Wert, der darauf aus ist, eine Philosophie der Selbstkonstituierung der Menschengattung zu konstruieren.[15] Habermas klebt an den Frühschriften von Marx und entwickelt die Begriffe der Selbstverwirklichung der Menschengattung durch Arbeit und der Arbeit als einer materialistischen Synthese von Mensch und Natur.[16] In der Sprache der modernen Soziologie heißt das, das Subsystem der Arbeit erfaßt alle zweckrationalen Handlungsweisen. In diesem Subsystem haben sich die Produktionsfaktoren (Habermas' Begriff der Marxschen Produktivkräfte) entfaltet. Aber hier erhebt sich eine Schwierigkeit für eine solche Art von Geschichtsphilosophie. Wenn, wie Marx impliziert, die Produktionsverhältnisse auch ein ökonomischer Begriff sind, dann ist alle menschliche Aktivität auf Arbeit reduziert, d. h. auf zweckrationales Handeln. Dann ist Marx im Irrtum. Denn während er die Produktionsverhältnisse in die Produktionsweisen mit einbezog, stellte er aber auch die Existenz eines *institutionellen Rahmens* für den Arbeitsprozeß fest, die Herrschaft einer Klasse über die andere, und eine Art ›*kommunikatives Handeln*‹ im Klassenkampf. Diese Begriffe ergeben sich aus seinen inhaltlichen Untersuchungen. Die Widersprüche, die zwischen Marx' Begriffen und seinen theoretischen Schlüssen liegen, schreibt Habermas Marx' erkenntnistheoretischem Mißverständnis des historischen Materialismus als einer Naturwissenschaft statt einer *Kritik* zu. Habermas ersetzt den Begriff der Produktionsverhältnisse durch einen neuen Terminus, der den ›institutionellen Rahmen der Gesellschaft‹ bezeichnet – der Begriff der ›*symbolisch vermittelten Interaktion*‹.[17]

Es ist klar, daß diese doppelte Revision – einer wissenschaftlichen Theorie zu einer spekulativen ›Gattungsgeschichte‹ und zweier wesentlicher Marxscher Begriffe – dem Autor des *Kapital* erheblich Gewalt antut. Was kann man auf begrenztem Raum weiter dazu sagen?[18] Das erste Resultat des Habermasschen Vorgehens ist, daß jede ernsthafte Gesellschaftsanalyse wichtiger Instrumente beraubt wird. Die Substitution der ›Produktionsverhältnisse‹ durch ›Interaktion‹ in Habermas' Sozialanalyse hebt lediglich die Bedeutung der Normen, der tradierten Kulturmuster und der symbolischen Kommunikation, also des ideologischen Systems hervor, das jede Gesellschaft aufzuweisen hat; dessen war sich Marx wohl bewußt, obgleich er nie ein Gegenstück zum *Kapital* darüber geschrieben hat. Marx war sich auch einer anderen nicht-ökonomischen Struktur bewußt und hat dazu einen wichtigen, wenn auch nur fragmentarischen, analytischen Beitrag geliefert: zur politisch-rechtlichen Struktur des Staates. Im Habermasschen Konzept dagegen besteht der Staat aus den Subsystemen der Arbeit auf der einen Seite und aus Interaktion und Kommunikationsbeziehungen auf der anderen.

Die Auflösung des Begriffs der Produktionsverhältnisse löst auch Verhältnisse auf, die menschliches Verhalten bestimmen, ohne Normen (oder technische Regeln) zu sein, wenngleich sie über normative Sanktionen wirken. Es gibt keine Norm in unserer kapitalistischen Gesellschaft, die besagt, daß die Bevölkerung in zwei hauptsächliche Klassen aufgeteilt werden soll, in Bürgerliche und Proletarier; trotzdem ist dies der grundsätzlichste Aspekt des institutionellen Rahmens in der kapitalistischen Gesellschaft, der die ›freie Berufswahl‹ und die Verteilungsmechanismen bestimmt. Managementideologien wollen uns glauben machen, daß bezahlte Manager sich von anderen Normen leiten lassen als die klassischen Unternehmer; das mag so sein, aber natürlich beweist das in keiner Weise, daß der Kapitalismus verschwunden ist. Die Produktionsverhältnisse haben sich nicht geändert.[19]

Ebenso wirft der Begriff der Produktivkräfte Licht auf die komplexe materielle Struktur des Arbeitsprozesses – auf das Verhältnis zwischen Arbeiter, Produktionsmitteln und dem Gegenstand der Arbeit – und auf ihre zentrale Bedeutung für die verschiedenen Formen sozialer Herrschaft.[20] Dies geht in der Bezeichnung der Arbeit als zweckrationalem Handeln verloren. In einer marxistischen Analyse liefert der Widerspruch zwischen Produktivkräften und Produktionsverhältnissen ein wichtiges Instrument, mit dem man die Funktionen staatlicher Intervention in der Wirtschaft hinter der Fassade der Reform-Ideologie aufdecken kann; Habermas dagegen gibt uns keine Instrumente für die Analyse – nur zwei Behauptungen: daß staatliche Intervention wichtig und wirksam ist, und daß Wissenschaft und Technologie Herrschaft legitimieren helfen.

Im Unterschied zum Verhältnis von Produktivkräften und Produktionsverhältnissen kann das Schema von ›Arbeit und Interaktion‹ keine Strukturwidersprüche umschreiben. Habermas läßt den Modus der Einbehaltung von Mehrwert außer acht, der doch das Spezifische einer Produktionsweise ist und doch letztlich den grundsätzlichen Charakter und die Bedeutung der ökonomischen, politischen und ideologischen Struktur einer Gesellschaft bestimmt. An seine Stelle setzt er ... den Typus legitimierender Ideologien (*TWI*, S. 65 ff.; *TRS*, S. 94 ff.).

Hegel und Parsons

Das Schema, welches Habermas an die Stelle der marxistischen Theorie der sozialen Formierung gesetzt hat, ist eine Mischung, die im wesentlichen aus zwei Quellen stammt. Die eine Quelle sind Hegels Schriften der Jenaer Zeit von 1803 bis 1806 (vgl. *TWI*, S. 9-47). In Hegels Frühschriften ist der Geist ein System aus drei gleichwertigen Kategorien oder Vermittlungen: Sprache, Werkzeug und Familiengut. Sprache bezieht sich nicht nur auf linguistische Kommunikation, sondern auf Namengebung und Gedächtnis, durch welche sich das Ich von seiner Umwelt distanziert. Mit dem Werkzeug unterwirft sich das Ich unter die Kausalität der Natur in der Absicht, sie um so besser zu meistern. In der Familie erwirkt sich das Ich Anerkennung im Kampf und in der Versöhnung mit anderen Menschen durch Prozesse der Bildung oder Sozialisation. Für Habermas sind die beiden letzteren wesentlich; er hat sie in Arbeit und Interaktion umbenannt.[21] In der Arbeit konfrontiert der instrumental handelnde Mensch die Natur; in der Interaktion konfrontiert er die Gesellschaft in der Dialektik der Sittlichkeit. Nach Meinung von Habermas verwischt der späte Hegel diese Unterscheidung wieder, indem er die Natur – von der sich der Geist entfremdet – als ein selbständiges Subjekt ansieht und damit den Kampf des Ich mit der Natur in einen Kampf des ›ego‹ mit ›alter‹ überführt. Während Marx in seinen Frühschriften (Manuskripte von 1844) die Unterscheidung wiederherstellte, glich auch er später den Kampf des Ich gegen ›alter‹ an den Kampf mit der Natur an, indem er behauptete, die Produktionsverhältnisse seien der Produktionsweise inhärent, d. h. seien Teil des materiellen Produktionsprozesses, statt ein nicht-materieller Teil des sozialen Ganzen zu sein. Damit schloß er sich wieder dem alten Hegel an.

Die zweite Quelle entstammt der modernen bürgerlichen Soziologie, im besonderen den Arbeiten von Talcott Parsons. Wie ich schon in meinem früheren Artikel (*New Left Review* 63, S. 74) bemerkte, war eines der Hauptthemen der klassischen Soziologie die Unterscheidung zwischen traditioneller und industrieller Gesellschaft, wie sie etwa im Gegensatz von Begriffen wie Gemeinschaft/Gesellschaft zum Ausdruck kommt. Habermas diskutiert dies ebenso wie Parsons' Formalisierung der Unterscheidung in einer allgemeinen Theorie sozialer Systeme (mit folgenden Paaren von Wertorientierungen: Affektivität / affektive Neutralität, Partikularismus/Universalismus, angeborener Status/Leistung und Diffusheit/Spezifität). Er wirft Parsons vor, diese Begriffe zu ent-historisieren, indem er Phänomene einer bestimmten Über-gangszeit als universell gültig behandelt (*TWI*, S. 61 f.; *TRS*, S. 91). Trotzdem entfernt sich Habermas in zweierlei Hinsicht nicht von Parsons. Erstens, Habermas' Marx-Kritik bezüglich des Verhältnisses zwischen instrumentellem Handeln und dem normativ-institutionellen Rahmen, in den es eingebettet ist, ähnelt sehr der Parsonsschen Kritik des Utilitarismus und seiner Theorie des sozialen Handelns.[22]

(Natürlich ging es Parsons nicht nur um instrumentelles Han-deln, sondern um auf individuelle Bedürfnisbefriedigung gerichtetes Verhalten und um die Unmöglichkeit, eine hinrei-chende Theorie der Gesellschaft allein von solchem Verhalten abzuleiten. Parsons wies auf die Bedeutung des Bezugsrah-mens der sozialen Werte und Normen jenseits der individuel-len Bedürfnisbefriedigung hin und spürte der Entstehung einer an diesen Normen orientierten Handlungstheorie in den Arbeiten von Marshall, Pareto, Dürkheim und Weber nach.) Zweitens braucht man das Arbeit/Interaktion-Schema oder genauer den Gegensatz zwischen instrumentell-teleologischen Handlungssystemen und dem institutionellen Rahmen der symbolisch vermittelten Interaktion (*TWI*, S. 64; *TRS*, S. 93) nur zu verdoppeln, um dem vierteiligen, funktionalen Schema der ›pattern-variables‹ des späten Parsons nahe zu kommen: wobei das Begriffspaar ›Anpassung‹ (adaptation) und ›Zieler-reichung› (goal-attainment) Habermas' erstem Subsystem und das Begriffspaar ›Aufrechterhaltung von Verhaltensmu-stern‹ (pattern-maintenance) und ›Integration‹ Habermas' zweitem Subsystem entspricht. Habermas ordnet sogar den modernen Staat und die Wirtschaft weitgehend dem ersten Subsystem zu, während er Familie und Kultur dem zweiten System zuordnet – ebenso wie Parsons; sein Schema der sozialen Entwicklung von der primitiven, über die traditionel-le, zur modernen, industriellen Gesellschaft ist im wesentli-chen ein Differenzierungsprozeß – wieder wie bei Parsons.

Der Entwicklungszusammenhang Habermasscher Konzepte

Wie kann man die offenbar paradoxe Entwicklung Haber-masscher Ideen begreifen? Wie konnte die Frankfurter Schule, die doch zumindest auf intellektuelle Strenge und Gründlichkeit Anspruch erheben konnte, eine derart außergewöhnliche Verbindung des Junghegelianismus mit Talcott Parsons hervorbringen? Jedoch bei näherem Hinsehen verschwindet dieses Paradox. Habermas' Ideen sind genau das, was man von jemandem seiner Generation, der in der BRD aufwuchs, erwarten kann, wenn er einige der eher extremen Ideen der älteren Mitglieder der Frankfurter Schule verwendet.

Wie ich schon in meinem früheren Artikel darstellte, übernahm die Frankfurter Schule die Marxsche Kritik an der kapitalistischen Gesellschaft, wurde aber zunehmend skeptisch in bezug auf die Lösungsversuche, die Marx zur Überwindung der Übel vorschlug: die proletarische Revolution und die Freisetzung der Produktivkräfte, die sie hervorbringen würde. Aber diese Skepsis verleitete sie nicht zum Widerruf der marxistischen Theorie oder zur Annäherung an den Kapitalismus, sondern eher zu einer Hyper-Radikalisierung ihrer ideologischen und politischen Position und schließlich zum Rückzug von jeder politischen Praxis hin zu Philosophie und Ästhetik. Das beste Beispiel für diesen Pessimismus-cum-Radikalismus zeigt sich in Horkheimers und Adornos Diskussion von Wissenschaft und Technologie, welche in der marxistischen Tradition allgemein als progressiv und revolutionär angesehen worden waren, während die Frankfurter Schule sie mehr und mehr als direkte Ursache und Rechtfertigung für soziale Unterdrückung betrachtete. Diese Position findet sich in Horkheimers und Adornos *Dialektik der Aufklärung* und in Marcuses *Eindimensionaler Mensch*.[23] Und diese Position der älteren Generation der Frankfurter Schule hat Habermas geerbt.

Er schließt seine Studie über den Marxismus in den 50er Jahren (1957) mit einem Zitat aus einer Vorlesung über Freud ab, die Marcuse 1956 in Frankfurt hielt, das den Keim der These des *Eindimensionalen Menschen* enthält (*TP*, S. 334 ff.). Ein Jahrzehnt später formulierte er Marcuses ›Hauptthese‹ wie folgt: »... daß Technik und Wissenschaft in den industriell fortgeschrittensten Ländern nicht nur zur ersten Produktivkraft geworden sind, die das Potential für eine befriedete und befriedigte Existenz bereitstellt, sondern auch zu einer neuen Form von Ideologie, die eine von den Massen abgeschnittene administrative Gewalt legitimiert.«[24] Marcuses eigene politische Schlußfolgerung aus diesen Prämissen hatte ich schon in meinem früheren Artikel zitiert: »Denken muß dann in Opposition zum status quo negativer und utopischer werden. Dies, so scheint mir, ist die wesentliche Herausforderung der jetzigen Situation an meine theoretischen Arbeiten der 30er Jahre.«[25] Habermas zieht ganz andere Schlüsse. Da Technik und Wissenschaft zur ›ersten Produktivkraft‹ geworden sind und »der wissenschaftlich-technische Fortschritt zu einer unabhängigen Mehrwertquelle geworden ist« (*TWI*, S. 79 ff.; *TRS*, S. 104 ff.; *TP*, S. 190 ff.), muß die Arbeitswerttheorie *revidiert* werden.[26] Da die technokratische Ideologie, verbunden mit dem Staatsinterventionismus, die Ideologie des gerechten Tausches als Legitimation für die bürgerliche Gesellschaft ersetzt hat, ist die Kritik der Politischen Ökonomie nicht mehr länger eine hinreichende ideologiekritische Theorie der Gesellschaft (*TWI*, S. 74 ff.; *TRS*, S. 100 ff.). Das technokratische System der ökonomischen Regulierung und politischen Manipulation hat jede klar definierbare Klassenherrschaft abgelöst und hat, auf der Basis institutionalisierten, wissenschaftlich-technischen Fortschritts, Loyalitätsbeziehungen geschaffen, die quer durch alle sozialen Schranken gehen – mit dem Ergebnis, daß Klassenwidersprüche latent geworden sind. Marx' Theorie des Klassenkampfes ist daher auch nicht mehr unbedingt auf entwickelte kapitalistische Gesellschaften anwendbar und muß somit auch revidiert werden (*TWI*, S. 84 ff.; *TRS*, S. 107 ff.).[27] In einer Bemerkung, die explizit der Adresse von Ernst Bloch gilt, aber klar auch auf die älteren Mitglieder der Fankfurter Schule bezogen werden kann, attackiert Habermas deren »verschwiegene Orthodoxie«, indem er sagt: »Noch im esoterischen Gespinst der ästhetischen Reflexionen hängt etwas vom längst verdrängten Echo einer Kritik der Politischen Ökonomie.« (*TP*, S. 170).[28] *Horkheimers und Adornos individualistischer Rückzug von konkreten politischen und ökonomischen Problemen nach dem Krieg erhielt die kritische Theorie als eine reine Theorie, die eine Art philosophischästhetisches Schattendasein führte. Habermas hat dieses Verhältnis auf den Kopf gestellt: die Theorie ist jetzt zu revidieren, um ihre Relevanz für konkrete soziale Probleme wiederherzustellen.*

Es ist kaum überraschend, daß Habermas diesen Schritt voll-
zogen hat. 1929 geboren, gehört er zu jener Generation von
Intellektuellen, die politisch geformt wurden durch die
Debatten des Kalten Krieges der 50er Jahre, Debatten über
›stabilisierten Kapitalismus‹, Stalinismus und den frühen
Marx. Habermas griff in diese Situation ein, indem er den
Marxismus als eine ›Kritik‹ definierte, die zwischen Philoso-
phie und Wissenschaft liegt: »Mit ihrer Stellung ›zwischen‹
Philosophie und positiver Wissenschaft ist die marxistische
Theorie sozusagen formal angezeigt.« (TP, S. 179) Von die-
sem Standpunkt aus verteidigte er den Marxismus verbal
gegen die eklektische Expansionsgier der akademischen
Soziologie Mannheims, Friedmanns und Dahrendorfs. Auf
der anderen Seite akzeptierte er, daß der Marxismus, wie eine
Wissenschaft, der empirischen Falsifikation ausgesetzt ist:
»Wir möchten uns ihrer Struktur als einer explizit in politi-
scher Absicht entworfenen, dabei wissenschaftlich falsifizier-
baren Geschichtsphilosophie ausdrücklich versichern, ohne
uns zu scheuen, die Chance der Nachgeborenen zu nützen:
Marx besser zu verstehen, als er sich selbst verstanden hat.«
(TP, S. 179) Folglich war er für die damals modischen ›Widerlegungen‹ der Arbeitswerttheorie, der Theorie des Klassenkampfes und der Theorie von Basis und Überbau anfällig.
›Vier Fakten‹ sprechen hier gegen Marx, nach Habermas: »1.
Staatsinterventionismus in der Wirtschaft hebt die Autonomie
der Wirtschaft auf, Staat und Gesellschaft können nicht mehr
als Basis und Überbau betrachtet werden. 2. Ferner ist in den
fortgeschrittenen kapitalistischen Ländern der Lebensstan-
dard, auch in den ›breiten Schichten der Bevölkerung‹, so weit
immerhin gestiegen, daß sich das Interesse an der Emanzipation der Gesellschaft nicht mehr unmittelbar in ökonomischen
Ausdrücken artikulieren kann. 3. Unter diesen Verhältnissen
hat sich der designierte Träger einer künftigen sozialistischen
Revolution, das Proletariat, als Proletariat aufgelöst (im Sinne
der kritischen Theorie): Andererseits ist aber der Ausschluß
von der Verfügung über Produktionsmittel nicht mehr derart
mit dem Entzug von sozialen Entschädigungen (Einkommen,
Sicherheit, Erziehung usw.) verbunden, daß diese objektive
Lage auch subjektiv noch irgend als proletarisch erfahren
werden müßte. 4. Der Marxismus kam so weit, die Rolle der

Staatsideologie des autoritären Regimes in der Sowjetunion zu spielen.« (*TP*, S. 162-165; zu anderen ›Widerlegungen‹ siehe *TP*, S. 188-200, und *TWI*.) Diese ›Fakten‹ sind alle aus der Zeit des Revisionismus der 50er Jahre bekannt und bedürfen für die Leser der *New Left Review* keiner Erwiderung. Es möge genügen, anzumerken, daß Habermas soweit geht, sich auf Stracheys *Contemporary Capitalism* und dessen rein sozialdemokratischen Begriff der bürgerlichen Staatsintervention in der Wirtschaft als ›ökonomischer Konsequenz der Demokratie‹ zu stützen – eine Idee, die zu einem anderen Universum, als dem der Frankfurter Schule, gehört (*TP*, S. 197).

Politik als Kommunikationsproblem

Bisher habe ich Habermas' grundlegende Problematik dargelegt und ihren Entwicklungszusammenhang diskutiert. Zwei Dinge bleiben noch zu überlegen, zwei Dinge, die eigentlich ein und dasselbe sind – die politische Haltung, die aus dieser Problematik folgt, und die Begeisterung für Habermas unter jungen Akademikern in den Gebieten der Soziologie und Sozialphilosophie.

Habermas' Betonung des Moments der ›Interaktion‹ in der sozialen Totalität und dessen Trennung von der Welt der ökonomischen Produktion verleiten ihn, politische Probleme in der Welt der Ideen, weit weg vom Klassenkampf in seiner brutalen Gegenständlichkeit, zu lokalisieren (obwohl letztere als eine Warnung vor allzu militanten Haltungen und Handlungen herangezogen werden kann). Habermas formuliert das Ziel sozialer Emanzipation neu auf der Ebene von Kommunikation, als ›herrschaftsfreie Kommunikation‹ und als ›allgemeinen und ungezwungenen Konsensus‹ (*TWI*, S. 64, 163; *TRS*, S. 93). Das Resultat ist extreme idealistische Verschwommenheit; Habermas' Ideen sind sehr verschieden von jenen der klassischen Frankfurter Schule, die Emanzipation in mehr substantiell ökonomisch-politischem und auch erotischem Sinne begriff (später auch im Sinne einer bestimmten Naturmystik). Kommunikative Beziehungen sind aber auch Gegenstand einer breiten historischen Studie von Habermas über Veränderungen in der bürgerlichen ›Öffentlichkeit‹.[29] Charakteristischerweise gibt es dort keine Diskussion über eine proletarische ›Öffentlichkeit‹, und selbst die Pariser Kommune und die Räte-Bewegung werden nur in Beziehung gebracht zu einer physiokratischen Sicht der ›natürlichen Ordnung‹.[30] Die Schlußfolgerung dieser Studie ist eine Vorstellung von liberalem Pluralismus, die als Lösung für moderne Probleme der ›Öffentlichkeit‹ herrschaftsfreie Diskussion innerhalb der herrschenden Organisationen hervorhebt. Damit ist das Buch ein exzellentes Beispiel für die politischen Auswirkungen einer immanenten Kritik an bürgerlicher Ideologie. In Habermas' Auffassung hat der Staat primär die Funktion des wirksamen Stabilisators der kapitalistischen Wirtschaft. Wie wir gesehen haben, ist dies der zentrale Aspekt seiner Sicht des fortgeschrittenen Kapitalismus. Einen *politischen* Begriff vom Staat hat er aber nicht. In seiner Theorie der ›Öffentlichkeit‹ wird der Staat unter den Begriff der Herrschaft idealistischer Interpretation subsumiert. Herrschaft wird reduziert auf Ideologien, durch die sie legitimiert wird (*TWI*, S. 163). Ebenso diskutiert Habermas Herrschaft als ›verzerrte Kommunikation‹ (*EI*, S. 341 ff., und *TTCC*). Auf der anderen Seite aber und in anderem Kontext warnt Habermas offen vor der potentiellen Gewalt des Staates – um der Studentenbewegung zu raten, von eigener Gewalt Abstand zu nehmen.[31]

Die ›Konfliktzone‹ ist nicht mehr die des Klassenantagonismus. Sie ist der Bereich der ›Öffentlichkeit‹, wo es um die Verschleierung oder Entschleierung des Unterschieds zwischen Fortschritt oder Rationalisierung im instrumentellen Handeln und Emanzipation innerhalb des institutionellen Rahmens geht. Protest in diesem Sinne geht von Studentengruppen aus, und in der Zukunft sieht Habermas ein ›Systemproblem‹ voraus, welches – wenn es sensibilisiert werden kann – diesen Protest in einen politischen Faktor verwandeln würde: Das Maß des gesellschaftlichen Reichtums, das unter Bedingungen der Automation produziert wird, macht es immer schwieriger, die Statuszuweisung überzeugend an den Mechanismus der Bewertung individueller Leistung zu binden (*TWI*, S. 100-03; *TRS*, S. 120-22). Dieses ›Systemproblem‹ ist natürlich nur ein vages idealistisches und individualistisches

Echo auf den Widerspruch zwischen dem sozialen Charakter der Produktivkräfte und dem privaten Charakter der Produktionsverhältnisse. Aber während für Marx dieser Widerspruch zu überwinden war durch einen Klassenkampf, der die kapitalistischen Produktivkräfte und Produktionsverhältnisse durch eine revolutionäre Vereinnahmung der Staatsgewalt in den Sozialismus überleitete, führt Habermas' Reduzierung des Marxismus auf bloße Ideologiekritik zur direkten Unterstellung, daß sich der Widerspruch harmonisch beilegen läßt durch eine revolutionäre Vereinnahmung der Staatsgewalt in aufgeklärte Bemühen kritischer Studenten und Gelehrter.[32]

Hieraus ergibt sich Habermas' Popularität unter jungen angelsächsischen, reformistischen Akademikern. Er verbindet eine offensichtliche linke Vergangenheit, konventionellen Humanismus und die Vorstellung, daß die grundlegenden politischen Probleme Kommunikationsprobleme sind. Die Vulgarität dieses Mischmaschs von Ideen ist evident. Da es jedoch ein Gesetz ideologischer Gravitation ist, daß Eklektizismus Empirizismus anzieht, fühlt sich die britische und skandinavische Soziologie eigentümlich stark zu ihm hingezogen. Das modische Interesse für Habermas ist ein vorhersagbares Produkt dieses soziologischen Horizonts.

Anmerkungen

1 Das Vorlesungsskript darf nicht mit dem Buch *Erkenntnis und Interesse* Frankfurt 1968 *(EI)* verwechselt werden. Der Vorlesungstext ist in einer Sammlung Habermasscher Artikel unter dem Titel *Technik und Wissenschaft als Ideologie* Frankfurt 1968 *(TWI)* S. 146-68 veröffentlicht. Drei Artikel aus *TWI* sind ins Englische übersetzt in J. Habermas: *Towards a Rational Society*, London 1971 *(TRS)*.

2 Max Horkheimer: *Traditionelle und Kritische Theorie*, in: *Zeitschrift für Sozialforschung*, Heft 2, 1937.

3 Vgl. vor allem *EI* und seine Übersicht in *Zur Logik der Sozialwissenschaften*, *Philosophische Rundschau* 1967, Beiheft 5; auch edition suhrkamp, Frankfurt 1970. Als direkte marxistische Gegenposition zu diesem Thema vgl. Louis Althusser, *Für Marx*, Frankfurt 1968.

4 Vgl. *Arbeit und Interaktion. Bemerkungen zu Hegels Jenenser ›Philosophie des Geistes‹*, in: *TWI*, S. 9-47.

5 *EI*, S. 341 ff. und *Towards a Theory of Communicative Competence,* in: Hans Peter Dreitzel, Hg., *Recent Sociology Number Two,* London 1970, S. 114-148 *(TTCC).*

6 Vgl. Max Weber, *Wirtschaft und Gesellschaft,* Tübingen 1925, Bd. 1, S. 1 ff., und Talcott Parsons et al., *Towards a General Theory of Action,* Cambridge, Mass., 1951.

7 J. Habermas, *Kritische und konservative Aufgaben der Soziologie* in dem Sammelband *Theorie und Praxis,* Neuwied/Rh. 1963, S. 229 *(TP).*

8 Habermas' Interpretation von Freud ist auf die erstere ausgerichtet, enthält aber beide. Vgl. weiter unten und *EI*, Kap. 10-12, und *TTCC.*

9 Das ist das zentrale Thema in allen Arbeiten von Bachelard. Vgl. Dominique Lecourt, *L'épistémologie historique de Gaston Bachelard,* Paris 1969.

10 Vgl. Sigmund Freud, *Three Essays on the Theory of Sexuality, Standard Edition,* Bd. VII, London 1953 (deutsch: *Drei Abhandlungen zur Sexualtheorie,* Frankfurt [10]1961) und Etienne Balibar, *On the Basic Concepts of Historical Materialism,* in: Louis Althusser u. Etienne Balibar, *Reading Capital,* London 1970, S. 243-47 (deutsch: *Über die Grundbegriffe des Historischen Materialismus,* in: *Das Kapital lesen,* Reinbek 1972).

11 Vgl. Louis Althusser, *The Object of ›Capital‹,* in: Louis Althusser und Etienne Balibar, *Reading Capital,* a.a.O., S. 182 f. (deutsch: *Der Gegenstand des »Kapital«,* in: *Das Kapital lesen,* a.a.O.).

12 Vgl. Karl Marx, *Das Elend der Philosophie,* in: *MEW,* Bd. 4, und Friedrich Engels, *Anti-Dühring,* in: *MEW,* Bd. 20.

13 Zum Beispiel, es ist nicht das Ziel des Kampfes gegen die bürgerliche Ideologie, »ideologisch festgefrorene, im Prinzip aber veränderliche Abhängigkeitsverhältnisse« hervorzuheben, sondern ein Schema von Determinismen hinter einer voluntaristischen Ideologie zu entlarven. Der bürgerliche Staat ist eine objektive Struktur der kapitalistischen Gesellschaft, die nur beseitigt werden kann, wenn die Klassengesellschaft beseitigt wird; er ist weder ein neutrales Instrument in den Händen der parlamentarischen Mehrheit noch irgend etwas, das lediglich ›ideologisch eingefroren‹ ist. Das gleiche gilt für den Imperialismus. Man sollte vielleicht noch hinzufügen, daß für Marxisten die notwendige Verlagerung des Terrains die grundsätzliche theoretische Problematik berührt und nicht auf eine einfache Vernachlässigung der Resultate der akademischen Sozialforschung hinausläuft (wovon vieles noch in dieser oder jener Weise von Wert ist). Der Pfad der wissenschaftlichen Gesellschaftsanalyse wird daher eine ständige Auseinandersetzung mit der akademischen Soziologie einschließen.

14 Zu den wesentlichsten Literaturhinweisen für diese Begriffe gehören *Das Kapital,* Bd. I, Kap. 7 und 12-15 und Bd. III, Kap. 47, 48 und

51. Zwei Ausgangspunkte ergeben sich aus der Unterscheidung zwischen Arbeitsprozeß und Prozeß der Wertproduktion in Bd. I, Kap. 7, was in Kap. 12-15 näher ausgeführt wird, und aus der Definition der Produktionsweisen in Bd. III, Kap. 47, über den Ursprung der Bodenrente. Der wichtigste Interpretationstext stammt von Etienne Balibar, Über die Grundbegriffe des historischen Materialismus, a.a.O. Ich selbst habe an dieser Interpretation einige Zeit gearbeitet, aber im einzelnen mehr, um sie auf eine Kritik verschiedener Ideologien ökonomischer Systeme anzuwenden: *Vetenskap och ideologi om ekonomiska system (The Science and Ideology of Economic Systems* – noch unveröffentlicht). Marx's Analyse zeigte, daß der industrielle Arbeitsprozeß, im Unterschied zur handwerklichen Produktion, eine objektive, technische Unterwerfung des Arbeiters unter die Produktion bedingte. Daher glaubte Marx nicht an irgendeine ›Neutralität‹ der Technologie. In meinem Artikel in *New Left Review* 63 habe ich unvorsichtigerweise angenommen, daß Marcuses ursprüngliche Annahme, wonach Technologie ›neutral‹ sei, marxistisch sei, obwohl dem in der Analyse des gleichen Textes an späterer Stelle widersprochen wird. Marcuses Substitution eines existentiellen Urteils über den alles durchdringenden technologischen Apparat anstelle des Glaubens an die Neutralität der Technologie kann nicht als ein Rückschritt seinerseits bezeichnet werden, eher als das Gegenteil. Weder das eine noch das andere bringt uns jedoch in der sozialen Analyse weiter.

15 Daher Habermas' Attacke gegen Marx in *EI*. Habermas' Philosophie der Arbeit und Interaktion ist in *TWI*, S. 9-103 entwickelt.

16 Da diese Philosophie ihre ökonomischen Begriffe von anthropologischen Annahmen entlehnt, bleibt sie natürlich grundsätzlich der ›propensity‹-Philosophie der bürgerlichen Ökonomen, von Adam Smith über die Marginalisten bis zu Keynes, verwandt.

17 Habermas hat dieses Schema graphisch zusammengefaßt in *TWI*, S. 64; *TRS*, S. 93.

18 Vgl. die ausführlichere, aber etwas andere Kritik von Renate Damus, *Habermas und der heimliche Positivismus bei Marx*, in: *Sozialistische Politik*, Nr. 4, Dez. 1969.

19 Hierzu gibt es ein Gegenstück in der Ethnologie, in bezug auf Verwandtschaftsbeziehungen. Die Normen einer Gesellschaft mögen von der Art sein, daß A B heiraten muß und C D. Aber diese geben noch nicht das Netz von Verwandtschaftsbeziehungen innerhalb eines Stammes oder einer Gruppe von Stämmen wieder, die – ethnologisch – diese Normen bestimmen.

20 Vgl. *Das Kapital*, Bd. I, Kapitel 7, 14 u. 15, *MEW*, Bd. 23.

21 Sprache erscheint hier als ein Attribut der beiden anderen und in Habermas' späteren Schriften scheint sie im Begriff der Interaktion eingegliedert zu sein. In *TTCC*, z. B. wirft er Chomsky vor, nicht

Schule‹ in der West-Berliner Zeitschrift *Sozialistische Politik,* No. 4, Dez. 1969. Diese sind weit entfernt von der Verwirrung in mehreren Beiträgen des Sammelbandes, der die Studentenbewegung gegen die Habermassche Attacke vom Juni 1968 verteidigte. Der Herausgeber

23 Vgl. *New Left Review* 63, S. 82 f. und 88 f.

24 J. Habermas, Hg., *Antworten auf Herbert Marcuse,* Frankfurt 1968, S. 14 ff.

25 *Negations,* New York, London 1969.

26 *TWI*, S. 79 ff., und *TP,* S. 190 ff. Wenngleich auf ein reales Problem bezogen – nämlich auf die Bedeutung der Veränderungen der Produktivität für den tendenziellen Fall der Profitrate – spiegelt Habermas' Kritik nur das Gothaer Programm wieder. Es basiert auf der naiven, empiristischen Deutung der Werttheorie, die angeblich von einer Berechnung »auf der Grundlage des Wertes der unqualifizierten (einfachen) Arbeitskraft« ausgeht (*TWI*, S. 80). Siehe hierzu W. Müller, *Habermas und die Anwendung der Arbeitswerttheorie,* in: *Sozialistische Politik,* No. 1, April 1969. Vgl. auch Charles Bettelheims Kritik der empiristischen Konzepte der Arbeitswerttheorie in der osteuropäischen Debatte über die Preislehre, *La transition vers l'économie socialiste,* Paris 1968, Kap. 6.

27 Vgl. auch Habermas' denunzierende Kritik der Studentenbewegung im Frühling 1968, *Die Scheinrevolution und ihre Kinder,* in: *Die Linke antwortet Jürgen Habermas,* Frankfurt 1968, S. 5-15.

28 Vgl. *TP,* S. 40 ff., Habermas' Einführung zu *Antworten auf Herbert Marcuse,* a.a.O., S. 12, und sein Beitrag zur Festschrift für Adorno, *Ein philosophierender Intellektueller,* in: *Über Theodor W. Adorno,* Frankfurt 1968, S. 35-43.

29 *Strukturwandel der Öffentlichkeit,* Neuwied und Berlin 1962.

30 A.a.O., S. 156. Dies zeigt, wie wenig Habermas die marxistische Staatstheorie verstanden hat.

31 *Die Scheinrevolution und ihre Kinder,* a.a.O. Habermas hat die Militanz der Studentenbewegung bei zwei wichtigen Anlässen verworfen. Der eine, den ich erwähnt habe, war am 1. Juni 1968 nach der gewaltsamen Anti-Springer-Demonstration und der Besetzung der Frankfurter Universität. Ein Jahr früher, zu Beginn der massiven Welle von Studentenaktivitäten im Zusammenhang mit den Anti-Schah-Demonstrationen in West-Berlin, bei denen ein zuschauender Student von einem Polizisten erschossen wurde, hatte Habermas vor der Gefahr eines »Links-Faschismus« gewarnt! Er war auch sorgfältig darauf bedacht, sich von den Ansichten Marcuses zu distanzieren; siehe hierzu die Einführung zu *Antworten auf Herbert Marcuse,* a.a.O.

32 Habermas wird jetzt allgemein als konventioneller Revisionist der Deutschen Linken angesehen. Vgl. die Kritiken zur ›Habermasschen

erkannt zu haben, inwieweit Sprache nur als intersubjektive Kommunikation entsteht (S. 130-138).

22 Talcott Parsons, *The Structure of Social Action*, Cambridge, Mass., 1937.

dieses Sammelbandes, der junge Frankfurter Philosoph Oskar Negt, warf Habermas sogar vor, leninistische Ansichten zu haben! *Die Linke antwortet Jürgen Habermas*, a.a.O., S. 31.

J. Claude Evans
Husserl und Habermas

Im Mittelpunkt von Jürgen Habermas' Frankfurter Antrittsvorlesung[1] steht eine Auseinandersetzung mit Edmund
Husserls »Krisis«, eine Würdigung und eine Kritik zugleich.
Habermas folgt Husserl in dessen Angriff gegen eine objektivistische Interpretation der Wissenschaften; in der Annahme
aber, daß transzendentale Phänomenologie Opfer einer Variante eben dieses Objektivismus wird, versucht er über Husserl
hinauszugehen und eine neue Wissenschafts- und Gesellschaftstheorie zu erstellen, die auf dem menschlichen Subjekt
als transzendentalem Fundament basiert. Durch seine Theorie, die gleichermaßen transzendental und konkret-historisch
zu sein vorgibt, hat Habermas eine Herausforderung an die
transzendentale Phänomenologie erlassen, die nicht ignoriert
werden kann. Diese Studie ist eine Vorarbeit für eine kritische
Konfrontation von Habermas' *Erkenntnis und Interesse* und
Husserls Phänomenologie.

I. Habermas' Husserl-Kritik

Habermas versteht das Spätwerk Husserls – die *Krisis* – als
einen Angriff auf den modernen Objektivismus mit Hilfe
einer Wiederaufnahme der antiken Idee der Theoria. In seiner Husserl-Rekonstruktion umreißt Habermas drei grundlegende Punkte: 1. Phänomenologie zeigt, daß objektivistisches
Wissenschaftsverständnis ein vergegenständlichtes Universum von Daten an die Stelle vorwissenschaftlichen Erlebens
setzt – während in der Tat wissenschaftliche Erkenntnis in
dieser vorwissenschaftlichen Welt fundiert ist und sie für das
eigene Unternehmen voraussetzt. Dieser Nachweis wird
gestützt durch die Enthüllung einer sinngebenden Subjektivität, die die Welt und alle Wissenschaft konstituiert. 2. will
Husserl zeigen, wie diese Subjektivität von objektivistischer
Wissenschaft verdeckt ist, »weil sich die Wissenschaften von

den Interessenlagen der primären Lebenswelt nicht radikal gelöst haben. Erst die Phänomenologie bricht mit der naiven Einstellung zugunsten einer streng kontemplativen und löst endgültig Erkenntnis von Interesse«[2]; 3. betrachtet Husserl transzendentale Selbst-Reflexion als Theorie im traditionellen Sinne. Die Epoche befreit den Philosophen »aus dem Netz der Lebensinteressen«[3]. Diese unpraktische Einstellung ist jedoch nicht von Werten abgeschnitten wie der Positivismus. Wie in der antiken Theoria kann die theoretische Einstellung sich »mit der praktischen wiederum vermitteln«[4] und auf diese Weise eine Menschheit hervorbringen, »befähigt zu einer absoluten Selbstverantwortung auf Grund absoluter theoretischer Einsichten«[5].

Obwohl Habermas Husserls kritischen Vorstoß in der Analyse des Objektivismus respektiert, erscheint ihm Phänomenologie nicht angemessen für diese Aufgabe. »Die Phänomenologie erfaßt allenfalls Normen, nach denen das Bewußtsein transzendental notwendig arbeitet; sie beschreibt, kantisch gesprochen, Gesetze reiner Vernunft, aber nicht Normen einer allgemeinen Gesetzgebung aus praktischer Vernunft, nach denen ein freier Wille sich richten könnte«.[6] Husserls zukunftsweisender Versuch schlägt in dem Sinne fehl, daß er die Verbindung zwischen Positivismus und jener Ontologie, der Husserl »unbewußt den traditionellen Begriff von Theorie entlehnt«[7], nicht durchschaut. In seiner Attacke auf den Objektivismus nimmt er selber die theoretische Haltung ein, die mit demselben verbunden ist. Indem er »die Verflechtung der Erkenntnis mit Interessen der Lebenswelt«[8] demonstriert, scheint Phänomenologie frei von solchem Interesse. »An dieses eine Moment, die Entbindung der Erkenntnis von Interesse, knüpft Husserl die Erwartung praktischer Wirksamkeit. Der Irrtum liegt auf der Hand: Theorie im Sinne der großen Tradition ging darum ins Leben über, weil sie in der kosmischen Ordnung einen idealen Zusammenhang der Welt, und das heißt: auch den Prototyp für die Ordnung der Menschenwelt, zu entdecken vermeinte. Nur als Kosmologie war *Theoria* zugleich der Orientierung des Handelns mächtig.«[9] Scheinbar kontemplativ verdankte traditionelle Theorie ihre praktische Wirksamkeit eben gerade einer Verschleierung ihres wahren emanzipatorischen Erkenntnisinteresses. Indem er eine interessenfreie Stellung einnimmt, schließt Husserl unwissentlich die Möglichkeit praktischer Wirksamkeit aus und verfällt derart einer Variante des Objektivismus, die immer eine der Gefahren klassischer Theorie war. Reine Theorie ist ein »ontologischer Schein«, dem gleichermaßen klassische Theorie, moderner Positivismus und Husserlsche Phänomenologie unterliegen.

Im Rahmen dieser Husserlkritik führt Habermas seine eigene Kritik des Objektivismus als einen Angriff gegen eben den Begriff der reinen Theorie. Wie Husserl führt er den Sinn der Objektivität von Erkenntnisansprüchen auf »den transzendentalen Rahmen, innerhalb dessen sich der Sinn solcher Aussagen erst bildet«[10], zurück. Aber während Husserl Objektivität und Geltung auf einer transzendentalen Subjektivität – dargestellt in »reiner« Phänomenologie – begründet, weist Habermas auf »erkenntnisleitende Interessen« der Menschheit hin. Die Darstellung dieser Interessen ist nicht Aufgabe reiner Selbstreflexion am Modell der Theoria, sondern die einer kritischen Philosophie der Wissenschaften, geleitet von einem emanzipatorischen Erkenntnisinteresse, in dem Habermas die verborgene Wurzel traditioneller Theorie erkennt. Auf diese Weise kann Habermas zwar eine Kontinuität mit der Tradition für sich in Anspruch nehmen, nicht aber eine Kontinuität mit dem Selbstverständnis der Tradition.

II. Habermas' Theorie der Erkenntnisinteressen

Habermas unterscheidet drei Arten systematischer Erkenntnis, die von drei erkenntnisleitenden Interessen reguliert sind. Die Naturwissenschaften oder empirisch-analytischen Wissenschaften sind geleitet vom »Erkenntnisinteresse an der technischen Verfügung über vergegenständlichte Prozesse«[11]. In diesen Wissenschaften wird Wirklichkeit »unter dem Gesichtspunkt möglicher technischer Verfügung«[12] konstituiert. Während hier Zugang zu den Daten durch von technischen Interessen geregelte Beobachtungen gewonnen wird, geschieht dies bei den historisch-hermeneutischen Wissenschaften, den traditionellen Geisteswissenschaften, durch das Verstehen der Bedeutung: »Die hermeneutische Forschung (erschließt) die Wirklichkeit unter dem leitenden Interesse an der Erhaltung und der Erweiterung der Intersubjektivität möglicher handlungsorientierender Verständigung«.[13] Habermas nennt dies das praktische Interesse. Schließlich postuliert Habermas einen dritten Bereich der Erkenntnis, den der kritischen Wissenschaften. Hier bemißt sich »der methodologische Rahmen, der den Sinn der Geltung dieser Kategorie von kritischen Aussagen festlegt, ... am Begriff der Selbstreflexion. Diese löst das Subjekt aus der Abhängigkeit von hypostasierten Gewalten«[14]. Dies Erkenntnisinteresse nennt Habermas das emanzipatorische.

In Abwehr gegen die Ansprüche bloßer Kontemplation soll die Herausarbeitung der Interessen die Prätention autonomer Erkenntnis zurückweisen. Hier erhebt sich unmittelbar die Versuchung, diesen Vorgang als ein Anthropologisieren endlicher Erkenntnis zu interpretieren – was einen radikalen philosophischen Skeptizismus hinsichtlich eines möglichen Erkenntnisanspruchs beinhalten würde. Habermas ist jedoch nicht an Anthropologie per se interessiert, sondern daran, »die *Bedingungen möglicher Objektivität*« selber[15] herauszuarbeiten. Erkenntnisinteressen fungieren eher als transzendentale Bedingungen von Erkenntnis, denn als bloß faktische Begrenzungen unseres Wissens. Anerkennung der Notwendigkeit solcher Interessen rechtfertigt den Sinn der Objektivität und den Anspruch auf Wahrheit dieser Erkenntnis. »Indem wir der Unüberschreitbarkeit dieser transzendentalen Grenzen möglicher Weltauffassung innewerden, erwirbt sich durch uns ein Stück Natur Autonomie in der Natur.«[16] Ein spezifisch transzendentales Argument ist daher nötig zur Rechtfertigung dieser Interessen als Prinzipien gültiger Erkenntnis. Hier wird deutlich, daß Habermas in den Bahnen traditioneller Transzendentalphilosophie denkt, wie sie von Kant begonnen und von Fichte, Hegel und, mit großen Änderungen, von Husserl fortgeführt wurde. Indem er fragt, wie wir denn Erkenntnis erwerben (eine Frage untersucht mit Hilfe einer Forschungslogik innerhalb jeder der Erkenntnisformen), versucht Habermas das kantische *quid juris* mit Bezug auf den Status des jeweiligen Erkenntnisanspruchs zu beantworten. Welches ist also der Charakter des hier als Grundlage der Erkenntnis angesprochenen Subjekts, und wie sieht die Struktur des Arguments aus, durch das diese Basis zu einem Prinzip ausgeweitet wird?

Der marxistischen Umsetzung Hegelscher Philosophie folgend, macht Habermas die Menschengattung zum transzendentalen Subjekt. Er hält dafür, daß »die Leistungen des transzendentalen Subjekts... ihre Basis in der Naturgeschichte der Menschengattung«[17] haben, im Gegensatz zu jedem »reinen«, »noumenalen« oder »absoluten« Subjekt. Erkenntnisinteressen werden auf einer Grundlage tiefverwurzelter anthropologischer Konstanten herausgearbeitet: Arbeit, Sprache und Herrschaft sind die Medien, auf denen alle gesellschaftliche Organisation und Entwicklung basieren. Diese Medien rufen die grundlegenden anthropologischen Orientierungen und Interessen hervor, die die Entwicklung möglicher Erkenntnis regulieren. Deutlich zeigt die Verbindung von »transzendentaler Errungenschaft« mit der »Naturgeschichte der Menschengattung«, daß das Wort »transzendental« gegenüber der Tradition des deutschen Idealismus wie auch der Husserlschen Phänomenologie neu interpretiert wird – obwohl diesbezüglich sowohl Marx und Lukács wie auch, Habermas zufolge, der frühe Jenaer Hegel als Vorläufer gelten können. Als transzendentale Grundlage bestimmen Erkenntnisinteressen die »methodologischen Regeln für die Organisation von Forschungsprozessen«.[19] Obwohl sie aus fundamentalen Lebenszusammenhängen hervorgehen, haben diese Strukturen transzendentale Funktion. Habermas spricht von ihnen daher als »quasi-transzendental.« Sie präformieren »auf dem Wege über die Logik der Forschung den Sinn der Geltung möglicher Aussagen dahingehend..., daß sie, soweit sie Erkenntnisse darstellen, nur in diesen Lebenszusammenhängen eine Funktion haben – eben technisch verwertet oder praktisch wirksam sind«.[20]

Der Verweis auf die »Naturgeschichte der Menschengattung« gleicht verdächtig einer naturalistischen Reduktion des Transzendentalen auf das Empirische, aber Habermas erhebt spezifisch gegen diese Lesung Einspruch:

»Erkenntnisleitende Interessen vermitteln (wie ich an dieser Stelle noch nicht nachweisen, sondern erst behaupten kann) die Naturgeschichte der Menschengattung mit der Logik ihres Bildungsprozesses; aber sie können nicht in Anspruch genom-

men werden, um Logik auf irgendeine Naturbasis zurückzuführen. *Interesse* nenne ich die Grundorientierungen, die an bestimmten fundamentalen Bedingungen der möglichen Reproduktion und Selbstkonstituierung der Menschengattung, nämlich an *Arbeit und Interaktion*, haften.«[21]
Erkenntnisinteressen zielen daher nicht auf »Befriedigung«, sondern »auf die Lösung von Systemproblemen überhaupt«[22] ab, von solchen Problemen eben, die als Probleme *nur* innerhalb des Rahmens dieser Interessen auftreten können. Obwohl diese Interessen in den natürlichen Bedingungen gründen, auf die die Menschengattung zum Überleben angewiesen ist, kann ihre transzendentale Funktion dennoch »nicht in einem biologischen Bezugsrahmen von Reproduktion und Arterhaltung begriffen werden«.[23]

»Das ›Erkenntnisinteresse‹ ist deshalb eine eigentümliche Kategorie, die sich der Unterscheidung zwischen empirischen und transzendentalen oder faktischen und symbolischen Bestimmungen sowenig fügt wie der zwischen motivationalen und kognitiven. Denn Erkenntnis ist weder ein bloßes Instrument der Anpassung eines Organismus an eine wechselnde Umgebung, noch ist sie der Akt eines reinen Vernunftwesens und als Kontemplation den Lebenszusammenhängen ganz enthoben.«[24]

Derart sind Erkenntnisinteressen weder rein transzendental noch bloß faktisch; vielleicht kann man sie beides nennen. Einerseits ist der Interessenrahmen »abhängig von der organischen Ausstattung einer Gattung, die genötigt ist, ihr Leben durch zweckrationales Handeln zu reproduzieren«[25] und abhängig von zwischenmenschlichen Aktionen. Insofern ist der Rahmen, »der den Sinn der Geltung empirischer Aussagen a priori festlegt, *als solcher* kontigent«.[26] Andererseits wird – angesichts der transzendentalen Funktion dieser Rahmen – deutlich, daß diese Funktion nicht erfaßt werden kann durch eine empirische Untersuchung von Struktur und Evolution organischer Bedingungen. »Aber sowenig er [der Rahmen] auf die transempirische Ebene reiner noumenaler Bestimmungen gehoben werden kann, sowenig kann er unter empirischen Bedingungen entstanden gedacht werden – jedenfalls solange nicht, als seine Entstehung unter eben den Kategorien gedacht werden müßte, die er selbst erst definiert.«[27]

Analyse einer transzendentalen Funktion auf einer bloß empirischen Basis ist deutlich ein circulus vitiosus – Begründung ist nicht möglich.

Die eben wiedergegebene Diskussion findet sich im Zusammenhang nach Habermas' Besprechung von Peirce und Dilthey, d. h. nach seiner Skizzierung ihrer Forschungslogik, bestimmt jeweils von technischen und praktischen Interessen. Es ist jedoch deutlich, daß die Diskussion dieser beiden Erkenntnisinteressen selbst nicht von jenen bestimmt ist. Weder Naturwissenschaften noch Geisteswissenschaften sind zu einer selbstbegründenden Reflexion innerhalb der eigenen Sphäre fähig. Damit ergibt sich das Bedürfnis nach Ausarbeitung jenes Standpunkts, der transzendentale Reflexion ermöglicht – auf welcher Grundlage wiederum die transzendentale Funktion der beiden Interessen verdeutlicht und gerechtfertigt werden kann. Ein solcher Standpunkt muß ebenfalls fähig zur Selbstbegründung sein. Man hat verschiedentlich bemerkt, daß *Erkenntnis und Interesse* auf Hegels *Phänomenologie des Geistes* basiert[28], derart neuinterpretiert, daß der Standpunkt absoluter Erkenntnis nicht die Reflexion von vornherein bestimmt. Habermas' positives Argument ist also dreigeteilt: es schreitet vom technischen zum praktischen Interesse und endlich zu emanzipatorischer Reflexion fort, der Endstellung, die gleichzeitig Reflexion über die anderen beiden Interessen ermöglicht. Die Dialektik ist jedoch nicht Hegelisch. Der Antrieb für den Fortgang entsteht aus dem Nachweis, daß die vom technischen Interesse geleitete Forschungslogik Elemente enthält, die nicht als solche innerhalb des technischen Interesses selbst gerechtfertigt werden können.

In Habermas' Aneignung von Peirces Forschungslogik der experimentellen Wissenschaften wird die Sprache der Wissenschaften als wesentlich monologisch gesehen, als eine Sprache, die zwar der Umwandlung von Aussagen innerhalb wissenschaftlicher Schlußfolgerungen dient, nicht aber dem intersubjektiven Dialog. (Dies ist der Ausgangspunkt von K.-O. Apels Analyse des »methodologischen Solipsismus« im Positivismus des 20. Jhdts.[29]) Jedoch die Vorstellung einer Gemeinschaft der Forschenden ist konstitutiv für Peirces Wahrheitsbegriff – Wahrheit ist gedeutet als endgültige Überzeugungen, die aus unbegrenzten Forschungen von einer unbegrenzten Anzahl von Wissenschaftlern resultieren. Jede Philosophie, die ihre Wissenschaftsvorstellung auf die Funktion der monologischen Wissenschaftssprache basiert, muß gleichzeitig Rechenschaft ablegen für die Gemeinschaft der Forschenden, die für den Gebrauch dieser Sprache in wissenschaftlicher Forschung erforderlich ist. Solch ein Versuch muß, Habermas zufolge, eine andere Sprachebene aufzeigen, die die Voraussetzung für die Gemeinschaft der Forschenden ist. Diese »entfaltet sich aus symbolisch vermittelten Interaktionen zwischen vergesellschafteten Subjekten, die sich reziprok als unverwechselbare Individuen erkennen und anerkennen. Dieses *kommunikative Handeln* ist ein Bezugssystem, das sich auf den Rahmen *instrumentalen Handelns* nicht zurückführen läßt«.[30]

So kann Habermas an dieser Stelle der Argumentation in *Erkenntnis und Interesse* behaupten, die Strukturen instrumentalen Handelns der Naturwissenschaften sichtbar gemacht und gleichzeitig gezeigt zu haben, daß diese Handlungsart eine Grundlage hat, die von dem darauf gestützten technischen Erkenntnisinteresse wesentlich verschieden ist. Eine Art des Erkennens, die sich innerhalb kommunikativer Interaktionen vollzieht, muß demnach eine andere Logik haben als die, die auf ein mögliches instrumentales Handeln gerichtet ist. Auf dieser Basis kommt Habermas zur Abgrenzung der Geisteswissenschaften, die vom praktischen Interesse geleitet sind. Seine Ausführungen zeigen sowohl die Notwendigkeit verschiedener Arten von Erkenntnis wie deren Einheit. Das menschliche Gattungssubjekt besteht nicht nur aus einer Häufung von Erkenntnisinteressen. Im Gegenteil können die Interaktionen zwischen den Interessen eindeutig gezeigt werden, so daß ein unhaltbarer Totalitätsanspruch seitens irgendeines einzelnen Interesses angefochten werden kann.

Wir müssen uns nun der Form von Erkenntnis zuwenden, die uns gestattet, die Beziehungen zwischen den Erkenntnisinteressen aufzudecken und ihre Legitimität als transzendentale Strukturen nachzuweisen, von denen Gültigkeit und Objektivität der einzelnen Wissenschaften abhängen. Hier bietet Habermas eine Theorie emanzipatorischer Selbstreflexion, eine Erkenntnisebene, welche die Lücken, die nach dem Entwurf der ersten beiden Erkenntnisformen noch bestanden, zu füllen vermag. Technische Erkenntnis ermöglicht dem Menschen zweckrationales Handeln, das jedoch nicht imstande ist, die Legitimität seiner praktischen Zielsetzung darzutun. Eine Totalisierung dieses Interesses führt zu einer Polarisation von Manipulierern/Manipulierten, zu einem Zustand, der eben der Kommunikation entgegenwirkt, welche eine Bedingung für die Erweiterung technisch verwendbarer Erkenntnis ist. Ebenso bieten die Geisteswissenschaften Methoden, den Bereich kommunikativer Interaktion inter- und intrakulturell sowie historisch zu erweitern: »sie erfassen Interpretationen der Wirklichkeit in Hinblick auf eine für eine gegebene hermeneutische Ausgangslage mögliche Intersubjektivität handlungsorientierender Verständigung.«[31]

Für sich betrachtet scheint dieses Interesse jedoch zu einer unkritischen Totalisierung des Horizonts zu führen, innerhalb dessen hermeneutische Forschung wirkt; denn das praktische Interesse bietet keinen kritischen Standpunkt für die Aneignung hermeneutisch herausgearbeiteter Lebensformen und erliegt letztlich dem Relativismus des *musée imaginaire*. Auch auf dieser Ebene scheinen demnach Erkenntnis und Interesse auseinander zu fallen. Habermas argumentiert jedoch, daß dies nur geschieht, solange man den Sinn der Reflexionsbasis von erkenntnisleitenden Interessen nicht herausgeschält hat. »Technisches und praktisches Erkenntnisinteresse können erst aus dem Zusammenhang mit dem emanzipatorischen Erkenntnisinteresse der vernünftigen Reflexion *als* erkenntnisleitende Interessen unmißverständlich... begriffen werden.«[32]

So können wir in emanzipatorischer Reflexion Erkenntnisinteressen artikulieren und ihre notwendige Integration in den Gesamtlebensbereich der Gattung begreifen, derart, daß nicht ein Interesse totalisiert ist.

Wenn emanzipatorische Reflexion jene Erkenntnisform ist, die menschliche Erkenntnisstrukturen zu präzisieren erlaubt, dann muß sie auch zur Selbstrechtfertigung fähig sein – d. h. sie muß in besonderem Maße selbstreflektiert sein, fähig zu zeigen, daß die Darstellung von Interessen zugleich vollständig und philosophisch adäquat ist. In Hegels *Phänomenologie des Geistes* wird diese Rolle von der absoluten Erkenntnis, der dialektischen Einheit von Begriff und Objekt, gespielt – eine Position, von welcher aus ein privilegierter »philosophischer Betrachter« auf die kategorischen Punkte ihrer Entwicklung zurückblicken und ihre kategorische Notwendigkeit erkennen kann. Da Habermas Hegels »Identitätsphilosophie« energisch ablehnt, müssen wir eine andere Identitätsform finden, die die Trennung von Erkenntnis und Interesse in den ersten beiden Erkenntnisformen überwindet. »Aber der Geist kann sich auf den Interessenzusammenhang, der vorgängig Subjekt und Objekt verknüpft hat, zurückbeugen – und dies ist allein der Selbstreflexion vorbehalten. Sie kann das Interesse gewissermaßen einholen, wenn auch nicht aufheben.«[33]

Eine Hegelsche Identität von Subjekt und Objekt würde ja gerade die Ausschließung aller Erkenntnisinteressen zugunsten einer kontemplativen Deutung der Wirklichkeitskategorien bedeuten. Weil Habermas die historisch handelnde und sich historisch entwickelnde Menschheit zum transzendentalen Subjekt macht, muß die Vereinigung von Erkenntnis und Interesse in der Richtung einer Vereinigung von Erkenntnis und Handeln gesucht werden, ohne die Fremdartigkeit jedoch, die isoliert betrachtet die ersten zwei Erkenntnisarten charakterisiert, solange sie nicht in das Leben der Gattung durch Selbstreflexion integriert sind.

In diesem Licht können wir die erste von Habermas' zwei Thesen über emanzipatorische Reflexion in seiner Antrittsvorlesung verstehen: »Vernunft meinte zugleich den Willen zur Vernunft. In der Selbstreflexion gelangt eine Erkenntnis um der Erkenntnis willen mit dem Interesse an Mündigkeit zur Deckung. Das emanzipatorische Erkenntnisinteresse zielt auf den Vollzug der Reflexion als solchen. Meine ... These heißt daher: In der Kraft der Selbstreflexion sind Erkenntnis und Interesse eins.«[34]

Erkenntnis und (transzendentales) Interesse bilden auf dieser Ebene eine Einheit, so daß kein Momentum nötig ist für vernünftiges Handeln, das sich »außerhalb« befindet. »Die Erfahrung der Reflexion artikuliert sich inhaltlich im Begriff des Bildungsprozesses, methodisch führt sie zu einem Standpunkt, von dem aus die Identität der Vernunft mit dem Willen zur Vernunft zwanglos sich ergibt. In der Selbstreflexion gelangt eine Erkenntnis um der Erkenntnis willen mit dem Interesse an Mündigkeit zur Deckung; denn der Vollzug der Reflexion weiß sich als Bewegung der Emanzipation, Vernunft steht zugleich unter dem Interesse an Vernunft.«[35]

Obwohl emanzipatorische Reflexion derart als Widerpart zu Hegels »absoluter Erkenntnis« fungiert, sind wir deutlich weit entfernt von der absoluten Einheit bei Hegel und ebenso weit entfernt von einem positivistisch verstandenen Marx; Reflexion findet ihren Rahmen in der »Intention eines allgemeinen und ungezwungenen Konsensus«.[36] Diese Intention beseelt, auf verschiedene Weise, technische sowohl wie praktische Erkenntnis. Hier jedoch ist Erkenntnis fähig, ihr Telos genau zu artikulieren und zu begründen als eine Aufgabe, die fortwährend innerhalb historisch spezifischer und kontingenter Umstände angegangen werden muß. Die Reflexionswahrheit ist weder unmittelbar noch absolut. Vielmehr beschreibt Habermas Reflexion als eine historische Reflexion über die Entstehung der Gattung, gerichtet auf zukünftiges emanzipatorisches Handeln; in diesem Handeln eben bewährt sich die beschworene Einheit von Erkenntnis und Interesse, d. h. die Einheit ist nicht einfach da oder faktisch real, sondern legitimiert als ein Ziel. »Erst wenn Philosophie im dialektischen Gang der Geschichte die Spuren der Gewalt entdeckt, die den immer wieder angestrebten Dialog verzerrt, und aus den Bahnen zwangloser Kommunikation immer wieder herausgedrängt hat, treibt sie den Prozeß, dessen Stillstellung sie´sonst legitimiert, voran: den Fortgang der Menschengattung zur Mündigkeit... Die Einheit von Erkenntnis und Interesse bewährt sich in einer Dialektik, die aus den geschichtlichen Spuren des unterdrückten Dialogs das Unterdrückte rekonstruiert.«[37]

Derart ist Reflexion immer historische Reflexion über historisch entstandene Strukturen, die den freien Dialog bedingen oder begrenzen, Institutionen, die ihre Notwendigkeit und Rationalität überlebt haben mögen. Die Wahrheit kritischer Behauptungen kann nur in emanzipatorischer Praxis demonstriert werden. So kann es weder einen Rückfall ins Kontemplative geben, noch einen Anspruch auf absolute Erkenntnis, deren konkreter Wahrheitsgehalt unabhängig von der damit verbundenen Praxis etabliert werden könnte.

Wir sind nun imstande, eine vorläufige Gegenüberstellung von Habermas und Husserl ins Auge zu fassen. Der erste Schritt wird eine kritische Darstellung von Habermas' Husserl-Kritik sein. Wie oben gezeigt, hat Habermas zwei grundsätzliche Einwände gegen das Husserlsche Unternehmen: Husserls kontemplative Theorie kann keine praktische Wirksamkeit für sich in Anspruch nehmen und – vielleicht als Fortführung dieses ersten Einwands – Husserls Freilegung der Strukturen transzendentaler Subjektivität bietet zwar transzendentale Normen, an die das Bewußtsein notwendigerweise gebunden ist, nicht aber praktische Normen, die befolgt oder nicht befolgt werden können.

Habermas' erster Einwand richtet sich gegen Husserls transzendentale Reduktion, in der reflektives Bewußtsein, anstatt die Existenz des Objekts des natürlichen Bewußtseins mitzumeinen, diese natürliche Mitgeltung zurückhält. Reflexion nimmt auf diese Weise eine »un-natürliche« Haltung von »Des-Interesse« ein gegenüber dem natürlichen Dahinleben des Bewußtseins und der von diesem Bewußtsein intendierten Welt, ein Vorgang, »in dem sich über dem naiv interessierten Ich das Phänomenologische als *uninteressierter* Zuschauer etabliert«.[38]

Reflektives Bewußtsein ist ein »absolut uninteressierter Zuschauer«.[39] Transzendentale Reflexion befaßt sich daher nicht mit menschlichem oder weltlichem Bewußtsein als einem thematischen Objekt. Die Einstellung auf transzendentales Bewußtsein ist ein Schritt weg vom konkret menschlichen Bewußtsein zum Zweck der Aufdeckung der wesentlichen Strukturen jeden Bewußtseins überhaupt. Das Interesse ist nicht an den Strukturen *dieser* Welt, sondern an den wesentlichen Strukturen jeder beliebigen Welt, oder schlechthin an dem Eidos »Welt«. Dies macht verständlich, warum Habermas betont, daß die Epoché den Philosophen vom Geflecht empirischer Interessen befreie.

Es entstehen hier eine Anzahl von Fragen. Es wäre zunächst absurd, einen weltlichen Beweggrund für eine solche »unweltliche« Einstellung zu stipulieren; da Phänomenologie auf diese Weise weltlichen Bedürfnissen enthoben scheint (wie

Fink sagt, kann man die Notwendigkeit der Reduktion nur aufzeigen, *nachdem* man sie vollzogen hat)[40], ist schwer zu sehen, wie die Resultate transzendentaler Analyse einen anderen weltlichen oder praktischen Effekt als den eines (praktisch betrachtet) abstrakten »Jetzt verstehe ich« haben könnten. Man kann hier den Standpunkt vertreten, daß eben gerade dieser unpraktische Charakter der philosophischen Erkenntnis ein Anzeichen für ihren exaltierten Status ist, daß, über jeden praktischen Effekt hinaus, solch theoretisches Verstehen bessere Menschen in einem eben unpraktischen Sinne aus uns macht. Es gibt in der Tat bei Husserl einen Anhaltspunkt für diese Argumentation. In seiner Diskussion der reinen Grammatik in den *Logischen Untersuchungen* bemerkt Husserl das vollständige Fehlen jeden praktischen Werts der Grammatik; sie hilft nicht einmal dem Logiker, der auf höheren Ebenen der Logik operiert. Aber Husserl behauptet, daß das theoretische Interesse der logischen Grammatik nur »um so größer«[41] sei. Ebenso kann man behaupten, daß die phänomenologische Fundierung der Mathematik dem Mathematiker nicht hilft, ein technisch besserer Mathematiker zu sein. Sie macht aber einen besseren Menschen aus ihm, weil er nun seine Handlungen versteht. Vielleicht muß eine solche Haltung bis zu einem gewissen Grade gegen eine bloß praktische Begründung allen theoretischen Strebens, wie Habermas sie fordert, verteidigt werden. Wir werden uns später damit befassen. Zunächst jedoch ist zu sehen, ob vielleicht ein stärkeres Argument für die Phänomenologie gefunden werden kann, ein Argument, das Husserls therapeutischen Anspruch in der »Krisis« aufnimmt und unterstützt.

Man kann davon ausgehen, daß sich weltliche Motive für die Epoché angeben lassen. Das erste ist ein theoretisches Motiv. Beim Versuch, Möglichkeit und Sinn menschlicher Erkenntnis aufzuzeigen, bemerkt man das folgende: jede theoretische Aktivität, sei es Wissenschaft oder Metaphysik, hat eine immanente Voraussetzung, denn sie ist Produkt bewußter Akte des Denkens. Die Antwort auf dies Problem im 19. Jhdt. war anfänglich die Herausarbeitung der Psychologie als Basis für alle Wissenschaften. Aber auch Psychologie ist ein theoretisches Produkt eben des Bewußtseins, das die Theorie begründen sollte. Schnell gelangt man in einen circulus vitio-

sus: eine empirische Wissenschaft kann keine streng begründete Rechtfertigung von Sinn und Geltung ihrer eigenen Produkte anbieten. Anders ausgedrückt, wenn wir, mit Descartes,
sehen, daß Bewußtsein das einzige Medium der Welterfassung
ist, dann müssen wir auch anerkennen, daß Bewußtsein einen
anderen als nur einen weltlichen Status hat. Andernfalls sind
wir »beset by the absurdity of regarding the medium of access
as forming part of that to which it yields access«.[42]
Als Aufzeichnung der wesentlichen Strukturen jeden nur
möglichen Bewußtseins durchbricht transzendentale Phänomenologie diesen circulus vitiosus, indem sie eine unnatürliche
Haltung einnimmt. Aber selbst auf dieser Stufe liegt dieselbe
Sachlage vor, denn wir müssen zumindest anfänglich die
Wirksamkeit des reflektierenden Bewußtseins voraussetzen,
welches die Reduktion leistet und die transzendentale Struktur des natürlichen Bewußtseins aufdeckt. Es ergibt sich somit
die Forderung nach einer »Phänomenologie der Phänomenologie«, einer Reflexion über Reflexion, die die wesentlichen
Strukturen jeder möglichen Reflexion verdeutlicht. In diesem
Sinn ist die Fundierung vollständig, der Kreis durchbrochen,
denn jede neue Ebene der Reflexion kann nur eine Reflexion
über Reflexion sein, dieselbe Denkstruktur, die auf der Ebene
der Phänomenologie der Phänomenologie sich ergab. Prinzipiell kann auf die Weise nichts Neues entstehen.
Transzendentale Reflexion hat weiter den Vorteil, die Absur-
dität des Dings-an-sich zu demonstrieren. Nachdem wir die
wesentliche Struktur des Bewußtseins von einem bestimmten
Objekt aufgezeigt haben, wird jede Behauptung, es gäbe ein
Bewußtsein, dem dieses Objekt als ein wesentlich anderes
erschiene, im Gegensatz zum Schein unserer Erfahrung, nachweisbar widersinnig. Eine Behauptung, daß wahrnehmbare
Objekte in der Tat nur Schein seien, daß Dinge nicht »wirklich« so sind, wie sie scheinen, muß in der Lage sein, das
mögliche Bewußtsein der Dinge, wie sie wirklich sind, zu
vermitteln. Da diese neuen Bewußtseinsakte strukturell von
»unseren« Wahrnehmungsakten verschieden sind, und da
Phänomenologie darauf verweisen kann, durch die Epoché
offenbart zu haben, daß Objekte ihre Seinsgeltung nur durch
unser Bewußtsein von ihnen erlangen, kann man entweder
zeigen, daß die zwei Erfahrensweisen verschiedene Arten der

Erfassung desselben Objekts als solchen sind (z. B. auf der Ebene der Wahrnehmung und wissenschaftlichen Untersuchung), oder man hat absolut keine Basis für die Behauptung, daß diese zwei wesentlich verschiedenen Akte Bewußtseinszustände *desselben* Objekts sind: eins, wie es wirklich ist, und eins, wie es nur erscheint.

Vielleicht können wir andere Motive für die Epoché herausarbeiten, die die Relevanz transzendentaler Phänomenologie für praktisches Handeln aufzeigen. Anders ausgedrückt: vielleicht gibt es praktische Gründe für die Durchführung der Reduktion. Dorian Cairns behauptet, es gäbe solche praktischen Motive.[43] Cairns' Gedankengang deutet darauf hin, daß *Sophia*, als das führende Telos der Philosophie, über doxische oder erkenntnistheoretische Einstellungen hinausweist. *Sophia* beinhaltet die Idee eines vollkommen selbstverantwortlichen Lebens, die auch dessen nicht doxischen Aspekte einschließt. Derart erwiese sich transzendentale Phänomenologie als notwendig für ein voll verantwortliches Leben, denn transzendentale Subjektivität ist die Quelle nicht nur des Sinns vom Sein, sondern auch aller anderen Zwecke, Mittel und Ziele. Husserl hat offenbar Ähnliches im Sinn, wenn er argumentiert (an einer von Habermas zitierten Stelle), die praktische Wirksamkeit der Phänomenologie sei darauf aus, »durch die universale wissenschaftliche Vernunft die Menschheit nach Wahrheitsnormen aller Formen zu erhöhen, sie zu einem von Grund aus neuen Menschentum zu wandeln – befähigt zu einer absoluten Selbstverantwortung aufgrund absoluter theoretischer Einsichten«.[44]

Dasselbe Argument ist vertieft in *Formale und transzendentale Logik,* wo Husserl ausführt, daß »das Reich der Urteilsbedeutungen in dieser Vermittlung alle anderen Bedeutungsarten in sich aufnimmt«.[45]

Eben wegen des Primates der Doxa über alle anderen Einstellungen gerät das gesamte bewußte Leben unter die Forderung nach radikaler Rechtfertigung, die konstitutiv für radikale Selbstverantwortung ist.

Habermas behauptet, daß klassische Theoria praktische Wirksamkeit nur als Kosmologie haben könnte, die ihr Interesse, die Seele von den verinnerlichten Dämonen irrationaler Kräfte zu befreien, verbärge. Ähnlich sieht Habermas in Husserls »Desinteresse« die Unmöglichkeit der Herausarbeitung eines emanzipatorischen Interesses, gerade wegen des radikalen Bruchs mit dem Gesamtgewebe empirischer Interessen. Wie es jedoch scheint, können wir logisch konsequent behaupten, daß phänomenologische Philosophie von einem derartigen emanzipatorischen Interesse beseelt ist, ja daß solches Interesse seine eigene transzendentale Darstellung erreichen kann. Natürlich bewegt sich eine solche Darstellung eines emanzipatorischen Interesses gedanklich in anderen Bahnen als Habermas' Begriff der transzendentalen Interessen. Daher muß unsere Gegenüberstellung nun zu einer Untersuchung von Habermas' Auffassung des Transzendentalen kommen.

Wenn wir die Hegelsche Konzeption transzendentaler Philosophie (die hier nicht behandelt werden kann) beiseite lassen, so ergibt sich, daß Habermas' Herausarbeitung seines eigenen Begriffs des Transzendentalen eine Reaktion auf Kants transzendentales Bewußtsein ist. In der eingehenden Diskussion des technischen Interesses bemüht sich Habermas, seinen Begriff der transzendentalen Strukturen von einer möglichen Kantischen Interpretation frei zu halten. Der transzendentale Rahmen instrumentalen Handelns »kann nicht als Bestimmung eines transzendentalen Bewußtseins überhaupt begriffen«, noch kann er »zur transempirischen Ebene der rein noumenalen Bestimmungen erhöht«[46] werden. Während der Kantische Begriff des Transzendentalen wissenschaftliche Erkenntnis aus dem Zusammenhang praktischer menschlicher Belange herauszureißen scheint, will Habermas die Wissenschaften innerhalb dieses Kontextes begründen. Derart haben transzendental begründete Forschungsregeln »nicht länger den Status reiner transzendentaler Regeln; sie haben einen transzendentalen Stellenwert, gehen aber aus faktischen Lebenszusammenhängen hervor: aus Strukturen einer Gattung, die ihr Leben durch Lernprozesse der gesellschaftlich organisierten Arbeit ebenso reproduziert wie durch Verständigungsprozesse in umgangssprachlich vermittelten Interaktionen«.[47]

Dies ist der Sinn der Behauptung, diese transzendentalen Strukturen seien »quasitranszendental«: »A priori sind diese Bedingungen freilich nicht mehr *an sich*, sondern nur noch *für den* Forschungsprozeß.«[48]

Wir sahen, daß Habermas eine Kantische Interpretation des Husserlschen Begriffs des Transzendentalen bietet. Derart können die Husserlschen Strukturen transzendentaler Subjektivität keine praktische Wirksamkeit haben, da sie Gesetze sind, denen Bewußtsein notwendig gehorcht. Demnach wäre das Ideal der Selbstverantwortung ein bloß kontemplatives Ideal für des Philosophen Bemühung, Rechnung von dem zu geben, was jeder sowieso schon tut. Sicher gibt es auf der Ebene passiver Genesis Gesetze, denen Bewußtsein notwendig unterliegt; wo es keine Ich-Aktivität gibt, da gibt es auch keine Möglichkeit einer freien praktischen Vernunft. Auf den höheren Ebenen aktiver Genesis ändert sich jedoch das Bild. Wie die *Krisis* zeigt, sucht Phänomenologie die Subjektivitätsstrukturen aufzudecken, die für die Naturwissenschaften konstitutiv sind; jede Subjektivität, die Wissenschaft betreibt, muß sich diesen Strukturen unterwerfen. Aber – wie die *Krisis* ebenfalls nachweist – das bedeutet nicht, daß der Forscher notwendig den eigentlichen Sinn seiner Wissenschaft begreift. Zusätzlich arbeitet Husserl die wesentlichen Strukturen für die Konstitution des objektivistischen Wissenschaftsverständnisses heraus. Sogar Irrtum hat seinen Eidos. Derart können wir *innerhalb* des Bereichs transzendentaler Eidetik zwischen Vernunft und Unvernunft unterscheiden, zwischen Strukturen, die eine eidetische Begründung haben, und solchen, deren transzendentale Rationalität eidetisch fundiert werden kann. Auf diese Weise ist der Weg frei für vernunftgemäße Bestimmung unserer Wissenschaft, basierend auf einer fundierten Einsicht in die Natur und die Grenzen dieser Wissenschaft. Ähnliche Unterscheidungen können im Bereich des Willens, der Emotionen etc. getroffen werden. Es ist deutlich, daß in Husserls Phänomenologie das Ideal der »absoluten Selbstverantwortung« nicht auf eine kontemplative Selbstrechtfertigung reduziert werden kann ohne den Sinn der Strukturen, die phänomenologisch als Elemente des vernunftmäßigen Lebens herausgearbeitet wurden, zu verlieren.

Es gibt jedoch deutliche Parallelen zwischen Habermas' und Husserls Auffassungen des Transzendentalen. Bemerkenswert in dieser Hinsicht ist Husserls Behauptung, daß phänomenologische Psychologie parallel zur transzendentalen Phänomenologie verläuft[49]. Menschliches Bewußtsein hat eine transzendentale Funktion als universales Medium des Zugangs zu allem, was als Seiend aufgefaßt werden kann. Husserl betont jedoch, daß nicht einmal reine Psychologie die Funktion einer endgültig fundierenden philosophischen Disziplin haben kann. Innerhalb des Welthorizonts angesiedelt, mit einem wesentlich mundanen Bewußtsein befaßt, kann eine reine Psychologie allenfalls den wesentlichen Sinn, den verschiedene Regionen von Objekten für das menschliche Bewußtsein haben, andeuten. Der Sinn der Erkenntnis, der derart herausgearbeitet wird, ist immer Erkenntnis *für uns*. Wie wir sahen, bleibt das Problem des Dings-an-sich auf dieser Ebene bestehen.

An eben dieser Stelle endet die Parallele zwischen Habermas und Husserl. Habermas arbeitet Strukturen der Menschengattung heraus, die, wie er behauptet, transzendentale Funktion haben. Aus Husserlscher Perspektive jedoch können wir sagen, daß Habermas niemals eine wirklich transzendentale Wendung vornimmt. In Ermangelung der Husserlschen Epoché muß Habermas uns eine transzendentale Deduktion der Erkenntnisinteressen bieten. Indem aber der Grund der Erkenntnisinteressen in der organischen Konstitution der Menschengattung ruht, kann er nie über Erkenntnis, wie sie eben menschenmöglich ist, hinaus gelangen. So fällt Habermas, entgegen seinem Willen, zurück in eine anthropologische Variante des Kantianismus. Das zeigt sich in der Behauptung, das Transzendentale etabliere Grenzen, hinter welche *wir* nicht gelangen könnten, die wir höchstens »*treffen* müssen«.[50] Wie aber steht es mit dieser »Unmöglichkeit«, jenseits von Erkenntnisinteressen zu gelangen? Innerhalb eines Husserlschen Rahmens kann man sagen, das Problem habe keinen konkreten Sinn; z. B. setzt jede mögliche Naturwissenschaft die Basis der Lebenswelt als Prämisse voraus. Der Gedanke einer rein intellektuellen Anschauung der mathematischen Struktur der Natur ist unmöglich und das Verlangen nach solch einer Erfahrung erweist sich demnach als Unmöglichkeit im Sinne eines eidetischen Widersinns. Es ist uns nicht nur unzugänglich, es hat keinen Sinn in sich selbst.

Ein weiteres Ergebnis von Habermas' »quasitranszendentaler« Erkenntnisgrundlage zeigt sich in dem, was wir seine einseitig noetische Erkenntnisanalyse und -fundierung nennen möchten. Habermas scheint oft die Strukturen, innerhalb derer die Objekte z. B. wissenschaftlicher Forschung konstituiert sind, überzubetonen, ohne die Wichtigkeit korrelativer Untersuchungen des Objekts in dem Sinn, *wie* es in der Erfahrung des Forschers erscheint, zu sehen. Dies wird besonders deutlich in Habermas' Besprechung von Peirce. Bei der Behandlung der Frage, was es heißt zu sagen, ein Diamant sei hart, führt Peirce aus: »its hardness is entirely constituted by the fact of something rubbing against it with force without scratching it«.[51] Dagegen erhebt Habermas Einspruch, indem er Peirce vorwirft, die Aussage nicht in dem Rahmen eines instrumental handelnden Subjekts einzubetten. Anstatt »etwas« (»something«) hätte Peirce »jemand« (»someone«) sagen sollen, um eine objektivistische Konstruktion zu vermeiden.[52] Derart glaubt Habermas das Problem der Objektivität der Universalien umgehen zu können, welches eben Peirce dazu führte, die Allgemeinbegriffe zu ontologisieren und »sich kontemplativ der *an sich seienden* universellen Sachverhalte als solcher«[53] zu bemächtigen. Habermas beseitigt nicht ausdrücklich, was Husserl den noematischen Gesichtspunkt nennen würde. Eine konsequent-einseitige noetische Analyse läuft jedoch Gefahr, die eigentlich objektive Bedeutung dessen, was im Bewußtsein gegeben ist, zu verpassen. Hier, sagt N. Lobkowicz mit Recht, »scheint es mir höchst irreführend, von Beobachtungssätzen zu sagen, sie würden bloß den Erfolg und Mißerfolg unserer Operationen zum Ausdruck bringen... das Wesentliche (besteht) nicht darin, daß *mir* bzw. *jemand* -y- *gelingt,* sondern vielmehr darin, daß -y- auf Grund der Anfangsbedingungen -Cx- *geschieht* bzw. festgestellt werden kann«.[54]

An dieser Stelle wird Habermas sich mit Recht verteidigen und sagen, daß in seiner Argumentation die Bedeutung des »etwas geschieht« eben innerhalb eines transzendentalen Rahmens konstituiert ist. Aber, da dieser Rahmen nichts weiter als unsere Beschränkung ist, gibt es keine Grundlage für die Behauptung, dieser Rahmen könne als ein Wahrheitsprinzip fungieren. Das Noema als philosophisch relevante Struktur kommt auf dieser Ebene einfach nicht zu Gesicht. Deshalb kann Habermas nur sagen, daß gewisse Strukturen konstitutiv für unsere Erfahrung seien, aber nicht dartun, daß sie konstitutiv für Wirklichkeit oder Objektivität sind. Ebenso führt der Mangel einer wirklich transzendentalen Fundierung zu einer Überbetonung der konstitutiven Kraft des intersubjektiven Konsensus in der Begründung der Gültigkeit der Wissenschaft. In einer transzendentalen Phänomenologie gibt es den korrelativen Aspekt der Aufzeigung intersubjektiver Evidenzstrukturen. Auf einer mundanen Ebene muß man für den Status des interessengeleiteten Rahmens als Prinzip plädieren. Die noematischen Strukturen solcher Interaktion und Evidenz können eine bloße Hilfsfunktion haben, die solange den Sinn »für uns« ausdrückt, bis der transzendentale Status des Rahmens fundiert ist. Peirce spricht von »unserer natürlichen und anthropomorphen Metaphysik«.[55] Habermas nimmt das auf: »Projektion des menschlichen Handlungsschemas auf die Natur heißt, daß der Funktionskreis instrumentalen Handelns der transzendentale Rahmen ist, der die Bedingungen der Objektivität möglicher Aussagen über Wirkliches festlegt. Auf der Ebene von Forschungsprozessen hat jener Handlungskreis die Form des Experiments angenommen: die transzendentalen Bedingungen möglichen Experimentierens.«[56]

Wieder sehen wir den Mangel an noetisch/noematischer Analyse. Der Sinn der Realen wird auf die Objekte der Erfahrung projiziert und das Moment des *Sich-Bekundens,* die Erscheinung des Objekts als leibhaft präsent, geht verloren.[57] So enden wir schließlich in einem transzendentalen Psychologismus, einem subjektiven Idealismus oder Skeptizismus.

Insofern kann man sagen, daß Habermas' Flucht von der Ontologie zu weit geführt hat. Mit der einseitigen Betonung der konstitutiven Kraft instrumentalen Handelns umgeht Habermas jene Art desinteressierter phänomenologischer Analyse der universalen Dimension des Bewußtsein, die den eigentlichen Sinn der Objektivität der Universalien und allgemeinen Sachverhalte abzustecken vermag. Daß man eine objektivistische Konstruktion oder Ontologismus vermeiden soll, sei zugestanden; aber Habermas' Argumente gegen eine transzendentale »Ontologie« materieller Regionen erweist sich als die Art von Vorurteil, die einen daran hindert, jemals zur eigentlichen Aufgabe radikaler Philosophie vorzustoßen. Deshalb können wir vielleicht von einer gewissen Verdinglichung der Erkenntnisinteressen in Habermas' Gedankengang sprechen. Nicht nur scheint der Begriff der Interessen den möglichen Sinn von Erkenntnis im voraus derart festzulegen, daß die Untersuchung den anfänglichen Standpunkt nur ver-gegenständlichen und bestätigen kann. Dies könnte ein bloßes ad-hominem-Argument sein. Ein schwererwiegender Ein-wand ist, daß eben die Konzeption bestimmter Erkenntnisin-teressen es gestattet, die Untersuchung vorzeitig abzubrechen. Wenn erst einmal die Umrisse des technischen Rahmens von Handeln und Erkenntnis skizziert sind, wird die weitere große Aufgabe der Herausarbeitung fundierender Schichten, die die Welt instrumentaler Handlung konstituieren, irrele-vant. Einfach ausgedrückt: wenn philosophische Reflexion von einem emanzipatorischen Interesse gänzlich praktischen Charakters geleitet wird, wird die Schwerarbeit detaillierter philosophischer Forschung theoretisch desto uninteressanter, je weitläufiger die Verbindung mit praktischer Emanzipation ist. In diesem Sinn haben wir oben versucht, Husserls mehr rein theoretische Belange zu verteidigen. Wenn der Begriff der Selbstverantwortung so erweitert werden soll, daß er »ra-dikal« und folglich wahrhaft philosophisch wird, dann muß er den Begriff voller theoretischer Verantwortlichkeit in sich bergen. Wenn der Begriff ›Emanzipation‹ nicht im voraus durch das Vorurteil strikt praktischer Relevanz beschnitten wird, braucht eine rein theoretische Reflexion nicht als kon-templativ im abwertenden Sinne betrachtet zu werden. Viel-mehr kann für den Mann radikaler Selbstverantwortlichkeit solch »rein« theoretische Erkenntnis die Grundlage darstel-len, auf der Erkenntnis mit direkter Relevanz für selbstver-antwortliche Praxis ausgearbeitet werden kann – mit der Möglichkeit voller philosophischer Klarheit als legitimem philosophischem Telos.

Der Angriff auf Habermas' Begriff des emanzipatorischen Interesses erfordert eine weitere Darlegung dieses Interesses und der Aufgabe emanzipatorischer Reflexion. In gewissem Sinne durchdringt das emanzipatorische Interesse die andern beiden. Die Naturwissenschaften entlassen den Menschen aus dem »Naturzwang«[58] und die Geisteswissenschaften – gerich-tet auf »Handeln unter gemeinsamen Normen« (was »Inter-subjektivität der Verständigung in der umgangssprachlichen

Kommunikation« voraussetzt[59]) – befreien ihn vom Zusammenbruch der Kommunikation. Die kritischen Sozialwissenschaften schließlich, die selbstbewußt den vollen Sinn des emanzipatorischen Interesses verkörpern, werfen Licht auf die Geschichte der Gattung mit dem Ziel, den Menschen von »ideologisch festgefrorenen... Abhängigkeitsverhältnissen«[60] zu befreien. Derart hat das emanzipatorische Interesse in jedem Fall einen ausgesprochen praktischen Grund.

Emanzipatorische Reflexion hat jedoch noch eine andere Aufgabe. Die legitimen Aufgaben philosophischer Tradition haben hier ihren Platz. So ist das ganze Buch über die Theorie der Erkenntnisinteressen vom Standpunkt des kritischen emanzipatorischen Interesses geschrieben. Es ist nicht eine Grille von Habermas, daß die Arbeit aus einer Folge von rekonstruierenden Interpretationen von Momenten der Philosophiegeschichte besteht; denn emanzipatorisches Interesse stellt sich als wesentlich historische Reflexion dar. Dieser Standpunkt hat viel für sich. Einerseits hat Philosophie von diesem Blickpunkt wesentlich den Charakter eines Dialogs, sowohl mit Zeitgenossen wie mit der Tradition. Darüber hinaus wird, mit der Aufdeckung negativer Strukturen durch die Arbeit der Reflexion, die positive Stellung deutlich.

Jedoch muß man sich trotz dieser positiven Aspekte erneut fragen, ob Habermas nicht voreilig das emanzipatorische Moment als ein praktisches totalisiert hat. Wie wir sahen, werden Fragen von großer theoretischer Wichtigkeit für den Philosophen aus dieser Perspektive verdeckt oder umgangen. Tatsächlich sollten sie, ebenso wie die traditionelle Aufgabe der Ontologie, aus Habermas' Sicht als Pseudoprobleme entlarvt werden. Gerade an dieser Stelle zeigt sich aber, daß die Theorie nicht imstande ist, von sich selbst Rechenschaft zu geben. Innerhalb einer als selbstverständlich behandelten praktischen Einstellung birgt emanzipatorische Reflexion Voraussetzungen, die sie weder in Zweifel ziehen noch fundieren kann. Kritische Reflexion ist aus dieser Sicht notwendigerweise faktische Reflexion über unsere Vergangenheit. Habermas zeigt nirgends, daß solche Reflexion in der Lage ist, Prinzipien aufzuzeigen, die einen a-priori-Rang beanspruchen müßten, wollten sie in einem strengen Sinn für die Erkenntnis einstehen, deren Gültigkeit sie bekräftigen sollen.

Diese Schwierigkeit zeigt sich am deutlichsten in bezug auf die Grundlagen emanzipatorischer Forschung selbst. Das Ziel emanzipatorischer Erkenntnis ist Mündigkeit und Verantwortlichkeit, ein Ziel, das als legitimes und klares Telos durch emanzipatorische Erkenntnis selbst herausgearbeitet werden sollte.

»Das Interesse an Mündigkeit schwebt nicht bloß vor, es kann a priori eingesehen werden. Das, was uns aus Natur heraushebt, ist nämlich der einzige Sachverhalt, den wir seiner Natur nach kennen können: *die Sprache*. Mit ihrer Struktur ist Mündigkeit *für uns* gesetzt. Mit dem ersten Satz ist die Intention eines allgemeinen und ungezwungenen Konsensus unmißverständlich ausgesprochen. Mündigkeit ist die einzige Idee, deren wir im Sinne der philosophischen Tradition mächtig sind.«[61]

Welches aber ist die reflektive Stellung, von der aus diese Behauptung aufgestellt wird? Eine Reflexion über die Funktion der Sprache im historischen Bildungsgang der Menschheit wird vermutlich viele Verwendungsarten von Sprache und Kommunikation aufdecken, von denen einige regelrecht auf Herrschaft abzielen. Aber selbst wenn solche Reflexion in der Lage ist, Konsensus als immanentes Telos von Sprache und Kommunikation aufzuzeigen – sogar in abweichend repressiver Verwendung der Sprache – bleibt solche Behauptung nur wahr für den Menschen; das »für uns« konfrontiert uns wieder. Ein eidetischer Anspruch ist nicht unmittelbar auch ein transzendentaler. Man könnte in der Tat sogar argumentieren, daß eine durch praktisch-emanzipatorisches Interesse selbstbewußt geleitete Reflexion zweifellos eine emanzipatorische Stoßrichtung als zentral für die Sprache entdecken wird. Anstatt sich selbst zu begründen, könnte emanzipatorische Reflexion über emanzipatorische Verwendungsarten von Sprache einen circulus vitiosus darstellen.

Eine transzendentale Phänomenologie von Erkenntnisansprüchen kann zeigen, daß – wesentlich für jeden solchen Anspruch – die Möglichkeit, ja sogar Notwendigkeit (wenn auch nur implizit) besteht, einen intersubjektiven Konsensus über die Wahrheit des Anspruchs zu erzielen.[62] Eingedenk des Primats des Doxischen können wir sagen, daß Kommunikation als solche, transzendental geklärt, eine Forderung nach

Konsensus ist, und daher offen für und angelegt auf kritisches Argument. Habermas' Gebrauch dieses Prinzips als Grundlage für eine kritische Theorie der Gesellschaft eröffnet dem philosophischen Denken fruchtbare Horizonte, aber seine Begründung oder Fundierung dieses Prinzips ist philosophisch nicht ausreichend.

Habermas entgeht also nicht dem Anthropologismus, den wir als potentielle Gefahr seiner Theorie erkannten; die eigentlich transzendentale Funktion anthropologischer Konstanten kann er nicht verteidigen. Obwohl Habermas die Gefahr erkennt und sie bewußt zu vermeiden trachtet, kann er sich nicht gegen den Vorwurf eines genetischen Trugschlusses verteidigen. Es ist nicht ohne weiteres einzusehen, wie die (natürlichen) Bedingungen der Naturgeschichte menschlicher Selbstproduktion eine adäquate philosophische Fundierung für menschliche Erkenntnis und menschliches Handeln abgeben sollen. Falls die natürlich-historischen und die transzendentalen Funktionen von Erkenntnisinteressen für theoretische Zwecke nicht deutlich getrennt werden können, und die transzendentale Funktion nicht als transzendental verteidigt werden kann, muß der »quasitranszendentale« Status der Interessen auf die Ebene natürlicher und zufälliger Orientierungen der Menschengattung zurückfallen. Die Aufstellung des Begriffs »quasitranszendental« löst nicht eigentlich das Problem des Mediums der Welterfassung, sondern nennt es höchstens beim Namen.

Es wäre offensichtlich ein Fehler anzunehmen, Habermas sei sich unserer Kritik nicht bewußt. In der Tat zielt der spätere Begriff des »Diskurses« auf die Trennung der »Fragen der Geltung von denen der Genesis«.[63] Ein Versuch ist also gemacht, das Problem des genetischen Trugschlusses besser zu bewältigen. Eine kritische Erörterung der neuen Entwicklung in Habermas' Denken kann hier nicht versucht werden; zum Teil sollte eine solche Kritik sich auf den Begriff der »rationalen Nachkonstruktion«[64] von Regeln konzentrieren und dies mit Phänomenologie als der transzendentalen Kritik der Strukturen konkreter Subjektivität vergleichen. Es steht zu hoffen, daß ein weitergehender Dialog sich für alle Beteiligten fruchtbar erweist.

Es sollte jetzt klar sein, daß die obige Auseinandersetzung mit

Habermas ein zweischneidiges Schwert ist. Worum es jetzt geht, ist nicht eine detaillierte und destruktive Kritik von Habermas' Arbeit unter der Flagge einer dogmatisch verfochtenen Phänomenologie, sondern vielmehr eine phänomenologische Kritik mit dem Ziel, sowohl das, was fehlerhaft ist, zu korrigieren, als auch (und das scheint mir wichtiger) die kritische Stoßrichtung von Habermas' Philosophie weiterzuführen und zu fundieren. Habermas ist eine Herausforderung an die Phänomenologie, die viel zu wenig sich bemüht hat, ihre Kritik auf den Bereich sozialer und politischer Institutionen auszudehnen.

Anmerkungen

1 Jürgen Habermas, *Erkenntnis und Interesse*, in: *Technik und Wissenschaft als »Ideologie«*. Frankfurt 1968 (im folgenden als: *Erkenntnis und Interesse*).
2 *Erkenntnis und Interesse*, S. 151.
3 Ebd.
4 Ebd.
5. Ebd., S. 152.
6 Ebd.
7 Ebd.
8 Ebd.
9 Ebd.
10 Ebd., S. 155.
11 Ebd., S. 157.
12 Jürgen Habermas, *Erkenntnis und Interesse*, Frankfurt 1970, S. 168 (im folgenden als: *Erkenntnis*).
13 *Erkenntnis und Interesse*, S. 158.
14 Ebd., S. 159.
15 Ebd., S. 160.
16 Ebd.
17 Ebd., S. 161.
18 Ebd., S. 162.
19 *Erkenntnis*, S. 240.
20 Ebd., S. 241.
21 Ebd., S. 242.
22 Ebd.
23 Ebd.
24 Ebd., S. 243.
25 Ebd., S. 171.

26 Ebd.

27 Ebd., S. 171-172.

28 Rüdiger Bubner, *Was ist kritische Theorie?* In: *Philosophische Rundschau*, Bd. 16, 1969.

29 *Karl-Otto Apel, The A Priori of Communication and the Foundation of the Humanities*, in: *Man and World*, V, No. 1, Febr. 1972.

30 Habermas, *Erkenntnis und Interesse*, S. 176.

31 *Erkenntnis*, S. 240.

32 Ebd., S. 244.

33 *Erkenntnis und Interesse*, S. 163.

34 Ebd., S. 164.

35 *Erkenntnis*, S. 244.

36 *Erkenntnis und Interesse*, S. 163.

37 Ebd., S. 164.

38 Edmund Husserl, *Cartesianische Meditationen*, Den Haag 1963, S. 73.

39 Edmund Husserl, *Idee zu einer reinen Phänomenologie und phänomenologischen Philosophie*. I Den Haag 1950.

40 Eugen Fink, *Die phänomenologische Philosophie Edmund Husserls in der gegenwärtigen Kritik*, in: *Studien zur Phänomenologie 1930-39*, 1966, S. 110-111.

41 Edmund Husserl, *Logische Untersuchungen*, Tübingen 1968. II/1, S. 332.

42 Aron Gurwitsch, *Problems of the Life-World*, in: *Phenomenology and Social Reality*, Hrsg. von M. Natanson, Den Haag 1970, S. 44.

43 Dorian Cairns, *Problems of Phänomenology*. Vortragsreihe; gehalten im Sommersemester 1960 an der New School for Social Research, New York. Meine Kenntnis beruht auf Aufzeichnungen, die mir freundlicherweise von Richard Zaner zur Verfügung gestellt wurden.

44 *Erkenntnis und Interesse*, S. 151-152.

45 Edmund Husserl, *Formale und Transzendentale Logik*, Halle 1929, S. 21.

46 *Erkenntnis*, S. 171.

47 Ebd., S. 240.

48 Ebd., S. 239.

49 Husserl, *Cartesianische Meditationen*, S. 70.

50 Habermas, *Erkenntnis und Interesse*, S. 161.

51 *Erkenntnis*, S. 169.

52 Ebd.

53 Ebd., S. 171.

54 Nikolaus Lobkowicz, *Interest and Objectivity*, in: *Philosophy of the Social Sciences*, Vol. II, No. 3, 1972, S. 203.

55 Habermas, *Erkenntnis und Interesse*, S. 161.

56 Ebd., S. 161-62.

57 Husserl, *Ideen* I, S. 174.

58 Habermas, *Erkenntnis und Interesse*, S. 161.

59 *Erkenntnis*, S. 221.

60 *Erkenntnis und Interesse*, S. 158.

61 Ebd., S. 163.

62 Richard Zaner, *The Phenomenology of Epistemic Claims and its Bearing on the Essence of Philosophy*, in: *Phenomenology and Social Reality*, Hrsg. von M. Natanson, S. 62.

63 Jürgen Habermas, *Theorie und Praxis*. Frankfurt 1971, S. 25; vergl. Fred Dallmayr, *Critical Theory Criticized*, in: *Philosophy of the Social Sciences*, Vol. II, No. 3. 1972, S. 212.

64 Habermas, *Theorie und Praxis*, S. 28-31.

Theodore Kisiel
Habermas' Reinigung von reiner Theorie:
Kritische Theorie ohne Ontologie?

Als Faden der Ariadne zieht sich durch die Arbeiten von Jürgen Habermas die Frage nach dem Verhältnis von Theorie und Praxis. Diese Frage stammt direkt von Karl Marx, der Entstehung und Ziel jeder Theorie in die praktischen Anforderungen eines Lebens einordnete, das naturgemäß materiell, gesellschaftlich und damit geschichtlich ist. Theorie ist kein Selbstzweck. Ihre Einsichten bringen vielmehr ein kritisches Moment in den *status quo* ein, ein Moment von Kritik, das im besten Falle zur korrigierenden Veränderung der repressiven Verdinglichungen in den bestehenden Zuständen führt. Indem sie die Welt in einer Weise interpretiert, die sie verändert, ist Theorie höchstens ein Katalysator für Veränderung, eine Kraft, die den *status quo* untergräbt, ein Hebel, der eine erstarrte Lage in Bewegung bringt.

Doch wenn dies so ist, dann enthält Theorie stets auch den Keim ihrer eigenen Zerstörung, indem sie sich im Augenblick ihrer Verwirklichung selbst auslöscht, wenn die neue Lage geschaffen ist, die sie gefordert hat. Und »da die Lage neu ist, müssen wir neu denken und neu handeln«. Die neuen Bedürfnisse der sich verändernden Lage verlangen nach einer neuen theoretischen Antwort, die selbst wieder nur zeitlich begrenzt sein kann, da sie ebenso wie ihr älteres Gegenstück dazu verurteilt ist, bei ihrer Verwirklichung überschritten zu werden. Dennoch ist das theoretische Verzögerungsmoment unerläßlich. Der kurzsichtige Ruf nach direkter und sofortiger Aktion ist um nichts besser als der gegenteilige Standpunkt einer Kontemplation, die dazu dient, gegen die Aktion zu immunisieren. Es ist ebenso notwendig, die Lage zu verstehen, wie in sie einzugreifen, um der Wirklichkeit bei der Freisetzung ihrer Wahrheit zu helfen.

Hofft aber eine Idee, in Wirklichkeit umgesetzt zu werden, soll eine Theorie zur »materiellen Gewalt« werden, die »die Massen ergreift«, so muß sie bereits die »Verwirklichung der

Bedürfnisse« eben dieser Massen bedenken[1]. Sie muß von Anfang an der materiellen und gesellschaftlichen Lage entsprechen, an die sie sich wendet – oder sie ist zur Sterilität verdammt. Will der Mensch die Natur seinen Bedürfnissen beugen, so muß er zuerst sich selbst den ihren anpassen. Er muß lernen, der Welt ihre eigene Melodie vorzusingen, wenn er die Befriedigung seiner eigenen Harmonie aus ihr ziehen will. Diese doppelte Anpassung ist der wahre Stoff der Praxis und das Wesen der Arbeit. Somit umschließt die geistige Arbeit des Denkens in ihrem Moment von Kritik der bestehenden Zustände ein rezeptives Moment, das sich mit den latenten Bedürfnissen einer in Entwicklung begriffenen Lage in Einklang bringt. Darum »genügt (es) nicht, daß der Gedanke zur Verwirklichung drängt, die Wirklichkeit muß sich selbst zum Gedanken drängen«[2]. Man könnte sagen, daß Theorie ihre Einheit mit Praxis nur dann erreicht, wenn sie zufällig den Funken schlägt, der »vom zur Wirklichkeit drängenden Gedanken zur zum Gedanken drängenden Wirklichkeit überspringt, um das Feuer der Revolution zu entzünden... Der nahezu von selbst entstehende Flug eines Funkens ist es, der das Feuer der Revolution entzündet und dabei ermöglicht, daß die Wahrheit, die latent in der Wirklichkeit ist wie in einem verzauberten Schlaf, sich in voller Flamme in dieser und aus ihr erhebt«[3].

Genau diese Verlagerung der Initiative vom Denken zur Wirklichkeit verleiht nun jener Maxime, die für zahlreiche Marxisten fast axiomatisch geworden ist, ein *ontologisches* Gewicht: »La seule manière de réaliser la philosophie est de la détruire.« Die einzige Weise, Philosophie zu verwirklichen, ist sie zu zerstören.[4]

Diese besondere Formulierung, die Merleau-Ponty der Maxime gab, ist mit unverfehlbar Heideggerschen Obertönen belastet. Doch während Habermas Merleau-Ponty als denjenigen unter den philosophischen Interpreten des Marxismus preist, der seines Erachtens der grundlegend praktischen Ausrichtung der Marxschen Geschichtsphilosophie und Gesellschaftstheorie am nächsten kommt, verwirft er seine Versuche, Geschichte und Gesellschaft nach der Art Heideggers und des späten Husserl transzendental und ontologisch zu begründen. Einerseits behauptet Merleau-Ponty die Kontingenz des

Sinnes einer Geschichte, die nur durch menschliches Handeln ohne jede Erfolgsgarantie hervorgebracht werden kann. Andererseits versucht er, transzendentale Bedingungen der Möglichkeit zur Entstehung von geschichtlichem Sinn zu etablieren, womit er den klassischen Anspruch der Philosophie erneuert, sich durch Selbstbegründung auf ihrem eigenen und letzten Fundament selbst zu erfüllen. Dieses Bestreben erscheint Habermas nicht nur widersprüchlich, sondern auch gegen die innerste Absicht der Marxschen Maxime gerichtet, die uns doch eben anleitet, nicht Geschichte in Philosophie zu gründen, sondern Philosophie »in den Dienst der Geschichte« zu stellen.[5] Soll Praxis ihre Priorität über Theorie behaupten, so muß die Philosophie zuerst ihren alten Anspruch auf Selbstbegründung aufgeben, sie muß zur Kenntnis nehmen, in welchem Ausmaß sie in der Praxis ihrer Gesellschaft verwurzelt ist, und sich als kritische Zwischenstufe begreifen lernen, die von einem Interesse initiiert worden ist und mit ihrer Anwendung in politischem Reden und Handeln ihr Ende findet. Kurzum, Philosophie muß ihren falschen Schein von Autonomie aufgeben, ihren Anspruch, *prima philosophia* zu sein, also Ontologie. Vermittelt durch geschichtliches Bewußtsein und gesellschaftliche Praxis ist Philosophie tatsächlich das letztere. Gäbe sie dies zu, so würde sie eine Verschiebung der Problematik bewirken. Sie würde nicht länger versuchen, die konstanten Strukturen der Realität zu betrachten, sondern zur Dienerin der revolutionären Praxis werden. Ihre Grundfrage lautete nicht mehr: »Warum ist Sein (und Seiendes) und nicht vielmehr nichts?«, sondern: »Warum ist die bestimmte geschichtliche und gesellschaftliche Lage so und nicht vielmehr anders?«[6] Demgemäß wäre ihr vordringliches Interesse nicht mehr das, was ist, sondern das, was sein sollte. Als Theorie würde die Philosophie versuchen, im Sein das Sollen aufzudecken, und als Praxis wäre sie bestrebt, beides miteinander in Einklang zu bringen. Philosophie nach Marx kann sich nicht mehr den quietistischen Luxus bloßer Kontemplation leisten, sie muß jene andauernde Unruhe der Kritik in sich aufnehmen, die vom noch immer ungelösten Problem der Einheit von Theorie und Praxis hervorgerufen wird.

Somit verkündet die Marxsche Maxime, die Habermas als die

»Schlüsselthese des Marxismus« bezeichnet[7], für die Philosophie eine neue Ära, in welcher die Probleme und Kategorien durch Veränderung des Mediums der Reflexion radikal verändert sein würden. Wenn Philosophie ihren Ursprung und ihre Erfüllung in der Praxis findet, so muß sie ihren Autonomieanspruch, das Recht auf Selbstbegründung, die Reinheit ihrer Theorie und die Interesselosigkeit ihres kontemplativen Standpunktes ablegen, mehr noch, sie muß – will sie den Übergang zu einer neuen Epoche praktisch vollziehen – all dies so kritisieren, daß die verborgenen Zusammenhänge mit materiellen und gesellschaftlichen Interessen zutage kommen. So kann zum Beispiel die klassische Haltung der reinen Theorie, der Erkenntnis um der Erkenntnis willen, zurückgeführt werden auf das Bestreben nach Reinigung von Leidenschaften, die ihrerseits als pervertierte Formen des legitimen Emanzipationsinteresses ihre Motivationen aus bestimmten materiellen und gesellschaftlichen Bedingungen zogen, die der Philosophie selbst vorangingen[8]. Philosophie als Philosophie zielte niemals auf wahrhaft praktische Emanzipation. Trotz ihrer Darlegung des dialektischen Fortschrittsprozesses in Richtung auf Freiheit konnte Hegels Philosophie bestenfalls eine bloß theoretische Emanzipation versprechen. Sogar die Junghegelianer um Bruno Bauer vermochten ihren Begriff von »Kritik« nicht weit genug voranzutreiben und glaubten, das Reale ließe sich durch die bloße Entfaltung der Idee und die schrittweise Beseitigung des Irrationalen schon umwandeln. Sie glaubten, um es in Marx' Worten auszudrücken, »*die Philosophie verwirklichen zu können, ohne sie aufzuheben*«[9]. Was sie nicht bemerkten war, daß die philosophische Kritik, einschließlich ihrer radikalsten Voraussetzungen, selbst zu der kritisierten Welt gehört, als deren Extension und ideelle Ergänzung. Als Ausdruck der Entfremdung der Welt ist Philosophie selbst unwiderruflich geprägt von der Entfremdung, die sie darlegt. Indem sie die Mängel dieser Welt zum Ausdruck bringt, befeuert die kritische Theorie ein Handeln, das nicht bloß diese Mängel beseitigt, sondern auch ihr selbst ein Ende macht. Theorie selbst muß aufgehoben werden, wenn die Entfremdung überwunden werden soll. Diese Einsicht führte Marx zu der radikalen These von der »*Negation der seitherigen Philosophie,* der Philosophie als Philosophie«[10], deren essentielle Hinwendung zur Reinheit sie beständig der Praxis, das heißt der Realität entfremdet. Diese Philosophie, unauslöschbar gezeichnet von der Unwahrheit ihrer eigenen Voraussetzungen, muß unwiederbringlich überwunden werden. Philosophieren nach Marx heißt philosophieren nicht unter den Voraussetzungen der Philosophie, sondern unter den Voraussetzungen ihrer Aufhebung. Von nun an gewinnt Philosophie die Kraft des Negativen in einer radikal subversiven Form, destruktiv gegenüber sich selbst ebenso wie gegenüber der Welt, die zu erschaffen sie geholfen hat. Als kritische Theorie hat sie die Hauptaufgabe, Widersprüche in der Gesellschaftsordnung aufzudecken und dabei Probleme aufzuwerfen, die nur durch praktisches und politisches Handeln gelöst werden können. Indem sie vollkommen durchsichtig macht, in welcher Weise ihre theoretische Struktur dem Wesen nach zur Praxis führt, wird die Philosophie ganz von selbst zu jener besonderen Erkenntnis, die sich spontan zum Handeln antreibt, zum Handeln als dem ersten ihrer Existenzgründe.

Habermas' Reinigung von Ontologie

Wenn dies so ist, dann sind sämtliche späteren Versuche einer Reduzierung des Marxismus auf reine Philosophie grobe Mißverständnisse, in denen die kritische Theorie auf Dimensionen eingeengt wird, die sie für die noch tief in der Tradition der *prima philosophia* verhafteten Junghegelianer hatte. Erste Philosophie, reine Theorie, interesselose Kontemplation, Erkenntnis um ihrer selbst willen, Erkenntnis, die ihre eigene und letzte Grundlage in sich selbst sucht – all diese Kennzeichnungen oder Schlagworte verkörpern Ideale, die der ganz und gar praktischen Ausrichtung der kritischen Theorie direkt entgegenstehen und jeweils auf ihre Weise der Ideologie *par excellence* zustreben.

Aus dieser Begriffsreihe hebt Habermas die »Ontologie« hervor als besonders gefährliche Kategorie, wo sie auf Marx angewandt wird. Die ontologische Blickweise durchforscht das Marxsche Werk nach Hinweisen auf das Wesen des Menschen und nach Aufschlüssen über invariante Gesellschaftsstrukturen, von denen aus jedweder historische Tatbestand, der irgendwie sich entwickeln könnte, als Selbstverständlichkeit interpretierbar wäre. Selbst noch die »Entfremdung der Arbeit«, Angelpunkt der berühmten Analyse des frühen industriellen Kapitalismus, fällt falscher Ontologisierung zum Opfer und wird angesehen als eine Art »Selbstvergessenheit«, die für die wesentliche »Uneigentlichkeit« der Menschengattung stehen soll[11]. Die konkrete Konstitution eines bestimmten historischen Sachverhaltes, die mit Blick auf seine Aufhebung analysiert wurde, erhält so eine ontologische Fixierung.

Habermas' scharfe Kritik will nicht nur jede Art neomarxistischer Ontologie zum Einsturz bringen, sondern Ontologie als möglichen Ansatz in der nachmarxschen Ära überhaupt untergraben. Seine Frankfurter Antrittsvorlesung von 1965 schließt in unzweideutigen Worten: »Die Philosophie bleibt ihrer großen Tradition treu, indem sie ihr entsagt. Die Einsicht, daß die Wahrheit von Aussagen in letzter Instanz an die Intention des wahren Lebens gebunden ist, läßt sich heute nur mehr auf den Trümmern der Ontologie bewahren.«[12]

Zunächst zeigt Habermas in seiner Antrittsvorlesung überzeugend, daß die Haltung der reinen Theorie ihrem Wesen nach von Anfang an eine ontologische Illusion war; im weiteren verfolgt er dann die Übertragung der Ansteckung vom klassischen Realismus zum positivistischen Objektivismus und dessen schleichenden Einfluß auf Husserl. Erkenntnis an sich und um ihrer selbst willen findet nämlich ihre Basis in einer Welt an sich, welche die reine Theorie zu betrachten und zu kopieren anstrebt. Durch Mimesis der geordneten Bewegungen des Kosmos ordnet *theoria* zugleich den Gang des menschlichen Lebens – zumindest unter den Theoretikern. Somit gewinnt eine an kontingenten praktischen Belangen uninteressierte Kontemplation gleichwohl praktische Wirksamkeit, insofern eine besonnene Lebensweise sich selbst in Übereinstimmung mit jener Ordnung des unveränderlichen Seins bringt, die als Prototyp der menschlichen Ordnung angesehen wird. Die modernen Wissenschaften bewahren sich durch Positivismus die Illusion der reinen Theorie samt ihrer ontologischen Annahme einer strukturierten und in sich selbst ruhenden Welt unabhängig vom Erkennenden; sie entfernen sich jedoch von der Tradition, indem sie Neutralität gegenüber den »Werten« beanspruchen. Methodologische Verbote schaffen nun ab, was die ursprüngliche Intention der Theorie als jenem praktischen Verfahren des menschlichen Bildungsprozesses war, das durch mimetische Angleichung der Seele an die kosmischen Harmonien wirksam wurde[13]. Für die moderne Wissenschaft ist Theorie einfach die objektive Nachzeichnung der gesetzmäßig strukturierten Tatsachenwelt.

Habermas insistiert nun darauf, daß man dieser durch die szientistische Auffassung eingeführten objektivistischen Illusion nicht hinreichend entgegentreten kann, wenn man die Tradition der *theoria* als Bildungsprozeß wiederbelebt, selbst dann nicht, wenn man diese von ihren kosmologischen Inhalten befreit und sie mit der transzendentalen Selbstreflexion der phänomenologischen Beschreibung identifiziert, wie es Husserl in seiner *Krisis der europäischen Wissenschaften und die transzendentale Phänomenologie* vorgeschlagen hat. Husserl erhob den Anspruch, seine transzendentale Phänomenologie ein für alle Mal von den empirischen und praktischen Interessen der natürlichen Haltung befreit zu haben, in denen die Wissenschaften trotz ihrer stolzen Ansprüche auf Reinheit und Wertneutralität nach wie vor befangen sind. Denn indem die Phänomenologie das Verhältnis von Erkenntnis und Interesse, d. h. zwischen den Wissenschaften und der Lebenswelt, zu Bewußtsein bringt, befreit sie sich von eben diesen Interessen und kann daher zurecht jene wahre Kontemplation für sich beanspruchen, die durch ihre reine Interesselosigkeit so hochgradig emanzipiert ist, daß sie praktisch wirksam werden kann. Doch gegen diese Ansprüche Husserls führt Habermas aus, daß die Beseitigung der Kosmologie eben auch die Beseitigung jenes Prototyps bedeutet, der allein die klassische Theorie dazu befähigte, menschliches Handeln zu orientieren. Theorie findet ihre praktische Wirksamkeit nicht durch streng interesselose Kontemplation, sondern durch eingehende, zugleich empirische und transzendentale Darlegung der wesentlichen und alles durchziehenden Zusammenhänge zwischen Erkenntnis und Interesse.

In seinem Buch *Erkenntnis und Interesse* nimmt Habermas diese Aufgabe in Angriff, indem er zunächst versucht, die Vorgeschichte des modernen Positivismus zu rekonstruieren.

Denn: »Jede Diskussion über Bedingungen möglicher Erkenntnis muß ... *heute* an den von der analytischen Wissenschaftstheorie erarbeiteten Stand anknüpfen.«[15] Das durchgängige Argument gegen die verschiedenen Doktrinen, die sich mit Ontologie (in Habermas' Verständnis des Begriffes) verbinden – Realismus, Objektivismus, Berufung auf fixe Wesenszüge und invariante Strukturen, Korrespondenztheorien der Wahrheit –, tritt immer wieder in diesem Buch hervor. Habermas' Diskussion der Frage, wie die Reste der traditionellen Ontologie in das positivistische Selbstverständnis der Wissenschaft hinübergebracht worden sind, soll uns hier dazu dienen, den Rahmen und die Strategie seiner Kritik wie der Ideologiekritik schlechthin zu umreißen.

1. Positivismus beginnt mit Comtes Versuch, Wissenschaft auf der Basis einer Unterscheidung zwischen Tatsache und Einbildung gegen die Metaphysik abzugrenzen. Die Ironie dieser Argumentation gegen die Metaphysik liegt darin, daß sie eingefaßt wird in die Begriffe der traditionellen metaphysischen Unterscheidung zwischen Sein und Erscheinung, die Comte einfach umkehrt, indem er der platten Tatsache auf Kosten des Wesens die höchste ontologische Würde zuspricht, während er den klassischen Begriff von Theorie als Abbildung der Wirklichkeit beibehält. In anderen Worten, das Faktische wird zum Essentiellen, und eine »ironisch erneuerte *Ontologie des Tatsächlichen*«[16] muß nun gerechtfertigt werden.

2. Ernst Machs Elementenlehre beabsichtigt, die Faktizität der Tatsachen so darzustellen, daß deren Bereich, die Welt als die Gesamtsumme der Tatsachen, als die Sphäre gerechtfertigt ist, der ausschließlich Realität zugesprochen werden kann. Die Tatsachen selbst werden letztlich zurückgeführt auf Elemente, die gegenüber der Unterscheidung zwischen Psychischem und Physischem indifferent sind, zugleich aber die Grundlage liefern sowohl für die Gewißheit subjektiver Wahrnehmung des unmittelbar Gegebenen als auch für die unverrückbare Objektivität einer unabhängigen äußeren Welt, die in ihrem Einfluß auf jedwedes Subjekt ein verbindliches Mandat auszuüben vermag. Im Zusammenhang mit einem Ich sind die Elemente Empfindungen; in Relation untereinander sind sie Merkmale von Körpern. Dabei sind sogar »Ich« und »Körper« nur nützliche praktische Verweise

auf relativ konstante Elementverbindungen, die in ihre Bestandteile zerlegt werden durch eine forschende Wissenschaft, deren einziges Ziel die Beschreibung von Tatsachen und deren Relationen ist. Das erkennende und forschende Subjekt wird damit auf eine Fiktion reduziert, die zwar für das Leben nützlich ist, aber bei der Konstitution der Wissenschaft selbst keine Rolle spielt und die ernstlich nur berücksichtigt wird im Rahmen der Modellwissenschaften von Physik und experimenteller Psychologie. Durch den erwiesenen Fortschritt eben dieser Wissenschaften dazu ermutigt, in ihnen nicht bloß den verläßlichsten Zugang zur Organisation der Wirklichkeit zu sehen, sondern überhaupt den einzigen, verleiht die szientistische Überzeugung eben diesen modellhaften Bezugssystemen absolute ontologische Würde, wodurch jede Reflexion über die subjektiven Bedingungen ihrer vielgerühmten Objektivität unterbunden wird. Dies ist die Illusion jenes Objektivismus, »der den Wissenschaften ein An-sich von gesetzmäßig strukturierten Tatsachen vorspiegelt« und sie damit gegen eine Reflexion über die vorgängige Konstitution dieser Tatsachen in den synthetischen Leistungen erkennender Subjekte immunisiert.[17]

In einem Paralleltext zu dem soeben skizzierten spricht Habermas vom Tatsachenbegriff des Positivismus als von einem »Fetisch, der dem Vermittelten den Schein der Unmittelbarkeit bloß leiht«.[18] Auch führt er dort eine Reihe moderner Philosophen auf, die alle auf verschiedene Weise demonstriert haben, daß es so etwas wie unvermittelte Erkenntnis nicht gibt und daß die Suche nach einer originären Erfahrung unmittelbarer Evidenz vergeblich ist. In dieser Liste nennt er Kants Nachweis der kategorialen Elemente unserer Wahrnehmung, Hegels Kritik der sinnlichen Gewißheit, Peirces Einfügung der Wahrnehmung in Handlungssysteme, Husserls »Epoché« (Einklammerung) der natürlichen Haltung des »faktischen Menschen« und seine »Reduktion« der objektiven Welt auf vorprädikative Erfahrung und schließlich Adornos Abrechnung mit der Ursprungsphilosophie.[19]

Zwischen Hegel und Adorno hat der allumfassende Angriff der neueren kritischen Theorie auf die Ontologie des Faktischen zumindest in Haltung, Methode und Terminologie sein Standardmaß gewonnen. Gegen die Positivität der Tatsache zieht die kritische Theorie ihre Stärke aus der subversiven Kraft der transzendentalen Vernunft zur Negation; sie ruft die »Macht des negativen Denkens« (Marcuse) oder die »negative Dialektik« (Adorno) dazu auf, die Tatsachen umzustürzen, um deren Hintergründe, durch die sie erst zu solchen geworden sind, zu enthüllen. In dieser vorherrschenden Strategie der kritischen Theorie findet Marcuse »den Grundgedanken allen Idealismus' . . ., nämlich daß es einen Antagonismus und eine Spannung zwischen Wahrheit und Tatsache, zwischen dem Denken oder Geist und der Realität gibt«.[20] Dies bedeutet, daß alles und jedes angeblich Vorfindliche *per se* prinzipiell unannehmbar ist. »Die Welt der unmittelbaren Erfahrung – die Welt, in der lebend wir uns vorfinden – muß begriffen, verändert, sogar umgestürzt werden, um zu dem zu werden, was sie wirklich ist.«[21] Demnach ist die antagonistische Struktur des Denkens – zumindest für Marcuse – in der Wirklichkeit selbst zu finden; zweidimensionales Denken reflektiert eine zweidimensionale Welt. »Das dialektische Denken versteht die kritische Spannung zwischen »ist« und »sollte sein« zunächst als einen ontologischen Sachverhalt, der der Struktur des Seins selbst zukommt.«[22]

Doch von eben demselben dialektischen Ausgangspunkt her verwirft Adorno jede Form von Ontologie oder Erster Philosophie, mithin jeden Versuch, eine letzte Grundlage oder einen Ursprung zu etablieren. Er verwirft demnach die Letztlichkeit jeder Art Unmittelbarkeit, sowohl der empirischen wie der rationalen, der subjektiven wie der objektiven, der faktischen wie der essentiellen, jener der letzten Evidenz wie der des Urprinzips. »Der Geist ist aber vom Gegebenen so wenig abzuspalten wie dieses von ihm. Beide sind kein Erstes. Daß beide wesentlich durcheinander vermittelt sind, macht beide zu Urprinzipien gleich untauglich; wollte indessen einer in solchem Vermitteltsein selber das Urprinzip entdecken, so verwechselte er einen Relations- mit einem Substanzbegriff und reklamierte als Ursprung den flatus vocis. Vermitteltheit ist keine positive Aussage über das Sein, sondern eine Anweisung für die Erkenntnis, sich nicht bei solcher Positivität zu beruhigen, eigentlich die Forderung, Dialektik konkret auszutragen. Als allgemeines Prinzip ausgesprochen, liefe sie, ganz wie bei Hegel, immer wieder auf den Geist hinaus; mit ihrem Übergang in Positivität wird sie unwahr.«[23]

Besonders trügerisch in der Anwendung dieser Strategie sind jene neuen transzendentalen Ontologien, die vorgebracht werden von der phänomenologischen Tradition, die ja gleichfalls behauptet, sowohl zum Realismus wie zum Objektivismus in Opposition zu stehen. Diese neuen Ontologien nehmen für Adorno den Status einer neuen »Deutschen Ideologie« an, gegen die er mit bissigen Formulierungen, die zuweilen noch den jungen Marx in seinem höchsten Zorn übertreffen, den Hauptstoß seines Angriffes führt. Husserl, mit seinem Aufruf, zu den Sachen selbst zurückzukehren – nicht auf der Ebene der Fakten, sondern des Sinnes – sowie mit seiner angewandten Methode reiner Deskription, erblickte in der Phänomenologie die Erfüllung eines authentischeren Positivismus. Seine Lehre der kategorialen Anschauung setzte jedoch einfach eine zweite Unmittelbarkeit anstelle der ersten und implizierte bereits die Anfänge einer Gleichsetzung von Vermittlung mit dem Vermittelten.[24] Doch Heidegger ist es dann, der die phänomenologische Regression zum Ursprung der Bedeutung auf ihre letzte Konsequenz führt, jenseits der Unterscheidung von Subjekt und Objekt und in Richtung auf eine vermittelnde Unmittelbarkeit, die selber unzugänglich bleibt. Dadurch erhält Sein die monolithische Aura des mystischen Mana: »Der Ausdruck von Sein ist nichts anderes als das Gefühl jener Aura, einer ohne Gestirn freilich, das ihr das Licht spendete. In ihr wird das Moment der Vermittlung isoliert und dadurch unmittelbar. So wenig aber wie die Pole Subjekt und Objekt läßt Vermittlung sich hypostasieren; sie gilt einzig in deren Konstellation. Vermittlung ist vermittelt durchs Vermittelte. Heidegger überspannt sie zu einer gleichsam ungegenständlichen Objektivität. Er besiedelt ein imaginäres Zwischenreich zwischen dem Stumpfsinn der facta bruta und dem weltanschaulichen Geschwafel.«[25]

Um den totalitären Tendenzen der Ontologie entgegenzutreten, insistiert Adorno auf dem Primat der Dialektik, die »das konsequente Bewußtsein von Nichtidentität« ist[26] und für die jede Unmittelbarkeit »zum Moment anstatt des Grundes« wird[27]. »Das Hegelsche Sein ist keine trübe Identifikation von Mittelbarkeit und Unmittelbarkeit. Es läßt sich nicht hypostasieren und nur gewalttätig dazu mißbrauchen, Seiendes und Sein zu kontaminieren. Es artikuliert sich nach seinen Gegensätzen und wendet sich als Umschlagendes gegen sich selber. Es ist ein im eminenten Sinn kritischer Begriff. Identisch ist es mit dem Nichts, das die Eleaten verleugnen.«[28]

In diesen Texten mag man den *locus classicus* erkennen, der Habermas' eigenem hartnäckigen Feldzug zur Reinigung der kritischen Theorie von jeder Ansteckung durch Ontologie am nächsten steht. Die Argumentation kehrt sich notgedrungen gegen Hegel selbst, da dieser die dialektische Bewegung im Medium eines absoluten Geistes sah und annahm, daß sie in der absoluten Einheit von Subjekt und Objekt letztlich zur Ruhe kommen werde.[29] Selbst die umgekehrte Versöhnung des Menschen mit der Natur im utopischen Umschlag einer streng materialistischen Dialektik, inspiriert von einem spekulativen Mystizismus der *natura naturans,* der vom jungen Marx vor allem zu Ernst Bloch, jedoch auch zu den meisten anderen zeitgenössischen kritischen Theoretikern (einschließlich Adorno!) durchläuft, wird von Habermas abgelehnt, da sie begründet ist auf Materie als ontologisches Prinzip der Identität zwischen Natur und Gesellschaft[30]. Die Marxsche These einer Komplementarität zwischen Humanisierung der Natur und Naturalisierung des Menschen läßt zum Beispiel vermuten, daß die technologische »Repression« der Natur eine Quelle gesellschaftlicher Repression ist. Noch skeptischer ist Habermas gegenüber dem Hinweis von Marcuse, dessen ontologische Neigungen oben angedeutet worden sind, daß eine Lösung der Spannung zwischen Sein und Sollen auf menschlicher Ebene in Form einer befriedeten Welt wohl zu einer »neuen« Naturwissenschaft führen könnte, deren Kategorien eine weniger räuberische und ehrfürchtigere Haltung zur Natur begünstigten.[31]

Wie dem auch sein mag, diese Auseinandersetzung zeigt zumindest, daß Ontologie nicht notwendig unvereinbar ist mit kritischer Theorie im Sinne einiger ihrer prominentesten Vertreter. Vielleicht kommt Ontologie doch nicht schon mit der Erledigung der »Illusion der reinen Theorie« zu Fall – besonders dann nicht, wenn man als ihre Grundlage nicht »die Grenzziehung zwischen Sein und Zeit«[32] voraussetzt.

Haben nun sogar seine engsten philosophischen Verbündeten versagt, wieviel Erfolg hat dann Habermas selbst bei seiner erklärten Absicht, eine praktisch orientierte kritische Theorie vor jedem Hauch von Ontologie zu bewahren?

Kritische Theorie ist sowohl in ihrer Entstehung wie ihrer Anwendung an Praxis gebunden. Die Bemühung um eine Klärung ihres Charakters verlangt also nach zweifacher Reflexion. Für Habermas reflektiert die Retrospektive auf die Konstitution von Erkenntnis im Rahmen bestimmter Interessen, während die prospektive Reflexion zu einer Theorie der kommunikativen Kompetenz führt. Nur der vierte Abschnitt der folgenden Bemerkungen wird die letztere und ihre potentielle Verwandtschaft zu einer eigentlichen Ontologie behandeln.

1. Im Anschluß vor allem an Hegel und Marx versucht Habermas den methodisch organisierten Prozeß theoretischer Untersuchung ins Verhältnis zu dem umfassenderen Bildungsprozeß der Menschengattung zu setzen. Rein logisch betrachtet weisen die Prozesse wissenschaftlicher Forschung in die Richtung einer transzendentalen Konstitution von Erkenntnis; als reale Lebensprozesse verstanden verwirklichen sie sich jedoch unter den empirischen Bedingungen der Gattungsgeschichte, unter den Reproduktionsbedingungen des Menschen, seinem Bestreben, sich seiner natürlichen Umgebung anzupassen, um sein Überleben zu sichern. Gewiß mögen die Bemühungen des Menschen, sich selbst hervorzubringen, die menschliche Gesellschaft schließlich über die Zwänge der Natur hinaus befördern und sie den Anforderungen des »guten Lebens« näher bringen, doch selbst durch all diese menschlichen Aktivitäten hindurch bleibt die Natur als deren Substrat bestehen, als »die Unmittelbarkeit eines Substrates ..., von dem der Geist kontingent abhängt«. Als objektiv umgebende Natur geht sie in den Arbeitsprozeß des materiellen Austausches als zu bearbeitendes Material »von außen« ein, als die subjektive, körperliche Natur der Arbeiter jedoch »von unten«. Der Austausch verändert sowohl die objektive wie die subjektive Natur, und doch verweisen die kontingenten Bedingungen der Synthesis auf einen »Rest unaufhebbarer

Fremdheit« einer Natur an sich, die sich innerhalb der Vermittlung der Arbeit erschließt. Die in gesellschaftlicher Arbeit objektivierte Natur bewahrt sich gleichwohl Selbständigkeit und Äußerlichkeit gegenüber dem Arbeiter, der sie durch seine Arbeit unter Kontrolle bekommen hat. Sie ist selbständig, insofern wir den Naturprozeß nur in dem Maße zu beherrschen lernen, als wir »den Naturgesetzen gehorchen«. Und die Äußerlichkeit der Natur »zeigt sich in der Kontingenz ihrer letzten Konstanten: an Natur bleibt, wie weit wir auch unsere technische Verfügungsgewalt über sie ausdehnen, ein substantieller Kern, der sich uns nicht aufschließt«[33].

Mit solcher Argumentation gegen die Marxsche Lehre von der schließlichen Humanisierung der Natur, die auf ein quasi-idealistisches Identitätsprinzip gegründet zu sein scheint, stellt Habermas einen anti-idealistischen Marx vor, der eine Natur an sich, in ihrer »unaufhebbaren« Unmittelbarkeit, hervorhebt. Ja, Habermas deutet sogar an, daß Marx mit seiner Differenzierung innerhalb des Realitätsbegriffes zwischen dem, was unseren Bemühungen stets entzogen bleibt, und dem, was wir in unsere Bildungsprozesse einzubeziehen vermögen, d. h. mit der Differenzierung zwischen einer Natur an sich und einer, die in die Welt unserer Vermittlungen eintritt, bereits etwas angesprochen habe, was Heidegger später die ontologische Differenz zwischen Seiendem und Sein nennen sollte![34] Und mehr noch, entgegen dem offenen Aktivismus der praktisch ausgerichteten revolutionären Theorie liegt hierin sogar ein Zugeständnis an das Moment von Rezeptivität im Arbeitsprozeß, von Beherrschung durch Gehorsam – auch ein Lieblingsthema Heideggers.[35] Diese Ausführungen, wie immer unauffällig oder unter der Hand sie auch vorgetragen sein mögen, lassen doch auf gewisse ontologische Verhaftungen schließen, die im Effekt einen älteren Text desavouieren, in welchem es noch hieß: »Materialismus ist kein ontologisches Prinzip, sondern die historische Indikation einer gesellschaftlichen Verfassung, unter der es der Menschheit *bisher* nicht gelungen ist, die praktisch erfahrene Gewalt des Äußeren über das Innere zu liquidieren.«[36] Schließlich genügt es nicht, einzuwenden, daß Natur an sich bloß eine »Abstraktion« oder »Konstruktion« ist und daher in Habermas' epistemologischem Modell nur am Rande steht, da er ja auch seine eigensten Begriffe, die der erkenntniskonstitutiven Interessen, als Abstraktionen identifiziert![37]

2. Gerade aufgrund ihrer Abstraktion sind auch die transzendentalen Interessenrelationen auf kontingente, empirische und natürliche Bedingungen, ähnlich den biologischen Trieben, zurückführbar. Da die konstitutiven Interessen die Naturgeschichte der Menschengattung mit der Logik ihres Bildungsprozesses – somit das Empirische mit dem Transzendentalen – vermitteln, spricht Habermas zuweilen von ihrem »quasitranszendentalen« Status. Wir haben es hier mit »tiefsitzenden Strukturen« zu tun, die menschliches Handeln auf die Welt und auf das Selbst ausrichten und damit den »Mechanismus« des Prozesses der Menschwerdung und die Bedingungen der Möglichkeit von Fortschritt definieren. Was von Kants Transzendentalismus beibehalten wird, ist der Begriff eines fixen Rahmens, innerhalb dessen das Subjekt »die Materie«, der es begegnet, »formt«. Doch das Subjekt ist jetzt die konkrete Menschengattung, die in gesellschaftlicher Übereinkunft handelt, nicht mehr ein isoliertes transzendentales Bewußtsein, und die Denkkategorien des letzteren werden durch Handlungsorientierungen ersetzt.

Für Marx war Handeln in erster Linie das instrumentale Handeln der gesellschaftlichen Arbeit, das Habermas kantisch interpretiert, um einen materialistischen Begriff von Synthese zu entwickeln. »Kantisch an der Marxschen Konzeption der Erkenntnis ist das invariante Verhältnis der Gattung zur umgebenden Natur, das durch den Funktionskreis instrumentalen Handelns festgelegt ist – denn Arbeitsprozesse sind die ›ewige Naturnotwendigkeit des menschlichen Lebens‹.«[38] Doch Habermas warnt vor gewissen Interpretationen des Marxschen Begriffes vom Arbeitsprozeß, die übertrieben kantisch und sogar vorkritisch sind, indem sie erneut ein fixes Wesen einführen, um die Gattung dann als *homo faber* zu definieren. So zum Beispiel die neuere Welle von Husserlschen Marx-Interpretationen, in denen der Arbeitsprozeß gefaßt wird als »das Fundament für den Aufbau invarianter Sinnstrukturen möglicher sozialer Lebenswelten«[39] und damit anhand scheinbar substantieller Grundlinien eidetische Ontologien entwickelt werden.

Doch zweifellos werden nicht alle invarianten Strukturen von

Habermas abgelehnt, denn mit Marx behält er weiterhin die »anthropologisch tiefsitzenden Handlungsstrukturen«[40] bei, die für alle Subjekte, die zum Überleben auf Arbeit angewiesen sind, gleichermaßen verbindlich sind. Man ist versucht, von einer Ontologie der Praxis zu sprechen. Oder ist eine praktische (politische) Ontologie ein begrifflicher Widerspruch?

3. Der Nexus der praktischen, durch Arbeit entwickelten Bezugssysteme ist zugleich auch der Kontext, der die naturwissenschaftlichen Forschungen anregt und leitet, weshalb ihre Bemühungen um Erkenntnis vom technischen Interesse an der Verfügung über Naturprozesse beherrscht werden. Doch instrumentales Handeln ist nicht das einzige Medium des Bildungsprozesses der Menschengattung. Kommunikatives Handeln wird durch das Verlangen nach gegenseitiger Verständigung motiviert, und dieses praktische Interesse definiert den Kontext der hermeneutischen Wissenschaften. Genauere Untersuchung zeigt nun, daß beide Interessen selber von einem Verlangen nach Emanzipation beherrscht und bestimmt werden. Das technische Interesse sucht den Menschen von Hunger, Mühsal und den Launen der Natur zu befreien, während das hermeneutische Interesse die Probleme der Befreiung von politischer Herrschaft, autoritärer Härte und Trägheit, dogmatischen Verwirrungen und anderen Verzerrungen in der Kommunikation aufwirft. Das emanzipatorische Interesse vermittelt also die beiden erstgenannten Interessen.

Diese Interessentriade definiert nun die »tiefsitzenden Strukturen« eines transzendentalen Rahmens, der jenen menschlichen Bildungsprozeß anleitet, in dem das Verlangen nach Erkenntnis seinen Ort hat. In den Fugen dieses Rahmens, den Habermas gern als Epistemologie und Karl-Otto Apel als »Erkenntnisanthropologie« bezeichnet, wird wohl jeder Kenner von Heideggers *Sein und Zeit* die Grundzüge einer »Fundamentalontologie« entdecken. Die Triade der erkenntnisleitenden Interessen erinnert in der Tat auffällig an Heideggers Triade von Besorgen alltäglicher Dinge und·Angelegenheiten, Fürsorge für die Anderen und Sorge des Selbst in seiner Suche nach Freiheit. Weitere sympathetische Schwingungen gleichen Ursprungs erzeugt auch eine Formel, die Habermas gern zur Beschreibung des Verhältnisses der Wissenschaften zu ihren jeweiligen Interessen benutzt, nämlich daß die Wissenschaften »die Wirklichkeit erschließen« (oder »freilegen«, »enthüllen«)[41] durch die Vermittlung ihrer leitenden Interessen, die damit nicht nur ihren Fragestellungen Sinn und Richtung geben, sondern auch ihren Aussagen Bedeutung verleihen.

4. In ausdrücklichem Gegensatz zu allen ontologischen Wahrheitstheorien, einschließlich der »Evidenztheorie« der Phänomenologie, entfaltet Habermas mit seiner Theorie kommunikativer Kompetenz jedoch eine Konsensustheorie der Wahrheit[42], die bewußt gegen jenen Primat zu Felde zieht, den die hermeneutische Phänomenologie (Heidegger, Gadamer, Ricœur) dem durch einen ererbten Rahmen von Voraussetzungen definierten »faktischen« Konsensus zuspricht. Die faktische Übereinstimmung kann nämlich sehr wohl unter latenten institutionellen Zwängen oder systematischen Verzerrungen in der Kommunikation stehen, die nach therapeutischer Reinigung durch kritische Selbstreflexion verlangen. Zur Erfüllung dieser Aufgabe braucht die Ideologiekritik eine Theorie, die die Ursprünge der Kommunikationsverzerrungen zu durchschauen vermag auf der Grundlage einer regulativen Idee von völlig unverzerrter Kommunikation oder vernünftiger Rede. »Sie kann sich dieser Idee nicht ontologisch versichern, weder durch Kontemplation einer kosmischen Ordnung, noch durch Intuition von Urprinzipien oder endlichen Elementen der Erfahrung. Auch das Streben nach einem transzendentalphilosophischen Beleg für a priori gültige Kategorien eines Weltverständnisses und/oder einer Grundnorm des Handelns muß scheitern, solange ein intelligibles ›Ich‹ oder eine gestaltende Subjektivität unterlegt werden, die ihrerseits nicht als unter empirischen Bedingungen entstanden gedacht werden sollen.«[43]

Statt dessen versteht sich die Theorie der kommunikativen Kompetenz als Fortsetzung der umfassenden Bemühung um eine Bestimmung jener quasi-transzendentalen Regeln, die Erkenntnis und Handeln allererst ermöglichen – nun allerdings mit dem Ziel, jene semantischen und pragmatischen (»dialogkonstitutiven«) Universalien zu erfassen, die in der symbolischen Interaktion kompetenter Sprecher am Werk sein müssen, wenn wahre Kommunikation stattfinden soll. Die Idee der Wahrheit wird hier gemessen in Begriffen einer idealisierten Übereinstimmung, die sich herstellt in herrschaftsfreier Kommunikation, d. h. auf der Grundlage eines wahren Konsensus, der seinerseits das »wahre und gute Leben« voraussetzt, die Lebensweise und Gemeinschaftsstruktur von »mündig gewordenen« und also autonomen und verantwortlichen Individuen. Da wenigstens die unbewußt kontrafaktische Antizipation dieser idealen Gesprächssituation notwendig ist, um den jeder denkbaren Kommunikation unterliegenden gemeinsamen Grund zu etablieren, ist die ideale Sprechsituation nicht bloß ein utopischer Traum, sondern als antizipierte Grundlage jeder erfolgreichen Kommunikation ganz real. Einfach ausgedrückt: »Kommunikative Kompetenz bedeutet die Meisterung einer idealen Sprechsituation.«[44]

Was aus der Perspektive der vorliegenden Untersuchung im Verlauf der Habermasschen Analyse der idealen Sprechsituation in ihre dialogkonstitutiven Universalien am meisten überrascht, ist die explizite Anwendung der altehrwürdigen metaphysischen Unterscheidungen zwischen 1. Sein und Schein, 2. Wesen und Erscheinung und 3. Sein und Sollen. Auf der Basis dieser Unterscheidungen soll der kompetente Sprecher in der Lage sein, 1. den assertorischen Charakter und Wahrheitsanspruch der »konstativen« Sprechakte zu beurteilen, 2. die Ent- oder Verhüllung einzuschätzen, die in jenen Sprachausdrücken (den »repräsentativen«) am Werk ist, in denen das Subjekt sich selbst vorstellt und zum Ausdruck bringt, und 3. das Verhältnis der »regulativen« Sprechakte zu den geltenden Regeln, die befolgt oder gebrochen werden können, zu erfassen. Die drei Unterscheidungen strukturieren somit das sprachliche Feld entsprechend den traditionellen Ideen von Wahrheit, Freiheit und Gerechtigkeit und konstituieren zusammengenommen die zentrale Unterscheidung zwischen einem wahren und einem trügerischen Konsensus.[45]

Ist dies nun als Vorbote einer im entscheidenden Punkt der Habermasschen kritischen Theorie aufkeimenden Ontologie zu verstehen? Es muß uns zumindest erlaubt sein, am Ende des folgenden Abschnittes eine mit Hoffnung gemischte ontologische Nostalgie zu verspüren: »Die Idee eines wahren Konsensus verlangt von den Beteiligten die Fähigkeit zur verläßlichen Unterscheidung zwischen Sein und Schein, Wesen und Erscheinung, Sein und Sollen, damit sie die Wahrheit von Aussagen, die Wahrhaftigkeit von Äußerungen und die Richtigkeit von Handlungen kompetent beurteilen können. Wir sind jedoch nicht in der Lage, in irgendeiner dieser drei Dimensionen ein Kriterium zu bestimmen, das ein unabhängiges Urteil über die Kompetenz möglicher Richter erlauben würde. Das Urteil über die Kompetenz zur Beurteilung muß sich seinerseits vielmehr mit jener Art von Konsensus identifizieren, für die Bewertungskriterien gerade gefunden werden sollten. Nur eine ontologische Wahrheitstheorie könnte diesen Zirkel durchbrechen. Bisher hat sich jedoch keine derartige Theorie als angemessen erwiesen.«[46]

Notizen zum »Nachwort (1973)«

Das jüngst erschienene »Nachwort« zu *Erkenntnis und Interesse*[47] beargwöhnt zwar immer noch ontologische Aussagen als »zu weitgehend«; gleichzeitig verstärkt es aber den unterschwelligen Hang zur Ontologie dadurch, daß es die Bedeutung einer Problematik herausstellt, die in den letzten Jahrzehnten unter der Rubrik einer »materialen Ontologie« abgehandelt worden ist.[48] Um Mißverständnissen seines wissenschaftstheoretischen Ansatzes vorzubeugen, versucht Habermas, innerhalb des umfassenden Rahmens grundlegender Interessen deutlicher die genetischen Probleme der Bedeutungskonstitution bestimmter Objektbereiche von den normativen Problemen der Überprüfung von Wahrheitsansprüchen abzusondern; demgemäß unterscheidet er das materiale Erfahrungsapriori vom gesellschaftlichen Argumentationsapriori. Diese Herausarbeitung (der Geltungsprobleme und des diskursiven Aspekts; d. Ü.) ist der einzigartige Beitrag der kritischen Gesellschaftstheorie zur Transzendentalphilosophie, die durch die Theorie der kommunikativen Kompetenz und durch die Konsensustheorie der Wahrheit bereichert und verwandelt wird.
Der Inhalt der dergestalt verifizierten oder falsifizierten Aussagen leitet sich jedoch von den bereits konstituierten katego-

rialen Rahmen her, innerhalb deren unsere Erfahrung der Welt immer schon organisiert und vorwissenschaftlich interpretiert ist. Diese kategorialen Bedeutungen sind sowohl bestimmend für, wie bestimmt durch die Struktur der Objektbereiche, denen wir begegnen. Nach Apel war vor allem Heidegger der Urheber dieser ursprünglichen und mehr phänomenologischen Erweiterung der Transzendentalphilosophie in Richtung auf ein vorwissenschaftliches »apriorisches Perfekt« von Bedeutungsrahmen, innerhalb deren »*die Phänomene (sich) konstituieren*« bzw. »*sich für uns immer schon konstituiert (haben)*«[49], nämlich in der Form einer sprachlich artikulierten Welt, in die wir verstrickt sind. Diese Sprache kann wiederholt rekonstruiert und die Welt auf verschiedene Weise interpretiert werden; aber solche Neuformulierungen und der dadurch mögliche »Fortschritt« sind eine Funktion nicht nur des normativen Apriori diskursiver Verifizierung, sondern auch des materialen Apriori der konstituierten Lebenswelt. In dieser unwiderruflichen Endlichkeit der menschlichen Situation wittert und anerkennt Habermas jetzt gewisse objektive Grenzen, die sich aus der Nichtreduzierbarkeit der Objektbereiche selbst ergeben:

». . . aber solange wir nicht zu Engeln oder zu Tieren werden, können wir sie (die Theoriesprachen; d. Ü.) nicht in die Bedingungen eines *anderen* Objektbereichs *transformieren*. Es sind jeweils die Erfahrungen mit den identischen Gegenständen *unserer* Welt, die nach Maßgabe des wissenschaftlichen Fortschritts verschieden interpretiert werden. Die Identität der Erfahrungen in der Mannigfaltigkeit ihrer Interpretationen wird durch die Bedingungen möglicher Objektivation gesichert.«[50]

Die Macht der Kritik, deren Ausmaß zuerst unbegrenzt erschien, ist demnach abgemildert durch den Grad ihrer Aufnahmebereitschaft und ihre Vermittlung mit der Vergangenheit.

Die kritische Gesellschaftstheorie, deren utopische Zielsetzungen in der Ansicht vieler Beobachter[51] sich in einer Weise zu übersteigern drohten, daß Interesse an Emanzipation jeglichen Inhalts beraubt schien, gewinnt mit diesen ontologischen Gegengewichten eine festere Grundlage für die »ideale Sprechsituation« in der konkreten geschichtlichen Substanz –

einem Bereich, wo Sein und Verpflichtung sich treffen und in diesem Zusammentreffen die schöpferische Spannung von Bewahrung und Umwertung aller Werte aufrecht erhalten.

Anmerkungen

1 Karl Marx, *Zur Kritik der Hegelschen Rechtsphilosophie, Einleitung,* in: *MEW* Bd. 1, S. 385, 386.

2. A.a.O., S. 386.

3 Gustav A. Wetter, *Dialectical Materialism,* New York 1958, S. 258, 260.

4 Jürgen Habermas, *Theorie und Praxis,* Neuwied 1963, S. 303; vgl. ebenso Maurice Merleau-Ponty, *Sens et non-sense,* Paris 1948, S. 160.

5 Marx, a.a.O., S. 379.

6 Habermas, a.a.O., S. 169 und 311.

7 A.a.O., S. 279.

8 Habermas, *Erkenntnis und Interesse,* in: *Technik und Wissenschaft als ›Ideologie‹,* Frankfurt 1968, S. 153 ff.

9 Marx, a.a.O., S. 384. Dies ist Marxens eigene Formulierung der Maxime, wie sie im Kontext seiner Beurteilung der Junghegelianer als der »*theoretischen,* von der Philosophie her datierenden politischen Partei« auftritt.

10 Ebd.

11 Habermas, *Theorie und Praxis,* a.a.O., S. 276.

12 Habermas, *Technik und Wissenschaft als ›Ideologie‹,* a.a.O., S. 167 f.

13 A.a.O., S. 150.

14 A.a.O., S. 152 f.

15 Habermas, *Erkenntnis und Interesse,* Frankfurt 1968, S. 13.

16 A.a.O., S. 104.

17 A.a.O., S. 91, 104-113.

18 Habermas, »Gegen einen positivistisch halbierten Rationalismus«, in: Th. W. Adorno u. a., *Der Positivismusstreit in der deutschen Soziologie,* Neuwied 1969, S. 242.

19 A.a.O., S. 239. Der Aufsatz behandelt Poppers Positivismuskritik, und die Anrufung dieser Namen verweist zum Teil auf das stillschweigend fortwirkende philosophische Erbe in der antipositivistischen Wissenschaftsphilosophie, die heute im angloamerikanischen Raum vorherrscht und deren zentrale These die einer »Theoriegeladenheit« der Tatsachen ist (vgl. vor allem N. R. Hanson, T. S. Kuhn und P. Feyerabend).

Der knappe Hinweis auf Peirce sollte nicht übersehen lassen, welche hochdifferenzierte Analyse Habermas diesem Autor in zwei vollen Kapiteln seines *Erkenntnis und Interesse* widmet. Für die Zwecke dieses Aufsatzes kann ihr Ergebnis wie folgt zusammengefaßt werden: Obwohl Peirce der Ontologisierung von Tatsachen dadurch entgeht, daß er deren Konstituierung in einer von einer Forschergemeinschaft befolgten quasi-transzendentalen Forschungslogik reflektiert, löst seine operationalistische Theorie des Geistes das von dieser Gemeinschaft erreichte Kommunikationshandeln und die symbolische Synthesis objektivistisch in eine Folge von empirischen Ereignissen auf, wodurch nur der Realismus universeller Sachverhalte und ihrer Repräsentation übrigbleibt (vgl. bes. *Erkenntnis und Interesse*, S. 174 f.). Daher der Untertitel eines der beiden Kapitel: »Die Aporie eines sprachlogisch erneuerten Universalienrealismus«.

20 Herbert Marcuse, *Vernunft und Revolution*, Neuwied 1962, S. 357.

21 Herbert Marcuse, *Der eindimensionale Mensch*, Neuwied 1967, S. 139.

22 A.a.O., S. 149, auch S. 139, 141.

23 Theodor W. Adorno, *Zur Metakritik der Erkenntnistheorie*, Stuttgart 1956, S. 33, jetzt Frankfurt 1972, S. 32; zitiert in Habermas, *Theorie und Praxis*, a.a.O., S. 313.

24 Theodor W. Adorno, *Negative Dialektik*, Frankfurt 1966, S. 86.

25 A.a.O., S. 104.

26 A.a.O., S. 15.

27 A.a.O., S. 48.

28 Adorno, *Zur Metakritik der Erkenntnistheorie* (1972), a.a.O., S. 211.

29 Habermas, *Erkenntnis und Interesse*, S. 29.

30 Habermas, *Theorie und Praxis*, S. 160; *Erkenntnis und Interesse*, S. 42 f.

31 Habermas, *Technik und Wissenschaft als ›Ideologie‹*, a.a.O., S. 52 bis 58.

32 A.a.O., S. 146 f.

33 Habermas, *Erkenntnis und Interesse*, S. 37, 46, 347.

34 A.a.O., S. 169. Tatsächlich scheint uns die Heideggersche Unterscheidung zwischen Erde und Welt hier eher zu einem Vergleich geeignet.

35 Vgl. zum Beispiel Heideggers Diskussion der Beziehung des Tischlers zu den hölzernen Materialien seines Handwerks, in: *Was ist Denken?*, Tübingen 1954, S. 49 f.

36 Habermas, *Theorie und Praxis*, S. 160 (Hervorhebung von mir).

37 Vgl. *Erkenntnis und Interesse*, S. 47 und 347, mit der neuen Einleitung zur vierten Ausgabe von *Theorie und Praxis*, Frankfurt 1971, S. 16.

38 *Erkenntnis und Interesse*, S. 49.

39 A.a.O., S. 41.

40 A.a.O., S. 49.

41 A.a.O., S. 21, 221, 241; *Technik und Wissenschaft als >Ideologie<*, a.a.O., S. 157. Zuweilen wird aber »erschließen« durch »objektivieren« ersetzt (z. B. S. 237). Vgl. auch Heidegger, *Sein und Zeit*, Tübingen ¹¹1967, § 41, S. 191 f.

42 Jürgen Habermas / Niklas Luhmann, *Theorie der Gesellschaft oder Sozialtechnologie?*, Frankfurt 1971, S. 123 f.

43 Habermas, *Summation and Response*, in: *Continuum*, Bd. 8, 1970, S. 123-33, hier S. 129.

44 Habermas, *Towards a Theory of Communicative Competence*, in: *Inquiry*, Bd. 13, 1970, S. 360-375, hier S. 367.

45 A.a.O., S. 370-372; Habermas/Luhmann, a.a.O., S. 109-114.

46 *Summation and Response*, a.a.O., S. 130 f. Schließlich läßt auch folgende Aussage auf ein ontologisches Surrogat schließen: »In der Selbstreflexion gelangt eine Erkenntnis um der Erkenntnis willen mit dem Interesse an Mündigkeit zur Deckung.« (*Erkenntnis und Interesse*, S. 244).

47 Vgl. Frankfurt 1973, S. 367-417. Eine englische Übersetzung von Christian Lenhardt erschien in: *Philosophy of the Social Sciences*, Bd. 3, 1973, S. 157-189.

48 Für ein Resümee des Husserlschen Ansatzes in der Sache vgl. Joseph J. Kockelmans und Theodore J. Kisiel, *Phenomenology and the Natural Sciences*, Evanston 1970, S. 21 ff. Hinsichtlich des Übergangs von Husserl zu Heidegger und besonders über das einschlägige Problem einer Kategorienlehre vgl. Theodore Kisiel, *On the Dimensions of a Phenomenology of Science in Husserl and the Young Dr. Heidegger*, in: *Journal of the British Society for Phenomenology*, Bd. 4, No. 3, 1973.

49 Karl-Otto Apel, *Transformation der Philosophie*, Frankfurt 1973, Bd. 1, S. 39.

50 *Nachwort (1973)*, S. 392.

51 Hans-Georg Gadamer, *Replik*, in: *Hermeneutik und Ideologiekritik*, Frankfurt 1971, S. 282-317, bes. S. 304, 316; Otto Pöggeler, *Die ethisch-politische Dimension der hermeneutischen Philosophie*, in: Gerd-Günther Grau (Hrsg.), *Probleme der Ethik*, Freiburg-München 1972, S. 45-81, bes. S. 76-78; Paul Ricœur, *Ethics and Culture: Habermas and Gadamer in Dialogue*, in: *Philosophy Today*, Bd. 17, 1973, S. 153-165, bes. S. 163-165. Für eine frühere Zusammenfassung der Debatte vgl. Theodore Kisiel, *Ideology Critique and Phenomenology: The Current Debate in German Philosophy*, in: *Philosophy Today*, Bd. 14, 1970, S. 151-160.

Karl-Otto Apel
Wissenschaft als Emanzipation?[1]
Eine kritische Würdigung der Wissenschaftskonzeption der »Kritischen Theorie«

I. Die aktuelle Diskussion über die Funktion der Wissenschaft

Unter den »Aufgaben der Universität heute und in der Zukunft« rangiert an erster Stelle die Praktizierung der Wissenschaft. – An erster Stelle – das meint mit Bezug auf die Naturwissenschaften: sie stellen als technologisch relevante Forschung die erste Produktionskraft in der modernen Industriegesellschaft dar; und niemand zweifelt daran, daß diese Einschätzung in der Zukunft sich vollends bestätigen wird. – Mit Bezug auf die sog. »Geisteswissenschaften« steht an erster Stelle die kommunikative Praktizierung der »Einheit von Forschung und Lehre« im Hinblick auf die Bildung einer öffentlichen Meinung; diese Aufgabe steht den Zeitgenossen schon weit weniger klar vor Augen, ja die Funktion der sogen. »Geisteswissenschaften« ist vielen so fragwürdig, daß sie sie am liebsten aus dem Begriff der Wissenschaft ausklammern würden. – Mit Bezug auf die Sozialwissenschaften endlich, die erst im 20 Jahrhundert als besondere Gruppe ins Bewußtsein getreten sind, zu der ich die Wirtschaftswissenschaften ebenso wie die Psychologie rechnen würde, besteht die Aufgabe sowohl in einer Erweiterung und Potenzierung der naturwissenschaftlich-technologischen Produktionskraft im *Social-Engineering* wie andererseits in einer kritischen Vertiefung der öffentlichen Sinnverständigung, die aus der Einheit von Forschung und Lehre in den traditionellen Geisteswissenschaften erwachsen sollte; und aus der zuletzt angedeuteten Doppelfunktion der »Sozialwissenschaften« ergibt sich, wenn ich recht sehe, die aktuelle Problematik der hochschulpolitischen Diskussion über die Aufgaben der Wissenschaft heute und morgen.

An diese, nicht nur von den Fachgelehrten, sondern mehr

noch von einem Teil der Studentenschaft – nicht nur in Deutschland – mit Leidenschaft geführte Diskussion möchte mein Vortrag mit der Titelfrage »Wissenschaft als Emanzipation?« anknüpfen; und ich möchte von vornherein keinen Zweifel darüber aufkommen lassen, daß ich die in der Titelfrage ausgedrückte Problemstellung als eine fruchtbare Herausforderung des akademischen Selbstverständnisses der Wissenschaft ansehe: Diese Herausforderung war und ist geeignet, vielfach tabuisierte Schranken einer metaszientifischen Reflexion auf die Bedingungen der Möglichkeit von Wissenschaft zu durchbrechen; und ich zögere daher nicht, die in der Gegenwart aufgebrochene Diskussion über die Funktion der Wissenschaft (im Kontext einer Vermittlung von Theorie und Praxis) als eine Sternstunde der Philosophie als potentieller Wissenschaftstheorie zu bezeichnen – eine Sternstunde, die ihr noch vor wenigen Jahren niemand vorausgesagt hätte, als die Vertreter einer »skeptischen Generation« und ihr soziologischer Porträtist, Helmut Schelsky, darüber einig schienen, daß der Kooperationszusammenhang der Wissenschaft in der gesellschaftlichen Praxis heutzutage, ohne philosophische Reflexion seines Sinns, durch institutionelle und technologische Sachzwänge gewährleistet werde.[2]

Freilich hat die gegenwärtige Diskussion um die Funktion der Wissenschaft tiefgehende Meinungsverschiedenheiten sichtbar gemacht; und bedenklicher noch als die Meinungsverschiedenheiten sind die Verständnisschwierigkeiten, die zwischen den Kontrahenten der Diskussion sich ergeben haben. Eine Folge dieser Verständnisschwierigkeiten wieder ist die vielfach eingetretene Entartung der Diskussion zum gegenseitigen Schlagwort-Abtausch, wobei besonders der Begriff »Ideologie« bzw. »ideologisch« zum bloßen Stereotyp für die unverständliche Position des Gegners herabzusinken droht. Diese Deformation des öffentlichen Sprachspiels macht es erforderlich, daß ich zunächst die gegenwärtig vertretenen Positionen im Verständnis von »Wissenschaft« vor ihrem geschichtlichen Hintergrund verständlich zu machen suche, bevor ich zur Sache selbst Stellung nehme.

II. Das emanzipatorische Erkenntnisinteresse:
Die Konzeption der »kritischen Theorie«

Die Forderung nach einer emanzipatorischen Funktion der Wissenschaft, um die es in diesem Vortrag geht, ist nicht von den Vertretern der in der Gegenwart »etablierten« Wissenschaftstheorie erhoben worden. Sie wurde erhoben von einer – inzwischen freilich sehr einflußreichen – Gruppe von Außenseitern, deren Wissenschaftskonzeption für das übliche akademische Verständnis nur als Mittelding zwischen Philosophie und Soziologie erscheinen kann, – von einer Gruppe, die sich selbst auf das Programm einer »kritischen Theorie« (der zu verändernden Gesellschaft) beruft.[3]

Diese Gruppe von Soziologen – Philosophen hat es, unterstützt durch bestimmte realgeschichtliche Vorgänge, fertiggebracht, das Bewußtsein eines großen Teils der von Schelsky sog. »skeptischen Generation« entscheidend zu verändern[4] und ihre soziologischen Kollegen, die von einem »Ende der Ideologie« (soll heißen: einer auf das Ganze der Vermittlung von Theorie und Praxis gerichteten engagierten Philosophie) sprachen, gewissermaßen über Nacht durch die Praxis zu widerlegen.

Nur ein relevantes Symptom dieser Bewußtseinsänderung sei hier besonders hervorgehoben: Noch vor wenigen Jahren forderte der Verband Deutscher Studentenschaften (VDS) ausdrücklich, das akademische Ideal universaler »Bildung« als nicht mehr zeitgemäß zugunsten effizienter Berufs-»Ausbildung« aufzugeben; er bestätigte mit dieser Forderung in der Tat jene »pragmatisch-nüchterne«, von sog. »Sachzwängen« her orientierte Einstellung, die Schelsky der postideologischen Mentalität der »skeptischen Generation« zurechnete. Inzwischen hat sich indessen die Situation gründlich geändert: Der intellektuell wache und hochschulpolitisch interessierte Teil der Studenten glaubt nunmehr, gerade die sog. »postideologische«, an Expertenwissen über sog. Sachzwänge sich ausliefernde Mentalität als gefährliche »Ideologie der halben Vernunft« durchschauen zu können, – als eine reflexionsfeindliche, opportunistische Anpassungsmentalität, welche die Studenten dazu disponiert, sich in einer von wirtschaftlichen Bedürfnissen des Spätkapitalismus gesteuerten und nach

betriebswissenschaftlichen Prinzipien der Rationalität refor-
mierten Universität zu beliebig verwendbaren »Fachidioten«
ausbilden zu lassen.[5]

Dieser Gesinnungswandel maßgeblicher Teile der Studentenschaft bedeutet zwar keine Rückkehr zum traditionellen
Humboldtschen Bildungsideal; es ist aber gleichwohl erstaun-
lich, wie nahe die Vertreter der »kritischen Theorie« dem
klassischen Wissenschafts- und Bildungsbegriff des deutschen
Idealismus kommen, sofern man nur die Humboldtsche Formel »in Einsamkeit und Freiheit« durch die junghegelianische
Forderung der gesellschaftlichen Verantwortlichkeit und des
politischen Engagements ersetzt bzw. modifiziert. Die Nähe
der Konzeption der »kritischen Theorie« zum klassischen
Bildungs- und Wissenschaftsbegriff kommt dialektisch vor
allem in der Ablehnung jenes wertneutralen und daher nur
technologisch auf gesellschaftliche Praxis bezogenen Wissen-
schafts- und Ausbildungsbegriffs zum Ausdruck, der gegenwärtig im Zeichen des Neopositivismus und seiner »Logic of
Science« zumindest die angelsächsisch-skandinavische Welt –
wenn man von der auch dort opponierenden Studentenbewegung absieht[6] – geistig beherrscht. Diesem »Science«-Begriff
der Wissenschaft und dem zugehörigen Ausbildungsbegriff
wirft die »kritische Theorie« vor, er leiste einer bürokratisch-
technokratischen Gesamtverfassung der Gesellschaft Vorschub und diskreditiere gleichzeitig eine rationale Reflexion
dieses Totalzusammenhangs von Wissenschaft, Ausbildung
und gesellschaftlichem Praxisbezug als unwissenschaftlich.

In der Tat haben auch jene Soziologen, die vor Jahren das
Ende der Ideologie im Sinn eines Endes der philosophischen
Totalreflexion gekommen sahen, zugleich den Beginn einer
durch »Sachzwänge« von außen gesteuerten Lebenspraxis im
Industriezeitalter diagnostiziert, – einer Praxis, in der schließlich die Entscheidungen der Politiker ebenso wie die kommunikativen Prozesse der demokratischen Willensbildung durch
die Technokratie der Experten abgelöst würden. So schrieb
z. B. H. Schelsky in seinem Aufsatz *Der Mensch in der
wissenschaftlichen Zivilisation* über den »technischen Staat«
der Zukunft:

»Er ist dem Gesetz unterworfen...: daß sozusagen die Mittel
die Ziele bestimmen oder besser, daß die technischen Mög-

lichkeiten ihre Anwendung erzwingen ... Politik im Sinne der normativen Willensbildung fällt aus diesem Raum eigentlich prinzipiell aus ... Gegenüber dem Staat als einem universalen technischen Körper wird die klassische Auffassung der Demokratie als eines Gemeinwesens, dessen Politik vom Willen des Volkes abhängt, immer mehr zu einer Illusion ... Technisch-wissenschaftliche Entscheidungen können keiner demokratischen Willensbildung unterliegen, sie werden auf diese Weise nur uneffektiv ... Dazu kommt, daß die Sachverhalte, die es zu entscheiden gilt, ja gar nicht mehr von einer vernünftigen Urteilsbildung des normalen Menschenverstandes oder einer normalen Lebenserfahrung her angemessen intellektuell zu bewältigen sind, so daß immer mehr ›Informationen‹ erforderlich sind, jede sachlich tiefer gehende Information aber die politische Urteilsbildung eher suspendiert als erleichtert. Die Gefahr einer Entpolitisierung und d. h. zugleich Entdemokratisierung der Staatsbürger durch Überinformation ist längst aktuell.«[7]

Genau an diesem Punkt setzt die Kritik jener »Neuen Linken« ein, deren philosophisch-soziologisches Konzept in Deutschland durch die »kritische Theorie« repräsentiert wird. Dabei bestreitet ihre Kritik keineswegs die von Schelsky und anderen diagnostizierte Tendenz zu einer verwissenschaftlichten und eben dadurch zugleich technokratisch manipulierten Gesellschaft; im Gegenteil: die »Neue Linke« sieht diese Situation bereits weitgehend — und zwar im Osten wie im Westen — als Wirklichkeit an. Indessen akzeptiert sie weder den Wissenschaftsbegriff noch den Begriff der Industriegesellschaft, die in Schelskys Modell verknüpft sind, als einzig möglich bzw. unabänderlich.

Der wertneutrale und eben deshalb in seinem Praxisbezug nur technologisch relevante Science-Begriff der Wissenschaft wird von der »Neuen Linken« in einer »Kritik der instrumentellen Vernunft«[8] als Abfall vom politisch-moralisch engagierten Aufklärungsbegriff der Wissenschaft, als willkürliche »Stillstellung der Reflexion im Sinne der halben Vernunft«[9] und d. h. im praktischen Effekt: als eine, nicht mehr wissenschaftlich reflektierte, Interessen dienstbare »Ideologie«[10] denunziert. Mit dieser letzten Wendung der Kritik, mit der Reflexion auf die Interessen, die hinter einer modernen Technokratie stehen, wird zugleich der Begriff einer aus vermeintlichen »Sachzwängen« unabänderlich determinierten »Industriegesellschaft« in Frage gestellt: Hinter den vermeintlichen Sachzwängen zumindest der westlichen Variante der drohenden Technokratie steht in der Sicht der »Neuen Linken« die nicht mehr reflektierte Gesetzlichkeit des spätkapitalistischen Systems der Marktwirtschaft.

An dieser Stelle verknüpft sich die Kritik am *Science*-Begriff der Wissenschaft bzw. am technologisch reduzierten Praxisbezug der Wissenschaft mit der Marxschen Kritik an der Selbstentfremdung des Menschen im kapitalistischen Wirtschaftssystem. Insofern überschreitet die Kritik der »Neuen Linken« am technokratischen Modell der Industriegesellschaft bewußt jene romantisch-existentialistische Kritik an der Moderne, die das Übel nicht in der gesellschaftlichen Praxis der Menschen, sondern in der szientifischen Technik als solcher bzw. einem in ihrer Heraufkunft sich äußernden »Seinsgeschick«[11] erblickt. Gleichwohl zeigt die »kritische Theorie«, insbesondere in ihrer von H. Marcuse[12] und darüber hinausgehend von J. Habermas[13] entfalteten Konzeption einer Ideologiekritik der etablierten Wissenschaft und Technik, eine gegenüber Marx neue und originelle Pointe, die ohne Heideggers Theorie des »Gestells« (d. h. des die Welt in der technologisch konzipierten Wissenschaft stellenden und von ihr im Selbstverständnis wiederum gestellten Menschen)[14] kaum denkbar ist[15]: Diese neue Pointe liegt darin, daß Marcuse und Habermas nicht mehr, wie Marx, eine objektive Gesetzlichkeit der Geschichte unterstellen, der zufolge die technologisch relevante Wissenschaft als Produktionskraft mit den kapitalistischen Produktionsverhältnissen in Konflikt geraten muß und in diesem Konflikt sich automatisch als Wegbereiterin des sozialen Fortschritts erweisen muß.[16]

Das durch Staatseingriffe technologisch geregelte System des Spätkapitalismus hat durch die zugehörige Politisierung von Wissenschaft und Technik neue Möglichkeiten funktioneller Stabilisierung gewonnen, die Marx nicht voraussehen konnte. Dabei vermag die im Verfügungswissen liegende Produktionskraft, die heute ungleich wichtiger ist als die der Arbeiter, sich durchaus im Sinne der gerade bestehenden Sozialstruktur als Instrument der Herrschaft von Menschen über

Menschen zu erweisen (und dies gleichzeitig – durch Berufung auf das Prestige der Wissenschaft und die Notwendigkeit technischer Effizienz – ideologisch zu verschleiern).

Die in der Gegenwart drohende Gefahr sehen Marcuse und Habermas daher gerade in der wechselseitigen Bestärkung von Herrschaftsstrukturen und technologischen Potenzen der *Science* im Sinne eines Rückkoppelungssystems, – eines Systems, das im Sinne funktionalistisch-kybernetisch reduzierter Wertung durchaus optimal an sein Milieu adaptiert sein könnte, in dem aber gerade deshalb die Chance demokratischer Mit- und Selbstbestimmung der Bürger endgültig verspielt und die Selbstentfremdung des Menschen durch perfektionierte, subjektiv kaum noch spürbare Manipulationstechniken zementiert wäre. Von dieser Pointe her wird verständlich, daß die »Neue Linke« ihre kritische Analyse des Systems der modernen Industriegesellschaft durchaus auf die – schon von Lenin auf das *Social Engineering* der Funktionäre und Technokraten abgestellte – sowjetische Gesellschaft übertragen kann und es zumindest teilweise auch tut.

(An dieser Frage ebenso wie an der Frage nach den, trotz aller technischer Perfektion zu postulierenden, Widersprüchen im Manipulationssystem – Widersprüchen in Form von gesellschaftlichen Konflikten, welche die »bestimmte Negation« des Systems als möglich erweisen –, an diesen Fragen scheiden sich freilich die Geister in der »Neuen Linken«[17]: Das Spektrum der Meinungen reicht hier von der wiederbelebten Klassenkampftheorie der marxistisch-leninistischen Orthodoxie einerseits bis zur quasi-anarchistischen Konzeption H. Marcuses andererseits, die angesichts der technischen Perfektion des modernen Manipulationssystems nur die »unbestimmte Negation« einer »absoluten Weigerung« als mögliche Antwort der noch nicht ins System integrierten Mitglieder der Gesellschaft übrigläßt.)

In unserem Zusammenhang interessiert vor allem jener Ansatz der »kritischen Theorie«, der von dem, in einem perfekten technokratischen Manipulationssystem vorauszusetzenden, Begriff der Wissenschaft und ihres Praxisbezuges ausgeht und an dieser wissenschaftstheoretischen und wissenschaftspolitischen Stelle auch den Hebel einer möglichen Veränderung des Systems ansetzen möchte: Er ist vor allem von

J. Habermas ausgebildet worden, den man heute wohl als den führenden Wissenschaftstheoretiker der Frankfurter Schule der »kritischen Theorie« bezeichnen darf. Im Kontext seines Ansatzes ist auch der Begriff der »Emanzipation«, der zuerst vom jungen Marx im Sinne einer praktischen Verwirklichung der Philosophie gebraucht wurde[18], jene spezifische Verbindung mit dem primären Erkenntnisinteresse der Wissenschaft eingegangen, die uns im gegenwärtigen Zusammenhang beschäftigt.

Der wissenschaftstheoretische Ansatz von Habermas ist vor allem durch das Bestreben charakterisiert, die leitenden Erkenntnisinteressen der gegenwärtig möglichen Wissenschaften als transzendentale Bedingungen der Möglichkeit ihrer Gegenstandskonstitution herauszuarbeiten und zueinander ins Verhältnis zu setzen[19]. Dabei unterscheidet er drei Erkenntnisinteressen, die den Wissenschaftsbegriffen

1. der empirisch-analytischen Naturwissenschaften (Science),
2. der hermeneutischen Geisteswissenschaften und schließlich
3. der »kritischen Theorie« zugrunde liegen:

Zu 1: Der empirisch-analytischen *Science*, d. h. ihrer möglichen Gegenstandskonstitution ebenso wie der möglichen experimentellen Überprüfung ihrer Hypothesen, liegt als transzendentaler Rahmen das leitende Interesse »an der möglichen informativen Sicherung und Erweiterung erfolgskontrollierten Handelns« zugrunde; kurz: das »Erkenntnisinteresse an technischer Verfügung über vergegenständlichte Prozesse«[20]. Der transzendentale Rahmen dieses Erkenntnisinteresses verbürgt mit der Möglichkeit experimenteller Überprüfung zugleich das Kontinuum zwischen szientifischem Wissen und technischer Auswertung.

Zu 2: Den hermeneutischen Geisteswissenschaften, d. h. der möglichen Erschließung von Sinn und der Überprüfung von Sinnhypothesen in kommunikativer Erfahrung, liegt das leitende Erkenntnisinteresse »an der Erhaltung und Erweiterung der Intersubjektivität möglicher handlungsorientierender Verständigung«[21] zugrunde. Da das Verstehen von Sinn — wie insbesondere H.-G. Gadamer am Problem der »Traditionsvermittlung« gezeigt hat[22] — nur in dem Maße möglich ist, als der Interpret im Erschließen einer fremden Situationswelt zugleich den Welthorizont seines eigenen Daseins entwirft, da also alles hermeneutische Verstehen letztlich in den Kontext der Verständigung von heute lebenden Menschen über Möglichkeiten und Normen des Handelns hineingehört, definiert Habermas das den hermeneutischen Wissenschaften zugrunde liegende Erkenntnisinteresse auch kurz als das »praktische Erkenntnisinteresse«.[23] (Dabei versteht er unter »Praxis« die politisch-moralisch relevante Kommunikation und Interaktion[24] der Menschen im Gegensatz zu den wertneutralen, von austauschbaren Subjekten beliebig wiederholbaren Operationen der Technik, welche ebenso wie die logischen Operationen der experimentellen Wissenschaft eine Praxis der Kommunikation und Interaktion immer schon voraussetzen.[25])

Zu 3: Das leitende Erkenntnisinteresse der »kritischen Theorie« schließlich soll – entsprechend dem synthetischen Programm der »Frankfurter Schule« – das (postontologische) Anliegen einer zugleich praktisch engagierten und erkenntniskritischen Philosophie mit dem Anliegen einer ideologiekritischen Sozialwissenschaft, einschließlich der Psychoanalyse, zur Deckung bringen. Für dieses Programm nimmt Habermas das »emanzipatorische Erkenntnisinteresse« in Anspruch. – Bei dieser Spitze des Selbstverständnisses der »kritischen Theorie«, die zugleich ihre gesellschaftspolitische Zielrichtung anzeigt – im Sinne einer von ihr geforderten wissenschaftlichen Vermittlung von Theorie und Praxis – muß ich etwas länger verweilen; denn hier hat sich jene in der Gegenwart leidenschaftlich geführte Diskussion entzündet, in die aufgrund zureichenden Verständnisses einzutreten das Anliegen meines Vortrags ist.

Für den Außenstehenden – und zumal für den Vertreter eines rein szientistischen Selbstverständnisses der modernen Sozialwissenschaften – ist schwer einzusehen, wie die Sozialwissenschaften mit der auf ihre Bedingungen der Möglichkeit reflektierenden Philosophie das leitende Erkenntnisinteresse – und zwar im Sinne eines emanzipatorischen Engagements – gemeinsam haben sollen. Bei den empirischen, nomologischen Naturwissenschaften ist eine Identifizierung des sie leitenden Erkenntnisinteresses mit dem der Philosophie offenbar, auch nach Habermas, nicht möglich. Weshalb soll dann eine solche Identifizierung des Erkenntnisinteresses für das Verhältnis von Philosophie und Sozialwissenschaften zulässig sein? – Soll etwa das empirische Anliegen der modernen Sozialwissenschaften zugunsten dialektischer Konstruktionen einer engagierten Sozialphilosophie aufgegeben werden?

Solchem Verdacht[26] gegenüber muß zunächst darauf hingewiesen werden, daß Habermas nicht nur die Existenz und Legitimität empirischer Sozialwissenschaften unterstellt, sondern darüber hinaus auch die Möglichkeit nomologischer Sozialwissenschaften im Sinne der *Science*.[27] Das letztere ist insofern nicht selbstverständlich, als ja auch empirisch-hermeneutische Wissenschaften existieren und es in den Sozialwissenschaften schwierig genug ist, die kommunikative Erfahrung durch Symbol-Verstehen – z. B. aufgrund von Interviews, Fragebögen und dgl., ja auch aufgrund des »Verstehens« von Handlungsintentionen – so zu behandeln, als ob es sich um »Beobachtung«, »Beschreibung« und schließlich »Kausalerklärung« von vergegenständlichten Prozessen handelte.[28] Das Phänomen der intersubjektiven Kommunikation und Interaktion, das von den hermeneutischen Wissenschaften unmittelbar als Ausgangsbasis und als Ziel ihrer Erkenntnisoperationen akzeptiert wird, – eben dieses soziale Urphänomen muß von den empirisch-analytisch (nomologisch) stilisierten Sozialwissenschaften tunlichst ausgeschaltet, d. h. zugunsten der in den Naturwissenschaften vorausgesetzten Subjekt–Objekt-Relation der Erkenntnis aufgehoben werden. Die Objektivation des Intersubjektivitätsverhältnisses ist aber tatsächlich in den modernen Sozialwissenschaften, d. h. in Psychologie, Soziologie, Ökonomie und Politologie, in begrenztem Umfang und Grade möglich. (U. a. aufgrund des Umstandes, daß formallogisch sowohl das zweckrationale Verstehen wie andererseits das kausalanalytische Erklären, wenn man von allen heuristisch-pragmatischen Voraussetzungen der Forschungssituationen abstrahiert, auf einen identischen Kern im Sinne eines hypothetisch-deduktiven Systems zurückgeführt werden können.[29] Dabei setzt freilich das zweckrationale Verstehen immer schon voraus, daß die zu verstehenden Menschen auch tatsächlich rational handeln; es kann daher – im Gegensatz zum kausalanalytischen Erklären

– durch negative Instanzen nicht falsifiziert, sondern nur als unanwendbar erwiesen werden. Die Unanwendbarkeit zweckrationalen Verstehens auf das Verhalten bestimmter Menschen in bestimmten Situationen stellt indessen den Sozialwissenschaftler erst recht vor das Problem, eine »Erklärung« des in Frage stehenden Verhaltens zu finden; und erst an dieser Stelle, wo es sich nicht darum handelt, ein Verstehen nach Maximen formal als Erklärung nach Gesetzen zu stilisieren, sondern an der Grenze des Verstehenkönnens nach Ursachen eines determinierten Verhaltens zu suchen, treten jene Theoriebildungen der modernen Sozialwissenschaften in Funktion, die den Menschen und sein Verhalten im Sinne von Quasi-Naturprozessen objektivieren.)

Insofern gibt es in den modernen Sozialwissenschaften, in begrenztem Umfang und Grad, eine gesetzmäßige – besonders statistische – Erklärung menschlichen Verhaltens, die als prognostisch anwendbares Wissen, genau wie in den Naturwissenschaften, auch ein technisches Verfügen über den erklärbaren Gegenstandsbereich ermöglicht.

Eben hier setzt nun aber das emanzipatorische Erkenntnisinteresse der »kritischen Theorie« mit einer zum technologischen Verfügungsinteresse der empirisch-analytischen Sozialwissenschaften komplementären Fragestellung ein, die in gesellschaftspraktischer Hinsicht den Charakter einer Korrekturbewegung hat: Karikaturhaft überspitzt könnte man die Situation folgendermaßen charakterisieren: Die »kritische Theorie« sieht nicht, wie der Positivismus, in der Möglichkeit nomologischer Sozialwissenschaften eine feine Sache, die man nur tunlichst auszubauen hat, um schließlich die Herrschaft des Menschen über die Natur aufgrund von Erklärungswissen durch die Herrschaft des Menschen über den Menschen ergänzen zu können. Vielmehr sieht die »kritische Theorie« in dieser Möglichkeit eine höchst problematische Sache, die der Soziologie eine zusätzliche Aufgabe stellt, die sie nicht mehr mit den empirisch-nomologischen Sozialwissenschaften, sondern mit philosophischer Reflexion in praktischer Absicht ein Kontinuum bilden läßt: die Aufgabe nämlich, diejenigen gesellschaftlichen Konsequenzen empirisch-nomologischer Sozialwissenschaften, welche auf eine Potenzierung der Herrschaft des Menschen über den Menschen hinauslaufen, selbst noch wissenschaftlich zu reflektieren und nach Möglichkeiten einer Verhinderung dieser Konsequenzen Ausschau zu halten.

Der kritischen Reflexion in diesem Sinne bedarf bereits der Umstand, daß die empirischen Sozialwissenschaften ihren Gegenstand erst dadurch herauspräparieren müssen, daß sie von seiner Subjektnatur abstrahieren. Praktisch besagt dies: Der empirisch-nomologischen Sozialwissenschaft muß daran gelegen sein, bei den menschlichen Objekten ihrer Theoriebildung solche Reaktionen zu verhindern, welche die Theorie unanwendbar machen würden. Das kann einmal, auf vorkybernetischer Stufe, dadurch geschehen, daß man einen Informationsaustausch zwischen Subjekt und Objekt der Sozialwissenschaft überhaupt verhindert; es kann aber auch, auf kybernetischer Stufe der sozialwissenschaftlichen Theoriebildung, dadurch geschehen, daß man spezifische, auf Informationsaustausch beruhende Reaktionsformen der Objekte der Theorie in dieser von vornherein einkalkuliert (im Sinne eines sich selbst regulierenden Feed-back-Systems).

Beide Formen der Ausschaltung systemverändernder Reaktionen des Objekts können legitim und – vom emanzipatorischen Engagement her gesehen – sozusagen harmlos sein: z. B. wird dies immer dann der Fall sein, wenn Subjekt und Objekt – z. B. Versuchsleiter und Versuchsperson in der experimentellen Psychologie – sich über den vorübergehenden Abbruch des Informationsaustausches und über das Interesse beider Seiten an der Verfügbarmachung gewisser konditionierter bzw. konditionierbarer Verhaltensweisen offen verständigt haben. In diesem Sinne ist sogar eine Verständigung über notwendige Manipulation möglich, und diese kann daher in Bereichen, wo intersubjektive Kontrolle garantiert werden kann, den Charakter einer von allen verantworteten Herrschaft des Menschen über sich selbst annehmen. Und bei Verhaltensweisen, deren Veränderung nicht wünschenswert oder zu schwierig ist, mögen diese Verhaltensweisen nun im medizinisch-psychologischen, im ökonomischen oder im politischen Bereich liegen, wird man sich, in einer verwissenschaftlichten Zivilisation, auf ein intersubjektiv kontrolliertes System der Selbstmanipulation des Menschen aufgrund von Gesetzeswissen einigen können und müssen. Hier wird dann sozusagen das empirisch-analytische Objektivieren und technische Verfügen über menschliches Verhalten durch eine hermeneutisch soziale Verständigung überlagert und unschädlich gemacht.

Es ist aber weder selbstverständlich, daß sozialwissenschaftlich erklärbare Verhaltensweisen nicht geändert werden können oder sollen, noch ist es wahrscheinlich, daß über Verhaltenserklärung und auf ihr beruhende Verhaltensmanipulation stets eine intersubjektive Verständigung zwischen Subjekt und Objekt erzielt oder auch nur angestrebt wird.

Um die bedenklichen Konsequenzen einer nicht durch hermeneutische Komplementärerkenntnis und kritische Reflexion kontrollierten Manipulationswissenschaft sich auszumalen, braucht man sich nicht einmal auf die hier besonders anfälligen Bereiche der Ökonomie oder Politik zu beschränken. Ein für die meisten Akademiker naheliegenderes Beispiel bietet die Pädagogik als klassischer Fall einer Wissenschaft, die es mit der Vermittlung von Theorie und Praxis zu tun hat[30]: Wollte sich die Pädagogik, wie es heute von einem positivistischen Wissenschaftsbegriff her oft suggeriert wird, ausschließlich als empirisch-analytische Sozialwissenschaft, etwa auf der Grundlage einer Konditionierungspsychologie, verstehen, so müßte sie konsequenterweise ihren Praxisbezug als rein technologischen verstehen: Sie würde dann zunächst einmal jede engagierte Verständigung der Pädagogen selbst über Bildungs- oder Ausbildungsziele als außerwissenschaftlich eliminieren. (Man könnte die Zielbestimmung ja etwa den Kulturpolitikern überlassen!)

Darüber hinaus aber würde sie vor allem jede nichtmanipulative, jede wahrhaft intersubjektive Kommunikation zwischen dem Pädagogen und den Zöglingen (als den Objekten der Pädagogik) als unwissenschaftlich ausschalten. Kurz: Eine Pädagogik auf der Basis einer rein empirisch-nomologischen Sozialwissenschaft würde in ihrem Praxisbezug reine Dressurtechnologie sein. Völlig utopisch ist eine solche Vorstellung nicht, zumal dann nicht, wenn man sich die Funktion dieser Pädagogik im gesellschaftlichen Kontext eines technokratisch perfektionierten Systems der totalen Manipulation der großen Masse durch eine kleine Elite von Manipuleuren vorstellt.

Schon auf dieser Stufe der wissenschaftstheoretischen Reflexion läßt sich das gesellschaftspolitische Engagement einer kritischen Sozialwissenschaft begründen, die sich als emanzipatorisches Korrektiv zu einer gerade durch Sozialwissenschaft ermöglichten Manipulation versteht. Noch ist aber die zentrale Denkfigur, der methodologische Ansatz, der in der »kritischen Theorie« empirische Sozialwissenschaft und philosophische Reflexion in praktischer Absicht verknüpft, nicht vollends sichtbar gemacht. Er wird erst verständlich, wenn man auf die Tatsache reflektiert, daß in der gegebenen menschlichen Gesellschaft die Situation der Interaktion und Kommunikation in vielen Fällen (ja, streng genommen, in allen Fällen) so beschaffen ist, daß eine rein hermeneutische Verständigung zwischen den Kontrahenten selbst beim besten Willen nicht möglich und eine empirisch-analytische Objektivation und darauf gegründete Manipulation daher im gewissen Umfang unvermeidlich zu sein scheint. Eine solche Situation besteht z. B. zwischen Lehrer und Zögling, zumal wenn der letztere noch sehr jung ist; und sie besteht in besonders auffälliger Form im Verhältnis des Psychotherapeuten zum Neurotiker.

(In beiden Fällen kommt der zumindest ex professione überlegene Partner des Verhältnisses gar nicht darum herum, die kommunikative Verständigung mit dem anderen Partner partiell zu suspendieren und an ihrer Stelle ein Verhältnis der Verhaltens-Erklärung eintreten zu lassen. Diese Objektivation ist hier schon dadurch erzwungen, daß wesentliche Motivationen des Kindes einerseits, des Neurotikers andererseits ihrem Bewußtsein und damit zugleich ihrem sprachlichen Ausdrucksvermögen nicht zugänglich sind, wohl aber als Ursachen für Phänomene fungieren, die dem Lehrer bzw. dem Psychotherapeuten objektiv als Daten empirisch-analytischer Theoriebildung sich aufdrängen. Im Falle der Psychotherapie bestehen diese, durch unbewußte Motivationen determinierten Phänomene z. B. in sog. »Symptomen«, die gewissermaßen als Ersatzsprache an die Stelle der dem Neurotiker nicht verfügbaren Sprache der Kommunikation und der Selbstverständigung treten.)

Aber selbst in diesen Fällen ist die empirisch-analytische Objektivation und die darauf gegründete Manipulation des

Sozialpartners nicht das endgültige Ziel des wissenschaftlich-methodischen Ansatzes, sofern dieser sich vom emanzipatorischen Erkenntnisinteresse her versteht. Der Pädagoge wie der Psychotherapeut können gleichzeitig mit der distanzierenden Objektivation und unvermeidlichen Manipulation des Partners bei diesem kommunikativ einen Reflexionsprozeß provozieren, durch den der Partner im Endeffekt die nichttransparenten Motive sich selbst bewußt und damit schließlich einer echten intersubjektiven Diskussion zugänglich machen soll. Der methodische Ansatz des Pädagogen wie des Psychotherapeuten besteht also, genau genommen, darin, Objektivation und Manipulation einerseits, provokative Verständigung andererseits so miteinander zu verknüpfen, daß im Falle des Gelingens der Prozedur der erste Bestandteil überflüssig wird, weil dem objektivierenden Ansatz der Gegenstand entzogen wird: Das unreife, von außen zu disziplinierende Verhalten des Kindes soll schließlich dank der richtigen Erziehung im autonomen Verhalten des Erwachsenen verschwinden, und die zunächst mehr erklärbare als verstehbare Sprache der Symptome des Neurotikers soll schließlich in der Sprache echter intersubjektiver Verständigung »aufgehoben« werden.

Damit hätte eine emanzipatorische Pädagogik bzw. Psychotherapie ihr Ziel erreicht. Dieses Ziel wird freilich niemals vollständig erreicht – u. a. wird es deshalb nicht erreicht, weil auch das Kommunikationsverhältnis zwischen gesunden Erwachsenen in der bestehenden menschlichen Gesellschaft niemals ein rein intersubjektives sein kann, das zu einer letztgültigen Verständigung über Sinn und Normen der Lebenspraxis führen könnte. Dem steht jene »Selbstentfremdung des Menschen« im Wege, die es bisher noch nie hat dazu kommen lassen, daß die Menschen in ihren Worten bzw. in ihren Handlungen sich selbst völlig transparent gewesen wären, jene auch in der Rede von den »Sachzwängen« bezeugte Selbstentfremdung, die bisher immer noch die menschliche Geschichte mehr zu einem Resultat undurchschauter sozialer Kausalprozesse als zum Produkt bewußter und verantworteter Handlungsintentionen gemacht hat.

Geht man nun, mit Marx, davon aus, daß diese Selbstentfremdung nicht durch irgendwelche individualpsychologische Aufklärung und Therapie aufgehoben werden kann, daß vielmehr die individuelle pädagogisch-psychotherapeutisch zu leistende Emanzipation des einzelnen selbst noch durch die Emanzipation der Gesellschaft zu vermitteln wäre, so wird die Aufgabe einer kritisch engagierten Sozialwissenschaft in ihrem ganzen Ausmaß sichtbar: Es geht dann darum, das soeben am Beispiel der Pädagogik und der Psychotherapie entwickelte Modell der Provokation von Reflexionsprozessen, welche unbewußt motiviertes und insofern erklärbares und manipulierbares Verhalten in bewußt verantwortetes Handeln umsetzen, auf die Gesellschaft im ganzen anzuwenden: Soziologie wird so zur emanzipatorisch engagierten Ideologiekritik, die sich übrigens – und darin geht die »kritische Theorie«, ebenso wie Sartre, über Marx hinaus – ihrerseits durch die individualpsychologische Aufklärung (z. B. Psychoanalyse) zu vermitteln hat; denn die Gesellschaft kann sich auch nicht emanzipieren ohne die Emanzipation aller einzelnen; und schon gar nicht kann sie, über die Köpfe der einzelnen hinweg, durch Manipulation einer die »objektiven Interessen« aller verwaltenden Parteielite emanzipiert werden.

An dieser Stelle, wo es um die Verhinderung elitärer Manipulation auch auf seiten der Emanzipateure geht, wird nun aber ein Problem sichtbar, das auch in der Pädagogik und Psychotherapie als das der riskanten Theorie–Praxis-Vermittlung bereits enthalten ist, im Bereich der Gesellschaftskritik und Gesellschaftstherapie aber zum Politikum werden muß: Es erhebt sich die Frage: Wie kann die zur ideologiekritischen Sozialwissenschaft dazugehörige Gesellschaftstherapie als politisch relevante Praxis organisiert und institutionalisiert werden? Die Antwort der Studentenbewegung auf diese Frage lautet bekanntlich: »Politisches Mandat« der Wissenschaft bzw. der Universität, oder auch: »Politisierung« der Wissenschaft bzw. der Universität! – An dieser zweifellos vieldeutigen und bedenklichen Parole[31] und der aus ihr abgeleiteten Praxis hat sich die gegenwärtig geführte, hochschulpolitische Diskussion um den Begriff der Wissenschaft und ihr Verhältnis zur Praxis, insbesondere zur Politik, entzündet; und der überwiegende Teil der etablierten Wissenschaftler scheint geneigt, im Namen der »Freiheit von Forschung und Lehre« nicht nur die »politisierte Wissenschaft«, sondern mit ihr zugleich die »emanzipatorische Funktion« der Wissenschaft zurückzuweisen und sich auf den Begriff einer gesellschafts-politisch voraussetzungslosen, wertfreien Wissenschaft zu-rückzuziehen.

Ich möchte im folgenden versuchen, aus der Sicht einer Wissenschaftstheorie, welche der Konzeption der »kritischen Theorie« nahesteht, in einem bestimmten Punkt aber von ihr abweicht oder – wenn man will – sie ergänzt, zu der zuletzt angedeuteten Kontroverse Stellung zu nehmen:

III. Wertfreie Wissenschaft, Wissenschaft als Emanzipation, Politik

Zunächst möchte ich bekräftigen, daß der Begriff wertfreier Wissenschaft m. E. auf die Naturwissenschaft und jene Ansätze oder Aspekte der Sozialwissenschaften zu begrenzen ist, die technologisch relevantes Verfügungswissen liefern: Genau insofern und insoweit eine – oft unreflektierte – Vorverständigung darüber besteht, daß eine Wissenschaft experimentell überprüfbares und insofern auch technologisch verwertbares Verfügungswissen liefern soll, – genau insofern und insoweit kann und muß eine Wissenschaft als wertfrei aufgefaßt und praktiziert werden. Die auf menschliche Lebensmöglichkeiten bezogene Wertung, die mit jeder ursprünglichen Konstitution eines Gegenstandes »als etwas« in einer Situationswelt notwendig verbunden ist, diese unver-meidliche Wertung ist im Falle der Konstitution des Gegen-standes der Naturwissenschaft gewissermaßen ein für allemal durch das Menschheitsinteresse an technischer Verfügbarkeit der Welt vorweggenommen. Um ihretwillen muß jede For-schung innerhalb des durch die Gegenstandskonstitution fest-gelegten transzendentalen Rahmens der *Science* wertfrei sein; denn »natura nonnisi parendo vincitur« (Bacon).

Man könnte auch das (mit der stillschweigenden Vorverstän-digung über das Rahmenapriori der experimentell überprüf-baren Wissenschaft verknüpfte) Interesse an technischem Ver-fügungswissen bereits als Moment des emanzipatorischen Erkenntnisinteresses auffassen; denn Herrschaft über die Natur bedeutet virtuell Befreiung des Menschen von undurchschauten Schicksalsmächten und zugehörigem Aberglauben und ist die Voraussetzung jeder weitergehenden Emanzipation, wie es die Denker der europäischen Aufklärung von Bacon und Descartes bis Kant proklamiert haben. Indessen ist diese emanzipatorische Funktion der Naturwissenschaft und der Technologie nur virtuell; sie hängt nämlich immer noch davon ab, welchen Gebrauch die Menschen von Naturwissenschaft und Technik machen; oder – anders gesagt – davon, wie die Menschen ihre gesellschaftlichen Verhältnisse in Entsprechung zur technologischen Herrschaft über die Natur zu institutionalisieren verstehen:

Nicht erst der militärische Mißbrauch der technologischen Potenzen der Naturwissenschaft, wie er am Beispiel der Atombombe sichtbar wurde, zeigt die Möglichkeit einer Perversion der emanzipatorischen Funktion der Naturwissenschaft, sondern – in einer tieferen Ebene der Verführung – schon jene wissenschaftspolitische Interpretation der *Science* und ihrer Erfolge, welche im technokratischen Modell des Staates kulminiert. Die in einer wissenschaftstheoretischen Ebene zugrunde liegende Begriffsverwirrung besteht hier darin, daß man den Ansatz der *Science* verabsolutiert und die prinzipiell neue Situation übersieht oder gar zu übersehen wünscht, die für den Ansatz und den Praxisbezug der Humanwissenschaften durch den Umstand gegeben ist, daß die Menschen – genauer: alle Menschen – zugleich Objekt und Subjekt der Wissenschaften sind – genauer: sein sollten. Positiv folgt aus dieser Kritik des Szientismus: die virtuell emanzipatorische Funktion bereits der Naturwissenschaft hängt davon ab, daß in der Ebene der Humanwissenschaften der objektivierende Ansatz der *Science* nicht lediglich fortgesetzt wird, sondern ein im Verhältnis zu ihm komplementärer Ansatz der intersubjektiven Verständigung über Ziele und Werte ausgebildet wird. (Die Notwendigkeit dieses komplementären Ansatzes läßt sich am durchschlagendsten an jener Verständigungsgemeinschaft aufweisen, welche die Naturwissenschaftler unter sich, einschließlich der aus Büchern noch gleichsam mitdiskutierenden Vertreter der wissenschaftlichen Tradition, bilden. Hier nämlich wird möglicherweise auch dem eingefleischten Szientisten deutlich, daß eine methodisch disziplinierte intersubjektive Verständigung nicht durch objektivierende Methoden der Verhaltenserklärung oder der technischen Verhaltenssimulation oder Steuerung ersetzt werden kann.) Es ist auch keineswegs so, daß durch den Fortschritt der szientifischen Methoden und ihrer technologischen Konsequenzen die hermeneutische Problematik der Verständigung irgendwie eingeschränkt werden könnte. Im Gegenteil: Die bekannte Redeweise: »Wir wissen heute« oder »Die Wissenschaft kennt gegenwärtig« indiziert oder verdeckt eine wachsende Mannigfaltigkeit von intra- und interdisziplinären Kommunikations- und Übersetzungsproblemen. Bedenkt man, daß diese Kommunikation heute bereits kaum noch durch unmittelbare Verständigung der Experten, sondern weitgehend durch professionelle Vermittler – durchaus mit Einschluß von Journalisten populärer Zeitschriften – geleistet wird, so erkennt man deutlich, daß hier ständig neue Aufgaben[32] von der Art entstehen, wie sie den traditionellen Geisteswissenschaften von jeher als solche der Traditionsvermittlung und der interkulturellen Verständigung gestellt waren. Und man erkennt darüber hinaus, daß diese Aufgaben der metaszientifischen, die Traditionsvermittlung einschließenden Verständigung in einer nicht manipulierten Gesellschaft letzten Endes ein Kontinuum bilden müssen mit der Bildung der sog. »öffentlichen Meinung«.[33]

Daher ist die »Einheit von Forschung und Lehre« für die hermeneutischen Wissenschaften im weitesten Sinne noch in einem anderen Sinne wesentlich als für die Naturwissenschaften: Sie dient hier nicht nur einer möglichst frühzeitigen Beteiligung der Studenten an der Forschung, sondern repräsentiert darüber hinaus bereits – und zwar als ideale Forderung – die kommunikative Verbundenheit des Geisteswissenschaftlers mit seinem Publikum. Während der Naturwissenschaftler als solcher kein Publikum braucht, sondern nur die Gemeinschaft der Experten, die seine Resultate überprüfen und an sie anknüpfen können, würde z. B. ein Literaturwissenschaftler, dem man sein Publikum nehmen wollte, damit zugleich Sinn und Inspiration seiner Forschung verlieren. Seine Interpretationsleistungen sind letzten Endes nichts anderes als wissenschaftlich vermittelte Diskussionsbeiträge in der permanenten öffentlichen Verständigung der Menschen über mögliche Stile und Normen eines Lebens, das lebenswert sein könnte. Grundsätzlich nicht anders steht es mit den wissenschaftlichen Interpretationsleistungen des Juristen, zumal dann, wenn sie über den Rahmen einer überkommenen Rechtsdogmatik hinausgreifend als Beiträge zur Begründung des Rechts – etwa im Hinblick auf die bei uns anstehende große Strafrechtsreform – intendiert sind.

An dieser Stelle wird aber auch deutlich, daß bei jenen Verständigungswissenschaften, die als komplementäre Ergänzung der *Science* zu postulieren sind, die Frage der Wertung, und zwar als Frage nach den letzten Maßstäben der Wertung, nicht ausgeschaltet werden kann. Sie kann auch nicht reduziert werden auf die Bewertung von Informationen im Interesse der Selbsterhaltung eines »adaptiven Systems«, als das sich kybernetisch-biologisch ein Organismus auffassen läßt; denn die Wertungsprobleme der menschlichen Gesellschaft, um die es in den hermeneutischen und in den kritischen Sozialwissenschaften gehen muß, implizieren als oberstes »Worumwillen« stets mehr als nur das Überleben eines gut angepaßten Systems, so wichtig dieser Gesichtspunkt zumal für ökonomisch-politische Entscheidungstheorien auch sein mag. Formalisiert man aber den kybernetischen Gesichtspunkt der Informationsbewertung in dem Sinne, daß die Bewertung auf das jeweils zu lösende Problem relativiert wird[34], dann stellt sich sogleich wieder das komplementäre Problem der intersubjektiven Verständigung über Art und Wichtigkeit der in einer Gesellschaft zu lösenden Probleme. Will man hier die anspruchsvolleren Programme einer philosophischen Begründung der Wertungsnormen bzw. einer historisch-soziologischen Totalreflexion der Lage im Sinne einer engagierten »Theorie der Gegenwart« als unwissenschaftlich ausschalten und die Wissenschaft auf das Durchspielen alternativer hypothetischer Problemlösungen beschränken[35], so würde damit die Verständigung über die geschichtliche Situation der Gesellschaft und die legitimen Interessen ihrer Mitglieder der rationalen Reflexion und der öffentlichen Diskussion entzogen und einer Ad-hoc-Konvention zwischen Experten und Politikern überlassen; wir würden uns dann unweigerlich auf eine Gesellschaftsverfassung zubewegen, die auf eine Kombination von Technokratie und politischem Dezisionismus[36] hinausliefe. – Sind wir zu einer solchen Resignation des emanzipatorischen Anspruchs wissenschaftlicher »Aufklärung« etwa gezwungen, um der Idee der Wissenschaft und der intellektuellen Redlichkeit Genüge zu tun?

Mir scheint die Voraussetzung einer Verständigung über Ziele und Werte nicht so hoffnungslos irrational, wie vielfach von den Vertretern des Szientismus angenommen wird. Es ist hier wiederum zweckmäßig, sich auf die kritische Verständigungsgemeinschaft zu besinnen, die auch die Vertreter wertfreier Wissenschaft unter sich immer schon bilden müssen, um Sätze dieser Wissenschaft in Geltung zu setzen. Hier nämlich, in der intersubjektiven Dimension kritischer Verständigung, müssen auch diejenigen, die nur zu beschreiben und zu erklären wünschen, gerade um der wertfreien Wissenschaft willen Wertmaßstäbe einer Minimalethik beachten[37]: dazu gehört z. B. die wechselseitige Respektierung der Wissenschaftler als autonomer Subjekte freier Meinungsäußerung, deren kritische Argumente ernst zu nehmen, aber auch daraufhin zu prüfen sind, ob sie selbst die Argumente der Kollegen respektieren.

Wesentlich aufgrund einer Extrapolation der soeben angedeuteten Minimalethik, die in einer Gemeinschaft der Wissenschaftler immer schon vorausgesetzt ist, hat es K. R. Popper fertiggebracht, in seiner Sozialphilosophie ein Ideal der »offenen Gesellschaft« und eine engagierte Ideologiekritik der »Feinde der offenen Gesellschaft« zu entwickeln; und dies, obgleich er in seiner *Logik der Forschung* den *Science*-Begriff wertfreier Wissenschaft nicht glaubt überschreiten zu dürfen. In der Tat scheint mir Poppers Engagement für eine »offene Gesellschaft« nicht, wie er selbst meint, auf eine »irrationale, moralische Entscheidung«[38] zurückzugehen, sondern auf eine reflexive Bestätigung und willensmäßige Bekräftigung jener Option für eine »unbegrenzte« Gemeinschaft gleichberechtigter Kritiker, die jeder, der sinnvoll argumentiert, implizit schon vorgenommen hat.

Kurz: Die Vernunft ist zugleich der Wille zur Vernunft (wie zuerst Fichte klar erkannte), und der Wille zur Realisierung der Vernunft ist zugleich – im Sinne K. Poppers – der Wille zur Realisierung einer »Offenen Gesellschaft«. Der Wille zur Realisierung einer offenen Gesellschaft aber ist – wohlverstanden – der Wille zur Veränderung derjenigen politischen und sozialen Verhältnisse, welche einer Realisierung der »Offenen Gesellschaft« entgegenstehen: So wird sich der Wille zur offenen Gesellschaft ebenso gegen alle äußeren wie gegen alle inneren Begrenzungen der freien Meinungsbildung richten, also gegen Meinungszensur ebenso wie gegen Manipulation, Demagogie sowie gegen bewußte und unbewußte Ideologisierung der Verständigungsprozesse. Darüber hinaus gehört zur Realisierung der »Offenen Gesellschaft« aber auch die Durchsetzung gleicher Bildungschancen für alle Mitglieder der Gesellschaft.

Im Sinne dieser – zweifellos unzureichenden – Andeutungen scheint es mir durchaus nicht unmöglich, aus dem Apriori der »unbegrenzten« Kommunikationsgemeinschaft[39], das die Voraussetzung jeder wissenschaftlichen Argumentation bildet, dasjenige politische und soziale Engagement abzuleiten, das den obersten Wertungsmaßstab für die hermeneutischen Verständigungswissenschaften und die kritischen Sozialwissenschaften abgeben kann: Für die hermeneutischen Verständigungswissenschaften liefert das Ideal einer von naturwüchsigen Schranken und Determinationen freien, unbegrenzten Verständigung das regulative Prinzip für die Aneignung der Vernunft in der Tradition, für die Suche nach dem »Vorschein« der Wahrheit (E. Bloch) selbst in den ideologischen Gehalten der Überlieferung. Für die kritischen Sozialwissenschaften liefert das nämliche Ideal den Maßstab, an dem die institutionellen Entfremdungen, die von begrenzten Klasseninteressen determinierten Formen und Inhalte eines »falschen Bewußtseins« als Hindernisse einer Realisierung der idealen Kommunikationsgemeinschaft in der geschichtlich gewordenen Gesellschaft erkennbar werden.

Eine andere und m. E. schwieriger zu lösende Frage ist die nach dem Übergang von der Wissenschaft zur politischen Praxis (einschließlich der Wissenschaftspolitik). Wenn die Wissenschaft als hermeneutische Verständigungswissenschaft und kritische Sozialwissenschaft ein gesellschaftspolitisches Engagement so oder so impliziert, so scheint daraus zu folgen, daß die Wissenschaft ein »politisches Mandat« ausüben bzw. »politisiert« werden muß. Ich deutete bereits an, daß mir diese Forderungen äußerst vieldeutig und daher »bedenklich« vorkommen. Ich möchte daher meine Aufgabe in erster Linie darin erblicken, vom Standpunkt der Wissenschaftstheorie zu ihrer Klärung beizutragen. (Eine zureichende Klärung der Möglichkeiten und Konsequenzen kann hier freilich nur durch sehr konkrete politologische und juristische Überlegungen erreicht werden.)

Zunächst möchte ich zwei extrem divergierende Interpretationen miteinander konfrontieren:

1. Von einem in wissenschaftspolitischer Hinsicht konservativen Standpunkt aus könnte man unter dem »politischen Mandat« der Wissenschaft das politische Engagement der einzelnen Wissenschaftler als Staatsbürger verstehen, in das ja durchaus die wissenschaftliche Sachkompetenz als autoritätsbildender Faktor eingeht. Beispiele solchen Engagements waren die Bemühungen bekannter Physiker, auf eine friedliche Nutzung der Atomenergie hinzuwirken. Ein anderes Beispiel ist in unseren Tagen die parteipolitische Betätigung des Soziologen Dahrendorf. Prinzipiell in dieselbe Kategorie des politischen Engagements würde die Betätigung von Studenten in politischen Studentenvereinigungen gehören.

Bereits von dieser Form des politischen Engagements darf gesagt werden, daß sie als Korrektiv jener bekannten und vielkritisierten unpolitischen Einstellung deutscher Gelehrter gelten kann, die in der Vergangenheit einer Unterdrückung demokratischer Freiheiten und schließlich einer schlechten Politisierung der Universität von außen zweifellos Vorschub geleistet hat. Dennoch erfüllt diese Form des politischen Engagements einzelner kaum die spezifische Intention der Forderung eines »politischen Mandats« der Wissenschaft bzw. der Universität. Mir scheint sie auch vom wissenschaftstheoretischen Standpunkt aus ungenügend zu sein; denn sie ist ohne Rücksicht auf das spezifische gesellschaftspolitische Engagement der einzelnen Wissenschaften möglich (z. B. auch unter der Voraussetzung einer wertfreien Wissenschaft, wie das Beispiel der Physiker und – subjektiv – auch Dahrendorfs zeigt).

2. Eine extrem weitgehende Interpretation der Forderung eines »Politischen Mandats« der Wissenschaft ist diejenige, die auch unter dem Stichwort »Politisierung der Wissenschaft« von studentischer Seite erhoben wird. Sie wird viel-

fach in der Weise aus dem Konzept der »kritischen Theorie« abgeleitet, daß man diese als »Vermittlung von Theorie und Praxis« versteht und von da aus den Unterschied zwischen Wissenschaft und Politik überhaupt aufheben möchte. – Nun läßt sich m. E. kaum bestreiten, daß standpunktmäßig engagierte Theoriebildungen der Philosophie und der kritischen Sozialwissenschaften im Ansatz und im Effekt eine Vermittlung von Theorie und Praxis leisten; gleichwohl glaube ich, daß diese Vermittlung wissenschaftstheoretisch und auch im Sinne möglicher Institutionalisierung von derjenigen Vermittlung von Theorie und Praxis unterschieden werden kann und muß, die von einem Politiker – auch von einem Wissenschaftspolitiker – zu leisten ist, der aufgrund theoretischer Anleitung ein bestimmtes Ziel in der Praxis durchzusetzen versucht.

An dieser Stelle muß ich die philosophische Begründung der »kritischen Theorie«, die Habermas in seinem Buch *Erkenntnis und Interesse* vorgelegt hat[40], wie mir scheint, ergänzen oder präzisieren: Das »emanzipatorische Interesse«, das Habermas für die kritischen Sozialwissenschaften und für die Philosophie in Anspruch nimmt, führt – trotz Fichte – in der höchsten Spitze der Reflexion nicht, wie Habermas will, zur schlechthinnigen Identität von Erkenntnis und Interesse, von Reflexion und praktischem Engagement. Wenigstens kann das für uns endliche Menschen nicht gelten, wenn man unter Engagement eine riskante, politisch effektive Parteiergreifung versteht (ein Engagement, in dem die »exzentrische Position« des Reflektierenden, der sich im vorhinein mit der unbegrenzten Gemeinschaft der Kritiker identifiziert, zugunsten der leibzentrischen Position der Solidarisierung im Hier und Jetzt aufgegeben werden muß)[41]. Theoretische Reflexion und materiell-praktisches Engagement sind, trotz der Identität der Vernunft mit dem Vernunftinteresse, nicht identisch, sondern treten auf der höchsten Stufe philosophischer Reflexion als polar entgegengesetzte Momente innerhalb des emanzipatorischen Erkenntnisinteresses noch einmal auseinander. Das zeigt sehr deutlich die philosophische Reflexion, die Habermas selbst in Anspruch nimmt, wenn er als Wissenschaftstheoretiker die drei fundamentalen Erkenntnisinteressen als transzendentale Bedingungen der Möglichkeit wissenschaftlicher Fragestellungen analysiert und schließlich auch noch über das Verhältnis von Erkenntnis und Interesse befindet: Diese, ihrem Gültigkeitsanspruch nach universale, Reflexion kann zwar durchaus auch das emanzipatorische Erkenntnisinteresse für sich in Anspruch nehmen; sie involviert aber nur einen Teil des emanzipatorischen Erkenntnisinteresses, jenen Teil, den man charakterisieren könnte als: Interesse an Entdogmatisierung und Kritik jeder Überzeugung, am virtuell universalen Zweifel[42], an der Möglichkeit der Revision jedes Engagements als eines Experiments unter Anleitung einer Hypothese[43]; kurz: sie involviert den Teil des emanzipatorischen Erkenntnisinteresses, aus dem die Wissenschaft, trotz allen heuristischen Engagements, ihre Legitimation als Wissenschaft bezieht. Zu glauben, damit könnte auch jener polar entgegengesetzte Teil des emanzipatorischen Interesses gedeckt werden, den Marx in Anspruch nahm, als er forderte, die Welt müsse nicht nur interpretiert, sondern verändert werden, – dies zu glauben würde m. E. auf eine idealistische Illusion hinauslaufen. Diese idealistische Illusion könnte unter den gegenwärtigen Solidarisierungsbedingungen einer nicht mehr »skeptischen Generation« jene andere – subjektiv-materialistische – Illusion zur Folge haben, welche das notwendigerweise dogmatische, aus der kritischen Kommunikationsgemeinschaft der Wissenschaftler ausscherende Engagement der politischen Praxis noch als Wissenschaft glaubt ausgeben zu können.

Mit dieser, für viele enttäuschenden, Analyse wird nicht einer undialektischen Trennung von Theorie und Praxis das Wort geredet; denn benötigt wird m. E. sowohl wissenschaftliche Theoriebildung, die durch ein praktisches Engagement vermittelt ist, wie andererseits politische Praxis, die durch wissenschaftliche Theoriebildung vermittelt ist. Und die Staatsform der Demokratie kann m. E. als der Versuch angesehen werden, fundamentale Spielregeln der im Bereich der Wissenschaft mit einigem Erfolg institutionalisierten unbegrenzten kritischen Kommunikationsgemeinschaft auch im Medium der Politik zu realisieren[44]. Gerade um dies zu ermöglichen, darf aber der begriffliche und seit einigen Jahrhunderten auch praktisch wirksam institutionalisierte Unterschied zwischen Wissenschaft und Politik nicht aufgehoben werden.

Folgt aus dieser Analyse die Unmöglichkeit bzw. Unzulässig-

keit eines »politischen Mandats« der Wissenschaft? – Wenn
man unter diesem die Möglichkeit juristischer Legitimation
der Politik aus der Wissenschaft unter Überspringung der parlamentarischen Spielregeln der Willensbildung versteht, dann
glaube ich diese Frage bejahen zu müssen. Ich meine jedoch
eine andere Möglichkeit zu sehen, die über das private politische Engagement im Namen der Wissenschaft hinausgeht:
Nicht der Wissenschaft unmittelbar, wohl aber einer demo-
kratisch organisierten Universität kommt m. E. so etwas wie
ein »politisches Mandat« zu, nicht ein politisches Mandat
schlechthin, sondern ein Mandat für Wissenschaftspolitik, das
auch jetzt schon praktisch ausgeübt wird und nicht durch den
Staat eingeschränkt, sondern ausgebaut werden sollte. Es
ließe sich philosophisch wohl interpretieren als Mandat für
die Mitwirkung bei der Realisierung der politischen Bedingungen der Möglichkeit der Wissenschaft einschließlich ihrer
emanzipatorischen Aufklärungsfunktion.

Anmerkungen

1 Vortrag anläßlich der Kieler Universitätstage 1969 unter dem Leit-
thema »Aufgaben der Universität heute und in der Zukunft«.
2 Vgl. H. Schelsky, *Einsamkeit und Freiheit*, Hamburg 1963, bes. S.
284 ff. Eindeutiger als bei Schelsky kommt die philosophisch-antiphi-
losophische Pointe einer im »postideologischen« Zeitalter sich
abzeichnenden instinktanalogen Selbststabilisierung des Menschen
durch die entfremdeten Systeme der Technik in den jüngsten Schriften
von A. Gehlen heraus. Vgl. bes. *Über kulturelle Kristallisation*, in:
Studien zur Anthropologie u. Soziologie, Neuwied 1963, S. 311 ff.,
und *Über kulturelle Evolution*, in: *Die Philosophie u. die Frage nach
dem Fortschritt*, 1964. Zur Kritik der Gehlenschen *Philosophie der
Institutionen* vgl. meine Rezension in *Philos. Rundschau*, 10. Jg.
(1962), S. 1-21.
3 Vgl. die grundlegenden Aufsätze M. Horkheimers aus der *Zeitschrift für Sozialforschung*, 1937 ff., die jetzt wieder unter dem Titel
Kritische Theorie, Frankfurt 1968, 2 Bde., erschienen sind.
4 Noch im Ausblick der 4. Auflage seines Buches *Die skeptische
Generation*, Düsseldorf–Köln 1963, Sonderausgabe 1962, schrieb
Schelsky: »Aber was sich auch ereignen mag, diese Generation wird
nie revolutionär, in flammender kollektiver Leidenschaft auf die
Dinge reagieren, ... Man wird sich auf keine Abenteuer einlassen,
sondern immer auf die Karte der Sicherheit setzen, des minimalen
Risikos, damit das mühselig und glücklich wieder Erreichte, der

Wohlstand und das gute Gewissen, die gebilligte Demokratie und die private Zurückgezogenheit nicht wieder aufs Spiel gesetzt wird. In allem, was man so gern weltgeschichtliches Geschehen nennt, wird diese Jugend *eine stille Generation* werden . . .« (a.a.O., S. 381 f.).

5 Vgl. S. Leibfried (Hrsg.), *Wider die Untertanenfabrik*. Handbuch zur Demokratisierung der Hochschule, Köln 1967.

6 Vgl. z. B. die radikale Kritik der etablierten Wissenschaftskonzeption der britischen Universitäten durch P. Anderson in *New Left Rev.*, 50 (1968), S. 3-57.

7 In: H. Schelsky, *Auf der Suche nach Wirklichkeit*, Düsseldorf 1965, S. 456 ff.; vgl. auch H. Schelsky, *Einsamkeit und Freiheit*, a.a.O., S. 299, wo von einer neuen »Selbstentfremdung des Menschen«, die darin liegt, »daß der Schöpfer sich in sein Werk, der Konstrukteur in seine Konstruktion verliert«, die Rede ist.

8 So der Titel der 1967 erschienenen Übersetzung der *Eclipse of Reason* (1947) von M. Horkheimer.

9 Vgl. J. Habermas, *Gegen einen positivistisch halbierten Rationalismus*, in: *Kölner Ztschr. f. Soziologie und Sozialpsychol.* Bd. 16 (1964).

10 J. Habermas, *Technik und Wissenschaft als »Ideologie«* (Frankfurt 1968).

11 Vgl. dazu insbesondere die unter dem Titel *Holzwege* (Frankfurt 1950) erschienenen Aufsätze M. Heideggers.

12 Vgl. H. Marcuse, *One-Dimensional Man. Studies in the Ideology of Advanced Industrial Society* (Boston, Mass. / Beacon Press, 1964, dtsch. Übers. Neuwied u. Berlin 1967).

13 J. Habermas, *Technik und Wissenschaft als Ideologie*, a.a.O.

14 Vgl. M. Heidegger, *Die Frage nach der Technik*, in: *Vorträge und Aufsätze*, Pfullingen 1954, S. 13-44.

15 Vgl. auch J. Habermas, a.a.O., S. 53. – Eine ältere Inspirationsquelle für die antitechnologische bzw. antiszientifische Wendung Marcuses (ebenso wie E. Blochs und anderer Neomarxisten) ist freilich der aus der jüdisch-christlichen Mystik bei Schelling und Marx überlieferte Topos von der *Resurrektion der gefallenen Natur* (vgl. Habermas, a.a.O., S. 55).

16 Marcuse und Habermas entsprechen übrigens mit dieser Abwendung vom dogmatisierten Geschichtsmodell der marxistischen Orthodoxie der Forderung Merleau-Pontys nach einem »marxisme sans illusion, tout expérimental« und entziehen damit ihren dialektischen Ansatz den prinzipiellen Einwänden, die K. R. Popper gegen die Geschichtsprognosen des »Historizismus« vorgetragen hat.

17 Vgl. hierzu besonders: J. Habermas (Hrsg.), *Antworten auf Marcuse* (Frankfurt 1968) und *Die Linke antwortet Jürgen Habermas* (Frankfurt 1968).

18 So z. B. in den berühmten Sätzen am Ende des Aufsatzes »Zur Kritik der Hegelschen Rechtsphilosophie von 1843«: »Die Emanzipation des Deutschen ist die Emanzipation des Menschen. Der Kopf dieser Emanzipation ist die Philosophie, ihr Herz das Proletariat. Die Philosophie kann sich nicht verwirklichen ohne die Aufhebung des Proletariats, das Proletariat kann sich nicht aufheben ohne die Verwirklichung der Philosophie« (Zitat nach Karl Marx, *Die Frühschriften*, hrsg. v. S. Landshut, Stuttgart 1953, S. 224).

19 Vgl. die programmatische Frankfurter Antrittsvorlesung »Erkenntnis und Interesse« vom 28. 6. 1965 (jetzt abgedruckt in *Technik und Wissenschaft als ›Ideologie‹*, S. 146 ff.) sowie die Ausführung dieses Programms in dem Buch gleichen Titels (Frankfurt 1968). – Vgl. für eine parallele Bemühung meine Aufsätze: »Die Entfaltung der ›sprachanalytischen‹ Philosophie und das Problem der ›geisteswissenschaften‹« (*Philos. Jb.*, 72, 1965, S. 239-289; engl. Übersetzung »Analytic Philosophy of Language and the ›Geisteswissenschaften‹«, in: *Foundations of Language*, Suppl. Series, Vol. 5, Dordrecht 1967) und »Szientistik, Hermeneutik, Ideologiekritik: Entwurf einer Wissenschaftslehre in erkenntnis-anthropologischer Sicht« (*Wiener Jb. f. Philos.* I, 1968, S. 15-45; Kurzfassung in *Man and World* I, 1968). Für eine zusammenfassende Darstellung dieser Thesen als eines »dialektisch-hermeneutischen Ansatzes« vgl. den 2. Bd. von G. Radnitzky, *Contemporary Schools of Metascience* (Göteborg 1968).

20 Habermas, »Erkenntnis und Interesse« (Antrittsvorlesung), a.a.O., S. 157.

21 Ebd., S. 168.

22 Vgl. H.-G. Gadamer, *Wahrheit und Methode*, [2]Tübingen 1965, Teil II.

23 Habermas, *Technik und Wissenschaft als Ideologie*, a.a.O., S. 158.

24 Vgl. besonders Habermas, *Arbeit und Interaktion*..., a.a.O., S. 9 ff.

25 Daß die kommunikative Praxis sogar für die Konstitution der logischen Partikel und somit für die Geltung der Operationen der formalen Logik als transzendentale Basis vorausgesetzt wird, hat P. Lorenzen in seiner »Protologik« gezeigt. Vgl. P. Lorenzen, *Methodisches Denken* (Frankfurt 1968, S. 81 ff.).

26 Diesem Verdacht ist die Konzeption der »kritischen Theorie« in der positivistischen und auch in der im Sinne Poppers kritizistischen Begründung der Sozialwissenschaften ausgesetzt. Vgl. die im Anschluß an die auf der Tübinger Tagung der Deutschen Gesellschaft für Soziologie (Oktober 1961) gehaltenen Referate von Th. W. Adorno und K. R. Popper zwischen J. Habermas und H. Albert ausgetragenen Kontroverse: 1. Habermas, Analytische Wissenschaftstheorie und Dialektik, in: Max Horkheimer (Hrsg.) *Zeugnisse, Th. W.*

Adorno zum 60. Geburtstag, Frankfurt 1963; 2. Albert, »Mythos der totalen Vernunft«, in: *Kölner Ztschr. f. Soziol. und Sozialpsychol.*, Bd. 16, 1964; 3. Habermas, *Gegen einen positivistisch-halbierten Rationalismus*, ebd.; 4. Albert, *Im Rücken des Positivismus?*, ebd., Bd. 17, 1965.

27 Habermas, a.a.O., S. 158.

28 Vgl. H. Skjervheim, *Objectivism and the Study of Man*, Oslo 1959. – A. V. Cicourel, *Method and Measurement in Sociology*, Glencoe 1964. Dazu J. Habermas, »*Zur Logik der Sozialwissenschaften*«, *Beiheft 5 d. Philos. Rdsch.*, Tübingen 1967, III, 6,2.

29 Vgl. besonders die Arbeiten von K. Popper, C. G. Hempel und Oppenheim und Th. Abel sowie meine Kritik der letzteren in »Die Entfaltung der ›sprachanalytischen‹ Philosophie und das Problem der ›Geisteswissenschaften‹«, a.a.O. Für eine eingehende kritische Würdigung der neopositivistischen Erklärungstheorie vgl. neuerdings G. Radnitzky, *Contemporary Schools of Metascience*, a.a.O., Bd. I, S. 146 ff.

30 Vgl. zum folgenden auch Kl. Mollenhauer, *Erziehung und Emanzipation*, München 1968, Einleitung.

31 Bedenklich bleibt sie auch dann, wenn man die geforderte Politisierung als Kontra-Politisierung gegen die – zweifellos längst bestehende – Verflechtung der *Big Science* mit Wirtschaft und Politik der modernen Industriestaaten interpretiert.

32 Es handelt sich hier um Aufgaben, die durch die moderne, wiederum szientistische Erforschung der technischen Bedingungen der Information – bis hin zur Ermöglichung von Übersetzungsmaschinen – weitgehend erleichtert und die jedenfalls ohne diese Informationstechnologie in Zukunft kaum noch gelöst werden können. Gleichwohl behalten diese Aufgaben der Verständigung ihren eigenen methodologischen Charakter, der mit demjenigen der kybernetischen Technologie sowenig jemals identisch sein wird wie die Diskussion zwischen Kybernetikern über Sinn und Ziele möglicher Konstruktion und Programmierung von Computern jemals mit der Konstruktion und Programmierung von Computern identisch sein wird. Damit soll nicht geleugnet werden, daß von der technologischen Problematik der Informationstheorie her auch der Semantik und Hermeneutik neue Einsichten zuwachsen. Wollte man aber die Technologie der Information als Grundlage der Semantik bzw. der Hermeneutik ansehen, so würde man damit bereits vor jenem technokratischen Modell kapitulieren, in dem nach Schelsky die Zwecke von den Mitteln determiniert werden.

33 Vgl. hierzu J. Habermas, »Verwissenschaftlichte Politik und öffentliche Meinung«, in: *Technik und Wissenschaft als ›Ideologie‹*, a.a.O., S. 120 ff.

34 Vgl. K. Steinbuch, *Falsch programmiert,* Stuttgart 1968, S. 104.

35 Der letzte Aufsatz von H. Albert (»Sozialwissenschaft und politische Praxis«, in: *Arch. f. Rechts- und Sozialphilos.* 1968 LIV/2, S. 247 ff.) zeigt m. E. das Dilemma eines Wissenschaftstheoretikers, der den Begriff wertfreier »Science« nicht überschreiten und doch zugleich eine kritisch-emanzipatorische Funktion der Wissenschaft bejahen möchte (vgl. bes. S. 273).

36 Vgl. J. Habermas, *Verwissenschaftlichte Politik u. öffentliche Meinung,* a.a.O., S. 143 ff.

37 Dies hat zuerst Ch. S. Peirce erkannt. Vgl. meine »Einführung« in Peirce, *Schriften I* (Frankfurt 1967), S. 105 ff.

38 K. Popper, *The open society and its enemies,* London 1945, Vol. II, S. 131 ff. Dazu meine Kritik in: »Sprache und Reflexion« (in: *Akten d. XIV. Internationalen Kongresses für Philosophie, Wien: 2.-9. September 1968,* Bd. III, Wien 1969, S. 417 ff.).

39 Dieses transzendentale Postulat des semiotisch transformierten Kantianismus von Ch. S. Peirce scheint mir mit Poppers Idee der »Offenen Gesellschaft« im Prinzip identisch zu sein. Eine dialektische Philosophie wird freilich nicht allein von diesem transzendentalen Postulat ausgehen, sondern immer zugleich von der konkreten Gesellschaft, in der die Bedingungen der idealen Kommunikationsgemeinschaft, die der Argumentierende in Anspruch nimmt, allererst zu schaffen sind. Darin liegt m. E. eine Vermittlung von Apriorismus und Empirismus diesseits jeder, idealistischen oder materialistischen, Ontologie. Eine Abspannung dieser Dialektik zugunsten einer schlicht materialistischen Analyse der sog. »objektiven Verhältnisse«, wie sie gegenwärtig wieder von vielen Simplifikatoren propagiert wird, läuft nicht etwa – wie die Simplifikatoren glauben mögen – auf eine Befreiung von transzendentalphilosophischem Ballast hinaus; sie bedeutet vielmehr, daß anstelle der »unbegrenzten« (»offenen«) Gemeinschaft der Kritiker eine elitäre Clique darüber entscheidet, was die »objektiven Verhältnisse« sind (wobei die menschlichen Kosubjekte, soweit sie nicht das »richtige Bewußtsein« haben, einfach unter die zu verändernden »objektiven Verhältnisse« subsumiert werden).

40 Vgl. besonders Kap. 9 des Buches von Habermas.

41 Die von Habermas postulierte Identität von Erkenntnis und Interesse, von Reflexion und praktischem Engagement, setzt, wie mir scheint, die von Marx geforderte »Verwirklichung der Philosophie«, welche zugleich ihre »Aufhebung« sein würde, schon voraus, statt sie als ein »regulatives Prinzip« zu betrachten, dem – unbeschadet seiner Geltung – »nichts Empirisches korrespondieren kann« (Kant). – Vgl. hierzu auch meinen Aufsatz »Reflexion und materielle Praxis: zur erkenntnisanthropologischen Begründung der Dialektik zwischen Hegel und Marx« (in: *Hegelstudien,* Beiheft 1, S. 151-166).

42 D. h. nicht an jenem Zweifel an allem, den man Descartes als universalen Zweifel zuschreibt, sondern an dem wohl von Peirce zuerst in seiner Eigenart reflektierten Zweifel, der zum »fallibilistischen« Selbstverständnis des Wissenschaftlers gehört.

43 In gewisser Weise ermöglicht auch die psychoanalytische Reflexion für den Patienten die Revision eines praktischen Engagements, das sich als Irrtum herausgestellt hat; insofern hat sie Teil an der emanzipatorischen Funktion der Wissenschaft. Die Therapie aber muß wohl darüber hinaus stets ein praktisches Engagement zumindest des Patienten, das unter endlichen Bedingungen nicht wissenschaftlich sein kann, in Kauf nehmen.

44 Vgl. hierzu meine Kritik an »Arnold Gehlens Philosophie der Institutionen« (*Philos. Rdsch.* 10. Jahrg. 1962, S. 1-21).

Dietrich Böhler
Zur Geltung des emanzipatorischen Interesses[*]

Der Sinn der Rede vom emanzipatorischen Interesse kann zunächst aus jenem stillschweigenden Konsensus erhoben werden, der von Popper bis Adorno und Habermas wenn nicht über den Begriff, so doch über die emanzipatorische Intention der Aufklärung herrscht. Sie richtet sich hier wie dort auf Freiheit und Mündigkeit der Menschen als den ›Subjekten‹ ihrer Gesellschaft und Geschichte oder mit K. R. Popper: als den »Schöpfern ihres Geschicks«.[1] Den Begriff des emanzipatorischen Interesses aber hat erst Jürgen Habermas eingeführt. Wie auch K.-O. Apel, der »erkenntnisanthropologisch« nach »allen Bedingungen, welche eine wissenschaftliche Fragestellung als sinnvolle Fragestellung möglich machen«[2], fragt, unterscheidet Habermas zunächst zwei verschiedene »erkenntnisleitende Interessen«, die formal und kraft ihres Status (als Bedingung der Möglichkeit von Wissenschaft) ›transzendental‹, inhaltlich und hinsichtlich ihrer Genese (als Momente und Produkte des Entwicklungsprozesses der Menschengattung) aber geschichtlich der Erkenntnis je schon zugrunde liegen. Diese »Erkenntnisinteressen« sind ›transzendental‹ in einem postklassischen und nachkantischen Sinn. Sie sind nicht ›katholou‹, nicht übergeschichtliche ewige Prinzipien, die an dem ›Nous‹ oder dem ›Vernunftvermögen‹ hängen, also letztlich an dem griechischen ›Gott der Philosophen‹.[3] Es handelt sich weder um die apriorischen Strukturen der ›Vernunft‹, der letztlich ›göttlichen‹, darum ahistorischen und ›reinen‹ theoria, noch um die Grundformen der reinen Subjektivität des menschlichen Bewußtseins überhaupt, welche zugleich die Grundbestimmungen der Welt der Dinge sein sollen (Kant).

---

[*] Überarbeitete Fassung des ersten Kapitels meines in Man and World, 3/1970, und in der Zeitschrift für Evangelische Ethik (ZEE), 14. Jg., Heft 4, erschienenen Aufsatzes Zum Problem des emanzipatorischen Interesses und seiner gesellschaftlichen Wahrnehmung.

Die Frage nach Erkenntnisinteressen setzt eine Historisierung der traditionellen Version der Transzendentalphilosophie voraus, wie sie von Hegel und Marx ermöglicht wurde: von Hegels idealistisch verkürztem Konzept der Selbstkonstituierung der Menschengattung durch *Interaktion* als kommunikativer Erfahrung und reflexiver Aneignung dieser – und von Marx' einseitigem, dogmatisch materialistischem Konzept der Produktion und Reproduktion der Menschengattung durch *Arbeit* als materiell-technischem Eingriff in Natur und Aneignung von Natur. Weil sie an »Arbeit und Interaktion« als den »fundamentalen Bedingungen der möglichen Reproduktion und Selbstkonstituierung der Menschengattung« hängen[4], sind die beiden, von Apel und Habermas ins Auge gefaßten, komplementären Erkenntnisinteressen ›transzendental‹, das heißt nicht hintergehbar. Sie sind weder psychologisch auf besondere Motive, noch ideologiekritisch auf soziale Bedürfnisse oder Herrschaftskonstellationen reduzierbar, also nicht empirisch zu erklären und auf eine besondere historische Situation zurückzuführen, sondern sie gelten für alle Situationen geschichtlich-gesellschaftlichen Lebens.

An »Arbeit« (verstanden als instrumentell-technisches und »zweckrationales«, prinzipiell in Wenn-Dann-Sätzen objektiv beschreibbares Handeln in Produktion und Technologie) hafte das *»technische« Verfügungsinteresse* an »erfolgskontrollierten« vergegenständlichten Prozessen. Dieses Interesse sei es auch, welches Fragestellung und Verfahren der experimentellen Naturwissenschaften konstituiere.[5] Sind sie nicht gekennzeichnet durch die vorgängige Bindung ihrer Fragestellung an den möglichen technischen Eingriff des Experiments?[6] An »Interaktion« (wohlverstanden als intentionales und kommunikatives, nicht prinzipiell objektiv beschreibbares Handeln im öffentlichen und existentiell-privaten Leben) hafte das *»praktische« Verständigungsinteresse* an der Erhaltung und Erweiterung der Intersubjektivität möglichen handlungsorientierenden Sinns. Dieses Erkenntnisinteresse habe die Fragestellung und Verfahrensweise der *historisch-hermeneutischen* Wissenschaften konstituiert. Sind sie nicht gekennzeichnet durch die vorgängige Bindung ihrer Fragestellung an das hermeneutische ›Engagement‹ der Vermittlung tradierten Sinns?[7] Nun ist beiden Erkenntnisinteressen ein mögliches *emanzipatorisches Moment* gemeinsam. Das »technische« zielt auf die Verfügung über Natur, aber zugleich damit auf die Befreiung der Menschen von unkontrollierter Naturgewalt (vgl. das Pathos der neuzeitlichen Naturwissenschaft: regnum hominis). Das »praktische Erkenntnisinteresse« zielt auf die Verständigung der Menschen über sich in ihrer Geschichte, aber zugleich damit auf Befreiung von politisch oktroyierter und auch von unreflektiert tradierter Kulturgewalt.

Das beiden ›Interessen‹ gemeinsame mögliche emanzipatorische Moment will Habermas nun durch die Annahme eines obersten, *aller* Erkenntnis von vornherein zugrunde liegenden »*emanzipatorischen Erkenntnisinteresses*« begründen. Dieses Interesse wäre aber das nämliche, das die Fragestellung der *Kritischen Theorie* und überhaupt ›kritischer Sozialforschung‹, der Ideologiekritik sowie der Psychoanalyse, aber auch einer Philosophie als Aufklärung erst möglich macht. Das würde bedeuten: das von diesen verwissenschaftlichten Formen der je situativ engagierten Aufklärung (durch Selbstreflexion unreflektierter Interessen- oder verdrängter Motivbindungen) beanspruchte emanzipatorische Engagement-Interesse ist schlechthin allgemeingültig; ist eins mit dem von *jeder* Erkenntnis vorausgesetzten Interesse an Freiheit, Mündigkeit und Subjektsein.[8]

Die wissenschaftstheoretische *und* praktische Bedeutung von Habermas' Annahme liegt auf der Hand. Einmal wäre, wenn Habermas recht hat, der kontemplative Erkenntnisbegriff der klassischen theoria und seine moderne Version der ›wertfreien‹ Forschung, die sich dualistisch von der ›irrationalen‹ Wertsetzung durch subjektive Dezision absetzt, von vornherein als szientistischer Schein entlarvt, da er sein leitendes Erkenntnis*interesse* objektivistisch leugnet. Zum andern wäre die Notwendigkeit eines aktuellen ›kritisch emanzipatorischen‹ Engagements aller Erkennenden und Wissenschaftler *als* Erkennender begründet; das hieße aber: die allgemeine ›transzendentale‹ Reflexion auf das oberste Erkenntnisinteresse erschließt die Verpflichtung zu jenem bestimmten geschichtlichen Engagement, das »kritische Wissenschaften« im Sinne der ›kritischen Theorie‹ verfolgen – also zu einem neomarxistisch gesellschaftsverändernden Engagement. Konservative wären dann von vornherein im Unrecht, da sie im Widerspruch zu dem obersten, qua Erkenntnis auch von ihnen je schon beanspruchten emanzipatorischen Erkenntnisinteresse politisch handeln und denken.

Die Strategie zur gesellschaftlichen Wahrnehmung emanzipatorischen Interesses, die sich aus der angedeuteten Position ergäbe, wäre dann: ›transzendentale‹ Reflexion zum Aufweis des allgemeingültigen *substantiell*-emanzipatorischen Interesses – und Aufklärung der Menschen über dieses ihr eigentliches Interesse, um sie auf diesen ›an sich‹ apriorischen emanzipatorischen Konsensus festzulegen und ihnen ein entsprechendes Handeln abzugewinnen.

Wie steht es mit dieser Strategie? Kann ein emanzipatorisches Interesse überhaupt allgemein begründet werden – und wenn, mit welchem Geltungsanspruch? Sowohl die Vertreter eines ›kritischen‹ pragmatischen Rationalismus um Popper, aber auch die einer existentialistischen pragmatischen Hermeneutik um Gadamer würden diese Fragen strikt negativ beantworten und auf die subjektiv-existentielle Entscheidung des je Einzelnen als der *einzigen* Begründung emanzipatorischen Interesses verweisen.

Vor einer Entscheidung der Frage, und das heißt, vor einem ›Urteil‹ über Habermas' Begründungsversuch, sollte man sich tunlichst der hermeneutischen Anstrengung einer immanenten Aufarbeitung des Problemzusammenhangs unterziehen, den Habermas voraussetzt. Das Problem, von dem Habermas gemeinsam etwa mit dem Begründer der »kritischen Theorie«, Max Horkheimer, ausgeht, ließe sich so formulieren: Läuft es nicht auf pure Willkür hinaus, das emanzipatorische Interesse der rational undiskutierbaren existentiellen Einzelentscheidung preiszugeben? Und bedarf es nicht einer *Orientierung, die über die jeweilige Situation hinausweist*, gewissermaßen einer entmythologisierten eschatologischen Spannung, damit Selbstverständnis und Handeln vor dem opportunistischen Situationspragmatismus des je und je Anfallenden bewahrt werden? Mit dieser Frage nimmt die Kritische Theorie ein *theologisches Problem* auf. Es macht die eigentümliche Würde und die ethische, das heißt zugleich gesellschaftspraktische Faszinationskraft der Kritischen Theorie aus, nach jener Orientierung zu suchen *und* das vermeinte Wissen einer

solchen handlungsanleitend weiterzugeben. Nach dem Selbstverständnis des Schulzusammenhanges, dem Habermas ange-
hört, handelt es sich dabei um das Problem der »*substantiellen
Vernunft*«, wie sie zunächst von Horkheimer im Gegenzug
zur szientifisch-technischen »instrumentellen Vernunft« postuliert wurde.[9] Das heißt aber, es handelt sich um die philosophische Begründung einer »unbeirrbaren Parteinahme, welche die historische Situation erhellt«, um sie zu verändern.[10]

Eindringlich führt die Kritische Theorie seit Horkheimer vor
Augen, was die Verabsolutierung der szientifisch-technischen
›Vernunft‹ als *der* Vernunft schlechthin gesellschaftlich und
ethisch bedeutet. Denn wo mit der Logic of Science die Naturwissenschaften zum Kriterium der Wissenschaftlichkeit und
zum Zentrum eines Programms der »Einheitswissenschaft«
gemacht werden, wird ›Vernunft‹ formalisiert und instrumen-
talisiert:

Als theoretisch ›vernünftig‹ gilt wissenschaftliche Tätigkeit
nur noch in dem Maße, wie ihre Zuordnung von Tatsachen in
Wenn-Dann-Sätzen formuliert wird, deren Richtigkeit von
(prinzipiell stets wiederholbaren) Experimenten müßte bestätigt werden können. Praktisch ›vernünftig‹ wäre wissenschaftliche Tätigkeit, insofern sie *technische Herrschaft* über alle
›Objekte‹ ermöglicht: über Natur und ebenso über die Gesellschaft.

Die einst ethisch orientierende ›praktische Vernunft‹ wäre
damit auf die Rationalität eines *Herrschaftswissens* herabge-
bracht, die ethisch nicht mehr zu orientieren vermag, sondern
sich auf Mittelwahl beschränkt. Schon Horkheimer hat herausgearbeitet, daß sich die, auf Gesellschaft angewandte, ›instrumentelle Vernunft‹ bloß als die Fähigkeit erweist, Wahr-
scheinlichkeiten zu berechnen und dadurch einem gegebenen
Zweck die richtigen Mittel zuzuordnen. Hat diese Ansicht
recht, dann gibt es kein »vernünftiges Ziel an sich, und es wird
sinnlos, den Vorrang eines Ziels gegenüber anderen unter dem
Aspekt der Vernunft zu diskutieren«.

Daraus zogen die Vertreter der Kritischen Theorie das depri-
mierende Fazit, daß »Gerechtigkeit, Gleichheit, Glück, Tole-
ranz, alle die Begriffe, die ... in den vorhergehenden Jahrhunderten der Vernunft innewohnen oder von ihr sanktio-

niert sein sollten..., ihre geistigen Wurzeln verloren (haben)... Die Feststellung, daß Gerechtigkeit und Freiheit an
sich besser sind als Ungerechtigkeit und Unterdrückung, ist
wissenschaftlich nicht verifizierbar und nutzlos«.[11]

Horkheimers Alternative fiel allerdings sehr traditionell aus,
nämlich in enger Analogie zur klassischen ›theoria‹, deren tra-
ditionskritische Aufarbeitung[12] im Sinne eines reflektiert
geschichtlichen Denkens[13] er sich erspart. Er hebt hervor, daß
in den großen Tagen der Plato und Aristoteles ›die Vernunft‹
unangefochten als Objektives gegolten hatte, als »ein der
Wirklichkeit innewohnendes Prinzip«[14] – schlechthin allgemeingültig, identisch, ›katholou‹. Hier wußte man, woran
man sich zu halten hatte. Der verdächtige Puralismus mit
seiner »Liberalität gegen abweichende Meinungen«[15], den
Horkheimer für die Sozialforschung und für die »unbeirrbare
Parteinahme« des Materialisten emphatisch zurückweist,
stand noch aus. Klassisch postuliert auch Horkheimer ›die
Vernunft‹ als ein »allgemeinverbindlich« Objektives. Nur,
daß sein Materialismus dazu neigt, die Bestimmung dieser
›Vernunft‹ – die Ideen Freiheit, Mündigkeit, Selbstverwirklichung, Autonomie, Glück und Gerechtigkeit – als objektive
Intention der menschlichen Natur zu lokalisieren.

Diese Lösung mußte in dem Augenblick verworfen werden,
wo die kritische Theorie die wissenschaftstheoretische Reflexionsstufe eines hermeneutisch, traditionskritisch und
erkenntnisanthropologisch belehrten geschichtlichen Denkens erreicht: bei Habermas. Die bisher nur materialistisch
(unter Anknüpfung an die klassische theoria) postulierte
»substantielle Vernunft« soll nun durch die vom nachkantischen Idealismus eröffnete Reflexion der ›Vernunft‹ auf ihr
›Engagement‹ begründet werden. Habermas knüpft an Fichte
an. Die Philosophie Johann Gottlieb Fichtes will »allgemeine
Wissenschaftslehre« sein, weil sie zeigt, daß ihre idealistische
Selbstreflexion des Ich nur entfaltet, was alle Erkenntnis
impliziert. Fichtes These ist: So etwas wie ›Ich‹ und damit
Selbstbewußtsein gibt es nur, weil es sich selber »setzt« in
einer höchsten »Tathandlung«. Der *Philosoph* macht diese
nur bewußt, indem er den Gedanken des mit sich selbst identischen Ich festhält, dabei aber von allen möglichen Denkinhal-
ten abstrahiert, da sie nur »Vorstellungen« der »Dingwelt«

seien. Deshalb setzt das philosophierende Ich jene als »Nicht-Ich« sich entgegen und kommt dabei zum *Bewußtsein* seiner selbst als eines freien und autonomen Ich.[16] *Unbewußt* setzt aber *jeder* Erkennende einen Akt der Selbstsetzung, Freiheit und Emanzipation von dem Andern, der »Dingwelt« voraus.[17] Ohne die Setzung eines freien Selbst, eines *autonomen Subjekts,* das sich Freiheit, Mündigkeit und Selbstbestimmung vorgibt und so die fremde Welt der Inhalte distanziert, könnte das erkennende Ich seine Vorstellungen, das Gedachte, nicht als *sein* Denken identifizieren. Es könnte nur als Leinwand unbegriffener Wahrnehmungsbilder dienen.[18]

Mit dieser Reflexion gewinnen Fichte, Habermas und neuerdings auch die von P. Lorenzen repräsentierte »Protologik« die transzendentale Pointe eines, auch der formalsten Erkenntnis wie der Logik zugrunde liegenden emanzipatorischen Interesses. »Das Bedürfnis der Emanzipation und ein ursprünglich vollzogener Akt der Freiheit sind aller Logik vorausgesetzt« (Habermas).[19] Das heißt, die ›Vernunft‹ impliziert immer schon den Willen zur ›Vernunft‹ im Sinne eines emanzipatorischen Interesses: »Das höchste Interesse und der Grund alles übrigen Interesses ist das *für uns selbst.* So bei dem Philosophen. Sein Selbst im Räsonnement nicht zu verlieren, sondern es *zu erhalten und zu behaupten,* dies ist das Interesse, welches unsichtbar alles sein Denken leitet« (Fichte).[20]

Was hat diese Reflexion erbracht? Was kann ihr Resultat mit Fug bedeuten? Sie liefert die Ableitung eines *formal emanzipatorischen Interesses* als ›höchsten Punkt‹ der Erkenntnis. Die ›Idee‹ eines *solchen* ersten Erkenntnisinteresses wäre m. E. tatsächlich die legitime philosophische, nämlich ›transzendentale‹ Begründung des (oben behaupteten) emanzipatorischen Moments sowohl in dem technischen wie in dem hermeneutisch-›praktischen‹ Erkenntnisinteresse: Das emanzipatorische Moment im technischen Interesse, das die Unbegriffenheit von Natur und damit deren blinde Macht über Menschen ausschließen will, und jenes im hermeneutisch-›praktischen‹ Interesse, das das Unverstandensein von (selbstverständnis- und handlungsorientierenden) Traditionen wie Institutionen und damit deren unkontrollierte (ideologische) Macht über Menschen überwinden will, kann dann zurückgeführt werden auf das *formal* emanzipatorische Erkenntnisinteresse an umfassender und undogmatischer Erkenntnis, das alles von der Erkenntnis (noch) nicht Erhellte erhellen, das heißt alles (noch) nicht Erkannte erkennen will.

Von diesem Erkenntnisinteresse ließe sich sagen, daß es ein apriorisches Interesse an überprüfbarer Erkenntnis und allgemeinverständlicher Sprache ist, das insofern undogmatischen und formal emanzipatorischen Charakter hat. Denn die Explikation dieses Erkenntnisinteresses im Vollzug einer ›transzendentalen‹ Reflexion würde das Erkenntnissubjekt in der Tat von dem, im Grunde metaphysischen, Dogmatismus des erkenntnistheoretischen Objektivismus (bei Naturalisten, Materialisten und bei Szientisten aller Spielarten) *emanzipieren* – und damit zugleich von dem korrespondierenden Dogmatismus eines praktischen Irrationalismus und Dezisionismus, den Existentialisten und Szientisten gemeinsam vertreten. – Hier käme die »Kritik der instrumentellen Vernunft« in der Tat zum Zuge. Als ›transzendentale‹ Reflexion könnte sie ihrem Hauptgegner, der objektivistischen Wissenschaftstheorie, die Brüchigkeit ihrer These nachweisen, allgemein und rational sei nur die experimentell falsifizierbare theoretische Objekt-Erkenntnis, nicht aber die praktische Erkenntnis und das Handeln in einer Situation, die völlig auf die Einzelentscheidung des Individuums zurückfielen. Denn als ›transzendentale‹ Reflexion würde sie über die *Konstitutionsproblematik* des ›transzendentalen‹ Subjekts aufklären. Diese Konstitutionsproblematik geht aber nicht einfach, wie Fichte solipsistisch meint, auf die apriorische Selbstsetzung eines Subjekts zurück, das als solches autonom, autark und monadisch vorstellbar wäre. Sondern sie geht auch auf die apriorische Selbstkonstitution eines Subjekts zurück, das a priori sprachlich ist und deshalb an die ›transzendentalen‹ Regeln der Kommunikation überhaupt (allgemeine Verständlichkeit, Beurteilbarkeit, verstehbares und insofern sinnvolles, rationales Reden) gebunden ist.

Gerade diese letzte Pointe unterschlagen sowohl der theoretische Objektivismus als auch der ihn ergänzende praktische Subjektivismus. Sie unterschlagen, daß jede Erkenntnis, jeder gesprochene Satz, aber auch jede Handlung und ethische Entscheidung *als* Erkenntnis, *als* sprachlicher Ausdruck und *als* verstehbare Handlung resp. Entscheidung schon das ›transzendentale‹ Sprachspiel der Allgemeinverständlichkeit, Kritisierbarkeit und möglichen Vereinigung aller theoretischen Erkenntnisse, aber auch aller praktischen Standpunkte voraussetzt. Gewiß kann – empirisch – ein Obskurantist sich zu widersinnigem Sprechen und Verhalten entschließen. Aber selbst dieser Entschluß, sofern er nicht durch Geistesverwirrung entsteht[21], sondern bewußt und das heißt sprachlich motiviert wurde, nimmt noch die angedeutete Voraussetzung in Anspruch: die Möglichkeit des Verstandenwerdens und der allgemeinen Beurteilung. Dieses Argument hat Karl-Otto Apel im Anschluß an Peirce und Wittgenstein als das »Apriori der Kommunikationsgemeinschaft« zu entfalten begonnen.[22]

Habermas hat es offenbar aufgenommen.[23] Es erweitert das allgemeine Reflexions-Argument des ›transzendentalen‹ Subjekts als erkenntniskonstitutiver Selbstsetzung gegenüber der Welt durch das allgemeine Reflexions-Argument des ›transzendentalen‹ Sprachspiels als erkenntniskonstitutiver Einbeziehung des Subjekts in Kommunikation überhaupt. Die Reflexion auf die Sprachlichkeit des Subjekts ist virtuell formal-emanzipatorisch, insofern sie die *absolute Wertfreiheitsthese* der streng theoretischen Objekterkenntnis *und* die *absolute Entscheidungsthese* der praktischen Sinngewinnung, die *jede* Wertsetzung dem bloß ›jemeinigen‹ Engagement des isolierten Individuums zuschreibt, widerlegt durch Aufweis des *allgemeingültigen*, weil a priori voraus-gesetzten, ›*Werts*‹ *der Kommunikation überhaupt.*

Allerdings wäre damit nur ein formaler ›Wert‹, ein formales ›Interesse‹ begründet. Der Erkenntnis schlechthin, also die abstrakteste (wie formale Logik und Transzendentalphilosophie) eingeschlossen, liegt nur ein Interesse an mündiger und gelingender Erkenntnis zugrunde. Die Mündigkeit der Erkenntnis setzt die Reflexion auf die Selbstsetzung des ›transzendentalen‹ Ich voraus. Das Gelingen der Erkenntnis setzt die Reflexion auf ihren kommunikativen Charakter voraus, aus der die *wissenschaftliche* Verpflichtung der Bewährung in der Kommunikation und die *wissenschaftspolitische* Verpflichtung zur Sicherstellung der wissenschaftlichen Kommunikation folgt. Zwar schließen diese Verpflichtungen eine (Minimal-)Ethik für das Verhalten der Theoretiker untereinander *und* ihr Engagement zur praktischen Sicherstellung des *Erkenntnis*fortschritts ein, *nicht* aber eine darüber *hinaus*reichende Ethik zur konkreten Orientierung des gesellschaftlichen und privat-existentiellen Lebens und ebensowenig ein konkret parteiergreifendes Engagement zur Gewährleistung eines Fortschritts der praktischen Humanität.[24] Eine gewisse Beschränkung des *schlechthin* allgemeinen Erkenntnisinteresses auf Erkenntnis und Reflexion als *solche* bringt Habermas freilich selbst zum Ausdruck: in der Reflexion gelange »eine Erkenntnis um der Erkenntnis willen (!) mit dem Interesse an Mündigkeit (möglicher Erkenntnis) zur Deckung«. Denn, wie Habermas in der Vorlesung *Erkenntnis und Interesse* fortfährt: »Das emanzipatorische Erkenntnisinteresse zielt auf den Vollzug der Reflexion als solchen.«[25]

Andererseits kann Habermas infolge der fehlenden Unterscheidung von (formaler) Reflexion und (geschichtlich-situativ engagierter) Selbstreflexion unvermittelt das Gegenteil behaupten: Das oberste Erkenntnisinteresse richte sich nicht nur auf den Vollzug der Erkenntnis und damit der Reflexion überhaupt, sondern in seiner »eingeschränkten Form«[26] als technisches *und* praktisches Erkenntnisinteresse sei es zugleich substantiell; indem es dem traditionellen Sinn reiner Theorie, der »den Erkenntnisprozeß von Lebenszusammenhängen prinzipiell scheidet«, widerstreite[27], begründe es einen interessierten Bezug auf die Lebensverhältnisse und konstituiere so auch die »kritisch orientierten Wissenschaften«, die nach dem Vorbild der marxistischen »Kritik« Verhältnisse verändern wollen. Diese Behauptung aber bedeutet einen direkten Widerspruch in der Bestimmung des angeblich *einen* emanzipatorischen Erkenntnisinteresses. Denn demnach würde es nicht mehr auf den bloßen »Vollzug der Reflexion« zielen, sondern gerade auf ihre *praktische* Transzendierung im Sinne der von der Ideologiekritik parteilich entworfenen Weltveränderung. Also – handelt es sich hier offenbar doch *nicht* um dasselbe emanzipatorische Interesse und *nicht* um dieselbe Reflexion.

Habermas scheint das sogar zu bestätigen, indem er einmal von »Reflexion«, ein anderes Mal von »Selbstreflexion«

spricht. Aber der Schein trügt. Beide Begriffe werden *synonym* gebraucht: Seine These, »das emanzipatorische Erkenntnisinteresse zielt auf den Vollzug der Reflexion als solchen«, mündet in den Fazitsatz: »*In der Kraft der Selbstreflexion sind Erkenntnis und Interesse eins.*«[28] Und bei der Bestimmung der kritisch engagierten Handlungswissenschaften heißt es, ihr methodologischer Rahmen bemesse sich »am Begriff der Selbstreflexion«.[29]

Die fehlende Unterscheidung erspart Habermas die Ernüchterung seiner Überschwenglichkeit. Die *formale* und allgemeingültige *Reflexion* ist das Geschäft der Transzendentalphilosophie: eine Erkenntnisleistung auf dem abstrakten Niveau des ›*Bewußtseins überhaupt*‹ (an dem auch die formal allgemeingültigen Erkenntnisleistungen der Logik und Mathematik teilhaben). Reflexion stellt die Frage nach den Bedingungen der Möglichkeit von Erkenntnis (z. B. nach »Erkenntnisinteressen«). Das vermag sie nur durch Abstraktion der Inhalte im Sinne jener, von Fichte beschriebenen, Entgegensetzung der Welt der Inhalte und alleinigen Aufrechterhaltung des ›Ich denke‹. Sie ermöglicht damit die formale »exzentrische Positionalität«[30] des Menschen, der sich von der Welt distanzieren und diese zu seinem Objekt machen kann.

Damit ist in der Tat auch die *Bedingung der Möglichkeit von Kritik* und *praktischer Emanzipation* qua Distanzierung bezeichnet, *nicht aber die Emanzipation* selbst. Denn eine praktische Emanzipation setzt zwar *Distanzierung* eines Unreflektierten, Undurchschauten voraus, in dessen Herrschaft man verstrickt war. Wenn diese Distanzierung aber eine *konkrete* Abkehr (und ›Aufhebung‹) von *bestimmten,* in ihrem Sinn nicht begriffenen, wie in ihren möglichen Auswirkungen nicht durchschauten Lebensverhältnissen und Lebensweisen ermöglichen soll, muß zugleich die parteiergreifende *Identifizierung* mit einem Antizipierten, in das man sich entwirft, hinzukommen.

Zu einer *Lebens*-Emanzipation bedarf es also zwei sich wechselseitig voraussetzender, komplementärer Bedingungen: der exzentrisch reflexiven Distanzierung und der »zentrisch« engagierten Identifizierung. Zwischen diesen Polen vollzieht sich die praktische Emanzipation als eine *geschichtliche Selbstreflexion*. Sie zielt nicht auf den Vollzug einer allgemeinen Erkenntnis oder allgemeingültigen Reflexion als solcher. Vielmehr zielt sie auf die *praktische Umsetzung* der situativen Erkenntnis, die bestimmte Menschen und Gruppen durch Aufklärung ihrer persönlichen Lebensgeschichte oder ihrer gesellschaftlichen Situation erwerben können. Der geschichtlichen Selbstreflexion geht es also nicht um formal-emanzipatorisches *Erkenntnis*-Wissen überhaupt, sondern um praktisch-emanzipatorisches *Handlungs*-Wissen in einer konkreten Lebenssituation.

Wenn die ›transzendentale‹ Reflexion das Erkenntnissubjekt emanzipiert, indem sie ihm bewußt macht, wie es sich erkennend a priori der Welt *entgegengesetzt hat,* so emanzipiert die geschichtliche Selbstreflexion ein Handlungssubjekt, indem sie ihm zeigt, wie es sich verstehend und handelnd mit seiner Welt *vermitteln* kann. So nämlich, daß es als Subjekt, als ›Schöpfer seines Geschicks‹ in der Welt ist. *Das* ist das emanzipatorische (Erkenntnis-)Interesse »kritischer Wissenschaften« vom Typus derjenigen ›Ideologiekritik‹, die Marx inauguriert hat und die in der Frankfurter Schule weiterentwickelt worden ist: »Kritik« mit dem *praktischen Anspruch,* gesellschaftliches Handeln vernünftig umzuorientieren. Hat Habermas sich darüber Klarheit verschafft? Das scheint mir nicht der Fall zu sein, da er einerseits stillschweigend eine neue, bloß analytische Form von Ideologiekritik einführt, andererseits aber mit dem Pathos der Kontinuität an Marx (und Horkheimer) anknüpft und dabei auch deren praktischen Anspruch erneuert.

Erkenntnis und Interesse führt im Rahmen einer Rekonstruktion des Modells der Freudschen Psychoanalyse und vor dem Hintergrund der Diltheyschen (sowie Gadamerschen) Hermeneutik den Typus einer *normativ analytischen Kritik* ein, ohne ihn als solchen zu definieren. Eben diesem Begriff ist aber das von Habermas am Beispiel der Psychoanalyse ausgeführte Modell einer *»tiefenhermeneutischen« Kritik an »systematisch verzerrter Kommunikation«* zuzuordnen. Als systematisch verzerrte Kommunikation gilt die mit den Mitteln »explanatorischen Verstehens« rekonstruierbare Quasi-Ursache von individuell psychischen Verdrängungen oder gesellschaftlichen Ideologien, denen wiederum Bedingungen sozialer Repression zugrunde liegen.[31] Normativ analytisch ist

diese Kritik, da sie das formal emanzipatorische Erkenntnisinteresse in Verbindung mit dem hermeneutisch praktischen
Erkenntnisinteresse als Norm voraussetzt. Dieser Voraussetzung entspricht die empirische Annahme einer reflexiven,
praktisch konsensfähigen und theoretisch wahrheitsfähigen
Kommunikation und Interaktion, die nicht nur in ihrem Sinn
verstehbar, sondern auch hinsichtlich ihrer Handlungsanweisungen akzeptierbar sein muß; das wäre der ›Normalfall‹
einer funktionierenden Interaktion, die durch die Integration
sprachlich artikulierten Sinns und entsprechender Hand-
lungsmuster in einem Sprachspiel gekennzeichnet ist.[32] Die
skizzierte Norm fungiert innertheoretisch als Kontrollwert
(i. S. von Parsons). Eine davon ausgehende Ideologiekritik
hätte Interaktionssysteme auf ihre mögliche Abweichung von
diesem Kontrollwert zu untersuchen. Ideologiekritik in diesem Sinne wäre auf *bestimmte Negation* beschränkt[33] und
könnte für das leitende Interesse, das ihre Fragestellung konstituiert, Allgemeingültigkeit beanspruchen. Eine Begründung dieses Geltungsanspruchs wäre die legitime Aufgabe
einer transzendentalphilosophischen Rekonstruktion von Erkenntnisinteressen.

Freilich kann diese Ideologiekritik, die im Rahmen einer »ne-
gativen Dialektik« (Adorno) bleibt[34], nicht zugleich den
Anspruch einer positiven Anleitung gesellschaftlichen Han-
delns stellen. Das bliebe dem ersten, von Marx intendierten
Typ einer praxisanleitenden Ideologiekritik im Rahmen einer
*Vermittlung emanzipatorischer Gesellschaftstheorie in gesell-
schaftsverändernde Praxis* vorbehalten. Offenbar unter dem
Eindruck des emphatisch ›kritischen‹ Selbstverständnisses
Adornos gibt Habermas weder eine Rekonstruktion oder son-
stige explizite Einführung dieses Typs, noch reflektiert er dessen Status transzendentalphilosophisch. Nicht zuletzt diese
Reflexion ist aber notwendig: denn dem praxisorientierenden
Typ von »Kritik« können wir nicht den gleichen Status wie
dem normativ analytischen zuschreiben. Jener impliziert
nämlich den engagierten Entwurf von neuen Gesellschaftsfor-
men *und* von Handlungsstrategien zu deren Realisierung und
damit das Moment der *Entscheidung* und *Parteiergreifung*.
Das Risiko von Entwurf und Entscheidung ist aber nicht theoretisch kompensierbar, es bleibt zu verantworten. Insofern ist

Dezision die Voraussetzung dieses Typs von Ideologiekritik, was für dessen Status nicht ohne Belang ist.

Freilich scheint mir die Absenz dieser kategorialen Unterscheidung nicht der letztlich ausschlaggebende Grund für Habermas' überschwengliche Rede von dem emanzipatorischen Interesse zu sein. Der ist m. E. vielmehr darin zu suchen, daß Habermas über seinem *Neofichteanismus* aus dem Blick verliert, was er sonst mit Recht als wissenschaftstheoretisches (*und* praktisch relevantes) Hauptargument ins Feld führt[35]: die »*Intersubjektivitätsrelation*« des Erkennens, das heißt die geschichtliche Sinn-Vermittlung zwischen Subjekten. Sie ist unserem inhaltlichen Denken und Erkennen durch dessen Sprachlichkeit immer schon vorgegeben, so daß wir nicht nur an das transzendentale ›Sprachspiel‹ sinnvollen Redens gebunden, sondern auch immer schon in konkrete handlungsorientierende, Lebenswelt erschließende ›Sprachspiele‹ einbezogen sind. Die von ihnen a priori geleistete Erschließung einer Welt erlaubt eine transzendentalpragmatische Rechtfertigung und semiotische Reformulierung von *Hegels* dialektischem Ansatz beim *Primat der Synthesis*[36], welcher Fichtes nachcartesische Dialektik der Entgegensetzung von Subjekt und Objekt als abstrakt hinter sich läßt. Hegels Ansatz weist voraus auf die von der existentialen Hermeneutik Heideggers und der sprachanalytischen Pragmatik Wittgensteins semiotisch-pragmatisch formulierte Überwindung der *Subjekt–Objekt-Spaltung. Heidegger* überwindet die Subjekt–Objekt-Spaltung mit seinem Ansatz beim »In der Welt sein«; das pragmatische Apriori des »besorgenden« Umgehens mit...., das unser pragmatisches Verstehen konstituiert, ist auch der Grund für die vorgängige »Erschlossenheit« von Welt und das vorgängige »Mitsein mit Anderen«.[37] *Wittgenstein* überwindet die Subjekt–Objekt-Spaltung, die in der traditionellen Idee der vorsprachlichen Erkenntnis von Gegenständen und der nachträglichen Zuordnung von Zeichen mitgesetzt ist, durch seinen Ansatz beim pragmatischen Verstehen als »Regel-Folgen«, das wir in etablierten »Sprachspielen erlernen«. Das eingeübte pragmatische Verstehen läßt uns den Umgang mit etwas wie »eine Technik beherrschen« und hat qua Regel schon immer eine Intersubjektivität der möglichen Akteure hergestellt.[38]

Einerseits beansprucht Habermas das von Hermeneutik und Pragmatik erreichte semiotische Niveau und argumentiert von daher, andererseits greift er bei der Einführung der Idee des emanzipatorischen Interesses direkt auf Fichtes Dialektik von Ich und Nicht-Ich zurück. *Fichte* denkt aber das Verhältnis von Ich und Nicht-Ich nach dem Muster der vorsemiotischen *Subjekt–Objekt-Spaltung.* Die isolierte Subjekt–Objekt-Relation erlaubt es nicht, die vorgängige Weltvermittlung der Erkenntnis durch intersubjektiven Sprachgebrauch und pragmatisches Verstehen zu berücksichtigen, da sie den Erkenntnisvorgang zwischen dem Ich und der Welt als Außen-Welt, als Objekt, ansiedelt. Nur deshalb kann Fichte unterstellen, seine Reflexion auf das emanzipatorische, selbstbewußte ›Subjekt‹ habe zugleich mit der Distanzierung der materiellen Objekt-Welt die Welt der Inhalte überhaupt distanziert. Das läßt ihn – und auch Habermas – übersehen, daß ihre angeblich durch reine Reflexion gestiftete, also von jedem möglichen Selbstbewußtsein jederzeit nachvollziehbare Einheit von Erkenntnis überhaupt und einem *zugleich* praktischen Engagement der Weltveränderung in Wahrheit das zentrische, interessierte Verstehen voraussetzt, das etwas *als* etwas im Lichte eines bestimmten Sinn- und Handlungszusammenhangs ›sieht‹, d. h. versteht.[38a]

Dieser pragmatischen »Als-Struktur« (Heidegger) unterliegt zumal das inhaltliche Über-etwas-Sprechen, auch das leise des Denkens. Aus diesem Grunde – so können wir in Vollzug einer semiotisch transzendentalphilosophischen Reflexion sagen – ist mögliches Wissen *fallibel* und mögliches Handeln *fehlbar:* beides steht in einer partiell, nicht aber prinzipiell überwindbaren dogmatischen Abhängigkeit von institutionalisierten Sinn- und Handlungszusammenhängen.

Indem aber Reflexion zu einer solchen Einsicht gelangt, die zunächst die menschliche ›Vernunft‹ und Praxis in die Grenzen ihrer semiotisch pragmatischen Vermitteltheit und d. h. Endlichkeit verweist, überschreitet sie diese in gewisser Weise auch. Denn zugleich mit ihrer Kritik der ›Vernunft‹ und Praxis als endlicher stellt sie die gewissermaßen un-endliche Potenz der *Distanzierung* und *Transzendierung* des bloß Endlichen unter Beweis.[39] Indem sie nämlich mittels reflexiver semantischer ›Selbstaufstufung‹ die transzendentalphilosophische Stufe des Redens über mögliches Sprechen und Handeln erreicht, auf der sie nicht mehr über mögliche Sachverhalte, sondern lediglich über mögliche Geltung spricht. Auf dieser Stufe kann für die Reflexion selbst nicht das gelten, was sie über das mögliche inhaltliche, auf Sachverhalte bezogene Denken und Handeln als gültig aussagt – wie etwa die pragmatische Situationsabhängigkeit und die daraus resultierende Fallibilität und Fehlbarkeit. Denn es wäre unsinnig, z. B. die Idee der Fallibilität auf sich selbst zu beziehen. Die reflexive Selbstaufstufung des Sprechens *ermöglicht nicht* allein den Anspruch auf allgemeingültige formale Argumentation in Universalien, den z. B. jede wissenschaftstheoretische Rede erhebt, sondern auch dessen approximative Einlösung.[40]

Diese, hier nur skizzierte Reflexion auf die Geltung der transzendentalen Reflexion legt die Einsicht in die *Allgemeingültigkeit* der Rede von der Fallibilität unseres Wissens und der Fehlbarkeit unseres Handelns nahe. Diese Einsicht erlaubt eine vernünftige, intersubjektiv verbindliche Einführung des *Prinzips der kritischen Rationalität:* nämlich der Bereitschaft zur Distanzierung seiner selbst und zum Sich-in-Frage-stellen-Lassen durch andere.[41] Diese Bereitschaft zur Kritik seiner selbst ist Voraussetzung emanzipatorischer Selbstreflexion und Praxis, die sich von dem distanzlosen Engagement, das als Indikator einer Entfremdung des Menschen gelten kann[42], prinzipiell unterscheidet. In actu ist diese Unterscheidung freilich stets von neuem zu realisieren: dies bleibt die Aufgabe des reflexiven guten Willens oder der Verantwortlichkeit der Subjekte, welche die ungarantierbare Voraussetzung von Emanzipation ist.

Anmerkungen

1 *Offene Gesellschaft* II, Bern 1953, S. 347.
2 K.-O. Apel, *Szientistik, Hermeneutik, Ideologiekritik: Entwurf einer Wissenschaftslehre in erkenntnisanthropologischer Sicht,* 1968; zuletzt in: *Transformation der Philosophie,* Bd. II, Frankfurt/Main 1973, S. 96.
3 Vgl. G. Picht, *Wahrheit – Vernunft – Verantwortung,* Stuttgart 1969, S. 242 ff., 194 ff., vgl. 208 ff., 221 ff.

4 J. Habermas, *Erkenntnis und Interesse*, Frankfurt/M. 1968, S. 242. Vgl. ders., *Arbeit und Interaktion*, in: *Technik und Wissenschaft als ›Ideologie‹*, Frankfurt/M. 1968, S. 9 ff.

5 Habermas, *Erkenntnis und Interesse*, S. 239 ff. – Problematisch ist diese These in mehrfacher Hinsicht. Zunächst suggeriert sie ein *instrumentalistisches* Mißverständnis der Naturwissenschaft, das schon seit *Popper* als überwunden gelten darf; damit provozierte sie sogleich die Kritik Hans Alberts (in: *Der Positivismusstreit in der deutschen Soziologie*, Neuwied und Berlin 1969, S. 201 ff.; vgl. auch G. Radnitzky, *Contemporary Schools of Metascience*, 2. Aufl. Göteborg 1970, Bd. II, S. 14 ff., 12 f. Vgl. besonders *Toulmins* weiterreichende, m. E. auch Poppers Falsifikationismus betreffende Kritik an der instrumentalistischen Reduzierung wissenschaftlicher Erklärung auf ihren prognostischen Gehalt, in: *Voraussicht und Verstehen*, Frankfurt/Main 1968, orig. 1961). Sodann vermischt diese These heterogene Handlungsweisen, indem Habermas technisches Handeln von *zweckrationalem* nicht zureichend unterscheidet; darauf machte zuerst K. H. Ilting (*Philos. Jahrbuch*, 72. Jg. 1964, S. 92 f.) aufmerksam, der schon der Habermasschen Hobbes-Interpretation von 1961 vorwarf, sie vermische technisches Handeln (mit festen, vordefinierten Handlungszielen und somit beschränkten, isolierbaren Aufgaben) implizit mit zweckrationaler Praxis (deren allgemeiner Endzweck – z. B. Selbsterhaltung – selber keine partikuläre Aufgabe ist, zu der es technische Lösungen gebe). Schließlich hat jüngst *H. Schnädelbach* gegenüber Habermas technisches und *experimentelles* Handeln unterschieden (*Zeitschr. f. Allg. Wissenschaftstheorie*, 3. Jg. 1972, S. 102 ff.): Technischem Handeln liege eine »nichtproblematisierte Einheit von ›Überzeugung‹ (belief) und ›Verhaltensgewohnheit‹ (habit) im Peirceschen Sinne« zugrunde, die jeweils zur Erreichung eines vordefinierten Handlungsziels aktualisiert werde, während experimentelles Handeln gerade jene Einheit problematisiere und »zum Anlaß der Forschung« nehme.

Aus dem Fehlen dieser beiden Unterscheidungen ergeben sich bei Habermas zwei Mißverständnisse: einerseits das idealistisch-hermeneutische Mißverständnis, zweckrational sei nur technisches und experimentell-wissenschaftliches Handeln, nicht aber das davon unterschiedene »kommunikative Handeln«; andererseits das technizistisch-pragmatische Mißverständnis, experimentell-wissenschaftliches Handeln sei lediglich die Fortführung der technisch-materiellen Naturbearbeitung auf höherer Ebene, Naturwissenschaft also nur eine Hochstilisierung technischen Arbeitswissens.

6 Vgl. Apel, a.a.O., S. 39, 41. – Im Unterschied zu Habermas hat Apel, der von dem nicht reduktionistisch interpretierten Peirce des ›Would-be-Pragmatismus‹ ausgeht (vgl. die Einleitungen zu seiner

Peirce-Ausgabe, Peirce, Schriften I und II, Frankfurt/M. 1967, 1970),
zugleich den theoretischen Charakter der Naturwissenschaft und die
»Theoriegeladenheit« naturwissenschaftlicher Erklärungen (vgl.
Toulmin), als konstitutiv betont, ohne jedoch auf der Ebene der
Erkenntnisinteressen Konsequenzen daraus zu ziehen.
7 Vgl. Apel, a.a.O., S. 51, 47 ff.
8 Technik und . . ., S. 159, 163 f. – Habermas' System der Erkenntnisinteressen sähe dann so aus:

emanzip. Erk.-Int.

konstituiert: Erkenntnis überhaupt, formale Erk.-Leistungen
(Logik etc.) *und* engagiert kritische Erk.-Leistungen (Ideologiekritik, Psychoanalyse)

prakt. Erk.-Int.	*techn. Erk.-Int.*
konstituiert:	konstituiert:
hist.-herm. Wissenschaften	empir.-analyt. Wissenschaften

Vgl. Erkenntnis und Interesse, S. 259, 256 ff., 241 f.
9 M. Horkheimer, *Kritische Theorie,* Bd. I und II, hrsg. von
A. Schmidt, Frankfurt a. M. 1968. Ders., *Zur Kritik der instrumentellen Vernunft,* Frankfurt a. M. 1967.
10 *Kritische Theorie* II, S. 115.
11 *Zur Kritik der instrumentellen Vernunft,* S. 32 f.
12 Dazu Hans P. Schmidt, *Frieden,* Stuttgart 1969, bes. S. 42 ff.
13 Böhler, *Metakritik der Marxschen Ideologiekritik,* Frankfurt
a. M. 1971, Kap. I. – Ders., *Kritische Theorie – kritisch reflektiert,* in:
ARSP, 56. Jg., 1970, S. 511 ff.
14 *Zur Kritik der instrumentellen Vernunft,* S. 16, vgl. 21 ff.
15 *Kritische Theorie* I, S. 246.
16 Fichte, *Grundlage der gesamten Wissenschaftslehre,* hrsg. von
Medicus, Hamburg 1961, S. 162 ff.
17 *Versuch einer neuen Darstellung . . .,* in: *Erste und zweite Einleitung in die Wissenschaftslehre,* hrsg. von Medicus, Hamburg 1965,
S. 112 f.
18 *Die Bestimmung des Menschen,* 2. Buch, Hamburg 1962, S. 80 f.
19 *Erkenntnis und Interesse,* S. 253. Vgl. jetzt: O. Schwemmer,
Philosophie der Praxis, Frankfurt/M. 1971, bes. Kap. 9 und 10.
20 Zit. bei Habermas, a.a.O., S. 254.
21 Aber selbst diese kann durch analytische Erklärung (vgl. Psychoanalyse) noch in die Allgemeinverständlichkeit zurückgeholt werden.
22 K.-O. Apel, *Entfaltung der sprachanalytischen Philosophie und
das Problem der ›Geisteswissenschaften‹* in: *Phil. Jahrbuch,* 72. Jg.,

München 1965, S. 239 ff. Ders., *Die erkenntnisanthropologische Funktion der Kommunikationsgemeinschaft ...*, in: *Information und Kommunikation*, hrsg. von S. Moser, München und Wien 1968, S. 163 ff. Ders., *Sprache und Reflexion*, in: *Akten des XIV. Internat. Kongresses für Philos.*, Wien 1969. Vgl. jetzt Bd. II von: *Transformation der Philosophie*, Frankfurt/M. 1973.

23 *Erkenntnis und Interesse*, Kap. 5 ff. – Inzwischen hat Habermas dieses Argument mit seinem Ansatz einer »Theorie der kommunikativen Kompetenz« in ethisch praktischer Absicht weiterentwickelt. Die erkenntnistheoretische Konsequenz ist eine Konsenstheorie der Wahrheit.

24 Es gibt kein Kontinuum zwischen philosophischer Reflexion und gesellschaftlicher Praxis. In concreto bleibt Praxis zu *verantworten* und ist nicht bloße Ausführung einer allgemeingültigen Orientierung. Dies nicht anerkennen hieße Praxis unter eine (pseudo-) objektive Theorie zu subsumieren und sowohl das liberal emanzipatorische Postulat der Freiheit und Würde des Individuums als auch das kritisch emanzipatorische Postulat einer selbstbewußten umwälzenden Praxis preiszugeben. Inzwischen hat Habermas in der Einleitung zur Neuausgabe von *Theorie und Praxis* die Idee eines Kontinuums von Reflexion und Praxis pragmatisch relativiert.

25 Habermas, *Technik und ...*, S. 164. Dazu M. Theunissen, *Gesellschaft und Geschichte*, Berlin 1969, S. 26 f., vgl. 8 ff.

26 *Erkenntnis und Interesse*, S. 259.

27 Ebd., S. 257 f.

28 *Technik und ...*, S. 164.

29 Ebd., S. 159.

30 H. Plessner, *Die Stufen des Organischen und der Mensch*, Berlin 1965, bes. S. 292 ff., 309 ff.

31 Vgl. zuletzt: *Theorie und Praxis*, Neuausgabe, Frankfurt/Main 1971, Vorwort, S. 17, 19. Vgl. *Erkenntnis und Interesse*, S. 26 ff., und A. Lorenzer, *Sprachzerstörung und Rekonstruktion*, Frankfurt/Main 1970.

32 *Erkenntnis und Interesse*, S. 266 f.

33 *Theorie und Praxis*, 1971, S. 44.

34 Ebd., S. 23.

35 *Zur Logik der Sozialwissenschaften*, Beiheft 5 der *Phil. Rundschau*, Tübingen 1967.

36 Dazu: R. Kroner, *Von Kant bis Hegel*, 2. Aufl. Tübingen 1961, S. 260 ff., und H. Schmitz, *System der Philosophie*, Bd. I, Die Gegenwart, Bonn 1964, S. 106-118.

37 Heidegger, *Sein und Zeit*, bes. §§ 12 f., 15, (19 ff.), 25 f., 31 ff., 41 und 43.

38 Wittgenstein, *Philosophische Untersuchungen*, bes. §§ 1-38,

146 ff., 198 f. Vgl. G. Ryle, *Der Begriff des Geistes*, dtsch. Stuttgart 1969, bes. 1. u. 2. Kap. Vgl. P. Winch, *Die Idee der Sozialwissenschaft und ihr Verhältnis zur Philosophie*, dtsch. Frankfurt/Main 1966.

38a Siehe in diesem Band 370 ff.

39 Zur Funktion der reflexiven Distanzierung vgl. Böhler, *Rechtstheorie als kritische Reflexion*, in: *Rechtstheorie*, hrsg. von G. Jahr u. W. Maihofer, Frankfurt 1971, S. 67 ff.

40 Th. Litt, *Zur Dialektik der reflexiven »Selbstaufstufung«*, in: *Mensch und Welt*, 2. Aufl. Heidelberg 1961, Kap. XIII f., bes. Anm. 66. – Vgl. die Rekonstruktion des Littschen Gedankens bei Apel, *Die Idee der Sprache in der Tradition des Humanismus . . .*, in: *Archiv für Begriffsgeschichte*, Bd. 8, Bonn 1963, S. 43 ff. Vgl. die kritische Würdigung der Hegelschen Dialektik durch Dietrich Benner, *Theorie und Praxis*, Wien 1966, bes. S. 36 ff.

41 Vgl. Apel, *Das Apriori der Kommunikationsgemeinschaft und die Grundlagen der Ethik*, in: *Transformation der Philosophie* I, S. 358 ff., bes. 411 ff.
Vgl. P. Lorenzen / O. Schwemmer, *Konstruktive Logik, Ethik und Wissenschaftstheorie*, Mannheim 1973, bes. Kap. II.

42 So zuletzt P. Berger and Th. Luckmann, *The Social Construction of Reality*, New York 1966, dtsch.: Die gesellschaftliche Konstruktion der Wirklichkeit, Frankfurt 1969.

Dietrich Böhler
Über das Defizit an Dialektik bei Habermas und Marx

Ein Postskript[1]

Bald nach Erscheinen von *Erkenntnis und Interesse* persiflierten jüngere Anhänger der Kritischen Theorie den Titel als »Erkenntnis ohne Interesse«. Vor dem Hintergrund der Marx-Tradition, der er sich verpflichtet weiß, kann der Ansatz dieses Werks in der Tat ›abstrakt‹ wirken; schon weil der Begriff des Interesses merkwürdig unbestimmt bleibt und weil die Idee einer Verbindung von Erkenntnis und Interesse im emanzipatorischen »Interesse« idealistisch überschwenglich zu so etwas wie einem reinen Subjekt-Interesse stilisiert wird. Bei *Marx* hingegen wurde das Verhältnis von emanzipatorischer »Idee« und materiellem »Interesse« so bestimmt, daß sich die Idee nur durchsetzt, insoweit sie mit einem Interesse konvergiert.[2]

Marx, der Emanzipation will und »Entfremdung« als Verlust des Selbstbewußtseins definieren kann, setzt nicht, wie die Junghegelianer, direkt beim Selbstbewußtsein, aber auch nicht beim »objektiven Geist« an, sondern versucht, das Problem des Selbstbewußtseins und der Emanzipation »aus seiner subjektiven Selbständigkeit herauszulösen und es einem anderen Zusammenhang einzugliedern, wo es sozusagen prädikativ behandelt werden konnte, d. h. in irgendeiner mitgedachten Weise«.[3] Die Möglichkeit dazu ergibt sich für Marx aus einer Anthropologie, die im Sinne des Mensch–Tier-Vergleichs von der spezifischen »körperlichen Organisation des Menschen« und dem ihr entsprechenden Verhalten ausgeht. Auf soziokultureller Stufe bricht die Praxis der *Lebenserhaltung* den Funktionskreis organismischen Lebens auf und eröffnet Geschichte, weil schon das Überleben der Gattung nunmehr Reflexion und Interaktion erfordert. *Reflexion,* weil der Mensch sich selbst problematisch ist, da ihm die Produktionsmittel nicht wie dem Tier mitgegeben sind. Dieser Mangel zwingt ihn dazu, sich zu sich selbst zu verhalten und seine Produktionsmittel selbst zu produzieren.[4] Im Zuge ihrer erfolgreichen Verwendung bei der Aneignung der Natur emanzipiert sich der Mensch von Bedrohung seiner Existenz durch Natur. Auf *Interaktion* ist der Mensch angewiesen, weil er arbeitsteilig produzieren muß.[5] Die Institutionalisierung der Produktion (Produktionsverhältnisse) schlägt freilich aufgrund der Güterknappheit in dem Maße in Repression um, als es zur Bedürfnissteigerung, zur Bevölkerungszunahme und zur innovativen Entwicklung der Produktivkräfte kommt. Zumal die Entfaltung der Produktivkräfte soll die, zur Erhaltung der Gattung auf der erreichten Entwicklungsstufe *nötige Emanzipation* von Bedrohung durch repressiv gewordene Institutionen garantieren.

Unbeschadet der Probleme, die bereits in diesem pragmatistischen Ansatz enthalten sind, vor allem aber der naturalistischen Reduktionismen, die an seinem historisch-materialistischen Rahmen haften[6], hat Marx damit – methodologisch betrachtet – den philosophisch modernen Versuch unternommen, emanzipatorisches Denken im Sinne des von Pragmatismus und Dialektik postulierten Prinzips der *Indirektheit* zu konzipieren.[7] Demgegenüber mag der Ansatz von *Erkenntnis und Interesse* direkter erscheinen: als habe sich der Impuls eines subjektiven Idealismus den Umweg durchs Pragmatische verkürzt.

Idealistische Direktheit in der Konzeption des praktischen Erkenntnisinteresses?

Beim »*emanzipatorischen Interesse*« trifft dieser Eindruck in gewisser Weise zu: es ist als subjektiv idealistisches Interesse darauf gerichtet, nichts Fremdes mehr außer sich zu haben, sondern alle ihm fremde Substantialität aufzuzehren und dem reflexiven Subjekt einzuverleiben.[8] Auch das »*praktische Erkenntnisinteresse*« an möglicher intersubjektiver Handlungsorientierung wirkt eigentümlich idealistisch, einmal wegen der abstrakten Gegenüberstellung des von ihm konstituierten kommunikativen Handelns zu dem ›technisch instrumentellen‹ und daher (sic) ›zweckrationalen‹ Handeln[9], zum andern wegen der Idealisierung kommunikativen Handelns als einer, Zwecke erst diskursiv begründenden Verständigung der vernünftigen Subjekte. Die mit der »Als-Struktur« (*Heideg-*

ger) vorgegebene dogmatische Bindunv von Interaktion und Kommunikation an Verstehens-*Muster* und Handlungs-*Regeln,* die wir im Rücken haben, nämlich in institutionalisierten Sinn- und Handlungszusammenhängen[10], wird nicht ernst genommen. Das transzendentale ›praktische Interesse‹ scheint nur i. S. des praktischen Diskurses ›praktisch‹ zu sein: interessiert an *Begründung von Zwecken.* Dann wäre es aber eine Spezifizierung des »emanzipatorischen Interesses« und entbehrte des zentrisch-dogmatischen Moments, das aller praktischen Intersubjektivität eigentümlich ist.

Die »Als-Struktur« möglichen Verstehens (sei es von nichtsprachlichen Sachverhalten und Verrichtungen, sei es von sprachlichen Äußerungen) gründet darin, daß wir *etwas* immer von einem sozial etablierten Sinn- und Handlungszusammenhang her und auf diesen hin *als etwas Bestimmtes verstehen,*[10a] dem wir *regelmäßig* einen bestimmten Prädikator zuordnen resp. auf das wir regelmäßig mit einer bestimmten Handlungsweise antworten. Dies regelmäßige Sich-Beziehen auf etwas lernen wir, indem wir in den Sprachgebrauch eines sozial etablierten Sinn- und Handlungszusammenhanges eingeübt werden.

Das eingeübte normale Verstehen und das institutionalisierte Handeln verlangen nur Weisen impliziter, regelimmanenter Reflexion, um mögliche Fragen von der Art »folge ich der Regel so richtig?« und »welche Regel paßt zu dieser Aufgabensituation?« beantworten zu können. Die Regel oder das Muster stellen wir normalerweise nicht in Frage, auf deren Begründung reflektieren wir nicht, sondern akzeptieren sie fraglos, wie man etwa Spielregeln hinnimmt, wenn man spielen will. *Wittgensteins* Sprachspielmodell zeigt, daß unser normales Handeln insofern nicht das schöpferische und diskursive Handeln eines poietischen Subjekts, sondern ein nur implizit reflektierendes Regel-Folgen ist.

Freilich kann das eingeübte normale Verstehen umschlagen in eine kritische Verständigung, wenn Konfliktsituationen eine Radikalisierung der impliziten Reflexion zur ausdrücklichen Reflexion auf die Geltung von Regeln selbst provozieren. Dann macht sich die *kritische Regel-Kompetenz* der Menschen als möglicher Subjekte von Reflexion, Kommunikation und Erfahrung geltend[11], die eine diskursive und auf Konsens beruhende Einführung von Regeln ermöglicht. Das Befolgen solcher Regeln wäre als rein diskursiv bedingtes Handeln, als sich selbst bis auf den Grund seiner Genese durchsichtiges Handeln des poietischen Subjekts anzusehen. – Ideologiekritik und Psychoanalyse verfolgen das emanzipatorische Subjektinteresse, alles ›naturwüchsige‹ und zwangskausal bedingte Handeln aufzuheben in diskursiv bedingtes Handeln.

Aber wird die hier mitgedachte Alternative ›naturwüchsige‹ Handlung und emanzipatorischen Diskurses[12] nicht selbst von der Als-Struktur eingeholt?[12a] Oder: bleibt nicht jedenfalls das *inhaltliche Sprechen* (über Sachverhalte) und damit in gewisser Weise auch die, davon nicht ablösbare, Argumentation im *praktischen Diskurs*[13] interessiert und dogmatisch, weil abhängig von dem Hintergrund institutionalisierter Sinn- und Handlungszusammenhänge?

Die konstitutive Sprechform des Diskurses ist die *Frage*. Nun enthält jede mögliche Frage eine bestimmte Menge expliziter und eine unbestimmte Menge impliziter Behauptungen.[13a] Sie sind die semantische und pragmatische Grundlage einer Frage, insofern sie ihr allererst einen verstehbaren und formulierbaren Sinn geben. Wenn wir einmal beschlossen haben, eine bestimmte Frage zu stellen, können wir deren explizite und implizite Behauptungen nicht ihrerseits in Frage stellen (d. h. zum Gegenstand des Diskurses machen); vielmehr müssen wir sie semantisch und pragmatisch als gültig unterstellen. Wir sind genötigt, eine kaum begrenzbare Menge von Wissensunterstellungen und Konsensunterstellungen einzubringen, wenn anders unsere Fragen Sinn machen sollen. Dasselbe gilt für den praktischen Diskurs, der auf Fragen aufbaut. Woher nun das Wissen und den Konsens dieser Unterstellungen nehmen, wenn nicht aus tradierten und institutionalisierten Sinn- und Handlungszusammenhängen? Deren pragmatische Leistung besteht gerade darin, sachliches Wissen als soziale Gewißheit auf Dauer zu stellen und sowohl die semantische wie auch die pragmatische Relevanz, also Triftigkeit und Konsensfähigkeit von Überzeugungen, »erfolgreich zu überschätzen« und de facto auszubauen.[14] Diese Leistung entlastet die Subjekte noch im Diskurs von dem Zwang einer totalen und permanenten Validierungsreflexion des Sachgehalts sowie einer totalen und permanenten Konsensbildung über den Geltungsanspruch von Überzeugungen. Die von Gehlen als »Entlastung« beschriebene Leistung der Institutionalisierung kann sprachphilosophisch-hermeneutisch als apriorisches Perfekt begründet werden: sie ist »immer schon« vollzogen, wenn wir sprechen und handeln, da wir die Gegenstände unseres Sprechens und Handelns von den im Rücken liegenden Sinn- und Handlungszusammenhängen her *als* etwas uns Interessierendes besprechen und behandeln.

Auch der praktische Diskurs bleibt demnach auf Institutionalisierung angewiesen und kann daher nicht als »Gegeninstitution schlechthin«[15], wohl aber als dialektische Vermittlung der bloß positiven und d. h. dogmatischen Praxis eines institutionalisierten Handelns mit der Idee eines rein reflexiven und kritischen Diskurses begriffen werden.[16] Der Begriff eines praktischen Diskurses ist demnach nicht aus Habermas' »praktischem Erkenntnisinteresse« deduzierbar, weil darin das sozial-pragmatische Moment, welches jeden solchen Diskurs mitkonstituiert, nicht enthalten ist. Positiv folgt aus unserer Argumentation: Handeln und Sprechen kann nicht allein in bezug auf die Kategorie *Subjekt*, sondern muß zugleich von der Kategorie *soziales System* (oder *Institution*) her thematisiert werden, wenn wir darunter sozial etablierte Sinn- und Handlungszusammenhänge verstehen. Diese beiden, sich in Sprechen und Handeln immer schon vermittelnden Bestimmungen können als dialektische Extreme eines *Interesses an möglicher intersubjektiver Handlungsorientierung und sozialer Identität* angesehen werden. Es ist dies ein *pragmatisches* und *virtuell kritisches* Interesse. Seine Einführung schlage ich im Sinne einer pragmatistischen und hermeneutischen Reformulierung des »*praktischen Erkenntnisinteresses*« vor.

Das Desiderat einer Vermittlung von emanzipatorischem und materiellem resp. technischem Interesse der Gattung

Geschichtsphilosophisch und anthropologisch betrachtet hat *Marx* den interessanten Versuch einer Rettung des idealistischen Subjektinteresses[16a] gemacht, indem er es mit dem *materiellen* Gattungs-*Interesse an Lebenserhaltung* in Zusammenhang brachte. Wie sieht dieser von ihm gestiftete

Zusammenhang aus? Ist es der einer dialektischen Vermittlung? Dazu bedarf es eines *tertium*. In der Tat involviert der historisch-materialistische Ansatz so etwas wie ein *pragmatisches Interesse an Institutionalisierung* des kommunikativen Handelns sowohl hinsichtlich des konkreten Produzierens *(Arbeitsteilung)* als auch hinsichtlich der Aneignung des Sozialprodukts *(Produktions- resp. Eigentumsverhältnisse)*, das als Vermittelndes fungieren könnte. Bei genauem Lesen stellt sich freilich heraus, daß dies Dritte nur ein Abgeleitetes und historisch begrenzt ist: ein auf die menschliche »Vorgeschichte« beschränkter, in dieser aber verselbständigter Modus des unaufhebbaren Gattungs-Interesses an Lebenserhaltung. Es ist von historischer Notwendigkeit, solange Güterknappheit herrscht und die Verwaltung von Mangel Herrschaft zur Disziplinierung der Bedürfnisse verlangt, welche sich naturwüchsig als Klassenherrschaft entwickelt. Die Entfesselung der Produktivkräfte durch die kapitalistische Produktionsweise und die einhergehende Akkumulation und Zentralisation des Kapitals setzen aber der Güterknappheit ein Ende. Dadurch ist die Macht der Institutionalisierung gebrochen und wird im Zuge der proletarischen Revolution und Selbstorganisation der Produzenten als freier Verein so gut wie liquidiert. Das tertium entfällt. Gleichwohl stehen sich Emanzipation und Lebenserhaltung nicht in einer Polarität gegenüber. Diese löst sich vielmehr teleologisch auf: das materielle Interesse der ausgebeuteten Klasse wird Träger des emanzipatorischen Interesses der Gattung. Die Dialektik bleibt auf der Strecke (s. u.).

Auch *Habermas* unternimmt den Versuch, das idealistische Subjektinteresse mit dem materiellen Interesse an Lebenserhaltung zu vermitteln. Dieses führt er als »*technisches* Interesse« an möglicher Verfügung über Natur ein; denn allein eine gesicherte Verfügung über Natur vermag die Erhaltung der Gattung zu gewährleisten. Dabei geht Habermas m. E. von folgender Fragestellung aus[17]: Wenn die Selbstverwirklichung der Menschengattung aufgrund des anthropologischen Konflikts zwischen Lebenserhaltung und Antriebsüberschuß und aufgrund der ökonomischen Güterknappheit in vortechnischen Zivilisationen, welche eine repressive Lösung jenes Konflikts verlangt, zunächst den Umweg über »Herrschaft«

durch *Institutionen* machen muß – wie kann Institutionalisierung gleichwohl so begriffen werden, daß das idealistisch-emanzipatorische Prinzip der Selbstbegründung und Selbstverwirklichung des Subjekts dennoch als das konstitutive Prinzip von Gesellschaft und Geschichte schlechthin erwiesen wird?[18]

Zweifellos ist diese Fragestellung durch Freud und durch die Anthropologie Gehlens, welche stillschweigend in Habermas' Freud-Interpretation mit eingeht[19], belehrt worden und überschreitet insofern das Problembewußtsein des Marxschen Ansatzes beim toolmaking animal. Im Anschluß an Freud will Habermas der Interaktion, vor allem der »*Entwicklung von Institutionen*« und damit der »Herrschaft« einen »substantielleren Stellenwert« als Marx zuerkennen.[20] Deshalb ist die Vermutung angebracht, Habermas wolle damit ein hinsichtlich des Status gleichberechtigtes *tertium* einführen, das eine dialektische Vermittlung von Emanzipation und Lebenserhaltung zu entwickeln erlaubt. Freilich wird diese Vermutung weder auf kategorialer Ebene noch von der Freud-Rekonstruktion bestätigt. Freud wird in ein idealistisch-geschichtsphilosophisches Konzept integriert: auch Freud habe die restlose Befreiung des institutionellen Rahmens der menschlichen Selbstverwirklichung von ›Repressivität‹ als Ziel der Gattungsgeschichte angesehen. Die Entwicklung der Produktivkräfte erzeuge »auf jeder Stufe von neuem die objektive Möglichkeit, die Gewalt des institutionellen Rahmens zu mildern und die affektiven Grundlagen seines Kulturgehorsams durch rationelle zu ersetzen. Das Ziel ist die ›rationelle Begründung der Kulturvorschriften‹, also eine Organisation der gesellschaftlichen Beziehungen nach dem Prinzip, daß die Geltung jeder politisch folgenreichen Norm von einem in herrschaftsfreier Kommunikation erzielten Konsensus abhängig gemacht wird«.[21]

Preisgabe der dialektischen Vermittlung und idealistische Herabsetzung des ›Stellenwerts der Institutionen‹

Schon die Terminologie zeigt an, daß Habermas hier Freud von *Marx* her interpretiert. Dieser Kunstgriff ermöglicht es ihm, den vorgeblich anerkannten »substantielleren Stellenwert« der Institutionalisierung unter der Hand wieder zu reduzieren. Marx begreift ja *Institutionen* nur als *Mittel der Produktion* und als *Entsprechung zur Güterknappheit*. Von dieser Perspektive läßt sich auch Habermas' Beurteilung des Stellenwerts der Institutionen leiten, die er im Zusammenhang der Freud-Interpretation gibt.[22] Die Bedeutung von Institutionen hänge »vom Grad der technischen Verfügung über die Naturkräfte ebenso ab wie von der Organisation ihrer Ausbeute und der Verteilung der produzierten Güter. Je mehr die technische Verfügungsgewalt erweitert und der Realitätsdruck gelockert wird, um so schwächer wird die vom System der Selbsterhaltung (in Institutionen) erzwungene Triebzensur, um so stärker die Organisation des Ich ... So liegt es nahe, den weltgeschichtlichen Prozeß der Vergesellschaftung mit dem Sozialisationsvorgang des Einzelnen zu vergleichen. So lange der Realitätsdruck übermächtig und die Ich-Organisation schwach ist, ... findet die Gattung für das Problem der Abwehr kollektive Lösungen, die den neurotischen Lösungen auf individueller Ebene ähneln. Dieselben Konstellationen, die den Einzelnen in die *Neurose* treiben, bewegen die Gesellschaft zur Errichtung von *Institutionen*«.[23]

Wie Marx bewertet auch *Habermas* das *tertium* zwischen Erhaltung und Emanzipation der Gattung, die Institutionalisierung, als historisch notwendiges und historisch begrenztes Übel. In Analogie zu Marx suggeriert auch Habermas eine *teleologische Gleichsetzung* von *Lebenserhaltung* (bei Marx als Entfaltung der Produktivkräfte) und *Emanzipation* (bei Marx als »Sprengung« der herrschenden Produktionsverhältnisse), wenn er unterstellt, daß das »Interesse der Selbsterhaltung« sich à la longue notwendig und ausschließlich »*im Zuge des* (emanzipatorischen Subjekt- und d. h.) *Vernunftinteresses* fortsetzt«.[24]

Statt einen substantielleren Stellenwert der Institutionalisierung anzuerkennen, deutet Habermas diese subjektiv idealistisch. Kaum mehr unterscheidbar von der unmittelbaren Behauptung der Subjektivität, die A. *Gehlen* am Typ des (existentialistischen) Intellektuellen scharf kritisiert hat und die er auf den Idealismus überhaupt zurückführen will[25], unterstellt Habermas das *idealistische* Subjektinteresse undialektisch als das *konstitutive*, teleologische Prinzip der Geschichte, dem allein *normative* Geltung als Moralprinzip zukomme. Das zugleich zum Moralprinzip erhobene idealistische Subjektinteresse wird weder als regulatives Prinzip angesehen, noch in eine dialektische Vermittlung mit dem pragmatischen Interesse an Institutionalisierung gebracht.[26] Eine ethische Würdigung der Institutionalisierung muß daher ausbleiben.[26a]

Erkenntnis und Interesse unterstellt als Telos der Geschichte einen Zustand, wo im Sinne der *Hegelschen ›Aufhebung‹* dem Subjekt *nichts* Fremdes, bloß Positives und damit Repressives mehr anhaften soll: In der »herrschaftsfreien Kommunikation« wird der diskursiv erzielte Konsens der empirischen Subjekte schließlich alle fremde Substantialität aufheben und die Durchsichtigkeit des In-der-Welt-Seins der Subjekte herstellen. Dann wäre die Differenz des emanzipatorischen zum »praktischen« Interesse, vor allem zu dessen *pragmatischen* Moment, in dem seiner selbst bewußten Kollektivsubjekt einer rein rationalen Gesellschaft aufgehoben. Diese idealistische Perspektive erlaubt den Vorblick auf eine absolute Identität des Subjekts. Und dieser Vorblick ermöglicht Habermas den pejorativen Vergleich der Institutionen mit Neurosen, von denen sich das Kollektivsubjekt Menschengattung zunehmend emanzipieren *soll* und *wird*.

Rekonstruktion des Defizits an Dialektik in der Marx-Tradition

Daß die Marx-Tradition in einen identitätsphilosophischen Idealismus verstrickt ist, liegt gerade nicht daran, daß Marx Dialektiker war, wie *W. Becker* meint[27], sondern daß er es zu wenig gewesen ist: Unter der Erblast des vorsemiotischen Idealismus kann *Marx* das methodologische und anthropologische *Prinzip der Indirektheit oder Vermittlung* nicht durchhalten.[28] Als Erbe des vorsemiotischen Idealismus nimmt Marx nicht ernst, daß sowohl das empirische Einzelsubjekt wie auch das kollektive Subjekt der Gattung resp. dessen aktuelle Repräsentation, eine Gesellschaft[29] oder deren treibende Klasse, ein Verhältnis zu sich selbst nur *indirekt* gewinnen *und* aufrechterhalten kann – nämlich vermittels institutionalisierten Sinns. *Marx* denkt ausschließlich in der *Subjekt–Objekt-Relation;* philosophiehistorisch gesehen bleibt er damit der neuzeitlichen Tradition des »poietischen Subjektivismus« (*B. Willms*) verhaftet, welche von Descartes und Hobbes über den Deutschen Idealismus bis zu Marcuse und Habermas einerseits und zum Existentialismus andererseits verfolgt werden kann.[30] Daß eine solche Marx-Kritik zutrifft, indiziert schon der kategoriale Rahmen des angedeuteten anthropologischen Ansatzes von Marx. Wiewohl dieser Ansatz ein gewisses Maß an ›Indirektheit‹ gegenüber dem neofichteanischen Idealismus der Junghegelianer gewinnt, bleibt er dem »poietischen Subjektivismus« verhaftet, wenn er die Gattungsgeschichte der Menschheit zunächst als »Herausschaffen« ihrer »Wesenskräfte«, später dann als »Entfaltung« ihrer »Produktivkräfte« und das heißt als Selbsterzeugung und Selbstverwirklichung des Kollektivsubjekts Menschheit definiert.[31] Wollte Marx in diesem Rahmen zunächst Arbeit und Interaktion denken[32], so reduziert er später *Interaktion* auf ein bloßes *Vehikel der Arbeit*.[33] In dem Arbeitsprozeß, in welchem das Kollektivsubjekt sich selbst erzeugt und bildet, werden auch die zur materiellen Produktion notwendigen Verkehrsmittel wie Sprache und Institution produziert.

Sprache und Institutionen sieht Marx nur als *Mittel* (der Produktion) an. Somit bleibt er der Tradition des ›poietischen Subjektivismus‹ verhaftet, die die Sphäre des Sprachgebrauchs und des kommunikativen Handelns lediglich instrumentalistisch verstehen kann. Von der Selbstverwirklichung des Subjekts her und darauf hin denkend, erkennt auch Marx ausschließlich die Natur als Anderes an. Was sonst die Welt des Menschen ausmacht, das erzeugt er selbst als sein Instrumentarium der Auseinandersetzung mit Natur; und darüber vermag er prinzipiell in derselben Weise zu verfügen, wie man über Werkzeuge verfügt.

Hier liegt der Einwand nahe, daß Marx das Handwerkermodell doch durch eine *Dialektik* von Institutionen und Produktivkräften ersetze, die von der *Verselbständigung* der Handlungsformen bedingt sei. In der Tat erkennt Marx an, daß die

Produktionsverhältnisse umschlagen und der Produktion wie den Produzenten als separate Wirklichkeit, als ›der Staat‹ und ›das Recht‹ gegenübertreten. Aber hat Marx von daher eine Dialektik der Entwicklung der Produktivkräfte und der Verselbständigung der Produktionsverhältnisse oder nur eine dialektisch dynamisierte *Teleologie* der Entwicklung der Produktivkräfte konzipiert?

Die Verselbständigung der »eignen Tat des Menschen«, diese »Konsolidation unsres eignen Produkts zu einer sachlichen Gewalt über uns«[34], die *Gehlen* zu Recht als Kennzeichen der Institutionalisierung überhaupt ansieht, gilt Marx nur als Signum der ›Entfremdung‹, deren ›Aufhebung‹ die kommunistische, freie Vereinigung der Produzenten leisten soll und wird. In dem Maße nämlich, als die Entwicklung der Produktivkräfte das technologische Verfügungspotential über Natur erhöht und die ökonomische Potenz einer Gesellschaft steigert, schießen die Produktivkräfte über ihren institutionellen Rahmen (Produktionsverhältnisse) hinaus und setzen sich in revolutionären Schüben durch, bis schließlich »die freie Assoziation der Individuen« mit dem »engen bürgerlichen Rechtshorizont«[35] die »fremde Gewalt« der Institutionen überhaupt liquidiert, so daß auch der Staat »absterben« wird. Die These vom Absterben des Staates ist nur die letzte Konsequenz, die *Engels* und frühe sowjetische Rechtstheoretiker wie *Reissner, Paschukanis* und *Stutschka* aus Marxens Teleologie der Selbstverwirklichung des Kollektivsubjekts ziehen. Diese Teleologie denkt zwar Emanzipation und Lebenserhaltung der Gattung zusammen, aber so, daß diese à la longue direkt das Geschäft jener besorgt. Die aus dem Interesse der Gattung an Lebenserhaltung resultierende Entwicklung der Produktivkräfte verschafft dem Interesse an Emanzipation unmittelbar Geltung. Dabei wird das vermittelnde *tertium*, die Institutionalisierung handlungsorientierenden Sinns, auf einer bestimmten Stufe irrelevant.

Praktische und kategoriale Folgen des Defizits an Dialektik

Der eigentlich undialektische und insofern nochmals ›direkte‹ emanzipatorische Ansatz der Marx-Tradition verzerrt die

379

soziale Realität der Geschichte überhaupt und vermag daher die emanzipatorische Veränderung bestimmter gesellschaftlicher Realitäten nicht angemessen zu orientieren. Die Folge kann der Umschlag von Emanzipation in anti-emanzipatorische Praxis sein, wie die Geschichte der Sowjetunion und schon ihre Gründungsphase unter *Lenin* belegt. Überzeugt vom idealistisch-geschichtsteleologischen Schema des Marxismus und damit auch von der ›Naturnotwendigkeit‹ des Absterbens der staatlichen Institutionen, war Lenin blind gegenüber der Eigengesetzlichkeit und dem Selbstbehauptungsmechanismus insbesondere politischer Institutionen wie einer politischen Partei. Das in der Eigengesetzlichkeit der Entwicklung von Institutionen verkörperte pragmatische Prinzip der Selbsterhaltung sah Lenin, wenn er es überhaupt je begriffen hatte, als sekundär gegenüber dem teleologischen Primat des Prinzips der Emanzipation an. Im Vertrauen auf dessen letzthin geschichtsbestimmende Wirksamkeit konnte Lenin den rigidesten Typ moderner politischer Institutionen, die zentralistische Kaderpartei, etablieren und rücksichtslos aufrechterhalten – und dabei doch guten Glaubens sein, auf diese Weise lediglich das zeitweilig notwendige, später aber obsolete *Mittel* zur Emanzipation der Gesellschaft als Subjekt der Geschichte bereitgestellt zu haben.

In dieser idealistisch-emanzipatorischen Naivität gegenüber dem sozialen Apriori der Institutionalisierung ist nicht allein die Tragik Lenins, sondern die des emanzipatorischen Denkens der Marx-Tradition insgesamt beschlossen. Damit ist auch die prinzipielle Grenze einer marxistischen *Institutionen- und Rechtstheorie* bezeichnet. Wiewohl sie als *Kritik* der Institutionen und als Kritik des Rechts eine wichtige Funktion i. S. eines Komplementärphänomens sowohl der konservativ-pragmatistischen Institutionen- und Systemtheorien als auch der traditionell dogmatischen Rechtstheorien erfüllen kann[36], bleibt sie doch als *bloß* kritische Theorie abstrakt gegenüber der sozialen Realität der Institutionalisierung und des Rechts überhaupt.

Habermas führt das in *Erkenntnis und Interesse* konsequent vor, wenn er seine, oben idealtypisch skizzierte Frage etwa folgendermaßen beantwortet: Institutionalisierung ist Auf-Dauer-Stellung des »Zwangs einer verkehrten und sich selbst

beschränkenden Kommunikation«, die bestimmten historisch-
ökonomischen Mängel- und Klassensituationen entspricht.
Institutionalisierung ist demgemäß auf kategorialer Ebene zu
begreifen als abgeleiteter Modus der Interaktion und stellt als
solcher *nur* eine partikulare historische Reduktionsform der
eigentlich herrschaftsfreien oder *zwanglosen Interaktion* dar.
Institutionen sind nichts als *historisch-ideologiekritisch
erklärbare* und *praktisch-kritisch aufhebbare* Formen »systematisch verzerrter Kommunikation« – gesellschaftliche Ent-
sprechungen zur Neurose.[37]

Resümee: Zu einer Dialektik ohne Chiliasmus

In der Auseinandersetzung mit der Marx-Tradition und der
Frankfurter »Kritischen Theorie«, einschließlich ihrer Wei-
terentwicklung durch *Habermas,* kommt es m. E. darauf an,
von der letztlich subjektiv-idealistischen »Kritik« zu einer
hermeneutisch und pragmatistisch revidierten Dialektik fortzuschreiten, die in emanzipatorischer Absicht, aber ohne
chiliastische Überschwenglichkeit gesellschaftsverändernder
Praxis theoretisch zu orientieren erlaubt, soweit sie theoretisch
orientierbar ist. Solche Dialektik würde, was der subjektive Idealismus als *das* Prinzip der Wirklichkeit denkt, nur
mehr als Moment eines dialektischen Verhältnisses begreifen,
welches die Tiefenstruktur der sozialen geschichtlichen Wirklichkeit ausmacht. Gleichwohl kann eine solche Dialektik im
Anschluß an Ernst *Blochs* Einführung der Unterscheidung von
pragmatisch materiellem »Prius« und emanzipatorisch refle-
xivem »Primat« sowie im Anschluß an *Walter Schulz'* Postulat eines dialektischen Wirklichkeitsbegriffs und einer »dialektischen Moral des Regulativen« jenem reflexiv emanzipatorischen Moment auf anthropologischer und sprachphiloso-
phischer Ebene einen praktischen Primat zuerkennen *und* es
als regulatives normatives Prinzip des Handelns begründen.[38]
Denn ohne Reflexivität wäre keine Geschichte; das heißt
aber, es wäre nicht nur keine Kritik, keine Emanzipation und
kein Fortschritt, sondern auch keine Erhaltung der Gattung
möglich. Insofern kann das Subjekt-Prinzip auch als notwendige Bedingung der Erhaltung der Gattung begründet werden. Darin liegt der Vorzug einer pragmatistischen Transfor-

mation der Subjekt-Philosophie. Sie ermöglicht es, die verbreitete Mode einer Ausschaltung der Subjektivität letztlich auf ihrer eigenen philosophischen Argumentationsbasis zu schlagen. So und nur so, kann m. E. die in der Subjekt-Philosophie enthaltene Wahrheit festgehalten werden, daß die reflexive, *sich zu sich selbst verhaltende Subjektivität Grundbedingung des Handelns*[39] und der *Geschichte* ist.[40]

Anmerkungen

1 Aus einem Manuskript vom Frühjahr 1973.

2 Zuerst in: *Heilige Familie, Frühe Schriften* I, hrsg. von H. J. Lieber und P. Furth, Stuttgart 1962, S. 761.

3 Diese methodologische Formulierung stammt freilich nicht von Marx, sondern von Arnold Gehlen, *Anthropologische Forschung*, Reinbek 1961, S. 69.

4 Vgl. *Deutsche Ideologie*, 4. Aufl. Berlin 1960, S. 17, 24.

5 Ebd., S. 24 ff.

6 *Zur Kritik der politischen Ökonomie*, 4. Aufl. Berlin 1963, S. 15.

7 Die von dem Prinzip der Indirektheit oder Vermittlung gestiftete Verbindung von *Pragmatismus* und *Dialektik* manifestiert sich in der amerikanischen Philosophie vor allem bei Ch. S. *Peirce*, J. *Royce* und G. H. *Mead*, in der deutschen Philosophie besonders bei *Gehlen*. Spuren davon weist auch die von Popper, Kuhn, Lakatos und Feyerabend geführte Debatte um den wissenschaftlichen Fortschritt auf. Vgl. Apel, *Transformation der Philosophie* II, S. 178 ff. Vgl. Böhler, Arnold Gehlen, *Die Handlung*, in: *Grundprobleme der großen Philosophen der Gegenwart* II, hrsg. von J. Speck, Göttingen 1973, Kap. 5.2 ff. Eine transzendentalphilosophische Rekonstruktion des Prinzips der Indirektheit ermöglicht m. E. eine nicht naturalistische Antwort auf die der *Kritischen Theorie* eigentümliche »*Überforderung des Subjekts*«, deren geschichtsphilosophische Ursprünge und deren Umschlag in Naturalismus M. Theunissen vor allem bei Horkheimer überzeugend herausgearbeitet hat. Siehe ders., *Gesellschaft und Geschichte*, Berlin 1969.

8 Dieses Interesse gibt Hegels Begriff der Aufhebung seinen idealistischen Sinn.

9 Vgl. obigen Aufsatz, Anm. 5.

10 Die allem Verstehen und Handeln zugrundeliegende sinnkonstitutive »Als-Struktur« wird in Heideggers Analyse der kognitiven und operativen Beziehungen der alltäglichen Lebenspraxis paradigmatisch entwickelt, *Sein und Zeit*, §§ 32, 15, vgl. §§ 16-18 und 33.

10a Vgl. Wittgensteins »Regel«- und Th. S. Kuhns »Paradigma«-

Begriff (bes. dessen Präzisierung als »Musterbeispiel« in: *Postscript –
1969*, §§ 3 f.

11 Vgl. Habermas, in: Habermas-Luhmann 1971, S. 114 ff., 206 ff.,
258 ff.

12 Habermas, ebd., S. 198 ff.

12a Im Lichte dieser Frage lassen sich die Argumente *Gadamers*
rekonstruieren. Vgl. etwa: *Rhetorik, Hermeneutik und Ideologiekritik* und: *Replik*, in: *Hermeneutik und Ideologiekritik*, Frankfurt
1971. Vgl. auch obigen Aufsatz, S. 362 f.

13 Dieser ist vom transzendentalphilosophischen Geltungs-Diskurs
zu unterscheiden – vgl. obigen Aufsatz, S. 363 –, da der praktische
Diskurs das *inhaltliche* Sprechen über Sachverhalte *nicht* ausklammern
kann. Denn die von ihm gestellte Frage nach der Geltung einer Norm
läßt sich nur beantworten im Zusammenhang mit einer *totalisierenden
Interpretation* jener *gesellschaftlichen Situation*, die eine Norm regeln
soll und hinsichtlich derer sie als angemessene Handlungsregel zu
gelten beansprucht.

13a Für Anregungen danke ich Wolfgang *Kuhlmann*, der eine Theorie der Frage entwirft.

14 Vgl. Th. Kuhn, *Die Struktur wissenschaftlicher Revolutionen*, dt.
Frankfurt/Main 1967. Zur Konsensunterstellung vgl. N. Luhmann in:
Zur Theorie der Institution, hrsg. von H. Schelsky, Düsseldorf 1970,
S. 30 ff., Zitat: S. 30.

15 »Ein Diskurs steht... unter dem *Anspruch* der kooperativen
Wahrheitssuche, d. h. der prinzipiell uneingeschränkten und zwanglosen Kommunikation, die allein dem Zweck der Verständigung dient,
wobei Verständigung ein normativer Begriff ist, der kontrafaktisch
bestimmt werden muß. Der Diskurs ist keine Institution, er ist Gegeninstitution schlechthin. Deshalb läßt er sich auch nicht als ›System‹
auffassen, denn er *funktioniert* nur unter der Bedingung der Suspen-
dierung des Zwangs, funktionalen Imperativen gehorchen zu müssen.« (Habermas-Luhmann, S. 201, Hervorhebungen von mir.)

Habermas argumentiert hier überschwenglich: er unterstellt die kontrafaktische, normative Implikation von Diskurs überhaupt, die er
selbst – etwa durch Verwendung des Terminus »Anspruch« – als
solche anerkennt, gleichwohl als empirische, also faktische Bestimmung des »Funktionierens« eines konkreten Diskurses. Dieser *Kate-
gorienfehler* indiziert das nach wie vor unbewältigte subjektiv idealistische Erbe.

16 Dieser Idee kommt am nächsten der nichtpraktische Diskurs einer
transzendentalen Geltungsreflexion, vgl. obigen Aufsatz, S. 363.

16a Zum fichteschen Horizont von Marx' Emanzipationsbegriff vgl.
jetzt Thomas Meyer, *Der Zwiespalt in der Marx'schen Emanzipa-
tionstheorie*, Kronberg 1973.

17 Meine Methode ist hier die der hermeneutischen und historischen Rekonstruktion. Sie geht davon aus, daß man einen Text nur versteht, wenn man die implizite Frage rekonstruiert hat, auf welche er faktisch eine Antwort zu geben versucht. Dazu: Collingwood, *Denken*, Stuttgart 1955, S. 30 ff., und Gadamer, *Wahrheit und Methode*, S. 351 ff.

18 Vgl. *Erkenntnis und Interesse*, Kap. 12; vgl. auch S. 54 ff.

19 Ebd., S. 336 f. u. bes. S. 343, wo Gehlens Kategorie des Antriebsüberschusses aufgenommen wird. – Zum Verhältnis von Gehlen und Habermas vgl. die versierte Studie von W. Lepenies, in: Lepenies u. Nolte, *Kritik der Anthropologie*, München 1971, S. 77 ff.

20 Ebd., S. 343, vgl. 341 ff.

21 Ebd., S. 344.

22 Vgl. S. 334.

23 Ebd., S. 334 f. (Hervorhebung von mir).

24 Ebd., S. 350.

25 Gehlen, *Urmensch und Spätkultur*, 2. Aufl. Bonn 1964, S. 110 bis 115; *Studien zur Anthropologie und Soziologie*, Neuwied 1963, S. 232 ff.; *Anthropologie der Forschung*, Reinbek 1961, S. 64 ff.; *Moral und Hypermoral*, Bonn 1969, S. 156 ff. Dazu K.-O. Apel, *Transformation der Philosophie* I, Frankfurt 1973, S. 204 ff., und Böhler, in: *Grundprobleme der großen Philosophen . . .*, S. 243 ff., 258 ff., 272 ff.

26 Die vorgeschlagene Reformulierung von Habermas' »praktischem Erkenntnisinteresse« zielt auf eine solche Vermittlung; s. o. S. 373.

26a Eine solche wäre angebracht, da auch die soziale Identität des Ich, das dialogische Verhältnis zwischen Ich und Du (z. B. die Liebe), die soziale Anerkennung, ja die Kommunikation überhaupt *Institutionalisierung* voraussetzt. Die Absenz einer solchen Würdigung ist der Grund dafür, daß bisher die *Kritische Theorie* einerseits und die philosophische Hermeneutik (*Gadamer*) wie auch der anthropologisch oder systemtheoretisch begründete Pragmatismus (*Gehlen, Luhmann*) andererseits ethisch und politisch völlig auseinanderklafften. Der neomarxistischen *Kritischen Theorie* gelang es nicht, die möglichen guten, pragmatischen Gründe für eine konservative Einstellung zu Institutionen anzuerkennen und mit der Perspektive kritischer Transzendierung von Institutionen zu vermitteln. Ihr Verhältnis zum Phänomen der Institutionalisierung blieb so prekär, daß es nüchternen Konservativen als pathologisch erscheinen konnte; vgl. etwa N. Lobkowicz, *Interesse und Objektivität*, in: *Philosophische Rundschau*, 16. Jg. 1969, S. 272; in diesem Band S. 169.

27 W. Becker, *Idealistische und materialistische Dialektik*, Stuttgart 1970, bes. S. 90 ff.; vgl. auch ders., *Kritik der Marxschen Wertlehre*, Hamburg 1972.

28 Zur Kritik des vorsemiotischen Idealismus: Apel, *Transformation der Philosophie* II, 1973, S. 9 ff., 199 ff.; Gadamer, a.a.O., bes. S.

244 ff., 261 ff., 336 ff., 439 ff. Gadamers eindringliche Kritik trifft auch und gerade Hegel, wiewohl Hegel, im Unterschied zu Fichte, nicht mehr den reinen Typus des vorsemiotischen Idealismus repräsentiert; um so folgenschwerer war es, daß die Junghegelianer und Marx, statt kritisch an Hegels halbherzige semiotische Erweiterung des Idealismus anzuknüpfen, auf Fichte zurückgriffen (dazu Böhler, *Metakritik der Marxschen Ideologiekritik*, S. 173 ff., 273 ff.).

29 Zu der m. E. abstrakten Alternative, ob Gesellschaft und auch Klasse als *Subjekt* verstanden werden kann oder aber nur als System, vgl. Walter Schulz, *Philosophie in der veränderten Welt*, Pfullingen 1972, S. 172.

30 B. Willms, *Revolution und Protest*, Stuttgart 1969. Ders., *Funktion – Rolle – Institution*, Düsseldorf 1971. – Was Marx und die Marx-Tradition betrifft, so sehe ich die Untersuchung von Willms als philosophiegeschichtliche Bestätigung meiner These an. Vgl. auch die Berührungspunkte der hier vorgetragenen Habermas-Kritik mit Willms' aufschlußreichem Versuch, durch Rekurs auf Hegels Rechtsphilosophie eine Position zwischen Habermas und Luhmann zu topographieren: System und Subjekt, in: Theorie-Diskussion Supplement I, *Theorie der Gesellschaft . . .*, Frankfurt 1973.

31 Vgl. *Frühe Schriften*, Bd. I, S. 566 ff., 602 f. Vgl. *Deutsche Ideologie*, Berlin (DDR) 1960, S. 17, 22-34. Ferner: *Zur Kritik der politischen Ökonomie*, Berlin (DDR) 1963), S. 15; *Kritik des Gothaer Programms*, MEW, Bd. 19, S. 21; *Das Kapital* I, Berlin (DDR) 1961, Kap. 13, bes. S. 505 f., 511 ff. und 801 ff.

32 *M.E.G.A.* I, 5, S. 573.

33 *Deutsche Ideologie*, S. 26 f., 75 f.; *Zur Kritik der polit. Ökonomie*, Vorwort.

34 *Deutsche Ideologie*, S. 30.

35 *Kritik des Gothaer Programms*, MEW, Bd. 19, S. 21.

36 Vgl. *Marxistische und sozialistische Rechtstheorie*, hrsg. von N. Reich, Frankfurt 1972, darin bes. W. Paul, *Das Programm marxistischer Rechtstheorie – ein kritischer Rekonstruktionsversuch.* Ders., *Marxistische Rechtstheorie als Kritik des Rechts*, Frankfurt 1974. Vgl. als exorbitantes Beispiel für die Fruchtbarkeit einer Umsetzung der kritischen Perspektive in Analyse bürgerlicher Rechtsinstitute: J. Perels, *Kapitalismus und politische Demokratie*, Frankfurt 1973.

37 *Erkenntnis und Interesse*, S. 333 ff., 341 ff.

38 W. Schulz, a.a.O., S. 15, 602 ff., 831 ff., 841 ff. E. Bloch, *Tübinger Einleitung in die Philosophie*, Bd. 2, Frankfurt 1964, S. 74. Ders., *Das Prinzip Hoffnung*, Frankfurt 1959, S. 300, 326, vgl. 323 ff.

39 Vgl. H. Schelsky, *Zur soziologischen Theorie der Institution*, in: *Zur Theorie der Institution*, Düsseldorf 1970, S. 24 ff.

40 W. Schulz, a.a.O., S. 554 ff., 583 ff., 588 ff.

Bernhard Badura
Ein neuer Primat der Interpretation?
Zum Problem der Emanzipation bei Jürgen Habermas

Mit seinen Analysen über den Zusammenhang von Erkenntnis und Interesse[1] unternimmt Jürgen Habermas einen umfassenden Versuch zur Kritik des »Szientismus«, und das bedeutet nicht weniger als den Versuch einer Überwindung des Selbstverständnisses moderner Wissenschaftslogik, wie es sich offenbar weithin im faktischen Forschungsbetrieb festgesetzt hat. Habermas wendet sich gegen den »Glauben der Wissenschaft an sich selbst«, gegen die »Überzeugung«, daß wir »Erkenntnis mit Wissenschaft identifizieren müssen« (S. 13), gegen die »Reduktion der Erkenntnis- auf Wissenschaftstheorie« (S. 234). Er verfährt dabei historisch. Arbeiten von Hegel, Marx, Comte, Mach, Peirce, Dilthey, Kant, Fichte, Freud und schließlich von Nietzsche werden als Material für eine systematische Analyse der genannten Problematik kritisch interpretiert. Das Ergebnis ist ein opus magnum von 364 Seiten, gefüllt mit Analysen, deren Intensität eine ungewöhnliche Anstrengung des Begriffs dokumentiert. Ein solches Unternehmen kann keinesfalls in einem Anlauf angemessen gewürdigt werden. Das folgende beschränkt sich daher auf die Bereitstellung einiger Anhaltspunkte zur kritischen Lektüre. Es werden zunächst einige terminologische und argumentative Grundlagen expliziert. Danach soll der Text, bei Konzentration auf bestimmte inhaltliche Schwerpunkte, einer immanenten Kritik unterzogen werden. Mein besonderes Interesse gilt dabei der Habermasschen Konzeption von »Emanzipation«. Hierzu werden abschließend drei Thesen formuliert.

Ein reflektiertes, undogmatisches Selbstverständnis können nach Habermas die Wissenschaften nur dann gewinnen, wenn es ihnen gelingt, eine Klärung darüber herbeizuführen, welchen Orientierungen sie in ihrer jeweiligen Forschungspraxis immer schon folgen. Erst dann relativiert sich der »Sinn« der »Geltung« ihrer Aussagen. Habermas nennt Orientierungen, die ganzen Bereichen wissenschaftlicher Forschung zugrunde

liegen, »Interessen«. Er spricht deshalb auch von »erkenntnisleitenden Interessen«. Solche »erkenntnisleitende Interessen«
sollen dabei nicht als naturalistische Verhaltensdeterminanten
mißverstanden werden. Habermas versteht darunter vielmehr
»Grundorientierungen«, denen die menschliche »Gattung«
im Verlauf ihres »Bildungsprozesses« auch im vorwissenschaftlichen Bereich immer schon folgte.

»Erkenntnisleitende Interessen vermitteln... die Naturgeschichte der Menschengattung mit der Logik ihres Bildungsprozesses; aber sie können nicht in Anspruch genommen werden, um Logik auf irgendeine Naturbasis zurückzuführen.
Interessen nenne ich die Grundorientierungen, die an
bestimmten fundamentalen Bedingungen möglicher Reproduktion und Selbstkonstituierung der Menschengattung, nämlich an *Arbeit und Interaktion,* haften. Jene Grundorientierungen zielen deshalb nicht auf die Befriedigung unmittelbarer empirischer Bedürfnisse, sondern auf die Lösung von
Systemproblemen überhaupt.« (S. 242)

H. unterscheidet drei solcher »Grundorientierungen«: ein
»technisches«, ein »praktisches« und ein »emanzipatorisches«
Interesse. Wenn wir ihnen folgen, uns von ihnen »leiten«
lassen, bewegen wir uns in einem jeweils spezifischen Zusammenhang von »Sprache«, »Handlung« und »Erfahrung«. Folgen wir dem technischen Erkenntnisinteresse, dann bedienen
wir uns einer »restringierten Sprache« und einer »restringierten Erfahrung«.

Beide »sind dadurch definiert, daß sie sich aus Operationen,
sei es mit Zeichen oder beweglichen Körpern, ergeben. Wie
das instrumentale Handeln selbst, so ist auch der ihm inte-
grierte Sprachgebrauch monologisch. Er sichert den theoretischen Sätzen untereinander einen nach Ableitungsregeln
zwingenden systematischen Zusammenhang«. (S. 236 f.)

Folgen wir dem praktischen Erkenntnisinteresse, dann bewe-
gen wir uns nicht mehr im »Funktionskreis instrumentalen
Handelns«, sondern im »Zusammenhang kommunikativen
Handelns«.

Hier »treten Sprache und Erfahrung nicht unter die transzendentalen Bedingungen des Handelns selbst. Einen transzendentalen Stellenwert hat vielmehr die Grammatik der
Umgangssprache, die zugleich die nichtsprachlichen Ele-

mente einer eingeübten Lebenspraxis regelt«. »Die Wirklichkeit konstituiert sich im Rahmen einer umgangssprachlich organisierten Lebensform kommunizierender Gruppen. Wirklich ist, was unter den Interpretationen einer geltenden Symbolik erfahren werden kann.« (S. 237)

In den »Arbeit« und »Interaktion« zugrundeliegenden Orientierungen vermutet H. gattungsgeschichtliche Universalien. Als anthropologisch tief verwurzelte Dispositionen bestimmen sie den Rahmen gesellschaftlicher Entwicklung, d. h. die an gesellschaftlich organisierte Arbeit gebundenen Lernprozesse und die an umgangssprachliche Interaktion geknüpften Verständigungsprozesse. Im vorwissenschaftlichen Bereich geschehen Lernprozesse im »Funktionskreis instrumentalen Handelns«. Die empirisch-analytischen Wissenschaften sind die methodische Fortsetzung solcher Lernprozesse. Kommunikatives Handeln geschieht vorwissenschaftlich im »Traditionszusammenhang symbolisch vermittelter Interaktionen« (S. 235). Die historisch-hermeneutischen Wissenschaften sind die methodische Fortsetzung solcher Verständigungsprozesse. Der besseren Übersicht der eben geschilderten Überlegungen diene das folgende Diagramm:

	vorwissenschaftlich		wissenschaftlich
Problem der Reproduktion	ARBEIT (Interesse an technischer Verfügung)	instrumentales Handeln	*empirisch-analytische* Wissenschaften (technisches Erkenntnisinteresse)
GATTUNG ⟶			⟶ Bildungsprozeß
Probleme der Selbst-konstitution	INTERAKTION (Interesse an lebenspraktischer Verständigung)	kommuni-katives Handeln	*historisch-hermeneutische* Wissenschaften (praktisches Erkenntnisinteresse)

Die über den Zusammenhang von Interesse, Wissenschaftslogik und Forschungspraxis angestellten Vermutungen scheinen plausibel und richtungweisend. Dies betrifft jedoch nur die »technischen« und »praktischen«, nicht aber die »emanzipativen« Interessen. Die hierzu vorgetragenen Überlegungen bereiten Schwierigkeiten, die um so bemerkenswerter sind, als sie das »Kernstück« der Habermasschen Konzeption betreffen. Den Hauptgrund für diese Schwierigkeiten sehe ich in der Reduktion von »Emanzipation« auf »Selbstreflexion«. Unmittelbar auf den Text bezogen möchte ich hierzu zunächst dreierlei bemerken:

1. Die von H. zum »emanzipativen« Erkenntnisinteresse entwickelte Argumentation ist redundant, da er »Emanzipation«, »(Selbst-)Reflexion« und »Bildung(sprozesse)« als äquivalente Terme verwendet:

»Die Erfahrung der Reflexion artikuliert sich inhaltlich im Begriff des Bildungsprozesses, methodisch führt sie zu dem Standpunkt, von dem aus die Identität der Vernunft mit dem Willen zur Vernunft zwanglos sich ergibt. In der Selbstreflexion gelangt eine Erkenntnis um der Erkenntnis willen mit dem Interesse an Mündigkeit zur Deckung; denn der Vollzug der Reflexion weiß sich als Bewegung der Emanzipation. Vernunft steht zugleich unter dem Interesse an Vernunft. Wir können sagen, daß sie einem *emanzipatorischen Erkenntnisinteresse* folgt, das auf den Vollzug der Reflexion als solchen zielt.« (S. 244)

Immanent gedacht, d. h. im Sinne der Habermasschen Konzeption von Erkenntnis und Interesse, ergibt sich möglicherweise, daß bei Verfolgen des emanzipatorischen Erkenntnisinteresses – dem Kernstück der ganzen Argumentationen – der Zusammenhang von »Sprache«, »Handlung« und »Erfahrung« tautologisch wird. Handlungssubjekt ist die »Vernunft«, ihre Sprachhandlungen sind »Reflexionen«, die als »Selbstreflexionen« wiederum nur auf ihre eigenen »Erfahrungen der Reflexion« bezogen sind. Terminologische Regeln und Argumentationsstrukturen müßten noch eingehend zerlegt werden, um diesen Vorwurf der Tautologie gründlicher zu belegen. Ich vermute, daß dies möglich ist. Darin käme eine sprachanalytisch bemäntelte identitätsphilosophische Grundorientierung des Autors zum Ausdruck.

2. Emanzipation wird als Rekonstruktion der Entstehungsgeschichte der Gattung im Sinne der Bewußtmachung ihrer Bildungsprozesse und Fehlentwicklungen verstanden und von Habermas selbst exemplarisch anhand einiger Texte vorgeführt. Emanzipation besteht somit immer nur aus retrospektiver Einsicht in das ohnehin schon Getane.

»Der Endzustand eines Bildungsprozesses ist nämlich erst erreicht, wenn sich das Subjekt seiner Identifikationen und Entfremdungen, seiner erzwungenen Objektivationen und seiner errungenen Reflexion als der Wege erinnert, auf denen es sich konstituiert hat.« (S. 317)

Auf dieses »Subjekt« reduziert sich Handlung auf Reflexion. Sein Erfahrungsbereich sind überkommene Texte, wobei die für die diagnostizierten »Entfremdungen« und »erzwungenen Objektivationen« verantwortlichen Faktoren im Dunklen bleiben, ebenso wie die zukünftigen Möglichkeiten der Emanzipation. Die Hegelschen »Eulen der Minerva« beginnen ihren Flug erst bei eintretender Dämmerung. Sie begreifen, was geschehen ist, tragen aber keine Botschaft, die eine situationsbezogene Antwort auf Kants Frage nach dem »Was soll ich tun« enthalten.

3. Ähnlich wie H. dem technischen und praktischen Erkenntnisinteresse bestimmte Wissenschaftsbereiche zuordnet, die im Zuge des Bildungsprozesses der Gattung eine Methodisierung dieser anthropologisch fundierten Interessen an technischer Verfügung (Arbeit) und lebenspraktischer Verständigung (Interaktion) übernehmen, unternimmt er dies auch beim Interesse an Emanzipation.

»Die Psychoanalyse ist für uns als das einzige greifbare Beispiel einer methodisch Selbstreflexion in Anspruch nehmenden Wissenschaft relevant.« (S. 262)

Von hier aus ergibt sich für H. sowohl sein »Vergleich« zwischen dem »weltgeschichtlichen Prozeß der Vergesellschaftung« mit dem »Sozialisationsvorgang des Einzelnen« (S. 335) wie auch sein aus dem Kommunikationsmodell der Psychoanalyse rekonstruiertes »Modell reinen kommunikativen Handelns«. Diesem Modell zufolge

»sind alle eingewöhnten Interaktionen und alle für die Lebenspraxis folgenreichen Interpretationen auf der Grundlage des verinnerlichten Apparats der nichtrestringierten Umgangssprache einer zwanglosen und öffentlichen Kommunikation jederzeit zugänglich, so daß auch die Transparenz der erinnerten Lebensgeschichte gewahrt ist. Bildungsprozesse, die von diesem Modell abweichen ... gehen auf eine Unterdrückung durch gesellschaftliche Instanzen zurück.« (S. 285).

Zwei Fragen stellen sich hier unmittelbar: Wer soll gegenüber der Gattung im Ganzen die Rolle übernehmen, die der Analytiker gegenüber seinem Patienten innehat – wer soll die Therapie der Gattung leiten? Dem Habermasschen Text kann man hierzu zwei implizite Antworten entnehmen: Entweder wir vertrauen auf die Selbsttherapie der Habermasschen »Vernunft«, die gleichsam »von alleine«, »hinter unserem Rücken«, die Emanzipation der Gattung vorantreibt, wie sie es bisher ja offenbar auch schon getan hat – oder aber wir vertrauen auf die emanzipatorische Kraft einer – wenn auch kritisch rekonstruierten – Psychoanalyse. Beide Möglichkeiten scheinen wenig plausibel; und dies hängt mit der zweiten Frage zusammen: Erlaubt die Habermassche Konzeption überhaupt die Begründung eines eigenen Erkenntnisinteresses an Emanzipation neben dem an technischer Verfügung und lebenspraktischer Verständigung? Wovon emanzipiert eigentlich die Psychoanalyse? Besteht die Therapie, die der Analytiker mit seinem Patienten durchführt, in mehr als in einer bloßen Anpassung an eine vorhandene »Normalität«, wie sie von einer immer schon herrschaftlich organisierten Arbeitswelt und Lebenspraxis definiert wird? Welchen Sinn kann es haben, einer Wissenschaft emanzipatorische Erkenntnisinteressen zu unterstellen, wenn gleichzeitig von möglichen Verwendungszusammenhängen abstrahiert wird? (Die »humanrelations«-Bewegung und ihre praktischen Folgen liefern einen bündigen Beleg dafür, daß auch die Psychoanalyse nicht eo ipso emanzipatorischen Interessen verpflichtet ist, sondern auch ausschließlich manipulativen Zielen dienen kann.) Wenn die Grenzen der Emanzipation dort gezogen werden, wo es eine fremdgesteuerte Lebenspraxis bestimmt, dann haben wir nur noch ein Wort zur Verfügung, jedoch keine praktische, eventuell auch revolutionäre Verhaltensorientierung; womit die Habermassche Argumentation dann eben doch wieder hinter die von Marx zurückfiele, es sei denn, wir lebten schon in einer Gesellschaft, in der sich die Grenzen der Emanzipation in den kollektiv internalisierten Zwängen der Bürger erschöpfen. Man wird jedoch ziemlich sicher sein können, daß dies weder für die Bundesrepublik im Jahre 1968 noch für den Zustand der Gattung im Ganzen zutrifft. Um dies festzustellen, genügt ein Blick in die Morgenzeitung.

Worin besteht nun die oben schon angesprochene Reduktion des Verständnisses von Emanzipation bei H.? Wie dem *Großen Brockhaus* (Wiesbaden 1953) entnommen werden kann, stammt das Wort »Emanzipation« aus dem Bereich des römischen Rechts und bedeutet dort »die Entlassung eines Familienmitglieds aus dem manicipium, d. h. der väterlichen Gewalt«. Für den hier behandelten Zusammenhang ist insbesondere die erweiterte lexikalische Bedeutung des Wortes von Interesse. Emanzipation im weiteren Sinne bedeutet »die Befreiung von Individuen oder Gruppen, die zuvor rechtlich oder tatsächlich in einem dauernden Abhängigkeitsverhältnis standen«. Gegenüber diesem alltagssprachlichen Gebrauch[2] des Wortes Emanzipation wird in der Habermasschen Interpretation eine terminologische Entwurzelung vorgenommen, die er nicht explizit begründet und bei der die praktisch-politische Bedeutungskomponente unterschlagen wird zugunsten eines retrospektiv-kontemplativen Verständnisses von Emanzipation. Eine emanzipatorische Bewegung ist hier keine politische Bewegung, als die sie in der Alltagssprache verstanden wird, sondern ein (retrospektiver) »Vollzug der Reflexion« (s. o.).

Man las es auch bei H. selbst schon anders. In seiner Arbeit über den »Strukturwandel der Öffentlichkeit« beschreibt er Emanzipation als Element einer Idee, die die »kleinfamiliäre Intimsphäre« der »bürgerlichen Familie« von sich selber hat, also als Bestandteil des Selbstverständnisses der bürgerlichen Familie[3]. Dieses Selbstverständnis wird politisch wirksam dadurch, daß seine Implikate, insbesondere die Ideen der »Humanität« und der »Emanzipation eines nach eigenen Gesetzen sich vollziehenden Inneren von äußeren Zwecken jeder Art« in die öffentliche Diskussion eingebracht und kritisch gegen die herrschende (feudale) Entscheidungspraxis gewendet werden:

»Die Vertretung der Interessen einer privatisierten Sphäre der Verkehrswirtschaft wird mit Hilfe von Ideen interpretiert, die auf dem Boden kleinfamiliärer Intimität gewachsen sind... Die politische Aufgabe bürgerlicher Öffentlichkeit ist die Regelung der Zivilsozietät... mit den Erfahrungen einer intimisierten Privatsphäre gleichsam im Rücken, bietet sie der etablierten monarchischen Autorität die Stirn.« (S. 64)

Der politischen Öffentlichkeit der zum Publikum versammelten Privatleute geht es um die Umkehrung des zentralen Prinzips der absoluten Herrschaft, wie es in der Hobbesschen Staatstheorie formuliert ist: *veritas non auctoritas facit legem.*

»Dem ›Gesetz‹, Inbegriff der generellen, abstrakten und permanenten Norm, zu deren bloßem Vollzug Herrschaft herabgesetzt werden soll, wohnt eine Rationalität inne, in der das Richtige mit dem Gerechten konvergiert. Geschichtlich hat sich der polemische Anspruch dieser Art Rationalität gegen die Arkanpraxis der fürstlichen Autorität im Zusammenhang mit dem öffentlichen Räsonnement der Privatleute entwickelt. Wie die Arkana einer Aufrechterhaltung der auf voluntas gegründeten Herrschaft, so soll die Publizität der Durchsetzung einer auf ratio gegründeten Gesetzgebung dienen.« (S. 65)

Diese Konzeption von Emanzipation enthält ein theoretisch reflektiertes Vorverständnis: die vermutlich von Kant übernommene Idee der Autonomie[4], und sie enthält eine praktisch-politische, situationsbezogene Forderung, aus der Strategien für politisches Verhalten abgeleitet werden können: größere Durchsichtigkeit der staatlichen Entscheidungen und öffentliche Beratung der Entscheidungsregeln. Dieser praktische bezug auf die politische Situation einer Gesellschaft geht bei der Behandlung der Emanzipationsproblematik im Rahmen von »Erkenntnis und Interesse« verloren. Das Thema Emanzipation wird hier zugleich erweitert und reduziert. Erweitert wird es dadurch, daß Emanzipation nicht mehr als zeitlich und räumlich eingeschränktes Problem angestrebter Autonomie einzelner oder bestimmter Gruppen verstanden wird, sondern als universalgeschichtliches Problem eines »Bildungsprozesses der Menschengattung«. Reduziert wird der Gehalt von Emanzipation gegenüber seiner Behandlung im Öffentlichkeitsbuch dadurch, daß Emanzipation bloß noch kontemplativ-retrospektiv als »Bildung« durch »Selbstreflexion« interpretiert wird. Eine solche Entleerung muß um so mehr verwundern, da der Autor doch sonst und gerade auch in dieser Untersuchung um Rekonstruktionen verlorener Sinngehalte bemüht ist.

So sehr man H. wird zustimmen müssen, wenn er darauf insistiert, daß Emanzipationsprozesse theoretisch bewältigt werden müssen im Sinne von (Selbst-)Reflexion auf genetische Bedingtheiten sozialer Interaktionen – individuell-biographisch und kollektiv-historisch –, so sehr wird man ihm widersprechen müssen, wenn er hierzu ausschließlich auf Informationen aus der Geschichte der Philosophie und der Psychoanalyse Freuds zurückgreift und die praktisch-politischen, d. h. gesellschaftsverändernden Implikationen von Emanzipationsprozessen aus dem Blick geraten und/oder so allgemein behandelt werden, daß sie keine bestimmte Gesellschaft, sondern »Gesellschaft« als Inbegriff der »Institutionen« schlechthin betreffen.

Der Verzicht auf Situationsanalyse zugunsten einer intensiven Beschäftigung mit methodologischen und analytischen Problemen der Lehre Freuds hat eine »Psychologisierung« der Habermasschen Terminologie zur Folge, die sich insbesondere bei der (spärlichen) Behandlung der Herrschaftsproblematik verkürzend auswirkt. Dies hängt mit seiner Konzeption von Emanzipation insofern zusammen, als das Ziel emanzipatorischer Bildung in der »herrschaftsfreien Kommunikation« gesehen wird. H. sieht die zentrale Absicht der Psychoanalyse Freuds in der »Aufklärung, derzufolge aus Es Ich werden soll« (S. 309). Dem Prozeß der so verstandenen Aufklärung stehen gesellschaftliche Mächte entgegen.

»Die Institutionen des gesellschaftlichen Verkehrs lizensieren nur bestimmte Handlungsmotive; anderen, ebenfalls an umgangssprachlichen Interpretationen festgemachten Bedürfnisdispositionen wird der Weg zur manifesten Handlung, sei es durch direkte Gewalt des Gegenspielers oder durch die Sanktion der anerkannten gesellschaftlichen Normen, verwehrt.« (S. 273)

Die Ursache für Aufklärungsprozesse verhindernde Mechanismen der »Verdrängung« sieht H. wie auch Freud in der Sanktionsgewalt der herrschenden Institutionen. Herrschaft impliziert notwendig Repression, und wo der Schein der Herrschaftsfreiheit erhalten bleiben soll, muß an die Stelle exogener Zwänge der unsichtbare Zwang internalisierter Normen treten.

»Wenn die in Herrschaftsbeziehungen institutionell notwendige Einschränkung der öffentlichen Kommunikation gleichwohl den Schein der Intersubjektivität zwanglosen kommunikativen Handelns nicht berühren soll, müssen die Schranken der Kommunikation im Innern der Subjekte errichtet werden.« (S. 279)

Eine solche Behandlung der Herrschaft von der Seite ihrer individualpsychologischen Folgen ist wichtig. Sie muß jedoch als zu einseitig angesehen werden, wenn dabei die »produktiven« Aspekte von Herrschaft unbehandelt bleiben[5]. Insbesondere deshalb muß ein Verfahren gänzlich unplausibel erscheinen, bei dem repressionsfreie Herrschaft gerechter Normen schon terminologisch ausgeschlossen wird.

Herrschaft, definiert als positionsgebundene Chance, verbindliche Normen zu setzen und zu beseitigen, ist vermutlich ein Hauptinstrument sozialen Wandels, zur Veränderung des status quo und damit auch zur »Verbesserung« einer Gesellschaft. Was auch immer im einzelnen unter einer solchen »Verbesserung« verstanden werden mag, sicher scheint, daß auch eine »bessere Gesellschaft« unter den Bedingungen hochdifferenzierter Flächenstaaten nicht auf die koordinierenden, den einzelnen beträchtlich entlastenden Handlungen zentraler Entscheidungsstellen verzichten kann[6]. Und wenn auch die Frage offengelassen werden muß, ob so verstandene Herrschaft ohne Repression möglich ist[7], so sollte doch nicht unerwähnt bleiben, daß das Gegenteil eines von Herrschaftsbeziehungen gesteuerten Dialogs nicht notwendig der herrschaftsfreie Dialog, sondern eine anomische Kommunikationssituation sein kann. In den zuletzt zitierten Stellen wird die Illusion weiter genährt, durch die Etablierung herrschaftsfreier Dialoge würde das Problem der Setzung verbindlicher Normen und der daran geknüpften Sanktionsmechanismen beseitigt. Verdienen denn verbale Interaktionen überhaupt noch den Prädikator »Dialog«, wenn nicht wenigstens elementare Normierungen hinsichtlich bestimmter Randbedingungen wie einer Verteilung von Dialogrollen, der Festsetzung von Dialogthemen und der zu verwendenden Sprache von seiten der beteiligten Dialogpartner akzeptiert und eingehalten werden[8]? Gerät H. nicht doch in die Nähe eines nicht mehr begründbaren Naturalismus, wenn er den Sinn von Aufklärung auf die »unverzerrte« Artikulation unbewußter Motive begrenzt? Diese Fragen und wohl noch einige mehr stellen sich H., wenn es darum geht, dem »Prolegomenon« über *Erkenntnis und Interesse* das Hauptwerk einer (materialistischen?) Gesellschaftsanalyse folgen zu lassen – falls dies tatsächlich noch beabsichtigt ist. Die zentrale Frage einer Gesellschaftsanalysen zugrundeliegenden Theorie sollte jedoch nicht sein, ob Machtausübung eo ipso, sondern welche Art von Machtausübung Entfremdung und Repression zur Folge hat und welcher Einsatz von Macht Artikulation, Kritik und Befriedigung von Bedürfnissen ermöglicht, d. h. emanzipatorisch wirksam ist.

1. These: Entgegen der Habermasschen Reduktion ist an der alltagssprachlichen Bedeutung von Emanzipation festzuhalten, der entsprechend Prozesse der Emanzipation politische Prozesse implizieren.

Das Wort Emanzipation verliert seinen in der Alltagssprache bewahrten Sinngehalt, wenn es nicht mehr auf politische Bewegungen, sondern nur noch auf den »Vollzug der Reflexion« bezogen wird. Die in diesem Zusammenhang von H. als emanzipatorisch interpretierte Idee der »herrschaftsfreien Kommunikation« kann m. E. sinnvoll nur bei gleichzeitiger Thematisierung der ganz und gar nicht herrschaftsfreien Lebenspraxis diskutiert werden, da nur so der von dieser Lebenspraxis ausgehende Einfluß auf die Reflexion kontrollierbar wird. Auf der anderen Seite können Reflexionen auf internalisierte Zwänge bei einer theoretischen Behandlung des Emanzipationsproblems nur insofern eine Rolle spielen, als diese sich als Symptome gesellschaftlicher Zwänge interpretieren lassen. Hierdurch wird deutlich, daß Selbstreflexion ohne Abbau institutionalisierter Zwänge nicht mehr leisten kann als gelegentliche Therapie vereinzelter Symptome. Abbau (durch den Stand der Produktivkräfte) überholter Zwänge macht eine Analyse der faktisch wirksamen soziologischen Prozesse zur dringenden Voraussetzung. Dieser Bereich wird von H. jedoch ganz undialektisch übersprungen, indem er sich unvermittelt dem Konzept einer als »Bildungsprozeß« begriffenen, aber nicht ausgeführten »Gattungsgeschichte« zuwendet. Aus dem Insistieren auf der Wichtigkeit von intersubjektiven Interpretationen für praktisch-politische Tätigkeit wird ein *neuer Primat der Interpretation.* Denn, befragt nach emanzipatorischen Strategien, hat H. nur noch die Aufforderung: »Treibt Selbstreflexion«, zur Verfügung.

2. *These:* Theoretische Vorüberlegungen zu Problemen der Emanzipation müssen so konzipiert werden, daß aus ihnen emanzipatorische Strategien ableitbar sind.

Probleme der Emanzipation sind Probleme von Theorie und Praxis. Aus einer praxisbezogenen Vororientierung ergeben sich für theoretisierende Subjekte insbesondere zwei miteinander zu vermittelnde Ziele: a) sprachanalytisch zu betreibende (Selbst-)Reflexion auf die Bedeutung der (eigenen) Lebenspraxis für die Theorie; b) empirisch zu orientierende Analyse der Differenz zwischen faktisch wirksamen und gesellschaftlich notwendigen Mechanismen der Bedürfnisverdrängung und Bedürfnisbefriedigung. Die seit Max Weber immer wieder aufbrechenden Diskussionen zum Werturteilsstreit zeigen, daß praktische Maximen nicht unmittelbar aus empirischer Analyse ableitbar sind. Diese Erkenntnis darf jedoch nicht zu einer Vernachlässigung empirischer Analyse im Zusammenhang mit Fragen praktisch-politischen Handelns führen. (Auch die Überlegungen Freuds über den Zusammenhang von kultureller Entwicklung und den Mechanismen der Verdrängung und Sublimation verweisen ja auf den faktischen Bezug der Problematik des Triebverzichts und seiner Bewältigung bei Einzelnen und ganzen Gesellschaften.) Ebenso wie Ideologiekritik heute auf dem Niveau der modernen Sprachkritik anzusetzen hat, muß sich Gesellschaftskritik auf dem Niveau der modernen Gesellschaftsanalyse bewegen. Erst wenn beide Voraussetzungen gegeben sind, treffen emanzipatorische Strategien nicht ins Leere, fördert das Bedürfnis nach Emanzipation keine pathologischen Lernprozesse.

3. *These:* Emanzipatorische Strategien müssen sich auf die Gesamtentwicklung einer Gesellschaft und ihrer Umwelt (Weltgesellschaft = Gattung) beziehen, ohne dabei die Bedürfnisse der Einzelnen aus dem Auge zu verlieren.

Im Zusammenhang mit empirisch gehaltvollen Vorschlägen zur »Verbesserung« moderner Gesellschaften findet sich in der angelsächsischen Literatur eine Verknüpfung von empirisch-analytisch verfahrender Pluralismusanalyse mit egalitären Postulaten[9] und neuerdings auch ein Vorschlag, Probleme der Entfremdung und Manipulation ausgehend von einem Katalog elementarer Bedürfnisse *(basic needs)* zu untersuchen[10]. Wenn es auch gute Gründe gegen ein Operieren mit »basic needs« jedweder Art geben mag[11], so scheint mir dennoch die Forderung unverzichtbar, daß Strategien gesteuerten Wandels nur dann der Prädikator »emanzipatorisch« zugebilligt werden kann, wenn diese Strategien sich an artikulierten oder zumindest intersubjektiv antizipierten Bedürfnissen der Betroffenen orientieren. Im Hinblick auf Probleme der Richtung emanzipatorischen Wandels ganzer Gesellschaften erscheint prima facie die Forderung nach mehr Gleichheit ebenso sinnvoll wie die nach repräsentativer Vielfalt der an politischen Entscheidungen beteiligten Subjekte. Was die Möglichkeit einer empirisch orientierten Ermittlung der Differenz zwischen »faktisch wirksamen« und »gesellschaftlich notwendigen« Mechanismen der Bedürfnisverdrängung und Bedürfnisbefriedigung (Bedürfnisselektion) betrifft, so soll an dieser Stelle ein kurzer Hinweis genügen. Befunde und Überlegungen aus den Bereichen der Macht-, Entscheidungs- und Organisationsanalyse legen es nahe, diesem Problem auf folgenden Ebenen[12] nachzugehen:

entscheidungsdeterminierende B.	formelle
von Entscheidungsträgern rezipierte B.	Entscheidungsorganisation
konfliktfähige B.	
organisationsfähige B.	
artikulierte B.	Umwelt
latente B.	

Emanzipatorischer Wandel fände dementsprechend bereits dann statt, wenn die Bedürfnissensibilität formeller Entscheidungsorganisationen erhöht und/oder die Fähigkeit zur chancengleichen Artikulation, Kritik und Aggregation von Bedürfnissen im Bereich ihrer Umwelt verbessert würde[13].

Anmerkungen

1 Jürgen Habermas, *Erkenntnis und Interesse,* Frankfurt 1968.

2 Vgl. hierzu auch die Dudeninterpretation (Mannheim 1958): *Emanzipation:* Freilassung; Verselbständigung; Gleichstellung.

3 Jürgen Habermas, *Strukturwandel der Öffentlichkeit,* Neuwied und Berlin 1965 (2. Aufl.), S. 59. »Sie (die bürgerliche Familie – B. B.) scheint freiwillig und von freien Einzelnen begründet und ohne Zwang aufrechterhalten zu werden; sie scheint auf der dauerhaften Liebesgemeinschaft der beiden Gatten zu beruhen; sie scheint jene zweckfreie Entfaltung aller Fähigkeiten zu gewähren, die die gebildete Persönlichkeit auszeichnet. Die drei Momente der Freiwilligkeit, der Liebesgemeinschaft und der Bildung schließen sich zu einem Begriff der Humanität zusammen, die der Menschheit als solcher innewohnen soll und wahrhaft ihre absolute Stellung erst ausmacht: die im Worte des rein oder bloß Menschlichen noch anklingende Emanzipation eines nach eigenen Gesetzen sich vollziehenden Inneren von äußeren Zwecken jeder Art.«

4 Vgl. hierzu I. Kant, *Grundlegung zur Metaphysik der Sitten,* Stuttgart 1959, S. 87 ff.

5 Vgl. hierzu T. Parsons, »*On the Concept of Political Power*«, in: Proceedings of the American Philosophical Society, 1963.

6 Vgl. hierzu A. Etzioni, *The Active Society,* London und New York 1968, insbes. S. 313 ff., S. 527 ff.

7 Auch Freud betont, daß Frustrationen nicht völlig vermeidbar sind, da die bei aufgeschobener Bedürfnisbefriedigung stattfindende Sublimation nicht vollständig erfolgreich ist und bei Interaktionen deshalb ein Moment der Unterdrückung wirksam bleibt.

8 Vgl. hierzu B. Badura, *Sprachbarrieren. Zur Soziologie der Kommunikation,* Stuttgart 1971.

9 P. Bachrach, *The Theory of Democratic Elitism,* Boston 1967, S. 101: »Tentatively ... I would suggest that beneficial results from participation can best be assured if two conditions are present: a) that the participants are roughly equal in the power they are capable of exerting in the decision-making process; b) that diverse interests are represented within the participating group. The first condition would tend to prevent manipulation and the second would tend to prevent the pressures of conformity from being overbearing on those sharing in the decision-making process. Democratic theory must therefore include among its principles equality of power und pluralism.«

10 A. Etzioni, a.a.O., S. 622 ff.

11 Vgl. hierzu R. Benedict, *Urformen der Kultur,* Hamburg 1955. Die zentrale Schwäche der diesbezüglichen Überlegungen Etzionis liegt m. E. darin, daß das Problem »elementarer« Bedürfnisse kein

allein empirisches, sondern auch ein normatives Problem darstellt, das sich vermutlich gar nicht »lösen« läßt, sondern bestenfalls auf dem Wege einer (methodischen) Bedürfniskritik zugänglich gemacht werden kann. In diesem Punkte scheint mir der Habermassche Ansatz tragfähiger, wenn er sich auf die genetischen Aspekte der Bedürfnisproblematik konzentriert. Hinweise darauf, wie »rationale Bedürfniskritik« möglich sein könnte, die nicht allein retrospektiv verfährt, fehlen leider auch bei Habermas. Für eine solche Methode rationaler Bedürfniskritik ist m. E. genetische Kritik zwar notwendig, jedoch nicht zureichend.

12 Zur Problematik »konfliktfähiger« Bedürfnisse vgl. C. Offe, »*Politische Herrschaft und Klassenstrukturen*«, in: G. Kress / D. Senghaas (Hrsg.), *Politikwissenschaft. Eine Einführung in ihre Probleme,* Frankfurt 1969, S. 155-189. Zur Problematik der »Organisationsfähigkeit«, Aggregation und »Artikulation« von Bedürfnissen vgl. M. Olson, *The Logic of Collective Action. Public Goods and the Theory of Groups,* Cambridge/Mass. 1965. G. Almond / G. P. Powell Jr., *Comparative Politics. A. Development Approach,* Boston 1966, S. 73 bis 127. Zur Problematik »latenter« Bedürfnisse vgl. F. H. Tenbruck, »*Zu einer Theorie der Planung*«, in: Wissenschaft und Praxis, Köln 1967, S. 109-135.

13 Anregungen für diese terminologische Regel verdanke ich F. Kambartel.

Christopher Nichols
Wissenschaft oder Reflexion:
Habermas über Freud*

Zu behaupten, daß die Sozial- oder Kulturwissenschaften noch immer keine zureichende Erkenntnistheorie haben, ist keine besonders böswillige Feststellung – zum einen ist es eine Allerweltsweisheit, zum anderen ist es wahrscheinlich wahr. Wenngleich über die Art der Erkenntnistheorie, die die Sozialwissenschaften verwenden sollten, wenig Übereinstimmung besteht, so gibt es doch eine Menge von Argumenten, warum bisherige Allianzen, besonders mit dem Positivismus des 19. Jahrhunderts, sich als unfruchtbar erwiesen haben. Tatsächlich ist es inzwischen eine hinreichend bekannte Kritik an den Sozialwissenschaften, wenn man sagt, daß diese Wissenschaften keinen wesentlichen Fortschritt erzielen können, solange sie sich nicht von dem Wahn trennen, daß die Erforschung menschlichen Verhaltens sich am Modell positivistischer Wissenschaft orientieren könnte.

Für Jürgen Habermas (in *Erkenntnis und Interesse*) wird dies Argument durch die Tatsache bekräftigt, daß der Positivismus nicht nur eine mit Vorurteilen belastete Erkenntnistheorie ist – von der Art, daß sie zur Hinterfragung ihrer Prämissen grundsätzlich nicht ermutigt –, sondern auch den Wert philosophischer Reflexion desavouiert. Die Beherrschung der Sozialwissenschaften durch den Positivismus hat bisher zwei notwendige Entwicklungen ausgeschlossen: eine Selbstreflexion über Wissenschaft an sich und eine angemessene Beschäftigung mit dem selbst-reflektiven Charakter sozialwissenschaftlicher Phänomene. Habermas hat sich daher zwei Aufgaben gestellt: erstens, Wissenschaftskritik durch Selbstrefle-

---

* Die folgende Diskussion beschränkt sich auf einen Kommentar zu zwei Kapiteln aus Habermas' *Erkenntnis und Interesse,* Frankfurt 1968, die sich mit Freuds klinischer Methode und metapsychologischer Theorie beschäftigen. Habermas behandelt auch Freuds Beiträge als Sozialtheoretiker; aber da dies einen ganz anderen Fragenkomplex berührt, mußten wir das Thema unberücksichtigt lassen.

xion – er entwickelt diese Kritik, indem er verschiedene Alternativen zum Positivismus, nämlich Idealismus, Historizismus und Phänomenologie untersucht;* und zweitens Grundlagen für eine Erkenntnistheorie zu legen, die zureichend ›Erkenntnis‹(-theorie) mit ›Interesse‹ (Arbeit und Interaktion der Gattung Mensch) verknüpft.

Erkenntnis und Interesse schafft eine Anzahl von Problemen für die Sozial- und Kulturwissenschaften. Davon sind einige in dem Bezugsrahmen, den Habermas wählt, wenigstens vorläufig gelöst, während bei anderen eine Lösung nur schwer sichtbar ist. Ein Problem, mit dem sich Habermas ausführlich in zwei Kapiteln seines Buches[1] beschäftigt, ist der Stellenwert der Psychoanalyse als Wissenschaft.

Zweifellos mag es für viele überraschend sein, daß sich Habermas überhaupt mit Psychoanalyse beschäftigt, denn sicherlich sind zwei der bekanntesten Vorwürfe gegenüber Freuds Werk, daß es entweder eine Fehlanwendung des Positivismus auf ein Gebiet (Human-Psychologie) darstellt, das einen radikal anderen Ansatz braucht, oder daß es gerade den positivistischen Status, den es vorgibt zu haben, nicht erreicht. Folglich scheint die Psychoanalyse als eine gute oder als eine schlechte Wissenschaft in eine Tradition hineinzugehören, die Habermas kritisiert.

Am Anfang seines ersten Kapitels über Freud – *Selbstreflexion als Wissenschaft: Freuds psychoanalytische Sinnkritik*[2] – gibt Habermas ganz offen die positivistische Zielsetzung der Psychoanalyse zu. Er räumt ein, daß sie »die Legitimation, im strengen Sinne wissenschaftlich zu verfahren, glaubwürdig in Anspruch«[3] nehmen konnte. Während sich viele zurückhaltend zu diesem Zugeständnis verhalten würden, ist es schon bei flüchtigem Lesen der Freudschen Arbeiten, besonders der Stellen, die sich mit dem Wesen psychoanalytischer Erklärungen beschäftigen, völlig klar, daß Freud seine Disziplin als Erbe der medizinischen und biologischen Tradition sah, in der er ausgebildet worden war.[4] Die Aufgabe der Tiefenpsycholo-

* Wir gebrauchen diesen letzten Ausdruck nur der Bequemlichkeit halber. Die Blickrichtung, der Habermas sich am nächsten fühlt, beschreibt er wechselnd als ›phänomenologisch‹, ›hermeneutisch‹ oder ›reflexiv‹, und die Bedeutung, die er diesen Ausdrücken gibt, hängt von der spezifischen Tradition ab, auf die er sich bezieht.

gie war danach, nomothetische Erklärungen menschlichen Verhaltens zu liefern, Erklärungen, die auf erkennbaren Gesetzen psychischer Funktionsweisen beruhen und die – obwohl verschieden von Erklärungen in der Biologie und Neurologie – doch den gleichen Grad von Allgemeinheit und Bestimmtheit aufweisen.

Jedoch könnte man, wie wir schon erwähnt haben, durchaus einwenden, daß Freud und seine Anhänger diesen Anspruch nicht eingelöst haben. Vor allem kann man Freuds metapsychologische Schriften als ein Beispiel dafür herausgreifen, wie zwar die Terminologie der Naturwissenschaften – ›Quantität‹, ›Widerstand‹, ›Anatomie‹ usw., sowie Modelle wie ›Energieverteilung‹ – durchweg verwendet werden, aber ohne empirischen Bezug oder die theoretische Konsistenz. Habermas nähert sich der Problematik jedoch nicht auf diese Weise; auch zeigt er für die eher offensichtlichen Fehler der Psychoanalyse als allgemeiner Theorie kein Interesse.

Habermas findet die Psychoanalyse weder als theoretisches System noch als aufstrebende Wissenschaft bedeutungsvoll, sondern vielmehr als spezifische Forschungsmethode, die er bei der Behandlung psychoanalytischer Patienten entwickelte – eine Methode, die sich nach Habermas auf die Technik der Selbstreflexion gründet.[5] Die klinische Methode der Psychoanalyse wird normalerweise nicht in Begriffen der Selbstreflexion beschrieben – einer Art von Verstehen, mit der sich Habermas in den vorausgehenden Kapiteln eingehend beschäftigt –, und gerade deswegen verwendet Habermas den Hauptteil des ersten Kapitels über Freud darauf darzustellen, wie die analytische Technik als Technik der Reflexion gesehen werden kann.

In einem ersten Schritt zeigt Habermas eine Anzahl von Berührungspunkten zwischen der Psychoanalyse und dem ›hermeneutischen‹ Ansatz, den er zuvor in den Beiträgen zu Dilthey und der historischen Schule diskutiert hatte.[6] Da nach Habermas sowohl Psychoanalyse wie Historizismus die Rekonstruktion der Vergangenheit versuchen, konvergieren sie in ihrem gemeinsamen Interesse an Biographie und Lebensgeschichte: an Erinnerungen, schriftlichen Überlieferungen oder anderen Spuren individueller Intentionen. Darüber hinaus könnte die Art der Deutung der Vergangenheit, wie sie von der Psychoanalyse und der Hermeneutik angestrebt wird, nützlicherweise mit Textanalysen in der Philologie verglichen werden – Freud hat sich, bei Gelegenheit, zur Ähnlichkeit dieser beiden Disziplinen geäußert.[7]

Das Ziel des Psychoanalytikers, wie das des Philologen, ist, die intentionale Struktur von Äußerungen, die ihren Sinn eingebüßt haben oder deren Sinn vielleicht nie von denen, die die Äußerungen machten, verstanden wurde, zu verstehen. In gewissem Sinne geht es in beiden Disziplinen um die Rekonstruktion *fragmentarischer Texte,* die den von den Autoren intendierten Sinn nicht mehr vermitteln. Und doch unterscheiden sich gerade an diesem Punkt die linguistische Analyse und der hermeneutische Ansatz von der Methode, die Freud entwickelte. Habermas hebt hervor, daß sich erstere immer auf subjektives Bewußtsein beziehen und man annehmen kann, daß, wenn historische Akteure oder die Autoren bestimmter Texte anwesend wären, sie ihre Intentionen mit Hilfe von Nachdenken und manifesten Erinnerungen ausdrücken könnten. Für die Psychoanalyse besteht dagegen die Notwendigkeit, »daß hinter das manifest Erinnerte zurückgegangen werden muß«[8], denn sie hat mit dem zu tun, was Freud als Unterbewußtsein beschrieb: Erinnerungen und Motive, die dem subjektiven Bewußtsein jetzt entzogen sind, oder, wie in einigen Fällen, ihm nie zugänglich waren.

Worauf Freuds psychoanalytische Methode daher wirklich hinausläuft, ist eine Tiefenhermeneutik[9], die – will man sie dennoch mit der linguistischen Analyse vergleichen – mit einem speziellen Deutungsproblem befaßt ist: der Deutung eines Textes, der »die Selbsttäuschungen des Autors«[10] anzeigt. Zusätzlich zu den normalen Schwierigkeiten, die sich einstellen, wenn man einen Text zu verstehen versucht – Sprachunterschiede, fehlende Passagen, falsch übertragene Wörter und Sätze –, muß sich der Psychoanalytiker bei seinen Patienten noch mit den Verzerrungen der Erinnerungen und den aktuellen Ausdrücken und Handlungen beschäftigen, die sich als Resultat seiner Symptome ergeben.

Es ist besonders wichtig, hier anzumerken, daß Habermas Symptome und deren verzerrende Funktion für geistige Vorgänge *als Teil der intentionalen Struktur des Individuums* ansieht und, wie er sagt, als Produkte eines ›Bildungsprozes-ses‹, der das Selbstbewußtsein des Menschen mit seiner biolo-gischen Entwicklung vermittelt.[11] Indem Habermas diesen Punkt hervorhebt, trifft er natürlich eine wichtige Unterschei-dung zwischen Subjektivität und Intentionalität[12], und reser-viert damit diese Begriffe quasi als Substitute für das, was Freud als bewußte und unbewußte Schichten des Geistes beschrieben hat – ein Thema, auf das wir später noch einmal zurückkommen wollen.

Indem Habermas die Symptome, die Selbsttäuschungen in Erinnerungen und Ausdrücken einer Person hervorrufen, als Teile der intentionalen Struktur des Individuums – Teile sei-ner Vergangenheit und in gewissem Sinne seiner Erfahrung – kennzeichnet, kann er nun dazu übergehen zu beschreiben, wie er die Psychoanalyse als selbstreflexiv begreift. Das Hauptbeispiel, das er bei der Vermittlung dieses nächsten Schrittes benutzt, ist etwas irreführend, da es von Problemen der Pathologie und der Neurosen als solchen wegführt. Aber es war auch für Freuds eigenen Ansatz normal anzunehmen, daß Psycho-Pathologie und Alltagsleben den gleichen Prozes-sen unterliegen, und daher wählt Habermas eine Illustration, die auch häufig von Freud verwendet wurde: Träume und die Probleme ihrer Deutung.[13]

Habermas behauptet, daß der Traum das nichtpathologische Muster eines verderbten Textes bildet, so wie die Symptome dieses Muster für Neurosen bilden. Um den Sinn zu begrei-fen, muß der Träumer sich einem Prozeß der Selbstreflexion unterziehen, einem Prozeß, der am besten mit der Hilfe eines unbeteiligten Deuters (eines Psychoanalytikers) ausgetragen wird. Um die Aussage, die in dem Traum enthalten ist, herauszuschälen und um den Sinn der Symbole, in die die Aussage gekleidet ist, aufzudecken, ist es notwendig, die Technik der Traumdeutung anzuwenden. Nach Habermas' Zusammenfassung der Freudschen Beschreibung vollzieht sich Traumdeutung in drei Stufen. Zunächst arbeiten Träumer und Analytiker durch freie Assoziation an einer ersten ober-flächlichen Sinndeutung des Traumes – an der Traumfassade von Assoziationen mit anderen Erinnerungen und von Ratio-nalisierungen, denen der Traum seit dem Erwachen des Träu-mers ausgesetzt war.[14] Sobald diese oberste Schicht des Sinnes

identifiziert ist, kann die Deutung zur zweiten Schicht übergehen: Auffinden von ›Tagesresten‹, Fragmenten kürzlicher
Erfahrungen, die aus dem Traum hervorbrachen, dessen tieferen Sinn aber verschleierten.[15] Und schließlich drittens,
sobald diese zwei Schichten freigelegt sind, kann die Traumdeutung sich daranmachen, sich mit den eigentlichen Wünschen und Phantasien zu beschäftigen, die in dem Traum
intendiert waren – Selbsttäuschungen, soweit sie noch unver-
standen bleiben.[16]

Um zu erkennen, was mit dem Traum intendiert war, rekonstruiert man ihn, indem man den Prozeß, durch den er
entstand, mittels Selbstreflexion umkehrt – und dies kann,
betont Habermas, nur dadurch erreicht werden, daß man sich
auf den Text des Traumes, wie er sich dem Träumer darstellt,
einläßt und dann versucht, dessen Elemente in einem umfassenden Schema zu reorganisieren, einem Schema, das die
intentionale Struktur des Lebens dieses Träumers widerspiegelt. Diese Reorganisation kann auf zweierlei Weise beschrieben werden. Hinsichtlich des Verhältnisses zwischen dem
Träumer (oder Patienten) und dem Psychoanalytiker kann sie
als ein Prozeß der ›Aufklärung‹ gesehen werden, wobei das
Erkennen und Deuten des Patienten durch den Analytiker zu
einem Wissen *für* den Patienten, für dessen Bewußtsein
wird.[17] Ebenso kann sie beschrieben werden als ein Prozeß, bei
dem das Ich oder das subjektive Bewußtsein eines Individuums Kontrolle über einen Bereich seiner Intentionalität
gewinnt, der ihm bisher nicht bewußt war. Besonders nach
letzterer Formulierung kann die Zielsetzung der Psychoanalyse als Selbstreflexion angesehen werden: genauer, als das
Bewußtmachen des Bildungsprozesses eines Individuums
dadurch, daß Bewußtsein auf die ihm eigenen Verzerrungen
gelenkt wird.[18]

Diese kurze Zusammenfassung der Habermasschen Darstellung der Psychoanalyse reicht nicht aus, um alle Punkte zu
behandeln, die er aufwirft. Sie reicht jedoch, um die Grundlage seines Interesses an Freud zu vermitteln und um uns in
die Lage zu versetzen, seine Kritik der Psychoanalyse zu
verstehen, die er in seinem zweiten Kapitel über »Das szientistische Selbstmißverständnis der Metapsychologie«[19] anbietet. Wenn wir die beiden Hauptpunkte der Habermasschen

Diskussion seines soeben besprochenen Kapitels noch einmal wiederholen dürfen, so sind diese: (a) er anerkennt den allgemeinen Anspruch der Psychoanalyse, als positivistische Disziplin zu gelten, aber gleichzeitig (b) hat er versucht, durch seine Beschreibung der psychoanalytischen Methode nachzuweisen, daß Freud eigentlich eine Disziplin gegründet hat, die nach Habermas »als das einzige greifbare Beispiel einer methodisch Selbstreflexion in Anspruch nehmenden Wissenschaft gilt.«[20] Auf der Basis dieser von ihm als fundamentale Dichotomie gesehenen zwei Punkte baut Habermas seine Kritik der Psychoanalyse als Deutungssystem auf.

Bis hierher hat sich Habermas fast ausschließlich mit der psychoanalytischen Methode beschäftigt, unabhängig von den theoretischen Annahmen, die Freud entwickelte, um menschliches Verhalten zu erklären. Zu Beginn seines zweiten Kapitels über Freud wendet er sich einem Typ der psychoanalytischen Theorie, genauer: der psychoanalytischen Metapsychologie zu (einer Theorie auf der höchsten Stufe der Allgemeinheit, weitgehend ohne jeden klinischen Bezug). Die besondere metapsychologische Formulierung, die Habermas behandelt, haben wir schon weiter oben erwähnt: Freuds Energieverteilungsmodell psychischer Aktivität.[21] Freud entwickelte dieses Modell, um das Verhältnis zwischen der subjektiven Erfahrung von Lust und Unlust und den Veränderungen der nervösen Erregung des Organismus zu erklären, die nach Freud die subjektive Erfahrung begleiten. Um ein nur grobes Bild der Freudschen These zu geben – denn eigentlich wäre eine Diskussion weiterer Annahmen hierzu nötig, die wir jetzt nicht leisten können –: Freud behauptete, daß die subjektive Erfahrung von Unlust hervorgerufen wird durch eine Anhäufung von Erregung oder Stimuli innerhalb des Organismus, die nicht entladen werden kann. Umgekehrt ist die Erfahrung von Lust ein Resultat der Entladung von Stimuli und der entsprechenden Reduktion des Spannungszustandes des Organismus.[22]

Was Habermas bei der Diskussion dieses Modells der mentalen Aktivitäten und des Erklärungswertes, den Freud ihm beimißt, interessiert, ist, daß das Modell die Idee einer direkten Korrelation zwischen mentalen Zuständen und physischen Zuständen des Organismus voraussetzt. Habermas argumentiert, daß Freuds Einführung dieser theoretischen Prämisse in die Psychoanalyse und sein lebenslanges Festhalten daran ein fundamentaler Fehler war; denn er vermengte seine selbstreflektive Methode der klinischen Deutungsarbeit mit einem Objektivismus – dem Versuch, sich an die Naturwissenschaften zu hängen –, der sich mit ersterer ganz und gar nicht vertrug. Indem Freud an diesem Objektivismus klebte, zwang er darüber hinaus die Psychoanalyse in eine Entwicklung, die – so Habermas – »von der Stufe der Selbstreflexion unvermittelt zum... Positivismus« zurückführt.[23]

Die Frage muß hier natürlich sein, warum eine Bewegung von der Technik der Selbstreflexion (wenn wir einmal vorläufig Habermas' Charakterisierung der psychoanalytischen Methode als solche akzeptieren) zum Positivismus einen regressiven Schritt für Freuds Disziplin darstellt. Habermas' Antwort auf diese Frage ist ziemlich ausführlich – praktisch umfaßt sie das Argument seines Buches als Ganzes. Jedoch im Lichte dessen, was wir schon gesagt haben, können wir Habermas' Position wahrscheinlich am besten anhand des Unterschiedes zwischen dem, was er ›explanatorisches Verstehen‹ und positivistische Erklärung nennt, erläutern.[24]

Weiter oben sahen wir, daß Habermas in seiner Beschreibung der psychoanalytischen Methode die ›Aufklärung‹, die der Patient durch die Analyse erreicht, gleichsetzt mit der ›Deutung‹ des Lebens, die der Psychoanalytiker dem Patienten entweder vermittelt oder selbst ausfindig zu machen hilft. Und weiter, da die bei dem Patienten bewirkte Aufklärung eine Erweiterung des Bewußtseins seiner selbst, seiner intentionalen Struktur, darstellt, muß *jede* Deutung, die der Psychoanalytiker anbietet, dem Patienten in einer grammatikalischen Form erfaßbar sein. In diesem Maße ist die Validität einer psychoanalytischen Deutung, als ein Modus explanatorischen Verstehens, notwendigerweise von der Offenheit des Patienten ihr gegenüber abhängig. Also, »analytische Einsichten... können für den Analytiker nur Geltung haben, nachdem sie vom Analysierten selber als Erkenntnis akzeptiert worden sind«.[25]

Wenn dies als das Kriterium für die Geltung von psychoanalytischen Deutungen genommen wird, folgt daraus, daß *jede* Deutung von Verhalten – oder stärker noch, jede versuchte

Erklärung – die auf objektivistischer Grundlage formuliert ist, wie etwa Freuds Metapsychologie, den einfachen Test der Verifikation seiner eigenen klinischen Methode nicht besteht. Das soll aber nicht heißen, daß kausale Analyse unmöglich ist, denn insofern sie bezogen ist auf die therapeutische Situation, wie sie der Patient versteht oder potentiell verstehen kann, kann kausale Erklärung in gewissem Sinne erreicht werden.[26] Wir betonen die Einschränkung ›in gewissem Sinne‹, da Habermas ganz klar sagt, daß eine Kausalanalyse nur dadurch möglich wird, »daß der *empirische* Zusammenhang, den sie erfaßt, zugleich ein *intentionaler* Zusammenhang ist, der nach grammatischen Regeln rekonstruiert und verstanden werden kann«.[27]

Die Kritik an Freuds janusköpfiger Fundierung in Selbstreflexion und einem widersprüchlichen Objektivismus, der seine theoretischen Ideen bestimmt, veranlaßt Habermas dazu, darauf zu bestehen, daß eine klare Unterscheidung getroffen wird zwischen einer Erklärung oder Deutung, die auf dem gegenseitigen Verstehen von Patient und Analytiker beruht, und einer Erklärung, die auf ›kontextfreien‹[28] Annahmen positivistischer Wissenschaft basiert. Nur soweit sich die Psychoanalyse an ersteres hält – an ›explanatorisches Verstehen‹ – transzendiert sie Positivismus und Objektivismus und liefert Einsichten für die Entwicklung einer zureichenden sozialwissenschaftlichen Erkenntnistheorie, die sich auf Selbstreflexion gründet. Und umgekehrt, soweit sie sich auf einen theoretischen Rahmen stützt, der losgelöst von der klinischen Methode und *deren* Bewertungskriterien existiert, zeigt sich ein regressiver Trend an – ein Trend, den Freud nie ganz überwinden konnte.

Was wir jetzt vorbringen wollen, ist nicht so sehr eine Verteidigung der Psychoanalyse, als vielmehr eine Reihe von Fragen an das Habermassche Porträt der Psychoanalyse. Zwei Probleme stechen besonders hervor. Die eine Frage ist, ob die psychoanalytische Methode einen Prozeß der Selbstreflexion darstellt oder dieser als als solcher konstruiert werden kann, wie Habermas dies tut. Eine andere Frage ist, ob Freuds Rückgriff auf den Positivismus auf der Ebene der klinischen Theorie und der Metapsychologie konsistent ist mit seiner klinischen Methode, oder ob, wie Habermas behauptet, er dieser

Methode widerspricht und die mit ihrer Hilfe gewonnenen Einsichten zunichte macht.

Wie wir gesehen haben, zeichnet Habermas die Aktivität der Selbstreflexion als einen Prozeß, bei dem, mit oder ohne äußere Hilfe, subjektives Bewußtsein seine Ressourcen an Erinnerungen und freien Assoziationen benutzt, um ein umfassenderes Verständnis der intentionalen Struktur zu gewinnen, von der es gestaltet wurde. Die Annahme – wie bereits hervorgehoben wurde – ist hier: wenn bei einer Neurose eine Spaltung zwischen Subjektivität und Intentionalität eintritt, kann diese beseitigt werden durch stetige Reflexion; und die psychische Struktur eines Individuums kann entsprechend von Verzerrungen freigesetzt werden.

Hier stoßen wir auf die mißliche Popularität des Freudschen Satzes, »wo Es war, soll Ich werden«.[29] Wörtlich genommen – und wenn wir die Substituierbarkeit von Subjektivität und Intentionalität für Bewußtsein und Unterbewußtsein annehmen – scheint Freuds Satz die Habermassche Beschreibung der klinischen Methode zu unterstützen: das Ich tritt an die Stelle des Es, es gewinnt Kontrolle über dessen Energie und setzt die Formen mentaler Aktivität frei, die wegen letzterem (Es) vom Bewußtsein abgespalten waren; das Mittel, durch das dies erreicht wird, könnte man – wenn man so will – Selbstreflexion nennen.

Kann jedoch davon ausgegangen werden, daß Freud die obige Beschreibung der Ziele der Psychoanalyse wörtlich genommen wissen wollte? Aus einer Anzahl von Gründen scheint es eher klar, daß er das nicht wollte. Erstens – und obwohl Habermas dieses Thema anschneidet, befaßt er sich damit doch keinesfalls in ausreichender Weise[30] – es bleibt in Freuds Werk immer noch die fundamentale Unterscheidung zwischen den deskriptiven Bestimmungen der Termini ›bewußt‹ und ›unbewußt‹ auf der einen Seite und den strukturellen Begriffen von Ich, Es und Über-Ich auf der anderen.[31] Nun behauptet Habermas an einer Stelle, diese »begrifflichen Konstruktionen, Ich, Es und Über-Ich, verdanken ihre Namen« und doch wohl auch ihre Definitionen »nicht zufällig der Erfahrung der Reflexion«.[32] Aber tun sie das wirklich?

Den Terminus ›Es‹ (›id‹) übernahm Freud von Georg Groddeck, einem Zeitgenossen, der ein beträchtliches Interesse an der Psychoanalyse zeigte, aber schließlich seine eigene psycho-somatische Theorie der Neurose anbot.[33] Im Englischen wird Groddecks Gebrauch des Terminus gewöhnlich übersetzt mit ›the It‹, und Freuds eigene Übersetzer zogen den Gebrauch dieses Äquivalents in Erwägung.[34] In gewisser Hinsicht vermittelt ›the It‹ wahrscheinlich Freuds Begriff klarer als das Wort ›id‹. Genau genommen war das Es für Freud jener Sektor des Unterbewußtseins — und eben nicht alles davon —, der die biologischen Triebe des Organismus repräsentiert, die Instinkte und Energien, die körperliche Aktivität motivieren.[35]

Für Freud war diese Komponente des Unterbewußtseins und damit der Persönlichkeitsstruktur als ganzer *völlig* unerreichbar für bewußte Wahrnehmung.[36] Es stellte daher eine *objektive Realität* in Habermas' eigenem Sinne der totalen Unabhängigkeit von bewußter, mentaler Aktivität dar. Wenn dem so war, gab es sicherlich Aspekte des menschlichen Geisteslebens, die nicht intentional im phänomenologischen Sinne sein konnten, sondern eher Epiphänomene der physischen Struktur und der Evolutionsgeschichte waren. Darüber hinaus war diese Vorstellung einer unerreichbaren Region des Geistes (als gleichzeitig physischer wie psychischer Struktur) nicht nur auf das biologische Es anwendbar. Sie bezog sich für Freud auch auf Elemente des Über-Ichs in Form rassischer Erinnerungen, eine Annahme, an der er zeit seines Lebens festhielt.[37] Und in Schriften späterer Psychoanalytiker wie Melanie Klein gilt dasselbe für Aspekte der Struktur des Ichs.

Diese Vorstellung vom Geist, oder von Teilen des Geistes, als einem der bewußten Erfahrung *jedes Individuums allezeit* unzugänglichen Bereich war nun offenkundig nicht einfach eine separate metapsychologische Laune Freuds — sie war vielmehr durch seine klinische Erfahrung gestützt, z. B. durch seine Erkenntnis, daß die Quellen des Ödipus-Komplexes ebenso wie die Faktoren, die dessen Auflösung bewirken, die Ontogenese des Individuums *transzendieren*.[38] Aber diese Art von Transzendenz — ein keineswegs ganz befriedigender Ausdruck — beinhaltet *die Einbeziehung des objektiven Bereichs* der Biologie und einer Art unbewußter Phantasie,* die der

---

* Den Begriff der unbewußten Phantasie — einen Begriff, der von Freud stillschweigend benutzt und von den Kleinianern theoretisch ausgearbeitet wurde — als ›objektiv‹ zu apostrophieren, heißt zweifelsohne, sich den Zorn der Realisten

bewußten Wahrnehmung unfähig ist, weil sie einer anderen Logik gehorcht. Im Sinne Habermas' ist sie ›ungrammatisch‹.

Falls dies eine akkurate Wiedergabe der Freudschen Ansichten über die Natur des Unbewußten ist – sowohl wie es sich durch das Verhalten der Patienten zu erkennen gibt als auch als metapsychologische Formulierung –, dann, so scheint es, würde sein Entschluß, von der Deutung einzelner Patienten zu einer positivistischen Theorie des Geistes überzuwechseln, keineswegs eine widersprüchliche Strategie darstellen. Tatsächlich wäre dies genau der Weg, den seine klinische Forschung ihm nahelegte. Dies mag als eine etwas harte Position erscheinen gegenüber der Effektivität der analytischen Therapie oder dem Optimismus, den sie in bezug auf signifikante Verhaltensänderungen hegt. Wie wir aber wissen, sah Freud die Psychoanalyse nie als eine Heilpraktik, und besonders gegen Ende seines Lebens wurde er zunehmend pessimistisch sogar in bezug auf das begrenzte therapeutische Ziel, menschliches Leiden *in gewissem Maße zu reduzieren.*[39] Aber gleichzeitig ist dies genau der Punkt, der Habermas' Beschreibung der Psychoanalyse sowohl angemessener wie weniger akkurat macht. Denn in dem Maße, wie das subjektive Bewußtsein niemals das Unbewußte kontrollieren kann – in dem Maße, wie das Kind *immer* der Vater des Mannes bleibt –, muß das Ziel der psychoanalytischen Methode gesteigertes Selbstbewußtsein statt Heilung sein, Reflexion statt Auflösung der Neurose, *weil* objektive, unpersönliche, aber gesetzmäßige Kräfte weiterhin psychische Vorgänge beherrschen. Und wenn dies der Fall ist, brauchen wir nur noch hinzuzufügen, so muß eine *Erklärung* menschlichen Verhaltens, im Gegensatz zur *Einfühlung* in subjektives Bewußtsein eines bestimmten Patienten, sich auf Theorien und, bis zu einem bestimmten Grad, auf Fakten stützen, die von therapeutischer Selbstreflexion unabhängig sind. Die Tatsache, daß, seit Freud, die psychanalytische Methode zur Behandlung von Kindern und Psychotikern benutzt wurde – beiden Gruppen

zuzuziehen. Sicherlich ist dieser Begriff ein idealistischer, da ihm jeder empirische Bezug fehlt; der springende Punkt ist nur, daß es ein Begriff ist, der schroff die Möglichkeit zurückweist, daß bestimmte psychische Inhalte, besonders jene der frühen Kindheit, jemals ins Bewußtsein zurückgeholt werden können.

wird Habermas nicht die Fähigkeit der Selbstreflexion zugestehen wollen –, scheint dies in bedeutender Weise zu erhärten.[40] Und mehr noch, die klinische Literatur der letzten
zwanzig Jahre, die sich mit der Art des Übertragungsverhält-
nisses in der analytischen Therapie von Psychoten beschäftigt, legt nahe, daß der Wert der Psychoanalyse für Patienten
nicht in der Bereitstellung grammatikalischer Deutungen
liegt, sondern in den Ressourcen an unbewußter Kommunikation, Kommunikation unterhalb der Reflexionsschwelle.[41]

Der andere Schwerpunkt der Habermasschen Kritik an
Freud, mit dem wir uns beschäftigen wollen, ist das Problem,
ob die Psychoanalyse eine nomothetische oder ›kontextfreie‹
Disziplin sein kann, oder ob sie auf empirischen Deutungen
der Art basiert bleiben muß, die Habermas gleichsetzt mit
dem Verstehen der eigenen intentionalen Struktur durch den
Patienten. Für Freud konnte und sollte sie offensichtlich ersteres sein. Wenn wir der Psychoanalyse diese Möglichkeit versa-
gen, müßten wir Freuds gesamte Schriften zur angewandten
Psychologie verwerfen – seine Studien zur Kunst und Literatur und seine soziologischen Schriften – ebenso wie seine Fall-
Geschichten des ›Kleinen Hans‹ (»Analysis of a Phobia in a
Five-Year-Old Boy«[42]) und Daniel Schrebers (»A Case of
Paranoia: Dementia Paranoides«[43]) sowie anderer, die Freud
nicht eigentlich als Patienten behandelt hatte.

Was der Kern des Habermasschen Einwandes gegen die Psychoanalyse als allgemeiner Theorie zu sein scheint, ist, daß sie
sich des Zwangs zur Selbstreflexion und des Tests der Überprüfung *durch* die Subjektivität des Patienten entschlägt.
Gerade an diesem Punkt aber erlaubt Freuds Positivismus der
Psychoanalyse, in eine Richtung fortzuschreiten, die Habermas' Revision ihr versperrt. Habermas gibt z. B. zu, daß allgemeine Theorien in der Psychoanalyse möglich sind, aber er
besteht darauf, daß wir bei ihrer Überprüfung immer darauf
angewiesen bleiben, daß das Objekt der Analyse ihre Gültigkeit bestätigt. (Ein Beispiel für diese Art von demokratischer
Verifizierung auf der Ebene der klinischen Theorie wäre, daß
eine bestimmte Deutung, die ein Analytiker durch die Arbeit
mit einem Patienten erreicht, auf einen anderen Patienten *nur*
angewendet werden könnte, falls der andere Patient sie als für
sich gültig akzeptiert.)[44]

Während Habermas diese Art von Generalisierungsprozeß als Formulierung allgemeiner Theorien bezeichnet, scheint es doch eher korrekt zu sagen, daß der Prozeß auf der Ebene der Bildung und Überprüfung von Hypothesen bleibt.[45] In der Tat: wenn ein Psychoanalytiker nicht auf bestimmte ›kontext-freie‹ Deutungen neuer Patientinnen insistierte, auch wenn jene Patienten sich diesen Deutungen widersetzen, so würde der analytische Prozeß allem Anschein nach zu nichts führen. Wörtlich genommen, würde Habermas' Kritik die Möglichkeit einschließen, daß einige Patienten *keinen* Ödipus-Komplex haben, oder daß einige psychotische Patienten *wirklich* Gott sind, *gar nicht* existieren oder noch im Mutterleib sind.[46]

Freud hat klar die Tatsache akzeptiert, daß unter gewissen Umständen der Widerstand eines Patienten gegen eine klinische Deutung es nötig macht, daß der Therapist diese wiederholt, auch wenn sie zurückgewiesen wurde – und das soll nicht heißen, wie man zu Habermas' Verteidigung sagen könnte, daß der Patient eine Deutung *am Ende* akzeptieren muß. Es könnte bedeuten, daß der Patient nicht analysierbar ist, oder nicht analysierbar auf bestimmten Gebieten[47], währenddessen die Mehrheit der Patienten Selbstbewußtsein in einer Art erreichen können, wie andere dies nicht vermögen.

Das bringt uns nun zum wirklich letzten Punkt. Freud glaubte, daß, wenn eine Deutung für die Mehrzahl der Patienten wahr ist – oder wenn sie zusätzlich durch andere Mittel verifiziert werden kann –, sie vom Status einer klinischen Hypothese zu dem einer klinischen Theorie übergehen kann. Darüber hinaus können einigermaßen gut fundierte klinische Hypothesen, in Verbindung mit der psychoanalytischen Theorie als Ganzes, zur Formulierung von zwei weiteren Arten psychoanalytischer Untersuchung gebraucht werden, die zumeist nicht-empirisch sind: Entwicklungstheorie (des Menschen, Anm. des Übers.) und Metapsychologie. Nun kann man leicht zugeben, daß Freud seine Ideen nicht immer im Einklang mit diesen klar unterschiedenen Kategorien oder mit den entsprechenden Regeln logischer Ableitung (induktiver und deduktiver Art) formuliert hat. Worum es aber geht, ist die Frage, ob psychoanalytische Hypothesen und Theorien nach diesen Kriterien umgearbeitet werden könnten oder nicht.

Es ist unsere Meinung, daß dies möglich ist.[48] Und wenn dem so ist und an der Basis, der klinischen Situation, dem Kriterium der selbstreflexiven Verifikation Genüge getan ist, wie Habermas dies betont, dann würde der Versuch, Freuds theoretische Arbeit auf der Basis eines Einwandes *gegen* seinen Positivismus zu verwerfen, weit ›regressiver‹ erscheinen als Freuds Positivismus selbst. Sicherlich läßt diese Einschätzung eine Menge weiterer Fragen unbeantwortet; aber wenn das zentrale Problem, das Habermas in *Erkenntnis und Interesse* aufwirft, die Angemessenheit konkurrierender Erkenntnistheorien ist – und wenn wir noch in gewissem Maße in der Position sind, eine begründete Wahl unter ihnen zu treffen–, dann ist *eine* Art der Untersuchung, die uns helfen kann, unsere schließliche Entscheidung etwas weniger aprioristisch zu machen: den Erfolg verschiedener Erkenntnistheorien zu prüfen, nach dem, wie sie in Gebrauch genommen wurden, und nach ihrer Konsistenz zwischen Reflexion und Theorie. Die Psychoanalyse als Testfall scheint – wenn wir sie richtig umrissen haben – sich mit dem Positivismus verbunden zu haben, nicht aus historischem Zufall, sondern als Ergebnis der Einblicke in die menschliche Psyche, die Freud durch seine klinische Arbeit gewann.

Anmerkungen

1 *Erkenntnis und Interesse*, Frankfurt 1968, Teil III, Kap. 10 und 11.
2 A.a.O., S. 262-300.
3 A.a.O., S. 262.
4 Vgl. insbesondere Freuds Bemerkungen zum Verhältnis zwischen Psychoanalyse und anderen Wissenschaften: *The Claims of Psychoanalysis to Scientific Interest«*, in: *The Standard Edition of the Complete Psychological Works* (im folgenden *S.E.*), London 1966, Bd. I, S. 165-90.
5 Habermas, a.a.O., S. 262 ff.
6 A.a.O., Kap. 7 und 8, S. 178-233.
7 Freud, a.a.O., S. 176-78.
8 Habermas, a.a.O., S. 264.
9 A.a.O., S. 267.
10 Ebd.
11 A.a.O., besonders S. 243.
12 A.a.O., S. 266-69.
13 A.a.O., S. 269 ff.

14 Freud, *The Interpretation of Dreams«*, in: *S.E.*, Bd. 4, S. 96 ff.

15 A.a.O., passim.

16 Habermas, a.a.O., S. 271.

17 A.a.O., S. 282 f.

18 Ebd.

19 A.a.O., S. 300-332.

20 A.a.O., S. 262.

21 A.a.O., S. 302 ff.

22 Siehe Freud, *Beyond the Pleasure Principle*, in: *S.E.*, Bd. 18, Kap. 4, S. 24-33.

23 Habermas, a.a.O., S. 306 f.

24 A.a.O., S. 331 f.

25 A.a.O., S. 318.

26 A.a.O., S. 330-32.

27 A.a.O., S. 331.

28 A.a.O., S. 330-32.

29 Freud, *New Introductory Lectures on Psychoanalysis*, in: *S.E.*, Bd. 22, S. 80.

30 Vgl. Habermas, a.a.O., S. 296.

31 Siehe Freud, *The Ego and the Id*, in: *S.E.*, Bd. 19, S. 13-27.

32 Habermas, a.a.O., S. 290.

33 Siehe G. Groddeck, *The Book of the It*, New York 1961.

34 Siehe die Einführung des Herausgebers zu Freuds *The Ego and the Id*, a.a.O., S. 7.

35 A.a.O., S. 19 ff.

36 Ebd.

37 Von *Totem and Taboo*, 1912-13 bis zu *Moses and Monotheism*, 1938.

38 Vgl. *Totem and Taboo*, in: *S.E.*, Bd. 13, S. 100-61.

39 Siehe Freud, *Analysis Terminable and Interminable*, in: *S.E.*, Bd. 23, S. 216-53.

40 Zur Analyse von Kindern, siehe die Arbeiten von Anna Freud, Melanie Klein, Margaret Mahler und anderen; zu Psychotikern, siehe die Arbeiten von Searles, Bion, Rosenfeld und anderen.

41 Eine Arbeit, die dies streng vertritt, ist die von M. A. Sechehaye, *Symbolic Realization*, New York 1951.

42 Freud, *S.E.*, Bd. 10, S. 3-149.

43 Freud, *S.E.*, Bd. 12, S. 9-82.

44 Für einen unterschiedlichen Ansatz zum Problem der klinischen Verifikation, der Freuds Interesse an der Rolle des Patienten bei der Überprüfung von Deutungen in ein schärferes Licht rückt, siehe J. O. Wisdom, *Testing a Psychoanalytic Interpretation*, in: *Ratio*, No. 8, 1966, S. 55-76, und *Testing an Interpretation within a Session*, in: *The International Journal of Psychoanalysis*, No. 48, 1967, S. 44-52.

45 Der Punkt scheint hier ganz einfach der zu sein, daß jede Interpretation, die ständig zur Verifikation von jenen Phänomenen abhängig bleibt, die sie zu erklären versucht, so stark Gefahr läuft, falsifiziert zu werden, daß sie den Status einer Theorie nicht erreicht.

46 Um es deutlich zu sagen, es gibt hier eine Anzahl von Ähnlichkeiten zwischen Habermas' Position und der sogenannten ›Antipsychiatrie‹ von Laing, Esterson und Cooper.

47 Die Eignung bestimmter Patienten für die Psychoanalyse ist ein Thema, das Habermas überhaupt nicht erwähnt, ebenso wie die Frage der Eignung bestimmter Personen als Analytiker. Die Literatur zu diesem Problem macht den psychoanalytischen Standpunkt ganz klar, nämlich, daß verschiedene Individuen nicht zum gleichen Grade analysierbar sind und daß z. B. die Anwendbarkeit der Analyse auf Menschen verschiedenen Alters eine für den Analytiker wichtige Frage ist. Vgl. Karl Abraham, *The Applicability of Psychoanalysis to Patients at an Advanced Age,* in: Abraham, *Selected Papers on Psychoanalysis,* London 1927.

48 Siehe J. O. Wisdom und Christopher Nichols, *A Graduated Map of Psychoanalytic Theories,* in: *The Monist,* Bd. 56, 1972, S. 376-412.

Epilog

Die im vorliegenden Band gesammelten Aufsätze überziehen die in *Erkenntnis und Interesse* entwickelte Thematik mit einem dichten Netz von Anmerkungen, Fragen und Einwänden. Es kann nicht die Absicht dieser abschließenden Zeilen sein, dieses Fragendickicht zu entwirren oder auch nur übersichtlich zu katalogisieren; schon gar nicht möchte ich mir anmaßen, zwischen Habermas und seinen verschiedenen Kontrahenten als Schiedsrichter zu amtieren. Zum einen ist (wie eingangs angedeutet) die Diskussion über *Erkenntnis und Interesse* noch im vollen Gange, und schon aus diesem Grunde verbietet sich eine rückblickende Bestandsaufnahme. Zum andern hat sich Habermas selbst an mehreren Orten – vor allem im »Nachwort« zur Neuauflage seines Buches – mit kritischen Einwänden ausführlich auseinandergesetzt; dabei dienten ihm kritische Argumente häufig zum Anlaß, seine eigenen Gedankengänge entweder neu zu formulieren oder doch schärfer zu profilieren.[1] In bescheidenerem Rahmen habe auch ich mich mit den Nachwirkungen von *Erkenntnis und Interesse* beschäftigt und mich an einer kritischen Rezension der vorliegenden Rezensionen versucht.[2] Die folgenden Seiten erheben daher keinesfalls Anspruch auf systematische Würdigung; sie tragen nur den Charakter von Randglossen, die mir bei der Lektüre des Buches und der hier gesammelten Materialien nachträglich einfielen und die sich auf einige Punkte beziehen, die mir (trotz Habermas' »Nachwort«) weitere Erwägung zu verdienen scheinen.

Zunächst aber ist es angezeigt, jedenfalls in kurzen Zügen die Richtung anzudeuten, in der sich Habermas' Gedankengänge seit der ersten Veröffentlichung des Buches weiterentwickelt oder präzisiert haben. Grob gesprochen läuft die Entwicklung auf eine deutlichere Unterscheidung zwischen Interesse und Erkenntnis oder – in Habermas' Worten – zwischen »Problemen der Gegenstandskonstitution« und »Geltungsproblemen«, zwischen »Erfahrungsapriori« und »Argumentationsapriori« hinaus. Die zentrale Handhabe oder Stütze für diese Unterscheidung findet sich im Begriff des »Diskurses« und der diskursiven Verifizierung. Nach Habermas verlangen Diskurse eine »Virtualisierung von Handlungszwängen, die dazu führen soll, daß alle Motive außer dem einzigen einer kooperativen Verständigungsbereitschaft außer Kraft gesetzt und Fragen der Geltung von denen der Genesis getrennt werden«. Während der »kategoriale Sinn« einer Aussage sich nach der Eigenart des jeweiligen Erfahrungsbereichs bestimmt, liegt der »diskursiv einlösbare Sinn« der Aussage in der »Möglichkeit der argumentativen Begründung eines kritisierbaren Geltungsanspruchs«. Diskursive Einlösung erstreckt sich dabei sowohl auf den vom »technischen« Interesse wie auf den vom »praktischen« Interesse konstituierten Erfahrungsbereich, das heißt: sowohl auf Behauptungen über Sachverhalte wie auch auf Normen kommunikativen Handelns. Im Bereich des durch Selbstreflexion angeleiteten Strebens nach Emanzipation nimmt Habermas eine weitere Differenzierung – zwischen »Selbstkritik« und »rationaler Nachkonstruktion« – vor. Selbstkritik reflektiert auf die unbewußt produzierten Hemmungen und Verzerrungen im Bildungsprozeß eines bestimmten Subjekts; Nachkonstruktion demgegenüber bemüht sich um die Erfassung von anonymen Regelsystemen und Kompetenzen, die jeder Art von theoretischem Wissen und moralischem Handeln transzendental zugrunde liegen. Hinsichtlich der Einlösung von Geltungsansprüchen bleibt kritische Reflexion diskursiver Argumentation unterlegen; doch übertrifft gelingende Kritik solche Argumentation durch das Vorantreiben praktischer Emanzipation und die Wahrung persönlicher Integrität. Nachkonstruktionen von Regelsystemen sind andererseits Gegenstand gewöhnlicher Diskurse; freilich entstammen sie der »Reflexion auf Voraussetzungen, auf die wir uns in vernünftiger Rede immer schon naiv verlassen«.[3]

Die skizzierten Unterscheidungen und Präzisierungen sind imstande, viele der im vorliegenden Band erhobenen Einwände auszuräumen oder doch zu entschärfen. Dies trifft zu besonders auf den Vorwurf der Reduktion gültiger Erkenntnis auf kontingente Interessen und auf die angebliche Einebnung von Geltungsansprüchen in praktische Erfahrungszusammenhänge; das gleiche gilt (mit Einschränkungen) für die Übersteigerung des konkreten emanzipatorischen Potentials reiner

Selbstreflexion. Ob durch die getroffenen Differenzierungen alle Fragen aus der Welt geschafft sind, ist jedoch zweifelhaft. Die folgende Erörterung einiger unklarer Punkte behauptet keinesfalls die Stichhaltigkeit kritischer Bedenken; ihre Absicht ist es nur, voreiligen und vielleicht schiefen Interpretationen Habermasscher Formulierungen vorzubeugen. Was manche Rezensenten an *Erkenntnis und Interesse* bemängeln, ist nicht so sehr (oder nicht in erster Linie) die Ausklammerung von Geltungsproblemen, als der zwielichtige Status der Erkenntnisinteressen und der lebensweltlichen Erfahrung im allgemeinen; sekundär ergibt sich aus dieser Kritik allerdings auch die Frage nach dem genaueren Verhältnis zwischen Interesse und Erkenntnis, Erfahrung und Diskurs. In mehreren der vorliegenden Beiträge wird die Konzeption der Erkenntnisinteressen beschuldigt, einer Objektivierung und empiristischen Naturalisierung des Erkenntnisvorgangs Vorschub zu leisten; andere Rezensenten wittern in der gleichen Konzeption die Gefahr des Subjektivismus oder der transzendentalen Spekulation. Die beiden Vorwürfe schließen sich übrigens keineswegs gegenseitig aus. Theunissens Studie spürt in der Position der Frankfurter Schule ein gleichzeitiges Absinken in Subjektivismus und Naturalismus auf und führt diese Tendenz zurück auf »die Überforderung des Subjekts, die dialektisch in die Überhöhung einer nicht mehr subjektiv begründeten Naturfaktizität umschlägt«. Mit Bezug auf Habermas fügt Theunissen hinzu: »Gleichwie Horkheimer gelangt auch Habermas zur Renaturalisierung aus einer Überforderung des empirischen Subjekts. Und wie dort, so beruht diese Überforderung auch hier auf der Gleichsetzung des transzendentalen Subjekts mit der Menschengattung.«[4]

Es läßt sich nun kaum leugnen, daß Habermas' Ausführungen über Erkenntnisinteressen einen etwas vagen und schillernden Charakter tragen. In *Erkenntnis und Interesse* erfährt man über solche Interessen, daß sie »die Naturgeschichte der Menschengattung mit der Logik ihres Bildungsprozesses« vermitteln. Der Begriff »Erkenntnisinteresse« wird als eine »eigentümliche Kategorie« dargestellt, die »sich der Unterscheidung zwischen empirischen und transzendentalen oder faktischen und symbolischen Bestimmungen sowenig fügt wie der zwischen motivationalen und kognitiven«; als Grund hierfür wird genannt, daß Erkenntnis »weder ein bloßes Instrument der Anpassung eines Organismus an eine wechselnde Umgebung« noch auch »der Akt eines reinen Vernunftwesens und als Kontemplation den Lebenszusammenhängen ganz enthoben« sei. Habermas' nachträgliche Erläuterungen tragen nur beschränkt zur Aufklärung bei. Erkenntnisleitenden Interessen wird hier zunächst ein »quasitranszendentaler Status« zugebilligt – ein Status, der sich darauf zurückführt, daß sie weder Leistungen eines »intelligiblen Ichs« noch bloße empirische Bedingungen der Erkenntnis darstellen; dabei räumt Habermas freilich ein, daß »die Verlegenheitsformel ›quasi-transzendental‹« mehr Probleme anzeigt, als sie löst. Im »Nachwort (1973)« erkennt Habermas die Notwendigkeit »einer Revision des Begriffs des Transzendentalen« an, hält aber doch an der herkömmlichen Terminologie fest. »Solange die Erkenntnisinteressen auf dem Wege einer Reflexion auf die Forschungslogik von Natur- und Geisteswissenschaften identifiziert und analysiert werden«, schreibt er, »können sie einen ›transzendentalen‹ Status beanspruchen; sobald sie jedoch als Resultat der Naturgeschichte gleichsam erkenntnis-anthropologisch begriffen werden, haben sie einen ›empirischen‹ Status.«[5] Etwas verwirrend sind auch die Bemühungen, dem Vorgang sensorischer Erfahrung oder »Wahrnehmung« unmittelbar Objektivität zuzuschreiben. Die Objektivität der Erfahrung – so liest man – zeigt sich »in dem Erlebnis sinnlicher Gewißheit, das Wahrnehmungen stets begleitet: Wahrnehmungen können nicht falsch sein«. An anderer Stelle aber heißt es (vielleicht mit gleicher Plausibilität), daß sich Gewißheit immer »nur als etwas Subjektives« äußern läßt.[6]

In allen diesen Punkten mag es hilfreich sein, sich an die von Husserl inaugurierte Beschäftigung mit lebensweltlicher Erfahrung zu erinnern. Sobald »Lebenswelt« nämlich als vorprädikativer Hinter- und Untergrund menschlichen Denkens und Handelns gesehen wird, wird die Unzulänglichkeit herkömmlicher Dichotomien evident. Insofern sie bewußter Reflexion gerade vorgeschaltet ist, kann lebensweltliche Erfahrung nicht »transzendental« heißen (solange dieser Ausdruck den traditionellen Bezug auf »transzendentales Bewußtsein« oder transzendentale Logik beibehält); insofern Gegenständlichkeit bewußte Prädikation voraussetzt, zielt der Ausdruck »empirisch« hier ebenfalls ins Leere. Husserls eigene Ausführungen zu diesem Thema waren freilich noch etwas zwiespältig: es blieb unklar, ob Lebenswelt und »natürliche Haltung« das Vorhaben bewußter »Epoché« präjudizieren oder ob sie nur einen möglichen Objektbereich für phänomenologische Betrachtung darstellen. (Hinsichtlich des Schwankens zwischen Naturalismus und Subjektivismus läßt sich an diesem Punkt vielleicht sogar eine Parallele zwischen Husserl und Habermas herstellen.) Spätestens mit Heideggers Daseinsanalyse wurde die überlieferte Bewußtseinsproblematik aber unterminiert. Menschliches Dasein oder »In-der-Welt-sein« aus Heideggers Perspektive bezeichnet weder eine subjektive Erfindung noch einen bloßen Naturvorgang. »Welt« in diesem Zusammenhang ist nicht das Resultat einer transzendentalen Konstitution; ebensowenig ist sie aber empirische Umwelt – eben weil jede empirische Objektwelt ein subjektives Bewußtsein voraussetzt. »Der Mensch«, argumentiert der *Brief über den Humanismus*, »ist nie zunächst diesseits der Welt Mensch als ein ›Subjekt‹, sei dies als ›Ich‹ oder als ›Wir‹ gemeint. Er ist auch nie erst und nur Subjekt, das sich zwar immer zugleich auch auf Objekte bezieht, so daß sein Wesen in der Subjekt–Objekt-Beziehung läge.«[7] Heideggers Ansatz wurde durch die französische Existentialphänomenologie fortgebildet. Merleau-Pontys *Phänomenologie der Wahrnehmung* richtet sich sowohl gegen einen empirischen Behaviorismus wie gegen die Prätentionen eines konstitutiven Bewußtseins. Die Untersuchung der Wahrnehmung – so faßt Merleau-Ponty seine Studie zusammen – »hat zu guter Letzt gezeigt, daß die wahrgenommene Welt keine Summe von Gegenständen (im wissenschaftlichen Sinne) ist, daß unser Verhältnis zur Welt sich nicht auf das zwischen Denker und Denkobjekt reduzieren läßt, und daß die Identität der Wahrnehmung, aus der Perspektive verschiedener Betrachter gesehen, nicht mit der Identität einer theoretischen Proposition vergleichbar ist«.[8]

Von der lebensweltlichen Perspektive her läßt sich auch fragen, ob die Bezeichnung »Interessen« für der Erkenntnis zugrunde liegende Erfahrungsmodalitäten nicht in mancher Beziehung ungünstig ist. Umgangssprachlich und in der literarischen Tradition bezieht sich der Ausdruck gewöhnlich auf subjektive Präferenzen – gleichgültig ob Präferenzen eines Individuums oder eines Kollektivs – oder auch auf Naturanlagen der Gattung. Habermas' Verwendung des Begriffs ist schwankend; eine seiner jüngsten Schriften neigt zu einer transzendentallogischen Deutung, wonach Interessen als »allgemeine subjektive Bedingungen der Möglichkeit der Erfahrung« gelten.[9] Vielleicht böte ein Rekurs auf das phänomenologische Konzept der »Intentionalität« ein Heilmittel gegen den von manchen Kritikern (einschließlich Theunissen) beklagten Hang zu Subjektivismus und Naturalismus. Im phänomenologischen Sprachgebrauch bezeichnet »Intentionalität« die intime Verbindung von menschlicher Erfahrung und erfahrener Welt, von Bemühung um Verständnis und Zugang »zu den Sachen selbst«. In Husserls Frühwerk war der Begriff freilich noch stark an die Zielstrebigkeit eines subjektiven Bewußtseins geknüpft; doch bot die Wende zur Lebenswelt die Möglichkeit einer Ausweitung auf vorbewußte und vorprädikative Orientierungen Heideggers existentiale Kategorie der »Sorge« insbesondere enthält die Implikation der Hingabe an und Beschlagnahme durch die – subjektive Intentionen überragende – Problematik des lebensweltlichen Kontexts. Dabei ist es (im Prinzip) möglich, verschiedene Modalitäten des Erfahrungsbezugs zu unterscheiden und – in Habermas' Sinne – die technisch-wissenschaftliche Beschäftigung mit Dingen und Ereignissen der praktischen Interaktion mit »verstehbaren Personen« gegenüberzustellen.[10] Schwierigkeiten ergeben sich allerdings mit Rücksicht auf Selbstreflexion und emanzipatorische Praxis, sofern hier grundsätzlich ein subjektives Interesse an Befreiung von »pseudonatürlichen Zwängen« am Werke ist. Vor allem in *Erkenntnis und Interesse* weisen Selbsterkenntnis und Emanzipation eine starke Affinität zur Fichteschen Lehre reflexiver Selbstsetzung und souveräner Selbstschöpfung auf. Die spätere Einfügung »rationaler Nachkonstruktion« mildert die selbstsetzende Kraft der Reflexion nicht eigentlich ab, sondern stellt ihr nur apriorische Regelsysteme und Schemata zur Seite – wodurch sich auf neuer Ebene die Dichotomie von Naturalismus und Subjektivismus zu wiederholen scheint. Falls man davon ausgehen kann, daß Selbsterkenntnis nur mittelbar und auf Umwegen möglich ist, so muß sie – trotz der Abwehr gegen Pseudonatur

– in einen transsubjektiven Erfahrungsbezug eingelassen sein; sofern dieser Bezug von sensorischer Wahrnehmung und kommunikativer Praxis abgehoben wird, scheint es nötig, auf eine Dimension zu rekurrieren, die Heidegger als »Sein«, Jaspers als »Umgreifendes« und die meisten Phänomenologen als Grund und »Horizont« der Erfahrung apostrophiert haben.

Die Erinnerung an den lebensweltlichen Rahmen hat übrigens nicht nur den Effekt, der subjektivistischen oder dualistischen Tendenz des Interessenkonzepts entgegenzuwirken; sie trägt auch dazu bei, die Konturen der auf die Erkenntnisinteressen gegründeten Forschungsbereiche wenn nicht auszuwischen, so doch zu verunschärfen. Habermas' Darstellung in *Erkenntnis und Interesse* erweckt stellenweise den Eindruck, als beschäftige sich naturwissenschaftliche oder empirische Forschung mit rein äußerer Natur (oder mit von außen an den Menschen herantretenden Ereignissen), während Hermeneutik auf die Erfassung von subjektiv vermeintem Sinn abzielt; dementsprechend erscheinen Erklärung und Verstehen als diametral entgegengesetzte Verfahrensweisen. Tatsächlich läßt sich aber die herkömmliche Trennung von Natur- und Geisteswissenschaften, soweit sie die Unterscheidung von innerer und äußerer Natur widerspiegelt, nur in beschränktem Maße aufrechterhalten. Habermas' eigene Betonung der Rolle der Forschergemeinschaft weist auf die pragmatisch-kommunikative Dimension empirischer Forschung hin; in konsequenter Verfolgung dieses Ansatzpunktes sind jüngere wissenschaftstheoretische Untersuchungen zur Konzeption einer »Hermeneutik naturwissenschaftlicher Entdeckung« vorgestoßen. Umgekehrt läßt sich Hermeneutik – wie schon Dilthey andeutete und neuerdings Emilio Betti emphatisch unterstrichen hat – nur schwer auf die Eruierung subjektiven Sinns beschränken, da solcher Sinn sich typisch in sozialen Handlungszusammenhängen, kulturellen Dokumenten und Institutionen niederschlägt – also in Kontexten, die individuelle Absicht oder Erfindungsgabe übersteigen.[11] Die (jedenfalls partielle) Verschränkung von empirischer und intentionaler Erkenntnis, von Erklärung und Verstehen ist ein Thema, das Paul Ricœur an mehreren Orten aufgegriffen und durchleuchtet hat. »Falls die Bedeutung vergangener Überlieferungen«, schreibt er an einer Stelle, »nur auf dem Umweg der Distanzierung und

Objektivierung vermittelt werden kann, so ist Erklärung ein notwendiger Schritt der Hermeneutik. Wir erklären immer, um besser zu verstehen.« Wie er hinzufügt, liegt ein reziprokes Verhältnis vor: »So wie Verstehen sich über Erklärung vermittelt, findet Erklärung in Verstehen ihr Ziel.«[12]

Die Annahme einer (teilweisen) Verschränkung der Erkenntnismodalitäten hat offenkundige Relevanz für den Bereich der kritischen Sozialwissenschaft und Sozialtheorie. Nach Habermas repliziert dieser Forschungsbereich die Verfahrensweise der Freudschen Psychoanalyse – eine Verfahrensweise, die prinzipiell durch die Verkoppelung von Erklärung und Verstehen gekennzeichnet ist. Wie die vorhergehenden Ausführungen nahelegen, ergibt sich die Eigenart der Psychoanalyse nicht so sehr aus der einfachen Tatsache, sondern allenfalls aus dem spezifischen Charakter der methodischen Koppelung. Gerade hinsichtlich dieses Charakters gibt Habermas' Darstellung übrigens zu einigen Bedenken Anlaß. Sowohl in *Erkenntnis und Interesse* wie auch in späteren Ergänzungen besteht das Wesen der Psychoanalyse (und der Sozialkritik) in der Verquickung von empirischem Wissen und therapeutischer Selbstreflexion; anstatt sich zu ergänzen, verharren die beiden Aspekte aber weithin auf der Ebene unvermittelter Koexistenz. Während empirische Analyse sich auf Nachkonstruktion unbewußter psychischer (oder sozialer) Strukturen konzentriert, bemüht sich Therapie um ungehindertes Selbstverständnis, um »*Auflösung* einer in unbewußten Motiven oder unterdrückten Interessen wurzelnden Pseudogegenständlichkeit«. Dabei ist Selbstreflexion von kommunikativer Praxis noch insofern abgesetzt, als Kommunikation sich im Medium alltäglicher (und vorurteilsbelasteter) Erfahrung bewegt, während Reflexion diese Alltagswelt kritisch transzendiert. Wie zuvor angedeutet, birgt diese Konzeption die Gefahr des Dualismus von naturalistischer Struktur und erfahrungsfreier Selbstsetzung des Subjekts in sich. Obwohl Habermas zu Recht die Reduktion der Psychoanalyse auf positivistische Wissenschaftlichkeit zurückweist, berührt Nichols in seinem Beitrag doch einen wunden Punkt, wenn er die Auffassung der Therapie als einfacher Befreiung von unbewußten Zwängen bemängelt. Die Zuschneidung der Therapie auf reine Selbstreflexion, meint er, läßt es möglich erscheinen,

»daß einige Patienten *keinen* Ödipuskomplex haben oder daß einige psychotische Patienten *wirklich* Gott sind«.[13] Vielleicht hilft an dieser Stelle Ricœurs Studie über Freud und besonders seine Unterscheidung zwischen kritischer und restaurativer Hermeneutik etwas weiter. Nach Ricœur steht die Psychoanalyse am Schnittpunkt zweier entgegengesetzter Perspektiven und Deutungsstrategien: einer Strategie des »Argwohns« und der reflexiven Demaskierung unbewußter Motive und einer Hermeneutik der Erinnerung an im psychischen Haushalt latent angelegte und verschlüsselte Wegweiser zur Genesung.[14]

Zum Schluß möchte ich noch kurz auf einige Fragen hinweisen, die sich aus dem Verhältnis von Erfahrung und Diskurs ergeben. Wie bereits erwähnt, besteht die Aufgabe von Diskursen darin, die in der alltäglichen Lebenspraxis ungefragt akzeptierten Geltungsansprüche zu thematisieren und zu überprüfen; nach Habermas sind gelingende Diskurse imstande, sowohl die Wahrheit von Behauptungen über Dinge und Ereignisse wie die Richtigkeit von Normen zwischenmenschlichen Verhaltens zu etablieren. Wie mir scheint, ist der Vorschlag einer Konsens- oder Diskurstheorie der Wahrheit (und Richtigkeit) in seiner grundsätzlichen Intention durchaus fruchtbar und plausibel. Einer der Vorzüge dieser Theorie liegt meines Erachtens darin, daß sie die herkömmlichen Korrespondenz- und Adäquationsmodelle überwindet, ohne doch in relativistische Willkür zu verfallen. Die Betonung intersubjektiver Überprüfung scheint phänomenologisch wohlfundiert. Falls lebensweltliche Erfahrung auf einen vor- oder intersubjektiven Kontext verweist, so muß die Einlösung der in der Alltagspraxis angemeldeten Geltungsansprüche ebenfalls zwischenmenschlichen Charakter tragen. Übrigens hat Habermas, wie ich glaube, genügend Vorkehrungen getroffen, um einen gelingenden (oder wahrheitsbegründenden) Diskurs von einem bloß kontingenten Konsens zu unterscheiden. Worauf ich hier eingehen möchte, ist nur das Verhältnis von Geltungsreflexion und Lebenspraxis – besonders insofern sich diese Problematik mit zuvor angerührten Fragestellungen trifft. Habermas' Ausführungen zu diesem Thema sind etwas unklar und verwirrend. Dem »Nachwort« gemäß ist das »Apriori der Erfahrung« vom »Argumentationsapriori« zwar »unabhängig«: doch werden »erfahrungswissenschaftliche Theorien (die sich aus Begründungen akkumulieren) von *beiden* Apriori begrenzt«. Im gleichen Zusammenhang heißt es, mit Rücksicht auf sensorische Beobachtung, daß »die referentielle Syntax der Sprache, in der theoretisches Wissen formuliert wird«, mit der »Logik eines entsprechenden vorwissenschaftlichen Erfahrungs- und Handlungszusammenhanges rückgekoppelt« sei. Ähnliches gilt für praktisches Wissen; in jedem Falle wahren die erkenntnisleitenden Interessen »die Einheit des jeweiligen Systems von Handlung und Erfahrung gegenüber dem Diskurs«.[15]

Diese und ähnliche Ausführungen lassen manche Aspekte des genannten Themas im Dunkeln. Die Verwendung von Begriffen wie »Erfahrungsapriori« und »Argumentationsapriori« gibt zuweilen den Eindruck, als trage die Beziehung von Lebenspraxis und Geltungsreflexion einen rein apriorischen oder transzendental-logischen Charakter; in diesem Falle bleibt undurchsichtig, an welchem Punkt Erfahrung einen konkreten inhaltlichen Bezug gewinnen soll. Mehrfach beruft sich Habermas zur Untermauerung diskursiver Verifizierung auf Husserls Konzept der »Epoché« und der »Einklammerung der Generalthesis«; von diesem Blickwinkel gesehen treten gelingende Diskurse und die Bedingungen der »idealen Sprechsituation« an die Stelle des transzendentalen Bewußtseins (wobei allerdings zu beachten bleibt, daß Husserl zufolge »Epoché« – und später lebensweltliche Erfahrung – auf Prämissen wissenschaftlicher Forschung verwiesen, während bei Habermas Diskurs und wissenschaftliche Argumentation konvergieren). An anderen Stellen verbündet sich Habermas mit jüngeren Tendenzen in der analytischen Philosophie und Linguistik, besonders mit Bemühungen um eine logische Klassifikation von Sprechakten und Sprachkompetenzen. Auf der Perspektive der Sprachanalyse nehmen Diskurs und ideale Sprechsituation die Züge eines transzendentalen, von kontingenten Lebensbedingungen losgelösten Sprachspiels an. Mein Augenmerk richtet sich (im gegenwärtigen Zusammenhang) nicht so sehr auf die Implikationen einer strikt transzendentalen Sehweise für menschliche Wahrheitssuche; falls die ideale Sprechsituation Gleichheit der Partizipationschancen für *alle* – auch zukünftige – Teilnehmer voraussetzt, so muß unter Bedingungen menschlicher Endlichkeit diskursive Einlösung permanent frustriert bleiben oder doch der Wahrheitsgehalt jeder Aussage als prinzipiell vorläufig und revidierbar gelten.

Gewichtiger scheint mir hier der Umstand zu sein, daß eine transzendentallogische Blickweise Gefahr läuft, die Eigenständigkeit und Bedeutung lebensweltlicher Praxis zu entwerten. Wiederholt betont Habermas die Unterscheidung zwischen »Erfahrungsgegenständen« der Lebenspraxis einerseits und in Diskursen behaupteten »Sachverhalten« oder »Tatsachen« andererseits. »Dinge und Ereignisse (Personen und deren Äußerungen)«, schreibt er, »sind ›etwas in der Welt‹, das wir *erfahren* oder behandeln; sie sind Gegenstände möglicher (handlungsbezogener) Erfahrung oder (erfahrungsbezogener) Handlungen. Tatsachen hingegen sind existierende Sachverhalte, die wir in Aussagen *behaupten*.« Während auf Erfahrungsgegenstände in denotativen Ausdrücken verwiesen wird — »damit wir über sie in prädikativen Bestimmungen etwas aussagen können (Prädikation)« — sind behauptete Sachverhalte von der Lebenspraxis abgesondert. Nach Habermas gibt es »keinen entsprechenden Referenten für Sätze oder für die prädikativen Bestimmungen, die in Sätzen auftreten«; Diskurse sind grundsätzlich »handlungsentlastet und erfahrungsfrei«.[16] Die Gegenüberstellung von Lebenspraxis und diskursiven Aussagen hat sowohl epistemologische wie sprachtheoretische Konsequenzen. Als Gegenstände möglicher Prädikation betrachtet verwandeln sich lebensweltliche Erfahrungen in Objekte eines reflektierenden (und prädizierenden) Bewußtseins. Auf diesem Hintergrund verliert Lebenspraxis den Status einer vorprädikativen Orientierung der Erkenntnis; die in *Erkenntnis und Interesse* abgehandelte Thematik lebensweltlicher Interessen- und Erfahrungsmodalitäten droht damit, apokryph oder belanglos zu werden. Sprachtheoretisch impliziert die Gegenüberstellung das Postulat einer idealen oder neutralen Aussagensprache, abgesondert von der mit Erfahrungen durchtränkten Alltags- oder Umgangssprache.[17]

Abgesehen von der Wünschbarkeit bestimmter Folgen läßt sich aber auch die Möglichkeit der Absonderung von Erfahrung und Diskurs in Frage stellen. Nach Habermas' eigenen

Darstellungen setzen gelingende Diskurse diskursiv nicht (oder nicht völlig) einlösbare Bedingungen – besonders die »Wahrhaftigkeit« aller Teilnehmer – voraus. In einer jüngeren Schrift gilt Wahrhaftigkeit als »nichtdiskursiver« Geltungsanspruch; das Vertrauen in die Wahrhaftigkeit einer Person wird dabei als »Glaubensgewißheit« bezeichnet, die »von kommunikativen Erfahrungen abhängig« ist. Gleichwohl fungiert dieses Vertrauen als eine »für *alle* Diskurse« notwendige Prämisse. Wahrhaftigkeit schließt übrigens nach Habermas eine Reihe von Dispositionen ein, die die Ernsthaftigkeit geäußerter Meinungen verbürgen. Meines Erachtens gehört zu den nötigen Dispositionen nicht nur Aufrichtigkeit, sondern besonders auch die Intention der Aufnahmebereitschaft. Ohne eine solche Intention laufen Diskurse Gefahr, in Gerede und leere Deklamation abzusinken; die »ideale Sprechsituation« muß demnach auch eine Hör- und Lernsituation sein, in der sich die Teilnehmer auf das jeweils Gesagte und auf die im Gesagten gemeinte »Sache« einlassen.[18] Abgesehen von diesen Aspekten des Verständigungswillens fußen gelingende Diskurse auf Dimensionen praktischen Zusammenlebens, die der Reflexion nur partiell, wenn überhaupt, zugänglich sind. Als Erfahrungen müssen diese Bedingungen dabei nicht rein antizipiert, sondern irgendwie auch lebensweltlich verwurzelt sein. Vielleicht führen diese Überlegungen zu dem Schluß, daß alle Diskurse – allen voran das »therapeutische« oder emanzipatorische Gespräch – irgendwie in eine hermeneutische oder dialektische Spirale von Erfahrung und Geltungsreflexion, von Anamnese und Aufklärung eingelassen sind. »Meine These«, schreibt Ricœur, »ist, daß das Interesse an Emanzipation leer und inhaltlos bliebe«, wäre es nicht sekundiert »durch unsere Fähigkeit, die Vergangenheit neu zu verstehen«.[19] Dieser Gedanke hat allgemeine Relevanz für das Unterfangen einer »kritischen Theorie«. Denn was will ein solcher Ansatz denn unterminieren: etwa alle Meinungen und »Vorverständnisse« – oder nicht eher falsche und repressive Idole? Und was will Kritik denn ins Werk setzen: etwa eine neue Mode oder eine neue Geschäftigkeit – oder nicht vielmehr eine uralte Hoffnung und zeitlose Sehnsucht?

Anmerkungen

1 Vgl. *Nachwort* (1973) zu *Erkenntnis und Interesse,* Frankfurt 1973, S. 367-417; ebenso »Einleitung zur Neuausgabe: Einige Schwierigkeiten beim Versuch, Theorie und Praxis zu vermitteln«, in *Theorie und Praxis: Sozialphilosophische Studien,* vierte erweiterte Aufl., Frankfurt 1971, S. 9-47.

2 Vgl. Dallmayr, *Critical Theory Criticized: Habermas' Knowledge and Human Interests and its Aftermath, Philosophy of the Social Sciences,* Bd. 2 (1972), S. 211-229.

3 *Nachwort* (1973), S. 382-383, 393, 411-413; *Einleitung zur Neuausgabe,* S. 23-25, 28-31.

4 Michael Theunissen, *Gesellschaft und Geschichte,* Berlin 1969, S. 13, 24.

5 *Erkenntnis und Interesse,* S. 242-243; *Einleitung zur Neuausgabe,* S. 16, 21; *Nachwort* (1973), S. 381, 410.

6 *Nachwort* (1973), S. 387; *Wahrheitstheorien,* in: *Wirklichkeit und Reflexion: Festschrift für Walter Schulz,* Pfullingen 1973, S. 223. Man sollte allerdings hinzufügen, daß Habermas Erfahrungsobjektivität gleichzeitig an einen intersubjektiv relevanten Handlungsbezug bindet (»die *Objektivität* einer Erfahrung bedeutet, daß jedermann mit dem Erfolg oder Mißerfolg bestimmter Handlungen rechnen kann«) und daß Subjektivität mit bloßer Einbildung zusammenfallen kann, aber nicht muß (nicht-objektivierbare Wahrnehmungen sind »keine Wahrnehmungen, sondern ›Einbildungen‹, Phantasien, Vorstellungen usw.«; s. *Nachwort* (1973), S. 389-391.

7 Heidegger, *Über den Humanismus,* Frankfurt 1949, S. 35-36.

8 Maurice Merleau-Ponty, *The Primacy of Perception and Its Philosophical Consequences, in James M. Edie (Hrsg.), The Primacy of Perception and Other Essays,* Northwestern University Press, Evanston 1964, S. 12. Vgl. ebenso Rudolph J. Gerber, *Merleau-Ponty: The Dialectic of Consciousness and World, Man and World,* Bd. 2 (1969), S. 83-107.

9 *Wahrheitstheorien,* S. 219.

10 Wie Karl-Otto Apel einräumt, besteht ein unterschwelliger Zusammenhang zwischen der Theorie der »Erkenntnisinteressen« und der von Max Scheler ausgearbeiteten (und phänomenologisch inspirierten) Lehre von den drei »Wissensformen« des »Arbeits«- bzw. »Herrschaftswissens«, des »Bildungswissens« und des »Erlösungswissens«; vgl. »Einleitung« zu *Transformation der Philosophie,* Frankfurt 1973, Bd. I, S. 31, n. 37. Auf die Beziehung zwischen Erkenntnisinteressen und Heideggers Kategorie der »Sorge« weist Kisiel in seinem Beitrag hin (s. oben S. 295).

11 Vgl. Theodore Kisiel, *Zu einer Hermeneutik naturwissenschaftlicher Endeckung*, Zeitschrift für allgemeine Wissenschaftstheorie, Bd. 2 (1971), S. 195-221; Emilio Betti, *Allgemeine Auslegungslehre als Methodik der Geisteswissenschaften*, Tübingen 1967. Habermas' Neigung, nicht nur hermeneutische Sinndeutung, sondern den Begriff der »Lebenswelt« selbst auf innere Natur zu beziehen, geht auch aus einer jüngeren Schrift hervor, wo er schreibt: »Unter dem Aspekt der Lebenswelt thematisieren wir an einer Gesellschaft die normativen Strukturen (Werte und Institutionen).« S. *Legitimationsprobleme im Spätkapitalismus*, Frankfurt 1973, S. 14.

12 Paul Ricœur, *Ethics and Culture: Habermas and Gadamer in Dialogue*, Philosophy Today, Bd. 17 (1973), S. 163. Vgl. ebenso seinen Aufsatz *The Model of the Text*, Social Research, Bd. 38 (1971), S. 529-553.

13 Vgl. Habermas, *Nachwort* (1973), S. 401, 414-415; Nichols, *Wissenschaft oder Reflexion* (s. oben S. 401).

14 Paul Ricœur, *Freud and Philosophy: An Essay on Interpretation*, Yale University Press, New Haven 1970; vgl. ebenso Lauri Rauhala, *The Hermeneutic Metascience of Psychoanalysis*, Man and World, Bd. 5 (1972), S. 273-297. In anderem Zusammenhang ist Habermas übrigens mit dem dialektischen Charakter der Kritik durchaus vertraut. So schreibt er einmal über Ernst Blochs »Versuch, der Ideologiekritik die Tradition des Kritisierten zu erhalten«: falls durch die Selbstzerrissenheit der Welt »die Idee zur Ideologie bloß herabgesetzt, entstellt und in den Dienst genommen ist, ohne in ihr doch ganz aufzugehen ... – dann ist das falsche Bewußtsein einer falschen Welt nicht nichts, sondern als die ihm selbst zwar unbewußte Negation des Negativen der verschlüsselten Erfahrungen voll«. *Theorie und Praxis*, S. 276 bis 268. Vgl. auch die enge Verknüpfung von Kritik und Hermeneutik in *Legitimationsprobleme im Spätkapitalismus*, S. 99-100, und den Aufsatz *Bewußtmachende oder rettende Kritik?* in: Siegfried Unseld (Hrsg.), *Zur Aktualität Walter Benjamins*, Frankfurt 1972, S. 173-223.

15 *Nachwort* (1973), S. 392, 399-400.

16 A.a.O., S. 384-386.

17 Habermas beruft sich wiederholt (z. B. a.a.O., S. 384, n. 30) auf die sprachtheoretische Position des Nominalismus – eine Position, die Apel einmal umschrieb als »die selbstverständlich gewordene Auffassung der Sprache als eines Zeichensystems, das der primär vorsprachlich ›gegebenen‹ (oder auch ›konstituierten‹) Welt nachträglich zugeordnet wird«. Vgl. *Die Idee der Sprache in der Tradition des Humanismus von Dante bis Vico*, in: Archiv für Begriffsgeschichte, Bd. 8, Bonn 1963, S. 19. An anderen Stellen bemerkt Habermas freilich, daß Umgangssprache als einzige Kommunikationsform zugleich ihre

eigene (reflexive) »Metasprache« ist; s. *Erkenntnis und Interesse*, S. 213; ebenso *Vorbereitende Bemerkungen zu einer Theorie der kommunikativen Kompetenz*, in: Habermas / Niklas Luhmann, *Theorie der Gesellschaft oder Sozialtechnologie – Was leistet die Systemforschung?*, Frankfurt 1971, S. 106, n. 9.

18 *Wahrheitstheorien*, S. 221, 224, 236, 256. Ohne die obige Reformulierung gewinnt Theunissens Bedenken doch Plausibilität, daß Habermas' Konzept der Intersubjektivität »nur erweiterte Subjektivität« ist. Überhaupt neigt, ohne die erfahrungsmäßige Komponente, die Darstellung der »idealen Sprechsituation« in manchen Zügen zur Dichotomie von formalem Strukturalismus und pluralistisch erweitertem Subjektivismus. Vgl. Theunissen, *Gesellschaft und Geschichte*, S. 13; für Habermas' Erwiderung s. *Nachwort* (1973), S. 416.

19 Ricœur, *Ethics and Culture*, a.a.O., S. 163-164. *Erkenntnis und Interesse* argumentiert selbst in dem angedeuteten hermeneutischen Kontext, sofern (wie Habermas schreibt) »die Rekonstruktion der Vorgeschichte des neueren Positivismus« in der Absicht unternommen wurde, »die analytische Kraft der Erinnerung gegen jenen Verdrängungsprozeß aufzubieten, in dem der Szientismus wurzelt«. Vgl. *Nachwort* (1973), S. 369.

Quellen- und Übersetzernachweise

Winfried Dallmayr, *Einleitung*. Originalbeitrag.

Kurt Jürgen Huch, *Interesse an Emanzipation*, erschienen in: *Neue Rundschau*, 80. Jg., Heft 3 (1969), S. 534-548. Abdruck mit freundlicher Genehmigung des Autors.

Trent Schroyer, *Die dialektischen Grundlagen der kritischen Theorie*. Originaltitel: *The Dialectical Foundations of Critical Theory*, aus: *The Critique of Domination*, Kap. 4, New York 1973. Die deutsche Übersetzung des Buches erscheint im List Verlag. Abdruck mit freundlicher Genehmigung des List Verlages. Aus dem Amerikanischen von Ulrich Tichy.

Guttorm Fløistad, *Soziale Handlungsbegriffe: Bemerkungen zu Habermas' Vorschlag einer sozialen Erkenntnistheorie*. Originaltitel: *Social Concepts of Action: Notes on Habermas' Proposal for a Social Theory of Action*, erschienen in: *Inquiry*, Bd. 13 (1970), S. 175-198. Aus dem Amerikanischen von Ulrich Tichy.

Gian Enrico Rusconi, *Erkenntnis und Interesse bei Habermas*. Originaltitel: *Conoscenza e interesse in Habermas*, erschienen in: *Quaderni di Sociologia*, Bd. 19 (1970), S. 436-452. Aus dem Italienischen von Burkhart Kroeber.

Günter Rohrmoser, *Jürgen Habermas*. Aus: Günter Rohrmoser, *Das Elend der kritischen Theorie. Jürgen Habermas*. 3. Aufl. Freiburg 1973, S. 89-105. Abdruck mit freundlicher Genehmigung des Verlages Rombach & Co., Freiburg.

Ulrich Anacker, *Erkenntnis und Interesse*, erschienen in: *Philosophisches Jahrbuch der Görres-Gesellschaft*, 78. Jg., 1971, S. 394-401, Verlag Karl Alber, Freiburg, Abdruck mit freundlicher Genehmigung des Autors.

Nikolaus Lobkowicz, *Interesse und Objektivität*, erschienen in: *Philosophische Rundschau*, Bd. 16 (1969), S. 249-273. Abdruck mit freundlicher Genehmigung des Autors.

Lorenz Krüger, *Überlegungen zum Verhältnis wissenschaftlicher Erkenntnis und gesellschaftlicher Interessen*, zuerst erschienen in der *GEORGIA AUGUSTA. Nachrichten aus der Universität Göttingen*, Nr. 17, Mai 1972, S. 18-28.

Erich Hahn, *Die theoretischen Grundlagen der Soziologie von Jürgen Habermas*, aus: *Die »Frankfurter Schule« im Lichte des Marxismus – Zur Kritik der Philosophie und Soziologie von Horkheimer, Adorno, Marcuse, Habermas*. Materialien einer wissenschaftlichen Tagung aus Anlaß des 100. Geburtstages von W. I. Lenin, veranstaltet vom Institut für Marxistische Studien und Forschungen (IMSF) am 21. und 22. Februar 1970 in Frankfurt/Main. Herausgegeben von Johannes Henrich von Heiseler, Robert Steigerwald und Josef Schleifstein. Copyright 1970 by Verlag Marxistische Blätter GmbH, Frankfurt/Main.

Göran Therborn, *Jürgen Habermas: Ein neuer Eklektiker.* Originaltitel: *Jürgen Habermas: A New Eclecticism,* erschienen in: *New Left Review* 67, Mai/Juni 1971, copyright *NLR.* Aus dem Amerikanischen von Ulrich Tichy.

J. Claude Evans, *Husserl und Habermas.* Originalbeitrag.

Theodore Kisiel, *Habermas' Reinigung von reiner Theorie: Kritische Theorie ohne Ontologie?* Originaltitel: *Habermas' Purge of Pure Theory: Critical Theory without Ontology?* Originalbeitrag. Aus dem Amerikanischen von Burkhart Kroeber.

Karl-Otto Apel, *Wissenschaft als Emanzipation? Eine kritische Würdigung der Wissenschaftskonzeption der »Kritischen Theorie«,* erschienen in: *Zeitschrift für allgemeine Wissenschaftstheorie,* Bd. 1 (1970), S. 173-195 und in: Karl-Otto Apel, *Transformation der Philosophie,* Bd. II, *Das Apriori der Kommunikationsgemeinschaft,* Frankfurt 1973, S. 128-154.

Dietrich Böhler, *Zur Geltung des emanzipatorischen Interesses.* Überarbeitete Fassung des ersten Kapitels des in *Man and World* 3 (1970) und in der *Zeitschrift für Evangelische Ethik (ZEE)* 14. Jg., Heft 4, erschienenen Aufsatzes *Zum Problem des emanzipatorischen Interesses und seiner gesellschaftlichen Wahrnehmung.* Abdruck mit freundlicher Genehmigung des Autors.

Dietrich Böhler. *Über das Defizit an Dialektik bei Habermas und Marx. Ein Postskript.* Originalbeitrag.

Bernhard Badura, *Ein neuer Primat der Interpretation? Zum Problem der Emanzipation bei Jürgen Habermas,* erschienen in: *Soziale Welt,* 21. Jg. (1970/71), S. 321-329. Abdruck mit freundlicher Genehmigung des Verlages Otto Schwartz & Co. Göttingen.

Christopher Nichols, *Wissenschaft oder Reflexion: Habermas über Freud.* Originaltitel: *Science or Reflection: Habermas on Freud,* erschienen in: *Philosophy of the Social Sciences,* Bd. 2 (1972), S. 261-270. Aus dem Englischen von Ulrich Tichy.

Winfried Dallmayr, Epilog. Originalbeitrag.

stw 38 *Seminar: Ideen und Interessen*
Studien zu Max Webers »Protestantischer Ethik«
Herausgegeben von Constans Seyfarth und
Walter M. Sprondel
ca. 360 Seiten
Die Zusammenstellung neuerer Beiträge zu Max Webers
»Protestantischer Ethik« zielt auf die Klärung verschiede-
ner Aspekte der Beziehung Webers zum Marxismus, der
Komplexität der Genese des kapitalistischen Systems, der
Argumente, die in die Richtung einer allgemeinen Theorie
soziokultureller Wandlungsprozesse weisen und schließlich
der heute höchst aktuellen Frage von Schwellen der sozio-
kulturellen Evolution.

stw 39 Michel Foucault
Wahnsinn und Gesellschaft
Eine Geschichte des Wahns im Zeitalter der Vernunft
Aus dem Französischen von Ulrich Köppen
562 Seiten
Michel Foucault erzählt die Geschichte des Wahnsinns vom
16. bis zum 18. Jahrhundert. Er erzählt zugleich die Geschichte seines Gegenspielers, der Vernunft, denn er sieht
die beiden als Paar, das sich nicht trennen läßt. Der Wahn
ist für ihn weniger eine Krankheit als eine andere Art
von Erkenntnis, eine Gegenvernunft, die ihre eigene Sprache
hat oder besser: ihr eigenes Schweigen.

stw 40 Peter Szondi
Poetik und Geschichtsphilosophie 1
Antike und Moderne in der Ästhetik der Goethezeit
Hegels Lehre von der Dichtung
Herausgegeben von Hans-Hagen Hildebrandt
und Senta Metz
537 Seiten
In den Vorlesungen dieses Bandes betrachtet Szondi anhand des Verhältnisses von Antike und Moderne die ästhetische Theorie der Epoche, die etwa als Zeitalter Goethes
umschrieben werden kann. Die Darstellung hält die entscheidenden Impulse fest, die den Weg bestimmen, der von
der normativen Aufklärungspoetik zur Philosophie der
Kunst in den Systemen des deutschen Idealismus führt.

stw 41 C. B. Macpherson
Die politische Theorie des Besitzindividualismus
Von Hobbes bis Locke
Aus dem Englischen von Arno Wittekind
348 Seiten
Macphersons Untersuchung gilt dem Problem einer gesicherten theoretischen Grundlage für den liberal-demokratischen Staat. Als gemeinsame Voraussetzung der englischen politischen Theorie von Hobbes bis Locke erkennt er einen auf Besitz gegründeten und am Besitz orientierten Individualismus.

stw 42 Noam Chomsky
Aspekte der Syntax-Theorie
Aus dem Amerikanischen übersetzt und herausgegeben von einem Kollektiv unter der Leitung von Ewald Lang, Arbeitsstelle Strukturelle Grammatik, Deutsche Akademie der Wissenschaften, Berlin
314 Seiten
In dem Buch wird der Versuch unternommen, jenen Teil einer linguistischen Theorie zu entwerfen, der sich auf die syntaktische, die den Bau des Satzes betreffende Komponente bezieht. Unter der von Chomsky beschriebenen »generativen Grammatik« ist ein System von Regeln zu verstehen, mit denen eine beliebige Zahl von Sätzen erzeugt werden kann. Jeder Sprecher hat sich eine solche generative Grammatik offenbar vollständig angeeignet.

stw 43 Robert Minder
Glaube, Skepsis und Rationalismus
Dargestellt aufgrund der autobiographischen Schriften von Karl Philipp Moritz
294 Seiten
Minders Arbeit gilt als Wendepunkt in der Moritz-Forschung. Er entdeckte damit gewissermaßen einen Zeitgenossen Goethes neu, der ganz zu Unrecht immer gegenüber der Popularität der idealistischen Klassik im Hintergrund blieb. An den Werken von Moritz zeigt Minder nicht nur dessen literarische Qualität und aufklärerischen Impetus, es entsteht auch ein Bild des sektiererischen Kleinbürgertums im ausgehenden 18. Jahrhundert.

stw 44 Rudolf Bilz
Studien über Angst und Schmerz
Paläoanthropologie Band I/2
330 Seiten

Paläoanthropologie: das ist für Bilz die Lehre vom Menschen, der als eigene Art gesehen wird, aber als eine Art, die sozusagen noch nicht fertig ist. Das besondere Interesse von Bilz gilt den Verhaltensähnlichkeiten zwischen Mensch und Tier in typischen Situationen, ohne daß doch vorschnell vom Tier auf den Menschen geschlossen würde.

stw 52 Karl Griewank
Der neuzeitliche Revolutionsbegriff
Entstehung und Entwicklung
Aus dem Nachlaß herausgegeben von
Ingeborg Horn-Staiger
Mit einem Nachwort von Hermann Heimpel
271 Seiten
Karl Griewank war der erste Historiker, der den spezifischen Revolutionsbegriff der Neuzeit herausgearbeitet hat. Es geht ihm dabei nicht um eine Begriffsbestimmung, sondern um die Geschichte des Revolutionsverständnisses seit dem Beginn der sogenannten Neuzeit im Bewußtsein der Beteiligten und historischen Beobachter.

stw 54 Barrington Moore
Soziale Ursprünge von Diktatur und Demokratie
Die Rolle der Grundbesitzer und Bauern
bei der Entstehung der modernen Welt
Aus dem Amerikanischen von Gert H. Müller
635 Seiten
Moores Buch knüpft an die Tradition soziologischer Analysen von geschichtlichen Zusammenhängen an, in der die Soziologie von Marx bis Max Weber stand. Er versucht, die politische Rolle zu erklären, die landbesitzende Oberschicht und Bauernschaft bei der Umwandlung der Agrargesellschaften zu modernen Industriegesellschaften gespielt haben.

stw 76 Paul Ricoeur
Die Interpretation
Ein Versuch über Freud
Aus dem Französischen von Eva Moldenhauer
564 Seiten
Die Beziehung von Psychoanalyse und Sprache ist der Gegenstand von Ricoeurs umfangreicher Freud-Analyse. Er untersucht die hermeneutischen Prozesse der Psychoanalyse, in denen es um Entmystifizierung und Illusionsabbau geht. Unter diesem Aspekt stellt er Freud an die Seite von

Alphabetisches Verzeichnis der
suhrkamp taschenbücher wissenschaft